沉潜集

张荣华教授学术暨纪念文集

复旦大学历史学系 编

钱益民 李春博 黄洋 执行主编

复旦大学出版社

编委会
(以姓氏拼音为序)

陈江明　崔庆贺　高书勤　郭玉刚
黄江军　黄　洋　李春博　李　路
李　玉　钱益民　史立丽　王维佳

1980年4月，与同学赵晓明（右）在虹口体育场

1980年5月，在南京实习，与老师、同学在南京中山陵
前排左起：谢建中、张荣华、张梅毅
后排左起：赵晓明、刘炳福老师、杨人卫

1980年5月,与老师、同学在中山陵
左起:张荣华、张梅毅、刘炳福老师、赵晓明、杨人卫、俞刚

1980年5月,在南京紫金山天文台

1981年4月,在复旦大学分校球场
看同学踢球

1983年7月6日,复旦大学分校历史系八三届毕业合影,六排左一为张荣华

青年时代的张荣华

青年时代的张荣华

1993年，与三岁的女儿在外滩

2002年6月,与当年毕业的研究生钱益民、陈江明、施继辉合影于复旦校园

2003年10月23日,与邹振环教授(后排左一)参加商务印书馆在上海社科院历史研究所召开的座谈会(后排右二为张荣华)

2006年10月27日下午1点47分，在中国近代学术史课堂上（傅翀摄）

2013年，与学生吴晗怡合影

2017年4月15日，参加浙江大学第一届史学理论前沿论坛

目 录

怀念张荣华教授(代序)/黄洋 / 1

张荣华教授生平 / 1

荣华文存

论文 / 3
近代中国人时间观念的文化意义 / 4
功利主义在中国的历史命运 / 20
当代中国农民的功利心态 / 33
严复的"运会"说与文化观 / 43
"函夏考文苑"考略 / 54
中国近代文化史上的严复与张元济 / 62
文明本质及其发展的探索与构造
　　——康有为《春秋笔削大义微言考》述论 / 75
张元济在近代语文新潮中的建树 / 93
引导舆论与权力制衡的追求
　　——张元济与《外交报》 / 99
振华公司内讧与康、梁分歧 / 106
张元济与近代辞书出版事业 / 117
康有为对戊戌变法的一项否思 / 122
康有为的澳门观及收复澳门策 / 129

章太炎与章学诚 / 132
文化史研究中的大、小传统关系论 / 146
康有为《孔子改制考》进呈本的思想宗旨 / 163

杂文 / 173

《天演论》简析 / 174
"西体中用"新诠释 / 183
以今日之我难昔日之我
　　——读《梁启超年谱长编》 / 187
社会风俗七问 / 191
儒学是一种历史共同体学说 / 200
钱玄同与章太炎北上讲学 / 204
钱玄同的名、字、号 / 214
读《钱玄同日记》三则 / 221
康有为的烦恼：怎样学好英语 / 231
访谈：康有为的保皇会如何雇用和培养刺客？ / 235
《中外纪闻》120年：康有为曾主张"种族革命" / 243
李岳瑞与《清史私议》 / 249
"中兴"之义及"同治中兴"命名之非 / 258
王国维的精神转向 / 266
许地山说儒 / 274

书评 / 283

两山排闼送青来
　　——读《中国文化研究集刊》 / 284
《论语别裁》对儒释道的剪裁 / 287
近代国学研究的一项示范
　　——姜义华教授近著《章太炎评传》 / 291
评廖梅《汪康年：从民权论到文化保守主义》 / 297

梁谱长编整理的退步之作 / 301
评《康有为在海外》：康有为为何在美洲变身党魁 / 307
评《晚清戊戌史事新探》："引狼入室"还是古典新绎？ / 314

文献整理例言 / 323
《孔子——周秦汉晋文献集》前言 / 324
《孔子语录》前言 / 327
《大同梦幻：康有为文选》前言 / 329
《康有为全集》前言、编校凡例及各集编校说明 / 344
《康有为致梁启超未刊手札》整理说明 / 353
《康有为日记(1886—1889年)》编者按 / 355
《康有为往来书信集》编校说明 / 356
《中国近代思想家文库·钱玄同卷》导言节选 / 358
《孝经郑注疏》校点说明 / 359
《康有为与亲友弟子往返书札释读》整理说明 / 361

怀念荣华

斯文荣华/邹振环 / 365
学人本色张荣华/邓志峰 / 370
记与荣华老师"文字交"的几个片段/戴海斌 / 372
寥落萧索　古道热肠
　　——追怀张荣华教授/谭徐锋 / 380
史家荣华/张旭辉 / 385
"文献足征""百世可知"
　　——怀念张荣华教授/区永超 / 388
我记忆中的荣华老师/张力群 / 390
愧对师门，难忘师恩
　　——追忆张荣华老师/陈江明 / 393

一朝受教　一生难忘
　　——缅怀恩师张荣华/张振利　/　404

悼念张荣华老师/史立丽　/　406

孤独的前行者
　　——怀念张荣华老师/李春博　/　409

忆张荣华老师/任宏　/　413

纪念导师张荣华/施晓燕　/　417

"丹青难写是精神"：追忆张荣华老师/王才友　/　420

关于荣华师二三事/傅翀　/　423

学问何以养眼？/黄江军　/　429

记忆中的张荣华老师/李路　/　436

怀念"荣华哥"生平的几个片段/周金泰　/　447

"必也狂狷"与"道之行废"
　　——先师张荣华教授的为学与为人/崔庆贺　/　451

附　录

张荣华教授学术年表　/　469

张荣华教授授课大纲　/　476

张荣华教授指导的硕士生名录　/　483

悼词：悼念张荣华先生，一颗沉潜学问的本真心灵　/　485

后记　/　487

怀念张荣华教授（代序）

黄 洋

2023年2月20日，荣华教授因病不幸逝世，享年仅66岁。噩耗传出，系里的同事、他昔日的学生、了解他的系友和学界同人都悲伤不已，一面也禁不住扼腕长叹。荣华教授不是什么声名显赫的学者，而是一位平凡的教师和读书人。但他又是一位不寻常的读书人。说他不寻常，因为他完全不事交际，不问名利，不附权贵，一心钻在学问之中，沉醉于他感兴趣的一个个历史问题，活在一个单纯的世界里，用他自己的话说，是卑微而自由地活着。在今天的这个社会里，像他这样纯粹的读书人已十分稀有。

荣华教授不愿打交道是出了名的。大家都知道，碰到系里的同事，他一般都是旁避疾速而行的，绝不打招呼。碰到学生也多是如此。但他却不是完全不善于与人打交道。历史学系还在文科楼办公时，他在中国思想文化史研究室，进出都要通过长长的走廊，从我所在的世界古代史教研室门前走过。因为专业不同，之前没打过交道，在走廊里偶尔碰到，照例也不打招呼。2004年，因机缘巧合，我和他都应邀参加了德国古典学家穆启乐和汉学家闵道安共同主持的古代罗马和中国比较研究的一个项目，有机会一同去德国开会，并一同在德国历史学家吕森创办的埃森高等文化研究院从事研究一个月，开始和他熟悉起来。这才发现，他虽然话不多，但却出乎意料地幽默风趣。不过绝大部分时间里，他都躲在闵道安排满汉学书籍的书房里看书。偶尔我们一群人聚在一起聊天，他的话题也基本离不开学术问题。经过这一个月的相处，之后在系里碰到，他都会满脸含笑，会心地说上一两句话后迅速走开，也绝不多说。说的话直截了当，多半是朋友间的揶揄，或表达对某个问题的看法,但不求结果,说完就走。他说的话我几乎都忘了,但清晰地记得他的笑容,那笑容发自内心,温暖而有感染力。

荣华教授的不问名利,也是常人所不能及的。他对中国近代历史文献了然于胸,花了大量时间和精力参与历史文献的整理与编校,参与编校《康有为全集》、主持编校《康有为往来书信集》、《中国近代思想家文库》康有为卷和钱玄同卷等文献集十数种,惠及学林,但他本人的著述却不丰,以至于迟迟不能晋升职称,他似乎也不以为意。待到他终于升为教授时,已近花甲之年。而他因为从不申请项目,未能达到学校的指标要求,终未能评上博导,不得不在六十岁就退休,早早结束了他的教书生涯。说起来,学校评博导的指标也算不得苛刻,但凡教授似乎没有通不过的。我的印象中,荣华教授大约是二十余年来系里因未评上博导而退休的第一位教授。这不能不说是令人遗憾,甚至令人难以置信的,因为他其实是一位一流的教师,他曾在2011年被学生评为"我心目中的好老师",便是明证。我所知道的凡上过他的课的同学都为他的学识和风趣所倾倒。因为他说话语音较轻,为了不漏掉他所讲的内容,抢占前排座位就成了他的课堂独特的风景。在我心里,能如此吸引学生听课,这样的老师无论如何都是一流的老师。

2015年初,我忝任历史学系主任。一天碰到时,荣华教授郑重其事地跟我说:你现在当领导了,就不方便再跟你往来了。这是第二位视我为朋友的同事跟我说同样的话。他说到做到,之后再难有机会跟他说上一两句话,打电话照例是不接的,发短信也只是有事时才回一下。2016年,他生病住院,我和金华书记去医院探望他。他心情轻松,也很愉快,印象中这是听他说话最多的一次,谈到他女儿在哈佛大学读书,一位父亲的骄傲和开心溢于言表。这也是他唯一一次提到自己的家事。那次病情很重,不过转好了,我在心里替他感到高兴。不久他就退休了,我也再也没有和他打过交道。

荣华教授昔日的学生们感念恩师教诲和风范,相约建立出版基金,编辑这部纪念文集并支持出版,嘱我作序,使我有机会写下这简短的文字,以此怀念我们这位卑微而低调地匆匆度过了一生的同事和一位我心目中的挚友。在此我谨代表复旦大学历史学系感谢为出版这部纪念文集贡献力量的所有系友和同事,尤其是主持编辑文集的钱益民和李春博,感谢共同建立基金的以下系友:陈江明、陈雯、陈迅、陈赟、崔庆贺、崔旻昊、方明、傅翀、高书勤、龚勇、顾明源、郭玉刚、黄江军、黄洁、黄忆蓓、黄媛媛、姜涛、李路、刘守柔、刘松柏、马莹、梅宗翔、彭珊珊、蒲廷松、秦俊勇、任宏、沈斌、沈奕、施继辉、孙青、孙婷婷、王剑、王珏、王维佳、文静、辛光大、徐美超、叶赟、袁雯君、张立红、张希、张翊、张宇星、张振利、章怡芳、赵琳、赵楠、郑皓亮、郑宇麟、郑雨佳、周金泰、朱冬梅。最后,也要感谢系友复旦大学出版社史立丽编辑为文集出版所做的大量工作。

2023 年 11 月 26 日

张荣华教授生平

张荣华教授原籍江苏南通,1957年8月19日出生于上海。1965年至1971年就读于上海市利民路小学,1971年至1975年就读于上海市新沪中学,1975年3月至1979年8月在上海崇明长江农场"五七"5连工作。1979年9月考入复旦大学分校历史系,1983年7月毕业后考入复旦大学历史学系,跟随李华兴先生攻读硕士研究生。1986年7月毕业后留校工作,在中国思想文化史研究室担任助教。1990年晋升讲师,1998年晋升副教授,2013年晋升教授。

张荣华教授毕生精力倾注于教学与科研,乐于教学,曾先后为复旦大学历史学系本科生和研究生开设"中国近代思想史""中国近代学术史""中国近代思想文化史史料学""中国史学史""中国近代思想文化史专题""中国文化史十讲"等课程。他的课堂信息量大,富有思想性,吸纳中外学术新进展,见解独到,发人深思,深受复旦学子推崇。2007年他荣获第一届复旦大学教学贡献奖,2009年荣获教育部历史学基础课程建设二等奖、上海市教学成果奖一等奖,2011年被评为复旦大学"我心目中的好老师"。他悉心指导学生,培养中国近现代史、专门史、史学史等方向的研究生26名,指导本科生箬政学者2人、望道学者1人。

张荣华教授的研究专长是中国史学史和中国近代学术史。曾参加中外关系史学会、上海史学会。他作为主要骨干参与、承担了国家重点文化工程项目《康有为全集》的编纂,主持了《康有为往来书信集》等研究项目。其成果编校精良、享誉学林。他早年注重研究张元济与近代中国辞书出版事业,著有《张元济评传》,发表了《中国近代文化史上的严复与张元济》

《张元济在近代语文新潮中的建树》《引导舆论与权力制衡的追求——张元济与〈外交报〉》等系列论文,深入拓展了我国近现代最重要的出版家张元济的相关研究,推进了中国近现代出版史研究,受到学界好评。他还参与编校了《孔子——周秦汉晋文献集》《中国学术名著提要·历史卷》《康有为文选》《严复著译集》《大同书(手稿)》《孔子改制考》等十余种基础史料,体现出宽广的知识面和扎实的文史基本功。他继承了复旦大学历史学系康有为研究的深厚传统,长期致力于该领域文献的搜集、发掘与考辨,精益求精,取得了令人瞩目的成就,在中国近代学术思想史研究领域做出了重要贡献。2008年他获得复旦大学文科科研成果个人奖。2009年,他参与编纂的《康有为全集》获得上海市第九届社会科学优秀成果著作类二等奖。

张荣华教授治学严谨,尤其对清代以来的史料如数家珍,理解透彻,常能"于不疑处有疑",发前人未发之论。张荣华教授在《复旦学报》《学术月刊》《近代史资料》《中国学术》《书城》《东方早报》《澎湃新闻·私家历史》等报刊或媒体发表论文数十篇。其中发表在《复旦学报》2005年第3期的论文《章太炎与章学诚》,结合章学诚与章太炎的学术思想脉络及其交友关系展开分析,指出章学诚"六经皆史"论是为了论证"君师合一""治教合一"的合法性,章太炎"六经皆史"新论是为了表彰孔子以"私人作史"开创的政学分途、学术独立的传统。文章深刻揭示"六经皆史"在不同思想家笔下的不同思想旨趣和价值认同,反映了清代中期到晚期的政治局势与思想环境的演进轨迹,蕴含了他对思想启蒙的深刻见解与殷切希望。发表在《复旦学报》2013年第1期的《康有为〈孔子改制考〉进呈本的思想宗旨》,指出康有为论证孔子以布衣身份创教改制的功绩与"德高于位""道尊于势"的素王制法论,以此批判晚清朝廷的文化专制政策。此文认为,在清廷厉行二百年"官师治教合一"的政策后,清代儒者已经失去了以道自任的勇气与自觉。

张荣华教授为人正直,待人真诚,关爱学生。他生活简单朴素,对待工作一丝不苟,深受同人们的好评和学生们的爱戴。

2023年2月20日上午9时59分,张荣华教授因病医治无效,在上海长海医院逝世,享年66岁。张荣华教授的为人为学,给我们留下了宝贵的精神财富,尤其是他淡泊名利、与人为善的精神永远值得我们怀念。

荣华文存

论 文

近代中国人时间观念的文化意义

任何类型的社会文化都会体现出某种形成和发展的进程。这一进程中的变化和持续现象反映到人们的头脑中，就会形成一定的时间观念。它与理论物理学和哲学意义上的时间概念既有联系又有区别，是一种关于社会历史发展的客观实际与主观因素相融合的"认知"范畴。它构成了具体社会文化的基本要素，同时又表征这一文化及其主体的历史趋向。这就是说，人们对时间的感受和理解形式，能够反映出人类社会的历史发展水平及其社会心理和意识形态的本质特性。

近代中国，发生了千年不遇的时代演变；中西两种文化的接触，如两极交感，迸射出一连串璀璨的异彩。现实社会深刻的变异，必然要在人们的时间观念中反映出来，并对一般社会历史观的演变发生有力的影响。本文主要分析近代中国人几种典型的时间观念，并借此揭示其所表征的社会文化意义。需要说明的是，近代中国人一般对时间问题很少有明确的论述，本文在努力发掘一些零星的记载以外，不得不从人们对时间的实际态度中推论出其中的看法和主张。

一

在中国古代社会里，长久地流行着一种带有循环论性质的时间变异观念。它最初见之于《易经·复》："反复其道，七日来复。"《泰》："无平不陂，无往不复。"在先秦诸子及其哲学作品中也不乏这类论证，如《老子》二十五章指出："大曰逝，逝曰远，远曰返。"战国时期邹衍所提举出的"五德终始说"，将木胜土、金胜木、火胜金、水胜火、土胜水作为一个循环单元，宣称社会历史是遵循这种五行相胜次序而分成五大环节的无限循环过程。它是循环论最早的理论形态。秦汉以来,这种循环论的时间观日趋完善,并被赋予完全的社会文化涵义,其标志就是董仲舒的三统循环观。这种理论认为,黑、白、赤三统的规律性交替以及相伴随着的改正朔等现象,只是形式上的变化,它们都是整个宇宙循环周行的组成部分。以大纲、人伦、道理、教化等为内容的"道",是永恒不变的超时间本体,宇宙的发展和人类的未来都已被命定在它的循环模式中。这种循环时间观显然是"天不变道亦不变"的僵硬世界观的内核。它与小农经济生产方式下封闭的封建专制制度相映成趣,为社会历史的缓滞不前提供了逻辑论证,并依赖于后者而保持其说教的威力。

当近代历史的帷幕拉开以后,中国社会出现了前所未有的变化发展;原先为僵死的社会秩序提供基础的循环论的时间观,必然受到时代演进这一现实的挑战。19世纪50年代前后,一种新的时间发展观点,已见之于时论。亘古未有的社会动荡,使得敏感的知识分子提出了"探世变"[①]的使命。他们指出:"昨岁之历,今岁而不可用;高、曾器物,不如祖、父之适宜。时愈近,势愈切。圣人乘之,神明生焉。"[②]稍后冯桂芬的表述,进一步揭示出了对时间演进性的感受。他指出,治国不能以"一切复古"为原则,"古今异时亦异势,《论语》称损益,《礼》称不相沿袭。"倘要施行复古政策,势必会出现"复之而不善"的情景。因而必须"去其不当复者"。即便要适当地采择"古法",也得以与演进中的现实"若合符节"为前提[③]。

诚然,上述议论带有较多的直觉性,远非上升为理论的时间变异观念。但从中不难看出,当时的知识分子已经对循环论的时间变异观产生了怀疑,并隐约地觉察到了时间的单向发展性。这一新的认识一方面为要求社会变革的时代呼声提供了依据,同时也成为近代中国人接受进化时间观念的先声。

从19世纪六七十年代起,赫歇尔的《天文学大纲》、赖尔的《地质学原理》以及康德的星云学说等西方近代自然科学理论先后输入中国,并在思想文化领域中产生了巨大的影响。关于自然进化的思想学说竟被视为一种能

---

① 《龚自珍全集》,上海人民出版社,1975年,第七页"乙丙之际箸议第九"。
② 魏源《皇朝经世文编叙》。
③ 冯桂芬《〈校邠庐抗议〉自序》。

解决社会发展课题的法宝,一个重要的原因就是这些学说中包含了一种新的单向发展的时间观念。它指出,自然历史是随着时间而无限地向前发展的,没有超时间的存在,自然界的各种事物、联系和阶段,不是周而复始、循环往复地变化,而是在时间的单向进程中逐渐形成的。

科学思想的启迪和社会变异的现实,促使越来越多的有识之士以新的时间观念来理解世事的迁流。他们清楚地看到,"今日之天下,此何如时耶?此何如势耶?拓四千年未有之规模,集千古未有之人民,启千古未有之学问,制千古未有之器什,极千古未有之伦常。"①结合"势"来论述"时",这便觉察到了时间的不可逆性决定了人类历史的演进。由此他们提出了"莫变匪时","时者,日新而不失其素……日新而不用其故"②的出色命题。明确认识到,时间具有变化和保守两方面的特征,时间的交替比持恒更为重要;而变化本身又是一个前进而非退化的过程。

在这一认识指导下,要求变革维新的呼声逐渐发展成一股时代思潮。他们发出"应时达变"和"相时制变"的呼吁,认为"处递变之时,不因时而与之俱变……徒为天下后世多一泥古不通今之龟鉴,可不惜哉?"③与此相应,一场摆脱传统羁绊的文化更新运动也逐渐形成。先进的中国人以进化时间观为依据,立足于现实,从"义"即"宜"的角度对传统经义和价值观念进行挑战。他们指出:"义者,事之宜也,而宜于古,未必其宜于今。""古圣贤躬行实践之事,犹非尽属可师,而况群经之义,传闻异词,征解各别,或立言以媚帝,或诡说以迎时,置于今日多不能行者哉。"④"作五经者,其人距今三四千年,最近亦在二千年前,置其事于今日,可行者实少,乃反教人取其事以为今时法式,而名之曰要指,何其谬矣。"⑤诸如此类的言论,鲜明地反映出一种摧枯拉朽、昭信未来的豪迈气魄和清新思想。同时也表明,作为文化表征的时间观念的改变,是伴随着内在文化形态的变化而出现的。

---

① 沽滨居士《政由俗革论》,《万国公报》光绪十六年(1890)四月。
② 《郭嵩焘日记》第二卷,湖南人民出版社,1981年,第30页。
③ 马建忠《适可斋记言》卷2《巴黎复友人书》,中华书局,1960年,第41页。
④ 《胡翼南先生全集》卷50《文集汇钞·梧桐山诗文第三集序》,沈云龙主编《近代中国史料丛刊续编》第27辑,文海出版社,1976年,第2490页。
⑤ 《胡翼南先生全集》卷16《新政真诠五编·劝学篇书后·守约篇辩》,《近代中国史料丛刊续编》第27辑,第937页。

近代地质学理论的一个主要方法论是赖尔等人提出的"将今论古"说。这一见解认为,地质历史中所发生过的一切现象变化,都可用现今仍起作用的地质现象的因果关系加以阐释;其前提是地球上起作用的各种力在质和量上都是亘古不移的。这种见解的缺陷就在于过分强调地质运动的渐变性,排除了质变现象的存在,把自然规律的古今一致性加以形而上学的绝对化。从时间观上来说,便是主张时间是可逆的;片面强调事物发展在时间特性中反映出来的持续性的一般规律,忽视了时间所反映的事物质变的一般规律。有趣的是,当我们探究近代中国一股蔚为可观的"西学源于中学"的思潮时,也能发现与此相类的时间观。所谓"旷观往古,静验来今"①,"考古以证今,由中以逮西"②。这是因为"盛衰迭代之效,沿革迁流之故,割据并吞之势,祸福倚伏之形,前后同轨,古今一辙"③。既然主张古今一贯,仅仅从稳定性方面来理解时间特性,也就原则上排除了社会事物出现质态飞跃的可能性。"夫理岂能新,发明而已;学岂能新,进步而已。……发明云者,不过开其幕,使人人明晓耳。"④从而便发出了"贯古今,化新旧,浑然于中西"⑤的议论。实际上,社会事物在人类历史各发展阶段中虽有绵延持续的一面,但更重要的还是不断递进和变化更新这一面。时间发展的过程是可变性因素和稳定性因素的统一。

"西学源于中学"的理论见解,恰恰是以那种偏颇的时间观念作为依据。这一理论萌生于明末清初,在近代的政治、经济、科学等众多领域都有所反映。这里不妨拈出一二,以窥其貌。如陈炽以为近代西方的议会制度,"本古人悬鞀建铎、闾师党正之遗意"⑥。黄遵宪则具体论证了"泰西之学,其源流皆生于墨子"⑦。有人还考证出天文、地理、地图、机器、格致等近代科学都

---

① 王韬《弢园文录外编》卷7《答强弱论》,清光绪九年香港排印本。
② 《唐才常集》卷1《史学论略》,中华书局,1980年,第40页。
③ 刘韵珂《瀛寰志略叙》,《近代中国对西方及列强认识资料汇编》第一辑第一册,台北"中研院"近代史研究所,1972年,第293页。
④ 敢生《新旧篇》,引自《辛亥革命前十年间时论选集》(简称《时选》)第一卷下册,生活·读书·新知三联书店,1987年,第853页。
⑤ 孙宝瑄《忘山庐日记》上册,上海古籍出版社,1983年,第80页"光绪二十三年二月十五日"。
⑥ 陈炽《庸书》卷7《外篇下·议院》。
⑦ 黄遵宪《日本国志》卷32《学术志序》。

是"中国所固有者,西人特踵而精之"①。

这种形而上学理论,一方面无疑为先进的中国人向西方探求真理的言行涂上了一层保护色。比如在政治领域内,就有人用"上效三代之遗风"来衬托出"下仿泰西之良法"②的用意。然而,相同的理论,在封建顽固派那里,却成了抵制西学的屏障。既然西学是从中学流衍出去的旁门左道,那些呼吁取法西学的有识之士也自然成了他们的诋毁目标。他们喋喋不休地说:"究之泰西之学,实出于中国,百家之言籍具存,班班可考。""近日五洲大通,泰西挟其长技争胜中华,中学之外,别为西学。守正之士多鄙夷之。"③"……今天下之患,莫大于以西学乱圣人之道,隳忠孝之常经,趋功利之小得,骎骎乎为西人导其先路,而率中国以迎时,此臣所尤夙夜怵心者也。"④

从相似的时间观念引申出来的同类见解,却产生了如此径庭的结论。它无可置辩地说明,对时间概念的主观感受和评价,取决于具体的社会历史发展阶段,取决于认识主体所属文化系统的结构功能及其目的参数。

二

爱因斯坦的相对论时间观启示我们,时间作为一种因变量,必然与社会存在及人类活动的特性相联系。就是说,对时间的认识与感受,在不同的社会文化环境中会呈现出非常不同的形式。这一点也说明了为什么在时代的转折过程中常常伴随着时间观念的剧变。众所周知的一个事例就是,欧洲近代商业资本主义崛起后,迅速抛却了中世纪那种过时的缓慢生活节奏,代之以一种分秒必争、讲求效率的时间观念,清楚地反映出两种对时间价值不同认识的社会文化背景。在中国古代,我们有时也会在诸如"家训"或文人的治学守则中发现一些珍惜时光的言论;但它只是在封建意识下人们处世的一种直觉反映,实际生活中却始终沿袭着封建文化特有的缓慢的生活节奏。19世纪末的中国,在危机迭现的局势刺激下,人竞天择的进化理论迅

---

① 江衡《崇尚西人之学辨》,《万国公报》光绪十五年(1889)七月。
② 《议论政》,《郑观应集》上册,上海人民出版社,1982年,第103页。
③ 《翼教丛编》卷5《湘省学约》。
④ 曾廉《应诏上封事》,引自《中国近代经济思想史资料选辑》中册,中华书局,1984年。

速流传,敲响了时代的警钟。中西时代差异的严峻现实,促使人们日益深切地认识到客观存在的时间因素所意味着的重要性。谭嗣同对"惜时之义"的阐述,便明白地道出了这一点。他首先指出,社会优劣的标准之一在于是否讲求效率,"地球公理,其文明愈进者,其所事必愈简捷"①。他以中西两种社会形态的现状为依据指出,对于时间的不同态度,反映了社会进化程度的高低,"尝谓西人之治之盛几轶三代而上之,非有他术,特能延年"②,"非有他术,惜时而时无不给"③。在他看来,西方国家强盛的一个重要原因就在于懂得珍惜时间,具体就表现在他们造出了机器、轮船、铁路等众多的"惜时之具"④。他还指出,中国人对于宝贵的时间"不惟不惜,反从而促之,取士则累其科目,用人则困以年资,任官则拘以轮委,治事则繁为簿书,关吏则故多留难,盐纲则抑使轮销,皆使天下惟恐时之不疾驰以去也"⑤。这一系列浪费光阴的行为,不仅造成了落后于西方国家的现实,甚且还会产生亡国灭种的危险,他再三发出"惜时之义大矣哉"⑥的呼吁。

这时,一种急不可耐的社会时间观也应时流传开来。譬如梁启超认为:"日本变法二十年而大成,吾民与地十倍之,可不及十年而成之矣。"⑦他后来在《五十年中国进化概论》一文中的表述,更明白地揭示出这种时间观。他说:"拿过去若干个五十年和这五十年来比,这五十年诚然是进化了,拿我们这五十年和别人家的这五十年来比,我们可是惭愧无地。"他认为欧美国家在这期间"一日千里"地"往前飞跑"⑧,而中国却依旧陈陈相袭,波澜不兴。这种时间上的社会比较,不正是反映出当时存在着的一种急迫的社会心理吗?

这种社会心理竟成了培植无政府主义思想的温床。近代中国无政府主义的产生,有其深刻的社会根源和理论来源。但从时代背景看,它也是一种

---

① 《延年会叙》,蔡尚思、方行编《谭嗣同全集》下册,中华书局,1981年,第410页。
② 同上。
③ 《仁学》,《谭嗣同全集》下册,第328—329页。
④ 同上。
⑤ 同上。
⑥ 同上。
⑦ 《读〈日本书目志〉书后》,林志钧编订《饮冰室合集》第2册文集,第54页。
⑧ 《五十年中国进化概论》,《饮冰室合集》第14册文集,第45页。

受现实社会环境的刺激而由进化论所催生的怪胎。借用波普尔的术语,它便是从斯宾塞"全体进化论"衍生发挥而成的一种"境况逻辑"①。从《新世纪》派无政府主义者的时间观中,我们就可以看到这层关系。

《新世纪》派无政府主义者时间观念的主要特色,就在于一意强调时间所反映的社会存在的运动变化方面,完全忽视了相对静止和守恒的一面。首先,我们看到,在古与今、新与旧的问题上,《新世纪》派无政府主义者运用进化时间观所发的议论,颇有针砭时弊之效。他们指出,人类社会是在永恒地变化和向前发展着的,抱残守缺、崇古黜今都不符合人类社会进化之理;决不可沉湎于古代的虚幻"圣治",徒然地背上历史包袱,而应当始终立足于今时。"进化之速力,强力之度数,不以过去者为权衡,而与同时者为比较。"②西方之所以先进,就在于其"尊今薄古";而中国之所以落后,也即在于"尊古薄今","不能随世运而进"。他们认为反映中国人尊古薄今倾向的典型例证就是流行一时的"西学源于中学"说,因为这种学说单纯地把时间理解为反映社会事物稳定守恒的持续性一面。对此他们针锋相对地指出,应当把时间理解为反映历史现象交替的规律。"时势更变,新理新学日现,人之见地亦日明。"③古人未认识到的事物,今人能认识到,这并非古人愚蠢,而是"时运进化"使然。因此正确的态度应该是"见新理新学者,便殚力以发挥之,显明之,以求其实行,不必问其是说也与吾国古人之所言甚合"④。不难觉察,无政府主义者惯有的那种只依学理,不顾社会现实的浪漫性,有其自身的时间观依据。

《新世纪》派无政府主义者以那种强调变化、抹杀静止的时间观为前提,必然会对进化思想加以主观发挥。有一篇文章指出:"人生于世,如日逐月,月绕地,地绕日,旋转不息。……今日为一时代,明日又为一时代,苟一停足,便为退化。"⑤将这种见解移用于社会历史领域,就必然会得出荒谬的结

---

① 参见波普尔:《作为形而上学研究纲领的达尔文主义》,《无穷的探索——思想自传》,福建人民出版社,1984年,第176—179页。
② 真《进化与革命》,《新世纪》第20期,引自《时选》第二卷下册。
③ 民《好古》,《新世纪》第24期,《时选》第二卷下册。
④ 同上。
⑤ 民《普及革命》,《新世纪》第23期,《时选》第二卷下册。

论。"社会之进化及一切之进化皆若是,若以共和与王国较,则共和似已尽善,不必复进矣。而天演则不然。故共和仍日进而无政府。……一言以蔽之曰'无穷尽'进化之公例也。"①李石曾在《革命》一文中还利用生物学知识和照明工具的发展为他所谓"刻刻进化"的政治理论作脚注。他认为"今之人生而为人,不必由他物变乘,灯直可用电,不必复试用松香;故社会亦可由专制立进于自由,不必历经各种阶段,此赖遗传性而然也。今之谓社会进化不可躐等者,是知有演成性,而忽于遗传性也"②。将两种性质迥异的现象生硬地加以比附和杂糅,表明他们迫切要求摧毁现存统治秩序,乃至否定一切政权的空想和狂热,这本质上与其时间观是一致的。以那种偏颇的时间观为前提,他们便以"全新派"③自居,要求实行"疾雷不及掩耳之革命"④,迅速实现他们所标榜的那种不切社会实际状况的空洞理想⑤。

舶来的观念经过中介产生某种变异,是两种不同社会制度下文化交流的规律性表现。进化时间观移入中国社会土壤后发生的另一种变态,则典型地反映在康有为的时间概念中。

19世纪八九十年代,康有为在《实理公法全书》中,便已激烈地反对将古代"圣人"及其学说当作超时间的崇奉对象。他认为时间是单向发展的,社会历史也必然不断地演进变化。因此,"凡论古今人辟新知之功及恶言之过,先当考明其时,次当区别其地","假如某地某人有某书及言论若干条,留存至今……于其义理一项,则以今日所发明之实理为准而算之……其制度一项,则从现在比例最末之制度起算……进则计功,退则计过"⑥。将这种进化时间观念移用于社会政治领域,康有为主张"是非随时而易义"⑦。社会制度和治国方针应当随着时代的发展而不断改进。"时既变而仍用旧法,可以

---

① 真《进化与革命》,《新世纪》第20期,《时选》第二卷下册。
② 真民《革命》,《新世纪》丛书第一集。
③ 真《进化与革命》,《新世纪》第20期,《时选》第二卷下册。
④ 民《好古》,《新世纪》第24期,《时选》第二卷下册。
⑤ 《新世纪》大旨:无所谓人我界,"含哺而嬉,鼓腹而游,无争无尤,无怨无竞,怡怡然四海皆春,熙熙然大同境象也"。(《与友人书论新世纪》,《新世纪》第3期,《时选》第二卷下册)
⑥ 《实理公法全书·论人公法》,引自《中国文化研究集刊》第一辑,复旦大学出版社,1984年,第344—345页。
⑦ 《上清帝第四书》,《康有为政论集》上册,中华书局,1981年,第149页。

危国"①。

康有为看到,"财务防弊而不务兴利,吏知奉法而不知审时,士主考古而不主通今"②的现象随处可察。因此决定采取"化腐朽为神奇"的策略,将进化时间观与传统表述相结合③。康有为自称从1887年起就开始"推孔子据乱、升平、太平之理,以论地球"④。《孔子改制考》一书则进一步赋予古旧的三统说以新意。在1897年刊布的《礼运注》中,康有为正式将公羊三世说与礼运篇中的大同、小康说相融合,从中阐述自己的进化时间概念。"今者中国已小康矣,而不求进化,泥守旧方,是失孔子之意,而大悖其道也,甚非所以安天下乐群生也,甚非所以崇孔子同大地也。且孔子之神圣,为人道之进化,岂止大同而已哉"!⑤他大声呼吁变法图强,反对"处竞争之新世,而行闭关之旧法"⑥。在托古的烟幕下,将一整套近代西方资产阶级的社会学说输入中国。

康有为的三世进化的时间变异观,将认识主体的理性思维和社会意识形式的时间概念都包摄在内,带有一定的主观特征。因此,这种时间观念的内涵在很大程度上取决于社会历史条件以及认识主体的社会积极性。戊戌变法以流血告终的现实,似乎吹散了康有为心头"取用新法,行以实政……三年要可大同"⑦的丝丝热情。在《中庸注》中,他重新提出了一种龟行式的进化公式:"故三世而三重之为九世,九世而三重之为八十一世,展转三重,可至无量数以待世运之变,而为进化之法"⑧。改变了过去关于三世直线进化的见解,认为"天下之道文质尽之,然人智日开,日趋于文。……然文之中有质,质之中有文,其道递嬗耳"⑨。从发表《春秋笔削大义微言考》起,康有为抛弃了中国正处于"小康"之世的见解,将中国社会归入了"据乱"之世。

---

① 《上清帝第一书》,《康有为政论集》上册,中华书局,1981年,第58页。
② 《京师强学会序》,《康有为政论集》上册,第165页。
③ 所谓"世俗之人,多尊古而贱今,故为道者必托之于神农、黄帝而后能入说"。《孔子改制考》卷四《诸子改制托古考》。
④ 《康南海自编年谱》"光绪十三年"。
⑤ 《礼运注叙》,《康有为政论集》上册,第193页。
⑥ 《请告天祖誓群臣以变法定国是折》,《康有为政论集》上册,第256页。
⑦ 《上清帝第五书》,《康有为政论集》上册,第209页。
⑧ 《中庸注》,《康南海先生遗著汇刊》第五册,台北宏业书局,1976年,第75页。
⑨ 《春秋董氏学》,《康南海先生遗著汇刊》第四册,第222页。

"知中国与今欧洲之异,即可知据乱与升平之异。"①他提出:"孔子岂不欲直至太平大同哉。时未可则乱反甚也。今日为据乱之世……必当一一循序行之,若紊其序,则必大乱。"②康有为政治立场的变化,就是这样鲜明地表露在他的时间观念的变化中。

三

20世纪初年,集聚在《国粹学报》周围的一批硕彦所倡导的保存"国粹"论,历来被定论为是一种对进化论学说的反动;倡导者们也自然被目为封建复古主义者。但是,如果我们从他们的时间观这一基本方面进行考察,这种定论就值得怀疑。

每一历史类型的社会文化都有其自身的时间观表征;因为从对时间的态度方面,可以发现代表具体文化,以及由这一文化所造就的特殊的时间理解方式。中国社会悠久的历史文化传统,养育出中国人一种富于主观理解特征的时间感受形式。它把知觉时间与抽象化了的以往历史现象和过程糅为一体③,将时间理解为以现在为枢纽、连接过去与未来的三者相互渗透的结构。所谓"国粹"论者对时间的理解,本质上就具备了这一特征。

首先,对所谓"国粹"的礼赞立基于对古今关系的理解。他们认为,社会历史发展的持续性及其运动形式,在很大程度上赋予时间以历史的性质。"当其既进,有已往之现象;当其未进,有未来之影响。……既往之文明现象唯历史能留之,未来之文明影响唯历史能胎之。"④因此他们认为每一种社会形态都有其自身的作为历史整体的文化类型,决不可简单地拒绝和排斥一切文化遗产和传统。这一点正是他们反对"扬西抑中,视旧籍如苴土"⑤,主张"摅怀旧之蓄念,发潜德之幽光"⑥的认识依据。

---

① 《春秋笔削大义微言考》卷三"庄公闵公",《康南海先生遗著汇刊》第七册,第249页。
② 《答南北美洲诸华裔论中国只可立宪不可行革命书》,《康有为政论集》上册,第476页。
③ 国外也有学者提出相近的见解。Claude Larre 认为中国人时间观念的人文特征在于这种时间总是与具体历史时代及其作品相联结。见 Culture and Time p.37,联合国教科文组织主编,1976年巴黎英文版。
④ 邓实《史学通论》(四),《政艺丛书》中篇,《史学文编》卷一。
⑤ 邓实《国粹学报发刊辞》,《国粹学报》第1期,1905年。
⑥ 邓实《国学保存会小集叙》,《国粹学报》第1期,1905年。

这种"怀旧"之议并非对于往古的恋歌。他们清楚地认识到社会时代在时间上的演进和发展。因而主张,提倡国粹必须立足于现实。"凡境有三,曰已往,曰现在,曰将来。中国已往之群治,其活现于历史上者几成残影矣。然则今日所宜研究者,则现在与将来之进退是也。"① 因此,他们一方面提倡保存国学,另一方面又认为"尤当亟思改良,不为守旧,俾合于今日情势"②。以道德为例来说,"执数千年相沿之道德以范围今日文明世界之新群,则于其群必大相忤。知其相忤则更求一适宜之新道德,而后可以顺吾群而安吾群"③。

这些议论的内在蕴义,就在于将近代学说的精神注入古学的躯干之内。"凡国学微言奥义,均可借皙种之学参互考证,以观其会通。"④ 譬如,他们论证道:"古政之所以得……为天下,非为一姓也,其政公也。"但从秦朝统一中国以来,这一古政遭到毁弃,而现今欧洲诸国"其立政行法,转有合于我二千年圣人之旧,而吾国烟雾之儒,方手注疏而口性理,日习圣人之书,瞠目若未睹。"经过这样一番内在贯通后,遂进而指出:"夫吾所谓能复古者,谓复其政之精意,非复其粗迹也。"⑤

考察倡导"国粹"的领袖人物章太炎在时间问题上的表述和立场,对上述见解大概会得到进一步的印证。

首先,章太炎不同意康德关于时间并非客观存在本身的特性,而是人们想象和把握世界的先验直观形式这种论点。他在论证时间和空间的客观存在性时指出:"假令空是绝无,则物质于何安置? 假令时是绝无,则事业于何推行? 故若言无空间者,亦必无物而后可;若言无时间者,亦必无事而后可。"⑥ 他将时间形式与社会历史及其人类活动形态联系起来,便揭示了时间对存在的依赖性。他说道:"若时间则于五尘之动相亦有所关系矣。关系者

---

① 《论中国群治进退之大势》第 4 章,《政艺丛书》上篇,《政艺文编》卷三。
② 许之衡《读国粹学报感言》,《国粹学报》第 6 期,1905 年。
③ 《论中国群治进退之大势》第 4 章,《政艺丛书》上篇,《政艺文编》卷三。
④ 《拟设国粹学堂启》,《国粹学报》第 26 期,1907 年。
⑤ 邓实《原政》,《政艺丛书》上篇,《政学文编》卷一。
⑥ 章太炎《建立宗教论》,《太炎文录初编》别录。

何也？所谓观待道理也。"①这里的"观待道理"，是说"诸行生时，要待众缘"②。就像芽叶的出现离不开种子、时节、土壤等条件。章太炎在这里用佛教名词表达了时间以"五尘"的延续性为条件的见解。

一方面，自然界和人类历史表明了变化发展的无限性，"既济则蹇，未济其恒矣"③。另一方面又如上述，时间的存在受到现实运动的规定。时间作为一种形式，必然会随内容的无限变化而一同变化，从而具有历史性的特征。从这一见解出发，章太炎反对那种泥古不化的守旧思想。他指出，随着社会历史的发展，必然会出现旧有理论所包纳不了的新事物，与其用旧观念加以规约，不如将这种旧观念抛弃。"名实既诡，则皆可以替。……昔之有用者，皆今之无用者也。"④而治理国家的政策，也须不断变化以适应发展的需要，"不期于纯法八代"⑤。从而，他把矛头直接指向了孔教："孔子殁已二千岁，其遗说亦与佛书同往，于此新世界者，形势礼俗，岂有相关？"⑥

但是，章太炎反对将时间的间断性加以形而上学的绝对化。在如何对待社会文化传统的问题上，他认为："夫为学者，非徒博识成法，挟前人所故有也。"⑦同时又鲜明地反对抛弃历史文化传统而简单地接纳外国的一切，反对"以不类远西为耻"的全盘西化论；指出："今中国之不可委心远西，犹远西之不可委心中国也。"⑧章太炎认为继承历史传统首先须立足于现实，从今天的角度对过去加以取舍；同时还应合理地改变关于过去历史的规定性。譬如，他认为当时的维新派和革命党人缺乏道德信念，是"革命不成之原"。而"儒家之病，在以富贵利禄为心"，"用儒家之道德，故艰苦卓厉者绝无，而冒没奔竞者皆是"⑨。因此，面对现实就必须将其抛弃。这也就为他建立以康德伦理学为主体的道德理论提供了依据。在如何站在今天的立场重新认识

---

① 章太炎《建立宗教论》，《太炎文录初编》别录。
② 《杂集论》卷十一。
③ 章太炎《检论》卷二"易论"。
④ 《訄书·原变》。
⑤ 《訄书·通法》。
⑥ 《答梦庵》，汤志钧编《章太炎政论选集》上册，中华书局，1977年，第396页。
⑦ 《原学》，《国粹学报》第66期，1910年。
⑧ 同上。
⑨ 《论诸子学》，朱维铮、姜义华编注《章太炎选集》，上海人民出版社，1981年，第363、366页。

过去方面,一个例证就是在《论诸子学》一文中,章太炎将自己哲学思想中的"依自不依他"原则的精神赋予先秦诸子。

以这一态度去考察国粹,章太炎便会主张发动一场意大利式的文艺复兴运动,以达到建立新的时代文化的伟大目标。"为甚提倡国粹?不是要人尊信孔教,只是要人爱惜我们汉种的历史。"①"彼意大利之中兴,且以文学复古为之前导,汉学亦然。其于种族,固有益无损已。"②

人类社会历史的发展并非直线的前进运动,而是呈现出崎岖曲折的轨迹,有时还会出现暂时的倒退现象,这也就决定了时间的"外形"会出现扭曲。章太炎在某种程度上觉察到了这一点。因此他既反对以古非今,也不赞成盲目地用现在排斥过去的一切。他说:"道本无常,与世变易,执守一时之见,以今非古,以古非今,此正颠倒之说。""顺进化者,以今非古,则诬言也……守旧章者,以古非今,是亦一孔之见矣。"③

这种见解本质上来自章太炎对时代现实的观察。在章太炎看来,一个明显的事实是进化不等于进步。因此,他激烈反对那种认为"终局目的,必达于尽美醇善之区"的"进化论",而从"俱分进化"的立场提出:"进化之实不可非,而进化之用无所取"④,要求人们"毋沾沾焉以进化为可欣矣"⑤。他敏锐地觉察到了社会历史发展中出现的顺逆两种趋势,却由此得出社会发展呈现"日损"而非"日进"的错误论点,表明了他思想中的悲观因素。

国粹学派的那种时间观念,虽然具有一定的进步性和历史合理性;但是他们较多地是从个人的精神意志方面,而不是从社会实践出发阐述对时间的理解,因此在他们的时间观中包含着较多的非理性因素。

站在社会历史发展的客观立场上,通过正确论述过去、现在与将来之间的关系以克服国粹学派的缺陷,最先对此作出贡献的是李大钊。

李大钊在新文化运动初期的时间观的杰出之处,在于他初步觉察到时间变量并不仅仅依赖于人们的主观精神状态,它还受到了特定历史阶段中

---

① 《演说录》,《章太炎政论选集》上册。
② 《革命之道德》,《章太炎选集》,第295页。
③ 《齐物论释》,第14—15页。
④ 《俱分进化论》,《太炎文录初编》别录。
⑤ 《五无论》,《太炎文录初编》别录。

社会实践形式的规定。因此,他在高吟《青春》礼赞、呼吁人们"本自由意志之理(Theory of Free will),进而努力,发展向上"①的同时,又告诫道:"社会之演进,进步与秩序宜并重之"②,"群演之道,在一方固其秩序,一方图其进步"③。人类社会在时间上的前进速度并非以人们的主观理解为转移,它呈现出一种长期的发展过程:"东西文明之融合,政俗特质之变革……非可期成功于旦夕也。"④这些见解和议论,显然与马克思主义关于时间是变化和守恒因素的统一的学说有着贯通之处。

基于对时间特性的正确认识,李大钊对过去、现在与将来三者之间的关系提出了精辟的阐述。他指出,这三者之间的交替显现出时间"有进无退"的本质。"时是一往不返的。循环云者,退落云者,绝非时的本相,即让一步,承认时的进路是循环的,这个循环亦是顺进的,不是逆退的,只是螺旋的进步,不是反复的停滞。"⑤李大钊认为,过去和未来作为一种比较意义上的程序关系,唯有依赖"现在"这一关键性的中枢,才显示出"一线相贯"的发展进程及其"连续不断的生命力"⑥。因此他要求人们"拿出'现在'的努力,谋'将来'的发展。宜善用'今',以努力为'将来'之创造"⑦。

可以说,李大钊所以能在 20 世纪 20 年代前后建立起一种颇具卓识的史学理论,其时间观的正确无疑是一个重要因素。李大钊本人在时间观对历史观的影响方面也有论述。他认为凡主张"时的首脑在于古初,时的进行的方向是向广漠无涯的过去奔驰","这种时的观念所产生的历史观、人生观,是逆退的,是静止的,是背乎大自然大实在进展的方向的,是回顾过去的,是丧失未来的"。只有认为"时的首脑,不在古初,乃在现在,不是向广漠无涯的过去奔驰,乃是向广漠无涯的未来奔驰",只有具备这样的时间观,才能得到一个正确的、"奋兴鼓舞的历史观"⑧。

---

① 《厌世心与自觉心》,《李大钊选集》,人民出版社,1959 年,第 31 页。
② 《真理之权威》,《李大钊选集》,第 88 页。
③ 《民彝与政治》,《李大钊选集》,第 54 页。
④ 《厌世心与自觉心》,《李大钊选集》,第 29 页。
⑤ 《时》,《李大钊选集》,第 489 页。
⑥ 《现在与将来》,《李大钊选集》,第 165 页。
⑦ 《今》,《李大钊选集》,第 96 页。
⑧ 《时》,《李大钊选集》,第 488 页。

大致说来，李大钊的时间观对其史学理论所产生的良好作用，首先表现在，时间的单向性决定了历史前进的无限性，时间作为持续和变化的有机统一，表明了社会发展过程中既有历史积淀现象，同时又在不断地变化和"开新"。他指出，人类历史恰如时间所造就的一幢高楼，其间"陈列着我们人类累代相传下来的家珍国宝"。只有了解过去了的历史，"把凡所经过的层级所陈的珍宝，一览无遗"，才能更清楚地认识现实并"认识出来人生前进的大路"①。此外，更重要的是，人类历史具有社会形态不断变化发展的本质。因此，社会思想文化的演成，与特定时代相关联，必须"随着社会的需要，因时因地而有变动"②。决不存在什么万世不变的法则。封建社会的纲常名教之所以能在中国历久不衰，"全是因为中国的农业经济没有很大的变动，他的学说适宜于那些经济状况的原故。现在经济上生了变动，他的学说就根本动摇，因为他不能适应中国现代的生活、现代的社会"③。

其次，所谓"过去未来皆是现在"的时间观念，使李大钊得以对历史实际、历史资料和历史认识的关系颇有发微之见。他认为历史并非等于过去的故纸陈编，历史学也不仅仅是史料学。"历史是有生命的，僵死陈腐的记录不能表现那活泼泼的生命，全靠我们后人有新的历史观念，去整理他、认识他。"④史学的任务在于站在今天的立场上清理历史事实并重新理解过去。"一切过去，都是供我们利用的材料。"⑤以新的认识水平去研究历史，就能够给予逝去了的历史以新的不同以往的涵义。因此，他指出，人们对历史的认识会随着时代的发展而不断深入。"历史观是随时变化的，是生动无已的，是含有进步性的。"⑥

作为近代中国马克思主义的理论先驱，李大钊所阐发的关于时间的客观性与主观性，关于过去、现在和未来三者之间的关系，以及由此引出的对传统历史文化和现实生活的关系等一系列见解，已经超出了前人和同时代

---

① 《现代史学的研究及人生态度的影响》，《李大钊选集》，第505页。
② 《物质变动与道德变动》，《李大钊选集》，第272页。
③ 《由经济上解释中国近代思想变动的原因》，《李大钊选集》，第302页。
④ 《研究历史的任务》，《李大钊选集》，第483页。
⑤ 《现代史学的研究及人生态度的影响》，《李大钊选集》，第506页。
⑥ 《史观》，《李大钊选集》，第289页。

人的认识水平。他的时间观无可置疑地成了近代中国人时间观念发展进程中的一座丰碑。

从现实的社会文化环境中引申出来的时间观念，其反映形式必然要受到特定文化条件的规约。同时，这种时间观念一经形成，又会对人们在如何对待社会历史文化的态度和立场方面产生影响和指导作用。近代中国人那些风貌互异、性质歧出的时间观，既反映了近代中国社会文化进步的不平衡性和曲折性，并且也从最深处显示出人们在时代转折进程中对待传统文化和社会现实的不同理解。在今天，如何对待中国社会历史悠久的文化传统，如何树立正确的时间观念以处理好历史与现实的关系，都是尚未完全解决的严肃课题。因此，探究近代中国人时间观念的文化意义，从中获取有用的借鉴，应当说是很有意义的。本文只是作了一点粗浅的尝试罢了。

（原载《复旦学报（社会科学版）》1985年第3期）

功利主义在中国的历史命运

主张中国传统文化以重义贱利的非功利主义为特征的见解,由来尚矣。然而,考察从先秦到近代的历史进程可以发现,功利主义在中国社会的实际表现及其历史命运,是一个有待于深入的研究课题,非功利主义并非是中国传统文化的特征。

一

从先秦时代起出现的义利之辨,集中反映了功利主义精神在当时意识形态领域中的遭遇。所谓义,一般是指与封建礼制相维系的行为规范;所谓利,是指物质经济利益,包括社会利益与个人利益。

众所周知孔子是认定义、利势不两立的第一人。他以是否谋取私人利益作为区分君子和小人的界限,同后来的孟子一起成了重义贱利论的最初倡导者。这自然是无可讳言的事实。然而,判断一个思想家对功利主义的态度,不能仅仅看他的言论主张,还必须考察其实际行为准则。且不说孔子言论中透露出来的由于社会动荡分化,卿大夫们趋利避害和"上下交征利"[①]的现实情形;就孔子一生经历而言,"学也,禄在其中"就足以为他的生活道路作出功利主义思想的注脚。朱熹解释说:"在其中"就是"不求而自至之意"[②]。几千年来,不是孔子的言论,而是孔子的身教,成了封建社会大多数读书人追求功名利禄的风范。自从胡适在《中国哲学史大纲》中将墨子的"兼爱"与边沁的"最大多数人的最大幸福"相比附以来,至今所有的论者都对墨子的言论冠以功利主义之称;然而严格说来,这并不确切。因为墨子及

---

① 《孟子·梁惠王上》。
② 《朱子语类》卷24。

后期墨家尽管认为趋利避害是人的天性，并将善恶归之于利害，但在个人利益与群体利益的关系这一关键问题上，仍鲜明地主张"损己以益人"。"任，士损己而益所为也。"①这种言论并不符合功利主义强调个人利益丝毫不次于社会利益的精神，属于一种比较进步的平等学说。因而孟子当时痛诋"墨氏兼爱，是无父也"②，主要着眼于这种言论危及了封建宗法的等级秩序。

在中国历史上，对功利主义精神进行明朗的系统阐扬，首见于司马迁的《史记·货殖列传》。从战国时代起，商品的货币经济迅速发展，像一股强大的潮流，冲击着封建礼教的堤防，引起了人们热切的营利和求富思想。司马迁敏锐地注意到这一深刻的社会变化，并对此作了全面论述。他首先标揭："天下熙熙，皆为利来，天下熙熙，皆为利往。"这种现象如同"渊深而鱼生之，山深而兽往之"的自然规律一样，说明营利是人的天生本能。他通过对社会各类成员的描述，指出人们行为的根据和出发点都在于最大限度地满足和增进个人利益。"壮士在军……前蒙矢石，不避汤火之难者，为重赏使也。其在闾巷少年……不避法禁，走死地如鹜者，其实皆为财用耳。今夫赵女郑姬……目挑心招，出不远千里，不择老少者，奔富厚也。游闲公子，饰冠剑，连车骑，亦为富贵容也。弋射渔猎，犯晨夜，冒霜雪……为得味也。……医方诸食技术之人，焦神极能，为重䅯也。吏士舞文弄法，刻章伪书，不避刀锯之诛者，没于赂遗也。农工商贾畜长，固求富益货也。"

司马迁还通过具体例证，说明由于追求功利成了支配个人与社会的原则，轻视仁义说教也成了普遍的社会现象，金钱成了人们生活的主宰。譬如寡妇巴清，以擅于营利而致富，秦始皇遂封为贞妇，为她修筑"女怀清台"。一个穷乡寡妇，"礼抗万乘，名显天下，岂非以富耶？"③类似的许多例子都说明了当时"何知仁义？已享其利为有德"④，"长贫贱，好语仁义，亦足羞也"的社会倾向。

司马迁明确认为，追求功利成为社会的主要思潮，乃是"道之所符"和"自然之验"，它无须任何说教的指导或"发征期会"；也不应当受到干涉阻

---

① 《墨子·经上》。
② 《孟子·梁惠王上》。
③ 《史记·货殖列传》。
④ 《史记·游侠列传》。

挠。"故善者因之,其次利道之……最下者与之争。"①这些议论,显然与亚当·斯密在《国富论》中的功利主义思想有相通之处②。

西汉中叶,在统治阶级推行多欲政治的背景下,儒学经过董仲舒的改制,成为封建社会中的官方意识形态。在对待功利的态度上,董仲舒发展了封建主义的教父荀子以道即封建礼义裁定营利欲望的主张,在系统阐扬所谓道义、大纲、人伦的同时,通过性三品说的论证,对人们在社会生活中的功利主义倾向加以非议和拒斥。他认为,万民之性的"真质"之所以有恶无善,在于它是一种充满情欲和营利冲动的"斗筲之性"。它显然对统治术不利。因而董仲舒一再标举"正其谊不谋其利,明其道不计其功"③。要用统治阶级的利益排斥个人利益,以封建伦理的价值判断取代个人的快乐和痛苦。

这种反功利主义的倾向在理学家那里更趋极端。他们主张"存天理,灭人欲",将追求功利视作"天下将乱"的标志④,认为伦理准则与个人物质利益是水火不相容的。为谋生而追求物质利益,就会成为失去人性的"禽兽",读书人"劳身心以营鸡豚蔬果之务以为利",也就"不足列于人类"⑤。"后世吏治坏,民心漓,廉耻道丧,而寇贼日兴者,以利故也。"⑥

重义贱利论始终构成了封建统治学术的组成部分,这是事实。在当时一些进步学者那里也往往可以听到对此的颂扬。然而理想境界并不等于现实。且不说它忽视了"利益是道德的基础"⑦这一事实,这种理论本身也并不等于现实社会中实际流行的观念。如王夫之那种颇为偏激的贱利观点,恰恰反映了明末社会利欲熏天的恶浊世风。

从司马迁到董仲舒,随着封建统治学术确立过程的完成,功利主义的命运也经历了一个转折。但是它并没有消失,而是通过人们的日常社会活动和社会心理的途径经久不衰地表现出来。这恰恰从一个侧面揭示出封建意

---

① 《史记·货殖列传》。
② 傅筑夫先生在《中国经济史论丛》下册(生活·读书·新知三联书店,1980年)中对两者相似处作了对比。
③ 《春秋繁露·深察名号·身之养莫重于义》。
④ 邵雍《皇极经世观物内篇》。
⑤ 王夫之《俟解》。
⑥ 倭仁《倭文端公遗书》卷一,清末民初史料丛书第19种,台北成文出版社,1968年。
⑦ 《普列汉诺夫哲学著作选集》第二卷,生活·读书·新知三联书店,1961年,第48页。

识形态的虚幻趋向。

二

任何社会文化都以意识形态和社会心理为主要构成因素,研究一种文化的整体特征,不仅要分析体系化了的意识形态,更要考察人们在直接社会经验上产生的,并通过情绪、风尚、习惯等表现出来的各种社会心理,从中探寻民族性格和文化风貌。撇开社会心理,就无法对复杂的社会历史和文化内涵的多重性取得切实的理解和认识,也就无从定义社会文化的总体特点。因此,仅仅根据少数思想家的重义贱利论,就认为中国传统文化以非功利主义为其特征,这是片面的。下面试图从我国封建社会中社会风尚、宗教迷信和科学技术的发展,揭示贯穿其中的社会心理所具有的功利主义色彩。

作为社会行为调节器的风尚,是普遍社会心理在生活环境中的集中表现。我国社会历史发展的地域区别和时间差别,决定了各地风尚的丰富多异性。尽管如此,我们仍然可以在不同程度和范围内发现其中共同的功利心态。这大致表现在两个方面。

追求个人的世俗享乐　　司马迁在《史记》中曾指出"夫神农以前,吾不知已。至若《诗》《书》所述虞夏以来,耳目欲极声色之好,口欲穷刍豢之味,身安逸乐,而心夸矜执能之荣使。俗之渐民久矣。"[①]这在汉代以后也同样如此,"汉承秦敝,其为俗也,贪利而冒耻"[②]。人们行为的普遍趋向就在于追求个人的世俗利益,这种倾向在历史上各个社会阶层中并不少见。所谓"民生安乐,谁知其他"[③],"贫家不务储蓄,富室专于趋利"[④]。在流传的俗谚中也往往可以见到"人走利处,水走深处"一类的写照。

营利重于尚义　　封建统治者倡导尚义反利的道德原则,恰恰是有其功利前提的,所谓"圣人以义为利,义安处便为利"。在民间流行的风尚中,也存在着一种追求个人利益重于崇尚道义的倾向。譬如不少"鄙俗"都表明

---

① 《史记·货殖列传》。
② 《管同拟言风俗书》,载《历代名人书札续编》卷二。
③ 《国语·晋语》。
④ 《隋书·地理志》。

"何以孝弟为？财多为光荣"①，"仁义尽从贫处断，世情偏看有钱家"②。在素有周礼遗风的孔子家乡一带，由于一个叫曹邴的人善于经营冶铁而富至巨万，几代人"俯有拾，仰有取，贳贷行贾遍郡国"。结果，"邹、鲁以其故多去文学而趋利者，以曹邴氏也"③。北方如此，南国亦然。"夫岭以南，古蛮夷之地也。……足之所趋，心之所向，惟利是图。利在，则子不有其父、妻不有其夫。此朱子、阳明所无可如何者。"④这种情形显然完全符合功利主义的准则，即个人利益是行为选择的根据，判别行为好坏的标准在于其后果是增进还是损害个人福利。所谓"学成文武艺，货与帝王家"，也从另一侧面反映了这一准则。

中国封建社会中流行的宗教，以祖先崇拜与天神崇拜两种形式并存为特征。这种宗教的功利性质，一方面表现在按照宗庙之制确立大小宗，使祖先崇拜的宗教为巩固现实政治的等级制服务，也即通过加强祖先祭祀制度和共同血缘观念，将作为封建国家体制的宗法制度抬高到不容怀疑的神圣地位。另一方面表现在它将鬼神当作现实政治和道德的立法者，使封建君主上升到天神代理人的位置，假借神灵威力具体执行"天"所授予的管辖疆土臣民的无限赏罚大权。近代魏源所言"鬼神之说有益于人心，阴辅王教者甚大；王法显诛所不及者，惟阴教足以摄之"⑤，清楚地揭示出了这一点。

在民间流行的大量迷信观念中，一个突出的表现就是普遍相信鬼神贪图功利。譬如主张"鬼附势慕利"⑥，"钱至十万贯，通神矣"。认为鬼神一旦得到供奉便表现殷勤，"比知无复利，相见殊落漠"⑦。这实际上反映了信奉鬼神者本身追求功利的心态。现代社会心理学在论述归属过程的主观性时强调，被描述的特征方面取决于知觉主体的本身特点，对象的表征是与本人的自我认识水平紧密联系在一起的。当时人们崇信鬼神或妄佛学仙，"无非

---

① 《汉书·禹贡传》。
② 《俗谚》，中国民间文学出版社，1983年，第374页。
③ 《史记·货殖列传》。
④ 《姚莹上韩中丞书》，载《历代名人书札续编》卷二。
⑤ 魏源《古微堂集》内集卷一《学篇》。
⑥ 李瑞清《清道人遗集》卷二《书郑大鹤山人尺牍册子后》。
⑦ 《太平广记》卷243《张廷赏》、卷297《睦仁茜》。

欲得其神通,受人供养,使势成于我,利归于我,虽学仙佛,却是学势利也"①。

中国历史上科学技术的发展始终没有超出中古型的经验性阶段。当我们从科学内部或外部探寻其原因时,显然不应当忽略造成这一事实的功利心态背景。古代科技各部门发展的不平衡性和实用特征就清楚地反映了这一点。数学的发达,主要是为了满足丈量耕地面积和商业交易计算的实际利益需要;而古代天文学所以能取得一定成就,原因之一也即在于封建统治者出于天人感应的迷信心理,以及为了授民以时的需要,从维护王朝统治的角度予以重视和推进。明末时的杨光先显然深谙封建君主的功利心理,因而当他竭力攻击耶稣会士时,不是论辩西洋历法是否准确,而是直截了当地声称它有危于封建王朝统治。

在这种功利心理支配下,对科学领域中的抽象理论研究就被搁置一边,科学仅仅成了满足实际物质需要的手段。古代数学的成就只体现在算术和简易代数之上,即便在重视十进位制和比例等方面曾领先于世界,但却从未发展成相应的记录公式的符号方法。天文学研究主要表现于对日月星辰位置的测算,而对预测日月食及天体运动轨迹的几何模式则少有关心。古代地理学发展中也反映出对大自然研究兴趣不大的倾向。《徐霞客游记》这部巨作在很大程度上是受西方科学影响的产物。

由上述简略的分析可以看出,在我国封建时代的社会心理中,广泛存在着一种明显的功利倾向,它与封建统治学术的教义正相反对,表现出不同的价值观念。就这一方面而言,普遍社会心理与封建意识形态的对立,是我国封建社会中存在的一种现象。

三

漫长的封建时代留下的遗产之一,是一种普遍的功利心态。当历史跨入近代的门槛以后,这种功利心态同样通过新的途径毫不含糊地表现出来。

近代史的主题之一,是在中西两种社会文化交会后优劣判明的严峻现

---

① 林云铭《挹奎楼选稿》卷八《与丁勘庵》。上文第 24 页注⑥⑦至本页注①均转引自钱锺书《管锥编》第二册,中华书局,1979 年。

实下，如何引进西方文化，尽快消弭落后状况。围绕这一方面的不少见解和方案，显然是从功利角度出发的。譬如王韬一方面呼吁人们对学习西方近代文化应当"视为急务，勿作虚文"，另一方面则提出"诱之以利禄，激之以功名，以天下之大，人材之众，岂无殊尤之资出类拔萃者哉"①的具体方法。李鸿章为了引发知识分子学习西方科学技术的热情，袭用以科举功名为招徕术的传统方法，建议"专设一科取士"，让天下"士终身悬以为富贵功名之鹄"②。而严复高于侪辈之处，就在于他深谙当时人们的功利心态，通过《原强》《天演论》等著译，用耸动人心的语言宣传了斯宾塞的社会达尔文主义思想，指出只有向西方学习才是有利无害的选择，才能使中华民族避免重演"美洲之红人，澳洲之黑种"遭受殖民奴役的历史悲剧③。在这种背景之下，人们一会儿"避西学若厉"，一会儿"慕西学若膻"④。于是，在输入的西方文化中，欧洲大陆思辨理论被轻视，注重实际功效的英国经验论传统和实证主义学说，则在19世纪末20世纪初的中国广为流行。这些显然在不同程度上表明了近代中国人在面临民族危机时表现出的功利倾向。

与此同时，随着封建自然经济的解体和商品经济的迅速楔入，一些思想家开始在意识形态领域介绍和宣传西方近代功利主义学说，以期为发展资本主义而确立新的价值观念。最先的系统介绍首见于严复笔下。他在翻译《原富》的过程中，对亚当·斯密从经济学角度提出的功利主义思想进行了宣传和发挥，其见解大致表现在如下几方面：

首先是论证个人"自营"和追求享受的正当性。康有为曾认为在人性论上"皆告子是而孟子非"⑤，人性作为一种无所谓善恶的本然状态，具体就表现于人的各种需求和欲望上，因而趋利避害和各种营利冲动是无可非议的。与这种带有托古色彩的议论不同，严复是从生产与消费关系的原理上，来论证人们追求财富和享受的倾向完全符合经济发展规律。他说："夫民之所以盻盻勤动者，为利进耳，使靡所利，谁则为之？"随着生产劳动而出现的财

---

① 《洋务运动》(一)，上海人民出版社，1961年，第516页。
② 《筹办夷务始末》同治朝卷25。
③ 《天演论》导言四案语。
④ 梁启超《新民说·论自由》，《饮冰室专集》第三册第4卷，台北中华书局，1972年。
⑤ 《万木草堂口说》。

富积累,必然会促进人们对享受的追求。"今使一国之民,举孜孜于求富。既富矣,又不愿为享用之隆,则亦敝民而已。况无享用则物产半盈之后,民将缦然止足,而所以励其求益之情不亦废乎。"①因此他明确表示:"功利何足病","舍自营无以为存"。

其次,社会利益基于个人利益。严复依据斯宾塞的社会达尔文主义观点,反对赫胥黎的先验道德论,认为人们是出于满足各自需求的利己心,"才由散入群",而组成社会群体。所谓"善相感通之德"②产生于物竞天择之后。因此,严复接受了亚当·斯密的著名观点,即每个人在从事经济活动时只考虑追求个人的最大利益,并没有帮助别人和增进社会公共利益的动机;只是经过竞争原则的自然平衡和调解,才产生彼此间的协作和帮助,消除个人利益与社会利益之间的对立。"盖真利者公利,公私固不两立也。"③严复认为这种"开明自营"的见解"实能窥天道之全","为近世最有功生民之说"。虽然他认为"明两利为利,独利为不利","盖未有不自损而能损人者,亦未有徒益人而无益于己者"④。但是从根本上说,严复仍是主张"积私以为公",个人利益与社会利益同等重要,顾及他人需求和社会公利必须以不损己为前提,而不是相反。

再次,论证义、利的统一性。严复赞同斯密将道德与利益相联系,从社会的经济关系和经济利益中寻找道德依据的思想,反对以义驾驭利的见解,指出"其用意至美,然而于化于道皆浅"。因为在营利和追求财富方面,"实且以多为贵而后其国之文物声明可以日盛,民生乐而教化行也。夫求财所以足用,生民之品量与夫相生相养之事,有必财而后能尽其美善者"⑤。因此,必须在义以利为基础的前提下谋求两者的统一。

与严复差不多同时,梁启超发表了《乐利主义泰斗边沁之学说》一文,较全面地介绍了"为近世欧洲开一新天地"的英国功利主义思想家边沁的学说,并试图用穆勒等人的观点加以补充修正。

---

① 《原富》,商务印书馆1981年,部丁篇九案语,第550页;部乙篇三案语,第288页。
② 《天演论》,商务印书馆1981年,论十六案语;导言十四案语。
③ 《原富》部丁篇七,第480、481页;部甲篇八案语,第27页;部乙篇三案语,第288页。
④ 《天演论》导言四案语。
⑤ 《原富》部丁篇七,第480、481页;部甲篇八案语,第27页;部乙篇三案语,第288页。

梁启超在文章中首先叙述了边沁认为人的天性在于趋乐避苦,以及一切善恶均以个人幸福为标准的"最大幸福原理"。并引申说:"谓人道以苦为目的,世界以害为究竟,虽愚悖犹知其不可为也。人既生而有求乐求利之性质,则虽极力克之害之,终不得避"。但是他认为,边沁从纯粹享乐主义出发笼统地反对一切"窒欲"显得"不无太过"。他指出,人类作为具有精神生活的高等动物,"于普通快乐之外,常有所谓特别高尚之快乐者"。如果二者不可兼得,就应当克制并舍弃普通快乐,而追求高尚的快乐。

梁启超认为,边沁在强调立法者的职责在于保护以苦乐为善恶标准时,"所重者仍在量而不在质。彼意以为,苟其乐之量强弱长短相等,则最粗之小儿玩具与最优美之诗歌无所择"。这一偏颇为另一著名的功利主义思想家约翰·穆勒所纠正。后者提倡适度的快乐,认为应当从数量与质量两方面"别择苦乐","不徒较其多少,又当较其高卑"。不过在判别这种"高卑"的方法上,梁启超指出,穆勒主张以外部舆论的裁定过渡到心理联想的见解,实际上与边沁的联想原理相似,"不外边氏所谓感情说中常识之一种"。

对于边沁认为公共利益与私人利益"常相和合,是一非二"的见解,梁启超认为,由于在现实中这两种利益常常处于冲突状态,边沁主张个人营利求乐的目的与遵循道德是统一的这一观点便难以成立。对此,后来的功利主义学者"不得不稍变其说以弥缝之"。梁启超认为日本学者加藤弘之在《道德法律进化之理》中将爱己心分为"纯粹的爱己心,与变相的爱己心即爱他心"的见解"实可以为边沁一大声援"。"盖因人人求自乐,则不得不生出感情的爱他心,因人人求自利,则不得不生出智略的爱他心,而有此两种爱他心,遂足以链结公利私利两者而不至相离。"这实际上是亚当·斯密理论的翻版而已。

在西方功利主义思想的熏陶下,梁启超断然宣称:"故人而无利己之思想者,则必放弃其权利,驰掷其责任,而终至于无以自立。彼芸芸万类,平等竞存于天演界中,其能利己者必优而胜,其不胜利己者必劣而败,此实有生之公例矣。"他将利己主义主张每个人以追求个人最大幸福和利益为终极目的的见解比附为功利主义,并将这种思想举到攸关存亡的高度。他认为先秦时代杨朱利己主义的"为我"之教,与近代功利学说有吻合之处,它有助于增进人群发达和国民文明。"故今日不独发明墨翟之学足以救中国,即发明杨朱之学亦足以救中国。"①

康有为、严复、梁启超等人对功利主义思想的介绍和宣传,无疑反映了一种要求迅速发展资本主义的迫切期望和信心。但是他们不无幼稚地认为资本主义能够协调和融洽个人利益与社会利益,能够保证每一个人都有相同的发展机会;并且把资产阶级的个性作为衡量人类本性的标尺,试图使之成为适用于所有时代和社会的普遍准则。他们将人们行为的结果与个人利益和需要联系起来,行为的评价实际上被个人利益的权衡所代替,这就势必将个人私利看得高于一切,否定道德因素在人们的经济活动和社会活动中的作用。这样就不可能正确地反映人们的社会关系的实质。正是基于这种片面性,西方功利主义学说在近代中国受到青睐的时候,必然已包藏着遭到抵制和批判的隐因。

四

从1906年起,章太炎试图对功利主义学说作全面的批判。

这一批判有其时代和现实背景。首先,对功利主义的批判与对资本主义发展的怀疑有着密切关联。功利主义理论宣称能够协调资本主义社会中的个人利益和社会利益,每个人只要追求个人利益和个人幸福,就能够增进全人类的共同利益和幸福,促使社会的全面发展和高度繁荣。然而资本主义国家中的实际发展情形,是贫富分化和社会对立的日益增长,它带来了社会道德价值观的退化。中国近代社会中"官常之堕败,士风之庸猥,党见之狭鄙,工商之狙诈"②的实际状况,也充分说明了功利主义社会的虚幻性。

自私自利虽然是功利主义的题中应有之义,但是片面地高扬这一精神,把利己主义当作功利主义加以崇奉,必然会对功利主义精神产生以偏概全的认识。梁启超的见解就有这种偏颇性。他将杨朱"为我"的利己主义与近代西方功利主义相比附,并将这种学说当作充满生命力的理论和通往进步与幸福彼岸的津梁。如此"倡言功利"的宣传,固然反映了近代启蒙思想家

---

① 《十种德性相反相成义》,《饮冰室文集》第二册。
② 《俱分进化论》,《章太炎全集》第四卷,上海人民出版社,1985年。

的理论勇气,但是客观上也对"公卿至庶民惟利之趋,无所不至"①的倾向起了推波助澜的作用,在现实社会中结出不少苦涩之果。"举目斯世,求一攘利不先,赴义恐后,忠愤耿耿者,不可亟得。"②诸如《二十年目睹之怪现状》《老残游记》《发财秘诀》等谴责小说中的种种揭露,表明"利者,合公私上下而奔趋之"③所产生的道德堕落,已成为清末社会昏暗腐败的特征之一。章太炎认为,正是由于"功利说盛行",那种"明识利害、选择趋避""竞名死利"的恶习"乃益自固"④。

章太炎认为,在推翻清王朝和反对西方资本主义殖民奴役的革命实践中,宣传功利主义所带来的道德信念的沦丧,其后果是怵目惊心的。"道德堕落者,革命不成之原……亡国灭种之根极。"资产阶级维新党人的事业归于沉寂,在章太炎看来,其根本原因在于他们"不能忘情于名利",事事"为利欲所制",缺乏敌忾致果、舍命不渝的勇气。

有鉴于此,章太炎告诫资产阶级革命派志士,强烈的功利心"就像微虫霉菌,可以残害全身",会招致革命失败。他明确表示:"光复诸华,彼我势不相若,非不顾利害,蹈死如饴者,则必不能以奋起。就起,亦不能持久。故治气定心之术当素养也。"为了消除功利主义思想对清末革命事业的危害,章太炎在1906年出现哲学世界观转变之际,确立了以康德信仰主义伦理学为主体的道德论,以此作为与功利主义相抗衡的理论武器。

针对功利主义学说主张以行为的效果而不是动机作为评价人们行为的基础,章太炎突出地称赞了康德的"意志自律"原则,将它喻作佛教在宗教实践中达到的最高境界。要求革命志士以"依自不依他"的自尊人格约束自己,严于律己,"损其好利之心,使人人自尊,则始可以勇猛无畏"。并由此反对效果论,强调行为动机的重要作用,他主张"人之所志,固不当以成败为枭极","志气果好,便万分险阻艰难的事也办得去"。要求人们树立以献身革

---

① 《曾国藩复彭丽生书》,载《历代名人书札续编》卷二。
② 《管同拟言风俗书》,载《历代名人书札续编》卷二。
③ 《复方子听》,《郭嵩焘诗文集》,岳麓书社,1984年,第147页。
④ 《〈社会通诠〉商兑》,《章太炎全集》第四卷。以下未加注码的引文分别见该集《革命之道德》《俱分进化论》《答铁铮》《五无论》《〈社会通诠〉商兑》《在〈民报〉纪元节大会上的演说》《答铁铮》《建立宗论》《革命之道德》《与人书》《四惑论》诸篇。

命大业为准则的动机,坚信要与强大的敌人进行争搏,就必须"排除生死,旁若无人,上无政党猥贱之操,下作愞夫奋矜之气,以此揭橥,庶几中国前途有望"。

同时,章太炎还反对以谋取个人利益作为目的本身的功利见解。他主张"一切以利益众生为念",以社会利益作为个人利益的指针。章太炎表示:"今之革命,非为一己,而为中国。"如果萦心于私人名利,势必会拒绝社会道德义务。"吾辈所处革命之世……方得一芥不与,一芥不取者,而后可与任天下之重。"

功利主义学说认为后果的善恶之别必须以人们的行为是否带来幸福作为衡量标准。对此,章太炎一方面从认识论上论证了人类从"无记"即无善无恶的最初本性,发展到执着我见产出种种现行善恶成见的过程,提出"一切世间善恶,悉由我见而起","发起善恶,不过是思业上的分位,只是随顺妄想,本来就不能说是实有"[1]。因而必须泯除一切善恶观念。另一方面,章太炎提出了反幸福论的观点。他明确表示:"幸福本无","求增进幸福者,特贪冒之异名"。道德与幸福势不两立,对幸福的追求和向往绝不是道德行为的出发点和内在动力。只有自觉地抵制对世俗幸福的向往,否定幸福的此岸性,方能体现"重然诺,轻死生"的崇高精神境界。章太炎的这一见解,实际上是复述了康德的著名论点,即"道德律令"之所以有无上的价值,不是因为它带来任何世俗幸福,而是招来莫大的牺牲;真正的道德行为"正是在苦难中才最显示出它们的卓越来的"[2]。

功利主义学说不可能使人们形成真正牢固的道德信念,它无疑应当受到谴责和批判。章太炎的一系列阐述,在推翻清王朝统治、缔造新型国家的前夜,对于资产阶级革命志士砥砺高尚的人格,对于人们精神生活的趋于完善,无疑具有一定的积极影响和作用。他弘扬的那种不计个人功利、舍生忘死的精神,对许多有志青年也起了很好的教育作用。在这方面,鲁迅所受乃师的熏陶,就是一个明显的例子。

---

[1] 《论佛法与宗教、哲学以及现实之关系》,载《中国哲学》第六辑,生活・读书・新知三联书店,1981年。
[2] 康德《实践理性批判》中译本,商务印书馆,1960年,第158页。

但是，章太炎从批判追逐个人名利出发，彻底否定功利主义理论，显然是十分片面的。他从道德在原则上高于历史的见解出发，仅仅抓住社会关系的一个侧面，仅仅以道德说教作为与功利主义抗衡的武器，未免显得软弱无力。这一点恰恰反映了一代思想家的理论贫乏状况。我们认为，对于曾经作为人类追求幸福的理论武器之一的近代功利主义学说，不应一笔抹杀。正确的做法应该是实际功利与道德理想并举，追求社会利益与个人利益的统一，物质生活与精神生活的统一。

从康有为到章太炎，功利主义在中国的历史命运经历了一个明显的转折，它不再受到人们的公开礼赞。然而，它并没有从此销声匿迹，功利主义在中国有着坚实的社会土壤，至今仍在人们的社会生活和社会心理中产生着重要作用。毫无疑问，对功利主义思想的深入批判和扬弃，依然是当前全民族进行精神文明建设的一项重要课题。

（原载《复旦学报（社会科学版）》1987年第6期）

当代中国农民的功利心态

当代中国的现代化进程,突破了农村社会的闭塞,为各种新观念和新思潮的涌现创造了前提。近来已有一些研究文章指出,在社会变迁的大背景下产生的形形色色思潮中,功利主义的腾播一时称最①。它构成了当代中国农村社会心理的鲜明特征,流贯农民头脑的各种愿望、嗜好、信条、意向、理想等,都清楚地折现出这一点。

作者在1987年撰写的《功利主义在中国的历史命运》一文中已经试图论证,两千多年来,功利主义思想并不比"伦理原则"更受人轻视,它通过人们的日常社会活动和社会心理的途径,经久不变地表现出强大的生命力,并成为漫长历史的文化遗产之一②。本文在某种意义上作为续说,主要想讨论三个问题:(一)功利心态给当代农民群体带来的具有社会意义的特点;(二)功利心态的盛行给农村经济发展和精神文明建设造成了不容忽视的危害性;(三)中西功利学说的同源殊流以及当代中国农民功利心态的发展归向。

一

如果说中国的农民群体长久地承受着重义贱利、清心寡欲等传统意识形态的外在压力和束缚,那么追逐财富和物质利益则始终是他们内在的冲动。随着社会经济生活和社会条件的变化达到一定程度,这种内在冲动就会变得十分明显,并向凭借行政权力而播化的传统说教进行公开挑战。

---

① 在这方面比较有代表性的文章是北京社会经济科学研究所当代中国社会世俗化研究课题组撰写的《功利主义文化的兴起与当代中国社会变迁》(载《经济学周报》1988年10月2日)一文。
② 见《复旦学报》1987年第6期。

年代以来，改革开放政策带来的商品经济潮流汹涌而至。在农村，商品化的趋势则以调整农村生产关系为原点，迅速延伸到其他各个领域。这一根本性的变化动摇了建国四十年中确立起来的价值观和行为准则的基石，促使人们对现实社会及个人意义产生新的见解，并重新寻找权衡和塑造衡量事物的客观尺度，重新谋求对新环境的适应。对此反应最敏锐的就是农民的心态。他们根据参与商品生产和商品市场的切身经历，感到追求个人利益并不与社会公共利益相悖，因为行为评价的基础并不在于它的动机如何，而取决于它所产生的效果；在社会交往中，根据自身利益行动以求自我需要和快乐的满足，正是维持生存和发展的基本支柱；而在商品经济条件下，要实现个人的快乐和幸福，基本手段和有效途径就是要获得足够的金钱和财富，同时金钱占有的多寡也维系着个人的社会地位和社会作用。这些认识构成了当代中国农民功利心态的主要特征。

在这种功利心态的左右下，"文化大革命"中盛极一时的以禁欲主义和平均主义为核心的道德准则失去了威灵，被毫不犹豫地冷搁一边。农民们对舆论工具鼓励他们大力发财致富的宣传感到欢欣鼓舞。他们以追逐金钱财富和享受作为个人追求和生活目标，焕发出了极大的劳动热情。这种功利心态不仅成功地引发出当代农民的干劲，在客观上为打破物质生产的自给性、消费品分配的平均性、产品流通的封闭性以及消费的抑制性等自然经济的特征起了基本推动力的作用，同时也赋予了当代中国农民群体一些具有社会意义的特点。

首先，功利心态使农民趋向于注重时间效率。

自近代中西接触以后人们对时间节奏的紧迫感已开始有所认识，但主要局限于沿海的一些城市，并且多半与政治、军事局势相维系。至于内地农业生产和社会活动的节奏，则依旧循着《礼记·月令》之类的传统季节记述缓慢地进行。80年代以来，对时间节奏和效率的注重与追求，作为功利心态的派生物，迅速在广大乡村发展起来。处于商品经济潮流中的广大农民切身体会到，相同的经济行为和过程的重复时间，以及不同经济行为和过程的交替时间愈为加快和缩短，就愈为有利，在同一周期内，依靠勤奋劳作和有效管理，就可以完成超出常频的生产和流转，从而获得超出常频的利益。

生产和流转的节奏越紧密,时间效率意识也就越增强。"时间就是金钱",便是这种心态的形象概括。80年代的农民已试图抛弃习于慢节奏、用节令来规范经济生产和社会活动的小农社会机制,向工业化的快节奏迈进。即便在偏僻的山区农村,我们也能看到这一趋向。有人曾对贵州遵义某生产队农民在一年中的时间利用结构作过具体分析①,从中可以发现,农民们除了以尽可能多的时间投入农业劳动外,还注意设法支出较少的农业劳动时间来换取较多的劳动产量,而每年在缺乏实际意义的迎来送往中空耗的时间也降低到最低限度。

其次,功利心态促使农民冲破狭小的生活范围,增广人际交往空间。

自给自足的小农经济的特征之一,就是分散隔膜的家庭手工业和小农业的综合性家庭构成乡村社会的核心。所谓"家家守村业,白头不出门"(白居易诗)。人们的一切活动很少超出自然村落的范围,交换和互济也是以区域狭小的集镇为中心。随着当代农村商品经济的兴起和发展,农民们已日益不满于完整而落后的自给自足水平。他们以财富收入的多寡来衡量功利心态的满足程度,期望通过增多商品交换的机会获取更多的金钱。于是,对金钱和财富的追逐化作对外在交换市场的关注,促使他们自觉打破狭小有限的村落范围和常年囿于一地的封闭状态,向城镇和都市迁伸。这样,随着活动和交往范围的不断增广,农民们的视野日益开阔,与外界交往的广度和密度也日趋增加,从而直接促成了城乡经济网络的萌生。

又次,功利心态培育了农民敢于冒风险的精神。

传统农业的生产者同时又身兼消费者,他们为满足自身消费需要的生产是十分确定的,因而无须担心产品的销售问题。但是,当农民成为商品生产者,便立即卷入了社会商品经济的旋涡中。商品经济的一个特点是生产与消费的分离,以及消费对象的不稳定。农民们甘愿参与其中,期望销售掉自己的产品以换取所需的金钱,他们承受了产品滞压或过剩的潜在危险,逐步适应商品经济那种波动起伏、风险丛生的生活。除此以外,我们从大量涌现的农村工人及各类专业户、重点户身上,也可以清楚地看到那种为涉足新

---

① 王世帆《试析农民的社会时间结构》,载《农村发展探索》,1985年。

的领域和部门而敢于冒风险的精神。

最后一点,功利心态促使人情味趋于淡化。

不少农村地区在人际关系中曾经或多或少保存着的建立在宗法观念基础上的人情味,在农民功利心态的迅速蔓延和强烈影响下,似乎变得不堪一击,很快地趋于淡化乃至消失。同村落的农民们那种往来密切、晨夕相处的人际关系逐渐被打破,代之而起的是注重讲求平等的权利和义务的互惠关系、交换关系,并日益成为社会人际关系的合理基准。"主观为自己,客观为别人""人人为我,我为人人"之类颇得人心的流行口号,也为此作了生动的注解。在互利取代人情的过程中,一些地区甚至出现了资本主义的金钱关系,譬如温州地区就出现了兄弟之间借钱也得付利息的情形,从中已经隐约可见资本主义"经济人"的影子了。

二

商品经济孕育下的功利心态,以其所附生的经济力量和文化潮流,冲击着农村社会的惰性和既定价值观念,并给当代中国农民群体带来了一些富有历史意义的特点。但是另一方面也必须清醒地注意到,当代农民中盛行的功利心态,在不少方面起了阻碍现代化进程的作用,给当前农村的经济发展和精神文明建设带来了不可忽视的危害性。

一项平凡的道理是,在一个以农为本的国家里,只有保证农业生产的健康发展,才有可能为工业和商业的兴旺提供坚实的基础;而农业正常发展的前提之一就是要拥有足够的耕地面积。但是,由于功利心态的作祟,农民常常将这一浅显的常识抛置脑后,给农业生产带来了不应有的危害。我国的耕地面积共有14.8亿亩,仅占世界总数的7%;平均每人1.5亩,只占世界平均数5.5亩的27%。这一数字本来就是相当严峻的。然而自80年代以来,我国的耕地面积却在原来极少耕田面积的基础上,在以前所未有的速度下跌。据悉,"六五"期间,全国耕地减少3 688万亩,其中1985年净减少1 500多万亩[①],1987年则减少900多万亩[②]。以四川省为例,两年内全省非

---

① 杨维廉、王仁普《浅议我国耕地的管理和利用》,载《中国农村经济》1988年第4期。
② 《中国青年报》1988年2月12日。

农业用地占去耕地达283万亩,相当于四个中等县的耕地①。而山西省在1983年至1986年间,非农业建设用地也达74万亩②。造成耕地锐减的严重危机的直接原因,在于一些农民和农村干部只顾眼前利益,不珍惜土地而随意占用,他们以发家"致富""搞活经济"为借口,任意改变土地的用途,甚至非法出卖、出租耕地给非农业用户,或用耕地拉关系,将它作为与对方交换利益的本钱。四川省有的村庄就是靠出卖土地而每户都跻身"万元户"行列。不少地方因失去耕地而发生了农民口粮匮乏的困难③。

方兴未艾的农村造房热,不仅反映出当代农民的消费投入、道德文化、价值观念,同时也从一个侧面表明了农民们对土地使用的功利心态。当农民手中有了钱以后,不是首先考虑对农业的扩大再生产,而是要寻找既能满足自我需要和快乐,又有保值效果的消费途径,于是不约而同地将目光集中在造房上。据统计,近八年间农村新建住宅49亿平方米④。农民造房标准越来越高,占地也越来越大,于是出现了乱占耕地的问题,有的农民即使手中无钱盖房子也要先占耕地。据1981年第6期《半月谈》载文计算,照这样的造房势头,到2000年全国就会丧失1.4亿亩的耕地!

在农村,无视农业生态系统和农业生产体系的建设所造成的损失也十分严重,它同样清晰地折现出农民急功近利的心态。良好的农业生态系统与稳定的农业生产体系互相依托,构成了高效能的生态型农业,并保证了最高综合效益的取得。然而可悲的是,我国当前农村各业都不同程度地陷入了恶性循环之中。其中固然不乏历史和自然的因素,但功利心态指导下的人为作用更不容忽视。这至少表现在几个方面。其一,畜牧业生产水平严重下降。据统计,1981年我国猪、羊、牛出栏数分别比世界平均水平低35.8%、10.8%、15%⑤,其中耕牛的急剧下降尤为严重。以四川资阳县为例,60—80年代初,全县耕牛总数保持在22 000头。自1981年开始大幅度减少,至1986年3月仅存6 200头,比1980年下降了75%,并且下降的趋势

---

① 毛朝敬《致富岂能靠卖地》,《瞭望》1986年第14期。
② 《新民晚报》1988年4月30日。
③ 毛朝敬《致富岂能靠卖地》,《瞭望》1986年第14期。
④ 杨维廉、王仁普《浅议我国耕地的管理和利用》,载《中国农村经济》1988年第4期。
⑤ 陈家骥主编《新趋势——中国农村的现实与未来》,农村读物出版社,1985年,第54页。

还在继续①。在农业机械化尚不发达的情形下,耕牛仍然是农业生产的重要动力;而对于适应我国国情的有机农业来说,强大的畜牧业生产结构更是不可或缺的基础。目前耕牛的一再减少,已经直接影响了农业生产。究其主要原因,恰恰是由于饲养耕牛经济效益低,农民因获利无几而不愿意继续饲养,于是造成了管理不善、随便贩卖和宰割的严重现象。

其二,对土地的无机投入片面增加。依靠化肥、农药等无机投入的支持而达到尽可能高的农产品总量,是现代化发展的特点之一;它在促成农业生产的进步之际,也带来了生态恶化这一根本弊端。我国的农业发展要克服这一弊端,就必须尽量以足够多的有机肥和完善的防治体系来维持农业生产的良性循环。但是许多农民却出于对眼前经济利益的考虑,期望通过单纯增加对土地的无机投入,在短时期内达到尽可能高的农产量。他们对每亩耕地的化肥投入量在逐年上升②。这种急功近利式的冲刺,造成了土壤肥力下降、地力衰退的后果。如东北三江平原地区开垦初期,土壤有机质一般为6%—11%,现在已降到3%—5%。黄淮海地区有近一半的土壤有机质含量在1%以下③。急功近利的举动常常使人们忘了这样一条真理:"我们统治自然界,决不像征服者统治异民族一样,决不像站在自然界以外的人一样,相反地,我们连同我们的肉、血和头脑都是属于自然界,存在于自然界的。"④

其三,森林面积大量减少。据报道,我国的森林以每年一亿立方米的数量被吞噬,国有林区的蓄积量近十年来已减少28.1%,集体林区蓄积量在300万立方米的林区重点县,已减少了近一半。到20世纪末,大部分林区将不能提供商品木材。导致这一情形的并非天灾,而是人祸。许多林农出于"要想富,多砍树"的信念,盲目地乱砍滥伐,使大片的绿色国土变成了荒山秃岭。湖南就出现过几个乡的农民在乡政府支持下,一夜间哄抢1 000多亩国有林的恶性事件⑤。仅以农村中重新掀起的修造墓穴之风为例,一年中

---

① 《农村问题探索》1986年第3期。
② 从1978年至1982年,全国化肥施用量由884万吨上升到1 513万吨。
③ 杨维廉、王仁普《浅议我国耕地的管理和利用》,载《中国农村经济》1988年第4期。
④ 《马克思恩格斯选集》第三卷,人民出版社,1972年,第518页。
⑤ 《新民晚报》1988年5月7日。

就有近50万立方米的木材白白地与死人一道被埋葬。这种滥伐森林的现象,使我国生态环境遭到严重破坏。据了解,由于植被遭到破坏,我国每年流失表土约50亿吨,相当于全国耕地每年流失1厘米厚的肥沃表土,也相当于平均每年毁坏600万亩耕地的肥沃土层。

除了上述对农村经济发展造成的消极性和危害作用,当代农民的功利心态也给农村的科学文化、思想道德的建设事业带来了不少弊端。

以科技、教育在农村的遭遇为例。如果说在中国古代,科学技术的发展始终没有超出中古型的经验性阶段,是由于在功利心态支配下,抽象的理论研究被搁置一边,科技仅仅成了满足实际物质需要的手段;那么,这种对待科技的功利心态今天同样存在。它表现为除那些可以直接应用于农业生产的科技知识颇受重视外,其他则受冷落。即便是农业科技知识,在农民眼中,也仅仅是达到发财致富的工具,"要想富,学技术"这句新谚语简洁地表明了农民的这种心态。我们固然可以将此视为与温饱阶段相适应的生产力发展的动因,是隐藏在社会主义商品经济背后的动力源;但是这种见解毕竟是非常肤浅的,并且会给农村的科技发展带来不利影响。对于乡村教育,农民更是抱着强烈的功利态度。教育所产生的影响和效果并不是能够直接显现出来的,农民因而对此缺乏热情。他们认为要想致富,还得靠经验和运气,并不需要良好的文化知识,书读多了反而会变得迂里迂气。因此像"送子读书,不如带子赶墟"那样的看法在农村比较流行。在这种心态背景下,出现家庭乡镇工业冲击农村教育的情形便不足为怪了。这几年中,普遍出现了流生现象,许多中小学生都离开课堂,抛掉学业,去当贩子、当童工挣钱。这一流生日益增多的趋势仍在上升。

目前农村流行的婚姻、生育观,也反映出相同的功利色彩。这种功利性,表现为农民仍然延续了古老的社会传统,将婚姻仅仅视作延续生命的需要,自然地使农民们形成了"早婚早育"的思想。因为在农村社会生产水平还比较低的条件下,家庭的劳动力直接决定着生产成效。因而农民牢固的信念就是"多子多福""早插秧子早打谷,早生儿子早享福"。据我国第三次人口普查资料表明,早婚在我国各地区仍然存在,人数达442万以上,占同年龄人口的3.2%。在传宗接代、养儿防老的功利心态驱使下,许多农民对国家的人口政策置若罔闻,依旧坚持"多生儿多享福"的信条,使我国计划生育工作出现严重失控的严峻态势。以 1986 年为例,全国二胎数为 429 万人,三胎以上数为 116 万人,分别占当年新生儿总数的 26.91% 和 7.28%,并且绝大多数都出现在农村地区①。

各种腐朽的旧习俗和迷信活动在当前农村各地区又有所重现和泛滥,农民的功利心态在此无疑起了推动作用。修建葬坟、占卜、看相、算命、堪舆、打醮、拜忏等对超自然、超人间神秘境界和神秘力量的迷信活动,集资修建"土地庙""观音庙""关圣庙""龙王庙",设神位、雕菩萨、立牌位等到处出现。这些五花八门的迷信习俗,表明功利心态与蒙昧相结合,正严重地侵蚀着农民的身心健康,污染了农村社会的风气。

以上所述,不难看到农民功利心态的恶性发展,不仅严重腐蚀了农民的心灵,也使农村的社会风气受到污染。如果不对此实行有效的引导和纠正,要在农村进行物质文明和精神文明的建设是十分困难的。

三

历史现象与进程在特定阶段中的重演,往往会掩盖其中存在着的内在差异。欧洲在从封建社会迈向近代化国家之际,功利主义以及人本主义、自由平等博爱的理论等迅速兴起,成为近代西方文化的主流;许多启蒙思想家高扬功利原则,为扫除确立资本主义制度的障碍奠定了思想基础。当代中国社会变迁的行程,虽然在形式上重复了这一情形,然而在中西功利主义学说的发展背景及价值取向上却存在着相歧之处。

在农耕世界孕育资本主义工业世界的过程中,欧洲社会出现了一系列为传统农本社会前所未有而又相形见绌的崭新的社会现象。人们出于获利的欲望和对营利、金钱的追求,依靠勤奋不断更新生产工具和增进效果,以保证在生产中获得最大限度的收益,从而给新生的工业社会带来了生产节奏紧密、时间感增强、计数精确、不断机械化和不断追求工效等普遍特征②。为近代工业社会作前奏的重商主义的代表人物亚当·斯密,在对此加以礼

---

① 胡平、张胜友《东方大爆炸》,江苏文艺出版社,1988 年。
② 据吴于廑先生《历史上农耕世界对工业世界的孕育》,载《世界历史》1987 年第 2 期。

赞之际,从道德与经济利益相维系的立场,揭示了功利主义的一个著名观点,即人们在从事经济活动时只考虑追求个人的最大利益,并没有帮助别人和增进社会公共利益的动机;只是经过竞争原则的自然平衡和调节,才产生彼此间的协作和帮助,消除个人利益与社会利益之间的对立。继斯密之后,功利主义的代表人物边沁和约翰·穆勒也分别提出了追求"最大多数人的最大幸福"以及依据外部舆论的裁定提倡适度的快乐的见解。这种功利主义思想一方面激发了对无穷的追求的浮士德精神,鼓励资本主义"经济人"实行最大限度的内外盘剥和掠夺;另一方面也强调了个人利益与公众利益的同等重要和不可偏废性。而各种规章法律和资本主义的法治精神,也在很大程度上对个人贪欲的无限膨胀和扩张起了一种抑制或缓解的作用。然而,我国的这种功利心态结构与西方近代的功利主义思想有所不同。这一情形在近代启蒙思想家梁启超身上就明显地反映出来。他虽然第一个向中国人全面介绍了边沁的功利主义学说,却又将功利学说与利己主义思想混为一谈,认为先秦时代杨朱利己主义的"为我"之教与近代功利学说互相吻合。不幸的是,我国的农民们长期以来恰恰也持如是观,将功利主义的自利性这一端片面地推向极致,而无视功利主义也强调维护社会公共利益的原则。上节所概述的种种弊病和危害,就清楚地表明了这种认识的严重后果。中西社会的功利主义观念可以说是同源而殊流。

　　造成当代中国农民功利心态结构偏颇的原因固然很多,如政策上的偏差、法治观念的淡薄等,然而其中一个最基本的原因,应当在于农民文化素质低下造成的愚昧性。当代中国农民的智力程度远远落后于发达国家的农民,甚至不及某些发展中国家农民的智力水平。最近的人口普查公报报道,全国目前共有文盲、半文盲2.38亿(其中青少年为1.4亿)[①]。据农区村点调查,在97 900个农村劳动力当中,文盲占27.4%,小学生占39.6%,初中占25.8%,高中占6.5%,中专占0.4%,大专占0.02%。山区、牧区、少数民族地区、贫困地区的农民中文盲所占比例更大。云南调查的8个村408个农户的劳动力中,文盲占50.4%,青海调查的316个农户的劳动力中,文

---

① 引自焦英棠、王雁菊《提高人口的科技文化素质》,载《人口学刊》1987年第4期。

盲占58%，而甘肃临夏县一个村的713个劳动力中，文盲比例竟高达84.3%[①]。

目前农民功利心态的那种极端偏颇性则无疑应当予以纠正和批判。要实现这一目标，唯一切实可靠的途径就是在坚持改革开放政策和加速社会主义商品经济发展的前提下，动员全社会的力量，重点开发农村的教育事业。因为只有通过教育，才能使广大农民的心理素质提高到先进的水平，使农民对新的社会生产力具有更深刻的理解和认识，从而开阔视野和胸襟，更新观念，以健康的心灵投身于农村现代化建设的宏伟事业。当然，我们也应该清醒地看到，在经济、文化落后的农村发展教育事业并非易事，它除了会受到各种具体物质条件和限制，还会遇到愚昧落后的习惯势力的阻碍。应当充分估计到这一困难，并充分发挥广播、电视、电影、录音和录像等大众传播媒介的有效作用，充分发挥大众教育的潜移默化的效应，使农民大众尽快走出愚昧，迈入新的时代洪流之中。

农民群体的功利心态是历史地形成的，因此对它的纠正与克服无疑也需要有一个历史的过程。农村经济发展和精神文明建设的成效，盖系乎此；中国的现代化行程能否正常发展，亦系乎此。

（原载《复旦学报（社会科学版）》1989年第3期）

[①] 《全国农村社会经济典型调查情况综合报告》，载《农村发展探索》1986年第4期。

严复的"运会"说与文化观

丹尼尔·贝尔有言:"文化的原理就是一种不断回到——不在形式上,而在关心的问题上——人类生存的有限性所产生的基本模式的过程。"19世纪70年代传入中国的欧洲进化论学说,于驱散循环论的迷蒙雾障之际,又凸现出一个它未解决的古老问题,即社会前进的基本动力究竟何在。在世纪杌陧的大背景下,这一问题涉及通过何种途径改变中国的现状,消弭中西接触后出现的时代差距,因而引起晚清许多人士的注意和思索。严复对这一老问题的新索解,主要围绕着"运会"说而展开。如同"体合"观构成了严复试图融合中西文化的认识前提,"运会"说清晰地构成其文化观的基础。

一

在发表于1895年2月的第一篇重要论文《论世变之亟》中,严复一开头就写道:"呜呼!观今日之世变,盖自秦以来未有若斯之亟也。夫世之变也,莫知其所由然,强而名之曰运会。运会既成,虽圣人无所为力,盖圣人亦运会中之一物。既为其中之一物,谓能取运会而转移之,无是理也。彼圣人者,特知运会之所由趋,而逆睹其流极。"

美国的思想史权威学者本杰明·史华兹在所著《寻求富强:严复与西方》中,将这段话归纳为严复倾向宿命论的表现,认为"这一段文字中确乎含有一种信奉历史宿命论的意味"①。《剑桥中国晚清史》的作者也认为,"运会"一词来源于邵雍所阐发的理学的宇宙观,意指一种不可思议的宿命的变

---

① 本杰明·史华兹《寻求富强:严复与西方》,叶凤美译,江苏人民出版社,1989年,第40页。

化；而"严复对这种思想解释得最清楚"①。然而,细绎严复的议论及其翻译文字,上述权威史家的论断未免失之武断。

"运会"一词,初见于晋人笔下,以时势为其主要含义②。宋代理学家邵雍将其拆用作为计年的术数,并用这一蒙上浓厚宿命论色彩的概念作为人类社会变化发展的规律③。自宋以降,"运会"一词时或见诸文人学士的文字中,但涵义多与邵雍不同④。自19世纪70年代以后,这一概念又出现在当时的报刊上⑤。王韬、郭嵩焘、郑观应、汤震、朱祖荣、孙宝瑄等许多晚清人士对此皆有所阐论⑥。他们所理解的"运会"说,已经扬弃了邵雍"元、会、运、世"说的历史循环论内核,成为以宣传"古今互异、中外悬殊"的历史进化论为内涵的学说。它在当时对推动中国社会的向前发展,无疑产生了一定的积极影响。待严复论及,"运会"一词实际上已被赋予一层新的涵义。

在严复看来,"运会"即"世运","圣人亦运会中之一物"即"世运铸圣人"⑦;所谓运会或世运,也就是指人类社会的发展和进步,而进步的根本标志便是"风俗教化之成"或文化的繁荣。所以他在翻译斯宾塞等人的著作时,每每将原文中的社会发展或文化进程译成"世运""教化世运"⑧。他认为"世运之变"与"教化日蒸"具有相同意义;所谓"法制更张,文物蜕嬗",即意味着"世运之日蒸",国家的进步也正体现于此。具体说来,欧洲国家从18世纪以来,"盖自物理格致之微,以至治化文明之大,高而远之,至于天运律

---

① 费正清编《剑桥中国晚清史》下卷,中国社会科学院历史研究所编译室译,中国社会科学出版社,1985年,第185页。
② 如晋人羊祜《让开府表》:"今臣身托外戚,事遭运会。"卢湛《赠刘琨书》:"尝自思惟因缘运会,得蒙接事。"
③ 邵雍《皇极经世观物内篇》卷十一,以三十年为一世,十二世为一运,三十运为一会,十二会为一元。
④ 如明末黄宗会在《缩斋记》中明确表示历史发展不限于运数的凌替。又清阮蔡生《茶余客话》卷十六有"文章运会"一则,罗泽南《罗忠节公遗集》卷二有《运会》诗一首。
⑤ 《申报》1873年10月17日载有《运会说》一文。
⑥ 参见王韬《弢园文录外编》卷一、《郭嵩焘日记》光绪四年八月初四条,郑观应《易言》卷一、汤震《危言》卷一、《汪康年师友书札》第一册朱祖荣函、孙宝瑄《忘山庐日记》光绪二十四年七月初一条。
⑦ 《天演论》论二:"夫转移世运,非圣人之所能为也,圣人亦世运中之一物也。世运至而后圣人生,世运铸圣人,非圣人铸世运也。"此系严复加进正文中的议论。见商务印书馆,1981年,第52页。下引严译诸种均此版本。
⑧ 如H.斯宾塞《社会学研究》,伦敦,1878年,第33、34页;严译《群学肄言》,商务印书馆,1981年,第24—26页。

历;近而切之,至于德行性灵之学,无事不日标新理,而古说渐衰"。这一切在严复看来,"皆运会之事"①。根据这一认识,严复主张研究历史进程和现实状况,应侧重于探索风俗教化等社会文化的进退得失,因为"察其时风俗教化之何如,可以得其所以然之故矣"。"风教之同异,而其理则与国种盛衰强弱之所以然,相为表里。"②正是通过对"运会"概念的改铸,严复得出了如下结论:人类创造出来的社会文化是历史发展和社会进步的原动力。

这一结论所包含的原则精神,贯穿于严复的一系列论述之中。概括说来,严复所理解的文化内涵,涉及意识形态、政治制度、社会习俗、科学和教育等领域③,而以科学精神与立宪制度为核心。他明确认为,寻求富强最根本的途径在于有效地发挥文化的功能和作用,社会的进步基于"格致之日讲,新理之日出",以及"学问之事,普及庶民,格致哲学日精"④。严复对于社会习俗在约束和影响人们行为规范方面所具有的作用也相当重视,认为革除各种社会弊端的关键,在于改善人心风俗的成败与否。他认为商鞅变法的成功,王安石变法的失败,当时的风俗民心起了主要的制约作用,这充分表现了社会习俗直接关联着社会变革的成败和历史发展的趋向。

孟德斯鸠在《法意》一书中探索各国政治制度及人民性格的差异原因时,片面地强调以气候和土壤为主要因素的地理环境的重要作用。严复则认为,孟德斯鸠"一切求其故于天时"的观点"其不圆易见",因为这种见解无视"宗教之通介不齐,风俗之和峻异等"诸种因素的作用。与此相反,严复强调的是"宗教、哲学、文章、术艺皆于人心有至灵之效"⑤。

文化作为包括社会习俗与意识形态等人类智慧的客体,作为人的主观精神和思想的物化,作为人的认识对象,一旦形成后就有了某种实在性,产生不以人的主观意愿为进退的客观意义和效用,从而也就拥有具体的社会历史性、相对独立性以及与认识主体之间的相互作用性。严复在一定程度

---

① 《原富》,商务印书馆,1981年,部丁篇二按语,第388页。
② 《天演论》论十四按语,第87页。
③ 在严复著译中,常出现的有关用词有时俗政教、教化学术、格致哲学、学术政教、刑政教俗、风教等。
④ 《原富》部戊篇一按语,第624页。
⑤ 《法意》,商务印书馆,1981年,十四卷二章按语,第390页;十七卷三章按语,第360页。

上觉察到社会文化的上述特性,因而十分重视与文化客体进行交互作用的认识主体——人的内在素质的提高,并由此一贯强调教育的重要功能。他明确表示,在列强势力并峙于中国,各种新的学说纷纷涌入的情形下,中国要求得自存和发展,"当以教民知学为第一义"①。如果"同国之人,于新理过于蒙昧",民智处于不发达状况,"则守旧维新两无一可"②。他认为只有通过教育,才能培养人们自立和对社会各种变化作出有效反应的能力;教育的使命,就在于"陶铸国民,使之利行新制"③。如果说中华民族几千年来生存延续,"尚不至遂为异种所剋灭",一个重要的因素在于"数千年教化有影响果效";那么时至今日,欲求得民族生存和国家富强,除了学习近代西方文化外,必须对本国的传统文化采取"修古而更新"的态度。要求实现这一点,严复认为"须时日耳"④,也就是说要花一个较长的历史时期,才能使人们提高自身修养和内在素质,更好地认识、改造和更新传统文化。否则,"人材既无进境,则教宗政术,自然守旧不变,以古为宗"⑤。

二

对现实生活的理解,在很大程度上制约着对历史发展进程的阐述。严复有关文化方面的见解及其特征,与他对近代英国及欧洲社会现实的感受,存在着明显的联系。

17 世纪中叶的英国资产阶级革命,揭开了世界近代历史的序幕。经过一百多年的迅速发展,英国在欧洲及世界范围内处于领先地位,近代议会制、近代经济学、近代科学和近代哲学形态等,几乎都诞生于英伦三岛。这些炫目的成就,给曾经躬逢其盛的严复留下了历久不灭的印象。

依严复看,英国从一个封建国家发展到如此富庶的地步,成为"西洋之倡国",不过花了几十年到一百余年的时间;之所以发展如此迅速,"归极言

---

① 《原富》部戊篇一按语,第 644 页。
② 《与张元济书》,《严复集》第三册,中华书局,1986 年,第 525 页。
③ 《宪法大义》,《严复集》第二册,第 246 页。
④ 《法意》十七卷三章按语,第 360 页。
⑤ 《论中国之阻心力与离心力》,《国闻报》1898 年 1 月 3 日。

之,则大抵皆由于学术"①。严复认为,这种学术的核心内容,就是强调实在和有用、摒弃形而上学的实证主义科学方法论,"其为术也,一一皆本于即物实测,层累阶级,以造于至精至大之途"。他指出,强调归纳验证的科学精神,肇源于培根开启的经验论传统,"二百年学运昌明,则又不得不以柏庚之摧陷廓清之功为称首。学问之士,倡其新理;事功之士,窃之为术,而大有功焉"②。

其次,严复认为,走上富强之途的英国,"非富而为强也,实以立宪之美而为强也。惟美、惟法、惟德莫不强者,而皆立宪而后有此"③。17世纪以来,英国资产阶级以议会决议来限定国王的独行,逐渐确立内阁对议会负责,并使议会成为国家最高权力机构。严复高度赞赏英国式的君主立宪制度,指出:"英之民非能使其君之皆仁,其吏之皆廉洁也,能为之制,使虽有暴君无所奋其暴,虽有贪吏无由行其贪,此其国所以一强而不可弱也"④。由于立宪制度有效地抑制了无限君权,国家内部奉行自由竞争政策,听民自为,从而出现了民权日伸、公治日出的景况。在严复看来,立宪制度下英国国民的先进之处,表现在"能自制治,知合群之道"⑤。其作为"文明国民"的主要标志,正在于"用世之先,知重问学"⑥,充分认识到文化知识的指导意义。

除了认为建立和完善议会政治制度是国家兴盛的关键因素,严复更注意科学对社会政治的制约意义,认为"格致不精之国,其政令多乖,而民之天秉郁矣"⑦。这种政治以科学为基础的见解,同样来自严复对现实世界的感受。近代自然科学以三大发现为标志的一连串辉煌成就,深刻地改变了人们对周围世界与人类本身在宇宙中地位和意义的观念。自然科学理论在社会政治领域内产生的革命性成果,使严复心驰神往,他在论及牛顿经典力学三定律时写道:"奈端动之例三……此所谓旷古之虑,自其例出,而后天学明,人事利者也"⑧。而达尔文的《物种起源》一书问世以来,"泰西之学术政

---

① 《原富》部丁篇二按语,第378页。
② 《原强》,《严复集》第一册,第29页。
③ 《法意》十九卷二十七章按语,第427页。
④ 《原富》部丁篇七按语,第439页。
⑤ 《天演论》导言七按语,第20页。
⑥ 《致曹典球》,1905年1月24日,载《湖南文史资料》1980年第2辑。
⑦ 《天演论》论三,第54页,系严复添加之语。
⑧ 《译〈天演论〉自序》。

教,一时斐变,论者谓达氏之学,其一新耳目,更革心思,甚于奈端之格致天算,殆非虚言"①。近代自然科学促使人类社会面貌改观的一个重要因素,就在于它把握现实的实证方法,即一切科学原理经过归纳和实验定性,方才具有普遍必然性。严复认为,这种科学方法论在社会政治领域内同样具有指导意义,因而主张"本之格致新理,溯源竟委,发明富强之事"②。

以近代英国为基准,严复进而将他所理解的英国富强之由,当代欧洲国家的繁盛之路,认为"欧人之富强,由于欧人之学问与政治"③。并且将英国学者斯宾塞的理论当作近代西方文化的中心内容。严复将斯宾塞在《社会学研究》中论述的实证方法论,当作西方学术的"正眼法藏",将斯宾塞以社会达尔文主义为原则所发的社会学说,当作欧洲"教化政治"的纲领,认为"西洋政教,若自其大者观之,不过如此而已"④。

暂且不论严复对西方文化以偏概全的肤浅论断,但斯宾塞的历史观很清楚地构成了严复探讨历史发展动力的基本依据之一。在《社会学研究》中,斯宾塞反对那种由个别伟人的主观愿望和意图推动社会历史发展的主张;他认为,随着氏族部落的消失和国家的崛起,兼并战争让位于经济竞争;社会内部日趋复杂化,促使社会结构及其功能愈来愈显示出重要影响,"产生出崭新的制度、事功、思想、情绪和习尚;正是这一切,在背后促成了人类社会的前进。历史的发展并不仰赖于任何君主或立法者的个人意图"⑤。正是基于斯宾塞这样一种理论,严复反对"国史等于王家之谱录"的观念,并通过对"运会"概念的改铸,主张以人类延续发展的社会文化,作为历史发展的原动力。

严复虽然对斯宾塞情有独钟,他在构建自己的文化观时,却在两方面对斯宾塞的理论见解作了取舍和曲解。

其一表现于对社会达尔文主义的侧重点上。斯宾塞倡导的社会达尔文主义,其原则精神在于主张生存竞争,弱肉强食的趋向不仅适用于自然界,

---

① 《原强》,《严复集》第一册,第 5 页。
② 《与梁启超书》,1896 年 10 月,《严复集》第三册,第 514 页。
③ 《论中国之阻心力与离心力》,《国闻报》1898 年 1 月 3 日。
④ 《原强》,《严复集》第一册,第 19 页。
⑤ H.斯宾塞《社会学研究》,伦敦,1878 年,第 37 页。

而且适用于人类社会生活,可以充作解释人类社会及其发展规律的学说。因此,在《社会静力学》等著作中,斯宾塞强调的是无情竞争和淘汰,反对任何社会救济措施的冷酷原则,从而在实际影响上充当了大英帝国扩张政策的辩护士。自史华兹教授精辟地揭示出严复自始至终生活在斯宾塞的思想影响之下后,严复是社会达尔文主义的倡导者这一观点越来越为研究者所接受。然而不可忽视的是,严复并不满意斯宾塞"任天为治"、弱肉强食的见解,也不赞同斯宾塞强调个体之间、种族之间的所谓自由竞争、优胜劣败的原则,及主张不办教育和福利,无视社会成员健康的原则,给社会达尔文主义涂上了一层温情的色彩①。因此,合理的解释应该是,严复仅仅是从文化的发展及其命运这一角度采纳斯宾塞的社会达尔文主义观念,主张以适者生存、劣者弃置的准则对一切社会文化加以衡量取舍。严复对传统文化的一系列评骘,清晰地反映出他的这一立场。

其二表现于对斯宾塞理论功能的曲解上。斯宾塞强调"任天为治",认为社会发展进程不以人的意志为转移,它不应受到外在力量的干扰和左右;作为社会研究手段的社会学理论,并非旨在有效地改造社会状况,而仅仅是为了使人们更清楚地观察和理解不受人为影响的社会发展进程。然而在严复的笔下,斯宾塞学说的鲜明特色和价值却在于"宗天演之术,以大阐人伦治化之事……又用近今格致之理术,以发挥修齐治平之事"②。把斯宾塞的社会学理论当作西方社会富强的"正法眼藏"和治国平天下的有用工具,并对此大加赞美,从而为自己的文化纲领提供了一个有力的佐证。

三

以社会达尔文主义作为文化臧否和取舍的原则基准,这一点构成了严复评价传统文化的先入之见。他明确表示,中国虽然历经几千年的发展,成为礼乐刑政之治、庠序学校之教、法令文章之事、养生送死之资、君臣上下之分、冠婚丧祭之礼皆备的"文胜之国",并曾借此"经其累胜而常自若,其化转

---

① 《天演论》导言五按语:"斯宾塞之言治也,大旨存在于任天,而人为为之辅,犹黄老之明自然,而不忘在宥是已。"(第16页)
② 《原强》,《严复集》第一册,第16页。

以日广"。但是与近代欧洲文化发生接触后,中土文化却出现了"颓堕蠹朽如此其敝"的情形①,这种"彼法日胜而吾法日消"的严峻现实,无疑证明了中国的传统文化已经步入衰朽,不能再适应新的社会发展进程。"嗟乎!木老而枯,人老而病,支那之教化,盖已老矣!千年以来,日见陵夷,代不及代。观其风气,随波逐流,不复能有树立之意。"②

产生这种局面的缘由,严复认为在于传统文化本身所具有的两大弊端:无用与无实③。

所谓无用,是说"其事繁于西学而无用","非今日救弱救贫之切用"。这种无用性表现在如下几方面。一是锢蔽智慧,败坏人才。这突出体现在科举制度产生的恶劣影响上。严复认为,八股取士违背了人的"计虑智识"的发展程序,驱使人们为博取声名利禄而徒诵强记,以至造成"使天下消磨岁月于无用之地,堕坏志节冥昧之中,长人虚骄,昏人神智,上不足以辅国家,下不足以资事畜。破坏人才,国随贫弱"④。二是脱离现实,无裨民生。传统文化中的诗文书画等,远离社会现实,缺乏任何实际效用。而在谋求国家富强方面,儒家六经也是"有不可用者",因为它在"存亡之间,间不容发"的危急时刻,仍是"徒高睨大谈于夷夏轩轾之间,为深无益于事实也"⑤。三是因循故旧,学步古人。严复尖锐地批评了清代以来风靡一时的考据学和训诂学的流弊,认为其间虽产生过像戴震、阮元、王念孙等能与许慎、郑玄颉颃的考据大师,并在古代礼服的式样、明堂的分室、铭文的释读等方面取得了许多具体成就;然而这只是一种虚假无益的文化繁荣局面,根据就在于"中土之学,必求古训。古人之非,既不能明;古人之是,亦不知其所以是,记诵词章既已误,训诂注疏又甚拘"⑥。

至于严复所理解的有用性,则基于对近代科学在改变人类社会面貌方面所具有的意义。他主张"言学则先物理而后文词,重达用而薄藻饰"。强

---

① 《原强》,《严复集》第一册,第23页。
② 《论中国分党》,《国闻报》1898年7月31日。
③ 见《救亡决论》,《严复集》第一册,第44页。
④ 同上,第43页。
⑤ 《天演论》导言三按语,第12页。
⑥ 《原强》,《严复集》第一册,第29页。

调发展社会文化和培养人才"皆须以有用为宗。而有用之效,征之富强;富强之基,本诸格致"。如果缺乏科学基础,文化事业就会荒废无用,就好比"蒸砂千载,成饭无期"①。

所谓无实,是说"其高于西学而无实"。严复以理学为例指出,理学的不同派别和众多著述,体现了两个共同的特点,即"侈陈礼乐,广说性理"。前者主要指理学家们十分注重恢复和阐扬古代儒家的礼仪规范制度,如关学开创者张载即被认为"平生用心,欲率今世之人,复三代之礼者也"。其结果只能使人学得一些"褒衣大袖,尧行舜趋"的迂腐本事,"救死不赡,宏愿长赊",毫无实际意义。后者指理学讨论的中心内容是人性天理。理学家们"穷理尽性",以经注或语录形式,绵密深邃地辨析天地之性、气质之性、理气关系、理一分殊等范畴和命题。但是,这类辨析"所托愈高,实去滋远。徒多伪道,何裨民生"。如相对于理学家主张存在着一个永恒地超越万物而又产生和支配万物的"理"这一观点,严复则认为人的认识只能描述客观现象,没有必要去探寻世界的本体。"是以人之知识,止于意验相符。如是所为,已足生事,更骛高远,真无当也。"严复指出,正是经验论和不可知论,成为近代自然科学发展的基本依据,促使了形而上学的式微。"夫只此竟验之符,则形气之学贵矣。此所以自特嘉尔以来,格物致知之事兴,而古所之心性之学微也。"②严复所认为的理学"高过于西学而无实",其源盖出于此。

很显然,严复批评中国传统文化的参照系主要是近代借助于科学成就向人们提供驾驭自然的力量和把握社会现实的方式的实证主义精神,这种参照系的树立直接受制于他的社会达尔文主义的原则立场。同样明显的是,片面的参照使得严复对传统文化的评价带有偏颇性。正如对实证科学及其方法的追求只是近代西方文化的向度之一,并不足以全面概括西方文化精神;传统文化也并不能以无用和无实加以归纳并弃之如敝屣。严复的批评恰恰暴露了他的实用主义与功利主义的心态。

---

① 见《救亡决论》,《严复集》第一册,第43页。
② 《天演论》论九按语,第71页。

四

　　文化的发展对于社会变革具有重要的制约意义,社会进步离不开相应的文化基础。但是进而把文化当作社会历史发展的原动力和终极原因,而无视文化与社会结构等领域的相互作用性和相互制约性,就会走进文化决定论的一元论泥淖。严复在论文化的实际功能作用时,恰恰犯了这样的弊病。在他看来,国家治乱兴衰的根本标志,就在于社会文化的繁荣向上或停滞不前。所谓"治世",表现为学术思想、政治法律和宗教意识等"均能推极";所谓"衰世",则表现为文化的"逐渐倾颓,以至于退化"。他认为,近代欧洲国家已呈现出臻于治世的气象,而中国却"不幸渐近"衰世①,其根由则在于"彼西洋者,无法与法并用而皆有以胜我者也"②。无法与法,亦即"学术"与"法度",实际上就是指观念文化和制度文化。

　　中国的衰落在于文化的退化,而这种退化的一个重要原因,严复则归咎于文化的传承者,即前辈与同时代的士大夫知识分子。"学术之非,至于灭种,此吾所以不能不太息痛恨于宋人也。"③"中国今日之事,正坐平日学问之非,与士大夫心术之坏"④。在《救亡决论》《论中国教化之退》《道学外传》等许多论文中,随处可见严复对古今知识分子的不满与呵斥。这种议论固然有其警世作用,但也不无偏激之虞在。中国历史上,从秦始皇的焚书坑儒、汉高祖的藐视文士、唐太宗的"入彀"之术、元朝的九儒十丐,一直到清朝骇人听闻的文字狱,历代士大夫知识分子不断处在时乖命蹇的境地,所学所思始终受到专制之术的箝束;然而又始终背负着治国平天下的重责动弹不得,以至稍欲避离现实而治学者往往难辞无用无实、清谈误国之咎。从先秦时代定下的修齐治平的人生原则,到明末清初士大夫索解易鼎奥秘的议论,直至近代严复的批评责难,其间明显地存在着这种学术不分的共同偏向。这种偏向与从古希腊的苏格拉底到近代法兰西学院,直至现代的哥德尔等之间绵延不替的超然风格形成了鲜明的泾渭之别。如果可以以体、用之词来

---

① 《论中国教化之退》,《国闻报》1898 年 5 月 28 日。
② 《原强》,《严复集》第一册,第 11 页。
③ 《原富》部丁篇七按语,第 786 页。
④ 引自王蘧常《严幾道年谱》,商务印书馆,1936 年,第 14 页。

概括的话,那么,在严复的文化观中,分明存在着一种以学术混一不分为体、以功利实效为用的特色。因而严复虽然激烈抨击近代中国倾动一时的中体西用论,他本人却也不知不觉地陷于同样的模式之中。

(原载《复旦学报(社会科学版)》1991年第5期)

"函夏考文苑"考略

20世纪初,马相伯等人曾倡议仿效法兰西学院(French Academy)在中国设立"函夏考文苑"①。虽然这项产生于动荡年月的倡议最终未能实现,成了纸面上的理想。然而它无疑已构成了近代中国文化事业史和中法文化交流史上的重要一页②。本文试图对其动议时间及基本性质等问题提一点个人的思考。

一

近代欧洲国家以 Academy 作为学术与科学研究机构的名称,最早出现于文艺复兴发源地意大利③。17世纪30年代,法国的一些学者和文人为了澄清法语混乱和进行文学交流,在路易十三的宰相黎塞留的大力襄助下,于1635年成立了主要从事字典资料整理和语法研究的法兰西学院④。这一学院又称语文学院,后与相继设立的金石学和文学院、科学院、伦理学和政治学院、艺术学院共同构成法兰西学院。这一由学术权威组成的研究机构,对近代法国学术与文化的协调发展起了非常重要的推进作用,成为法兰西文化精神的主要载体。

近代中国较早记述法兰西学院情况的是郭嵩焘。他在《伦敦与巴黎日记》中写道"学优才赡,著作等身,朝野均荐之,博士是也。法国博士四十人,

---

① "函夏"一词出自《汉书·扬雄传》,意指"华夏";"考文苑"为 Academy 的汉译。
② 迄今为止,只有方豪写过一篇叙述性的文章,见《马相伯先生筹设函夏考文苑始末》,载《大陆杂志》第21卷第1、2期合刊。
③ 1560年,意大利出现一所从事科学研究的学院(Academia Seretoruin Naturae),成立不久即被教会禁止。
④ *Encyclopaedia Britarnica*, vol. 1, 1967, p. 58。

有穷一学者,有修国史者,名之最难得者也",稍稍提及了法兰西学院四十名终身院士的情形。较早到达过法国的王韬,则在《法国儒莲传》一文中称法兰西学院为"法国翰林院",院士为"掌院学士",并以为"欧洲惟法国有此名"①。相形之下,严复则在著译中三次提及。在《原强》一文的增订稿中,他指出"阿克德美"最早是古希腊学者柏拉图所创的"学塾"。《天演论》案语中也说:"今泰西太学,称亚克特美,自柏拉图始。"②所谓太学,与翰林院之称一样,都是以旧有名称套异域事物,而毫不论及两者性质的差异。

首先对法兰西学院的情形作出比较全面介绍,并试图将它移植中国的是马相伯。他在《仿设法国阿伽代米之意见》一文中介绍道:

> 阿伽代米,古希腊园主名也,曾以其园供柏拉图等哲学家讲演之用,由此人名作园名,园名作一切讲学所、考文所之称。法国路易十四时,文学与文化方兴,二三名士虑其清杂也,乃因名相设此考文苑。志在正字划、正名词。名词不雅驯者革除之,关于新学者楷定之,古书之难释者择善以注之,讹误者校正之;为发刊通行字典,以统一言文,而岁有所增补焉。又以致知学为一切理义学之根源,度数学为一切形质学之根源,故首重哲学,次算学,而一切耳目二官之美术,关于民智文明者,皆附有专家。

并且还介绍了法兰西学院制订奖励制度以促进社会道德风尚的改善,以及四十名终身院士的评选资格和崇高的社会地位等③。通过马相伯的介绍和宣传,法国的这一重要研究机构才逐渐为人们所熟悉和理解。

现存有关函夏考文苑的文献主要是马相伯的《仿设法国阿伽代米之意见》与《函夏考文苑议》两件。前文系未曾发表的残存草稿,其中出现过"前清""民国"等称呼,表明马相伯撰写此稿时间不会早于1912年;后文分别载于1913年1月26日、2月2日与16日的天津《广益录》上。另据马相伯

---

① 《弢园文录外编》卷十一。
② 《天演论》论十一案语,商务印书馆,1981年。另一处见于《原富》部戊篇一译文中,译作"阿喀德美"或"专塾"。
③ 《仿设法国阿伽代米之意见》,《马相伯先生文集》增编,上智编译馆,1948年,第409—412页。

1913年3月底致李孟鲁函中有"函夏考文苑创议至今,荏苒半载"云云①。根据上述几点,方豪先生在《马相伯先生筹设函夏考文苑始末》一文中认为"最初动议大约在民国元年十月"。但笔者认为马相伯在清末即有创设"函夏考文苑"的想法。

在《仿设法国阿伽代米之意见》的残稿末尾,附有一份马相伯亲笔的"考文苑名单",共十九人。除首列马相伯、章炳麟、严复、梁启超四人外,其余十五人均加注别号和学术专长。名单如下:

沈家本子敢②(法)、杨守敬惺吾(金石地理)、王闿运壬秋(文辞)、黄侃季刚(小学文辞)、钱夏季中③(小学)、刘师培申叔(群经)、陈汉章倬云(群经、史)、陈庆年善余(礼)、华蘅芳若汀(算)、屠寄敬山(史)、孙毓筠少侯(佛)、王露心葵(音乐)、陈三立伯严(文辞)、李瑞清梅庵(美术)、沈曾植子培(目录)。

查上述每个人的生卒年,可以发现其中华蘅芳已于1902年去世。按照"苑中制度,悉仿法国"的基本原则,拟选苑士即院士的首要条件在于必须是在世者。作为一代数学宗师,华蘅芳的死讯虽然不可能家喻户晓,但是也决不至于去世十余年而依然不为学界知悉。仅根据这一点,似乎就难以排除名单拟于华去世前的可能性。

至于名单最初由哪位发起人所推举,现在已无法查考,只能据有关线索作一些推测。马相伯附注中曾说:"说近妖妄者不列,故简去夏穗卿、廖季平、康长素,于壬秋亦不取其经说。"这可能反映了章太炎的意见,因为章曾对康有为、廖平的经学观点提出过类似批评。其次,吴宗慈《癸丙之间太炎言行轶录》说及章太炎曾开列过考文苑的预算,"当时预算中,所拟办事人才,其高足弟子黄季刚,赫然首选焉"。但在"考文苑名单"中,黄侃名列第四位。在1912年上半年章太炎等人议设与考文苑宗旨相近的"国学会"及"通俗教育研究会"的发起人名单中,也没有上述被删去的三人④。而梁启超此时"事多不遑兼顾",在他写给马相伯有关考文苑的两封信件中,也从未提及

---

① 《函夏考文苑文件九种》,《马相伯先生文集》,第27—32页。
② 按:沈家本字子惇。
③ 按:钱夏字中季。
④ 参见1912年2月28日《民立报》所载《国学会缘起》及同年5月7日所载《发起通俗教育研究会宣言》二文。

名单之事①。方豪先生推测那份名单是后来列名发起者的严复所拟,由马相伯删掉三人。这一推测似乎并不可信。我们知道,从晚清到民国,严复对康、梁经历了一个从引为同志到深恶痛绝的转变,民国建立之初,正是严复痛诋康梁学说误国之时。此时他赞同马相伯的评价,应属于顺理成章之事。由此推测,名单虽出自马相伯的手笔,人选却非一人所拟,且所拟时间并不与《意见》一文同时。

考文苑名单的列举者虽无法确定,但如果名单酝酿于华蘅芳尚健在之时,那我们就有理由相信,函夏考文苑的动议时间要大大推前。在这方面,还可以举出一点旁证,那就是马相伯在1902年斥资创建的震旦学院②。据1902年订立的《震旦学院章程》所言,学院内开出的所有课程,均由马相伯定夺③,涉及人文科学、社会科学和自然科学的众多科目后来大多被纳入函夏考文苑的研究规划。马相伯本人在晚年也回忆说,这所多学科的学院"实具有西欧 Akademie 的性质"④。这就是说,早在1902年时,马相伯就已具有在中国"仿设阿伽代米"的意图和抱负,并已经以震旦学院为试验点加以实践。他为学院所提出的崇尚科学、注重文艺、不谈教理诸信条,后来也一一融入函夏考文苑的宗旨之中。假如上述推测可以成立,那么在1927年中央研究院成立前至少二十五年,中国的有识之士就已经在谋划创立类似的全国最高学术研究机构。

二

"民族欲自表其文明,非设考文苑不可。""他国虽有考文苑之设,俱不如法国之矜严周备。"⑤当追求英国式或日本式的振兴富强之路成为时代热潮之际,马相伯为什么要大力倡导仿效法兰西学院?换句话说,他从中看到了哪些东西为近代中国所缺乏和值得借鉴踵武的呢?

首先是学术研究独立自由的基本原则。马相伯称赞法兰西学院"一切

---

① 两封信已附载于《马相伯先生文集》增编,第412—413页。
② 关于震旦学院建立时间的考订,见《复旦大学志》,复旦大学出版社,1985年,第33页注释①。
③ 《震旦学院章程》:"一切功课,均由马君鉴定。"转引自《复旦大学志》,第39页。
④ 马相伯《从震旦到复旦》,《复旦大学志》,第43页。
⑤ 《仿设法国阿伽代米之意见》,《马相伯先生文集》增编,第409—412页。

制度,职务职权,上不属于政府,下不属于地方,岿然独立,惟以文教为己任"。学院人员的遴选以对其研究成果的评价鉴定作为唯一准绳,"势位与情托,皆在所不行"①。马相伯强调函夏考文苑的设立,也必须确保超然独立的地位以及独立研究的原则,从而克服学术研究与现实政治界限不清的情形。20世纪20年代后期蔡元培创设中央研究院时,也完全承袭了这一精神。

其次是重视人文文化的陶冶。与注重实际效益的英国文化精神不同,近代法国在工商业方面不甚发达,它继承了意大利文艺复兴以来的人文主义传统,十分注重文化的熏陶、传递和创造。法兰西学院在这方面起了很重要的作用。马相伯指出,法兰西学院一方面给予由学术权威人士组成的院士以崇高的地位,"遍求国中著作之林,文与学清洁雅正,名与实大段无间者而公举之,举定后,俸给虽甚微,而职务则甚高,以此声价之隆,他无与比。帝王若那波仑 Napoleon 才力之雄,犹可望而不可即焉"。另一方面更注重民智的开发与社会道德风尚的改善。学院中备有雄厚的奖励基金,任何著述只要"果雅驯有法度,可增民智而无亏风化,则不独以褒予为华衮,品题代加冕而已"。任何凡民只要其德行"有关社会之观感,人道之扩充者至深且切"②,也都可以受到学院的奖励。准此以观国内,马相伯认为要避免那种"国华无以保存,邦族无以保聚"的可悲局面,首要的是必须仿办考文苑,一方面从"作新旧学"着手振兴学术事业,具体步骤是对先秦以来的经、史、子类著述疏通其义,离经分类、依类合经,"变旧学之奥涩,便于今学;使旧学有统系,近于科学"③。并及时奖励有补风化、有益民智的各种著作。另一方面,他认为"欲成美社会,非奉凡民为矜式,则奏效迟且难"。所以必须实行"奖诱凡民"的措施,对"凡民有道义者,道义之艰贞者",从财物与舆论两方面予以奖励褒扬④。

最后,也是反映马相伯仿办考文苑初衷的是致力于民族语言文字的改良和规范统一化。17世纪法兰西学院创办的一个直接动机,就是一些文人

---

① 《仿设法国阿伽代米之意见》,《马相伯先生文集》增编,第409—412页。
② 《函夏考文苑议》,《马相伯先生文集》续编,第8—14页。
③ 同上。
④ 同上。

学者感于当时法语的混淆无章,试图仿效文艺复兴时期人文主义者净化中古拉丁语的不懈努力,通过编纂权威性的法语词典,使本民族语言文字得到纯净、规范和统一,为法兰西文化的繁荣创造前提。所以马相伯说:"法文之得嬗继拉丁,而风行欧土者,斯苑之功为最。"① 有鉴于法兰西学院"志事首在辨正文字,编字典,纂文规"的经验,马相伯强调函夏考文苑的主要使命之一就是要"厘正新词",召集国内的专家学者一起校订旧有译名,编订新的统一译名,并"仿文规撰语言规则"②。马相伯主张推行拉丁字母注音、改革汉字,都与这些认识有关。

除上述三点外,马相伯还主张仿效法兰西学院保存古代文物的工作,使文物保存与研究也成为考文苑的一项任务,"于古物之发现者保存之,并借照象以广传之;未发现者,当用埃及考古法以搜求之(培养此等人材,亦考文苑所有事也)。窃料搜求地下人造之工,不亚于天造之矿也"③。并吸取法兰西学院内分别设立金石学和文学院、艺术学院等机构的经验,于考文苑之外另设附苑,"附苑可先设金石词翰与美术,美术可先设绘画、造像、金石、雕镂、织绣等。应按历史搜罗,陈列保存之。古希腊之石人像,神态变幻高妙,遍欧美皆仿置模型,为美术之助;我国音乐之器,惜太简陋,无足陈者,似宜借助金方。金方所称金石词翰苑者,金石以纯璞言,器物言,与碑文体例言;词翰以韵文言,词藻言,与总集别集诸体言。故埃及之石碣几遍欧美。然则我国于名胜之区,可不及时加以保存乎?"④ 从上引马相伯所言中可以清楚地看出,在近代中国,马相伯与列名考文苑发起人的严复一样,都很重视为时人所忽视的美育在陶冶人的情操和理想方面所起的有益作用。虽然两人所获取的灵感来源不同,但无疑都属于当时早于蔡元培强调美育功能的先驱者⑤。

三

晚清时期,出现了继17世纪以来的第二次西学东渐大潮。在纷至沓来

---

① 《函夏考文苑议》,《马相伯先生文集》续编,第8—14页。
② 《仿设法国阿伽代米之意见》,《马相伯先生文集》增编,第409—412页。
③ 同上。
④ 《函夏考文苑议》,《马相伯先生文集》续编,第8—14页。
⑤ 严复曾于1906年发表英人甄克思著《美术通诠》的译文,《严复集》及各种结集均未收入。

的国外各种思想文化形态中,独领风骚的是以实证理性为核心、强调有用与实效的近代英国文化。在近代中国人急切探寻富强的途径与发展模式的背景下,它适逢其会地提供了一种明确的努力方向。但同时也直接促成了实用主义、功利主义和社会达尔文主义等思潮在中国社会的泛滥。相形之下,对法国文化的译述和宣传,就产生的实际社会影响而言,基本上表现在介绍卢梭学说与法国大革命史两个方面。建立函夏考文苑的倡议和规划,其旨意显然是想通过这一规模宏大的实践,有效地改变国人在理解和接受域外文化时表现出来的偏颇心态,通过导扬以语文的教育和文化的陶冶为侧重点的法兰西文化精神,寻求近代西方文化发展的另一重要基础和根源,在人们的心目中树立起新的文化理想。对此马相伯曾明确表示:"法国文之足为导师者,正以胎息拉丁故。希腊重致知,科分原言、原行与原性;而拉丁文最注重原言,所以法国文以得立言原则见称于世。……今法国之文光万丈,初不禁吾人之凿取,一凿再凿,且将愈凿而愈长;研之究之,其文术之足以导吾问学者,形而上,形而下,无不包罗。"[①]

为了落实设立函夏考文苑所必需的资金和苑址,马相伯在1912年至1913年的半年多时间内,屡次上书袁世凯、国务院总理赵秉钧、总统府秘书厅和内务部等政府部门及要员,期望能够得到实际资助[②]。他满怀信心地认为,一旦能获得政府拨给的丰厚基金以及大片苑址,函夏考文苑就能即刻告成。然而,马相伯在腐败的北洋军阀政府中无法找到一个像黎塞留那样的襄助人,一心企求当上皇帝的袁世凯决不会真心支持不受控制的独立研究机构在身边出现。因而尽管当时对议创考文苑之举"中外宣传,叹为盛事"[③],马相伯的请求最后均告落空。被羁留北京的章太炎在这方面所作的一系列努力,最后也被袁世凯顶回[④]。

倡立函夏考文苑的规划虽然终告流产,但它所显示出来的开创精神却并没有随之消失,而成了后继者的一笔宝贵财富。1927年蔡元培主持创立

---

① 《北京法国文术研究会开幕词》,《马相伯先生文集》续编,第16页。
② 《函夏考文苑文件九种》,《马相伯先生文集》,第22—32页。
③ 同上。
④ 章太炎当时在倡设函夏考文苑方面的努力,可见《浙江教育周报》第31期《章太炎力争考文苑》、《逸经》第11期《章炳麟被羁北京轶事杂记》以及刘成禹《洪宪记事诗本事簿注》卷二。

的中央研究院,后来选定以"Academia Sinica"作为拉丁名称,并不是偶然的巧合。从它的基本性质、价值取向和机构设置等看都透露出函夏考文苑的精神和努力方向。

就基本性质而言,中央研究院作为国家最高学术研究机构,从创立迄始即追求一种超越政治之外的独立自主性,"超然组合,不涉行政范围,用意是在尊重'学术自由'的原则,使其可以充分发展"①。这与函夏考文苑明确表明"该苑不干政治,上不属政府,下不属地方"②、"维持文教,无一毫政事性质"③的宗旨如出一辙。在《国立中央研究院院务月报》发刊词中,蔡元培指出中央研究院"实兼学术之研究、发表、奖励诸务",承担指导、联络和奖励国内学术研究的主要职责,这与函夏考文苑的总章规定也并无出入。

函夏考文苑的苑士"定额四十名",其入选资格必须具备"文与学清洁雅正,名与实大段无间"、"须有精当佳作已行于世者"④,为国内第一流的研究权威;入选后须"躬与苑议",承担指导苑务工作和研究方向等使命。列入"考文苑名单"的十九人,按照方豪的说法,其思想与著作已可构成"一篇清末或清末民初我国学术界简史"。中央研究院在成立之初,因考虑到选举院士的困难性,便设置了一个实际行使院士工作的评议会,其评议员的入选资格规定首先也是"对于所专习之学术有特殊之著作或发明者"⑤,并要承担决定学术研究方针、促进国内外学术研究等重要职权。第一届评议会的人数如不将评议长蔡元培算在内,恰好也是四十名。胡适、陈寅恪、陈垣、赵元任、李济、丁文江、翁文灏、傅斯年、陶孟和、竺可桢、丁燮林等人都跻身评议员之列。他们都是代表各自研究领域领先水平的权威人物,足可构成一篇清末民初或民国的学术界简史。在机构设置方面,考文苑拟设的主要研究机构后来也都在中央研究院得到落实。

(原载《复旦学报(社会科学版)》1992年第5期)

---

① 《革命文献》第59辑,第219页。
② 《函夏考文苑文件九种》,《马相伯先生文集》,第22—32页。
③ 同上。
④ 同上。
⑤ 《中央研究院评议会条例》第四条,《国民政府公报》第1752号。

中国近代文化史上的
严复与张元济

自1896年订交,严复与张元济在数十年的倾心交往中,互相切磋,彼此推重,构成人所习称的一段佳话。正如古希腊谚语所言:最好的和谐产生于相异者之间。在中国近代文化发展的一些基本问题上,两位先生之间存在着明显的分歧。较之其共同之处,这些分歧更能反映出他们各自不同的思想境界和风貌,并进而展现出近代中国文化发展曲折多姿的一幕。

1902年1月,张元济发表了《答友人问学堂事书》一文,严复也于同年4月发表《与〈外交报〉主人论教育书》。这两篇文章集中反映了两人在教育宗旨、语言文字和中西文化关系诸方面的分歧,本文的论述也就由此两文展开。

一

对教育的重视,是严复和张元济的相同特点之一。但是在教育的基本宗旨上,两人存在着不同见解。张元济所提出的两条宗旨,一是"勿存培植人才之见",二是"勿标讲求西学之名"。关于前者,他表明并非认为学校不能胜任培养人才之责,而是要清醒地认识到"国民多愚蠢,饮食男女之外,几无所知。临如是之人民,虽有善政,行且见恶"。面对这一落后现状,首先必须重视教育普及,"重普通而不可言专门","今设学堂,当以使人明白为第一义"①。如一味注意专门人才的培养,则难免失之狭、浅。关于后者,他主要针对当时兴办教育中出现"舍己芸人"的西化倾向而言。他认为这种倾向既

---

① 《答友人问学堂事书》,《张元济诗文》(以下简称《诗文》),商务印书馆,1986年,第170页。

表现在热衷于设立"与旧有之学校判然为二,所习者人亦目为洋学"的同文馆、船政学堂之类的专门学堂,也反映在大量成立的各种教会学校中。这种"外人所立学堂之学生……所可虑者,于我国本有之学术一无所知,一也;自幼与外国人相习,将来为国家办事,界限恐难分明,二也"。张元济认为中国历史悠久,文化源远流长,其中"自有其不可不学之事"①,鉴于此,既要舍弃中学为体、西学为用的见解,又要坚持"知新温故,二者并重"②的立场。

对张元济上述两条宗旨,严复提出了不同的见解。他虽然也承认普及教育、提高民众整体素质的重要性,但同时又强调在当时的环境下主张"学在普通"、不以培植人才为宗旨的见解,则"其害于吾国长进之机,少者十年,多者数纪"③。他所关注的首要问题是知识分子的觉悟与吸收新学。他坚持认为,相对于近代欧洲国家所呈现出的治世气象,中国已明显地步入衰世④。中国的衰落在于文化的退化,而退化的主要原因,则应归咎于文化的传承者,即士大夫知识分子,"中国今日之事,正坐平日学问之非,与士大夫心术之坏"⑤。因而,要实现文化进步和国家富强的目标,首先应当提高知识分子的素质,造就出一批新型人才;否则,"人材既无进境,则教宗政术,自然守旧不变,以古为宗"⑥。是以当梁启超称严译渊雅有余而通俗不足时,他明白地表示:"不佞之所从事者,学理邃赜之书也,非以饷学僮而望其受益也,吾译正以待多读中国古书之人。"⑦

在批评张元济"勿标讲求西学之名"的宗旨时,严复列出两条前提,其一,中国面临的最紧迫问题是破块发蒙、传播新知,"凡可以斗愈愚者,将竭力尽气趼手茧足以求之。惟求之能得,不暇问其中若西也,不必计其新若故也"。其二,士大夫知识分子中间,"于旧学根柢磐深,文才茂美,其人甚多"⑧,而并非像张元济忧虑的那样,"文学凋敝,读书种子殆绝"⑨。根据这

---

① 《答友人问学堂事书》,《诗文》,第170—171页。
② 《涉园序跋集录》,古典文学出版社,1957年,第177页。
③ 《与〈外交报〉主人论教育书》,《外交报》第8、9期。
④ 《论中国教化之退》,《国闻报》1898年5月28日。
⑤ 引自王蘧常编《严幾道年谱》,商务印书馆,1936年,第14页。
⑥ 《论中国之阻心力与离心力》,《国闻报》1898年1月3日。
⑦ 《与〈新民丛报〉论所译〈原富〉书》,《新民丛报》1902年第7期。
⑧ 《与〈外交报〉主人论教育书》,《外交报》第8、9期。
⑨ 《张元济书札》,商务印书馆,1981年,第129页。

两点,严复明确认为,兴办教育必须全力讲求西学,"今日国家诏设之学堂,乃以求其所本无,非以急其所旧有。中国所本无者,西学也,则西学为当务之急明矣"①。具体说来,所谓西学的核心内容,便是肇源于英国的实证精神和科学方法论,他明确表示:"中国此后教育,在在宜著意科学,使学者之心虑沉潜浸渍于因果实证之间,庶他日学成,有疗病起弱之实力,能破旧学之拘挛,而其于图新也审,则真中国之幸福矣!"②

对教育宗旨的探究,无可避免地要涉及作为教育工具的语言文字问题。在主要采用何种语言教育,以及语言文字与民族文化的关系等方面,两人之间存在着不同的观点。

张元济坚持"勿以洋文为常课"的基本原则。他指出,外国教会为便利于在中国传教,竞相设立西文学堂;欧美国家出于培养为己效力的人员这一目的,也纷纷建立类似学校。而本国人士对其中利害关系"不暇审察,贸贸然踵而行之"③,数十年来兴办新式学堂,每每以教授西文为主课,以聘用西文教习为先务,"不知教育之要,在普通学而不在语学,即尽中国人而能成外国语,吾亦未见其益也"④。张元济明确表示,语言文字体现一个国家"生民之大用,立国之精神"。作为国民精神的寄托,语言文字的兴替与民族国家的存亡休戚相关,"未有语言文字亡而其国尚能存者"⑤。他举例论证道:"俄、德各强其所属波兰人习俄、德语,美据菲律宾,令五年后通用英文,以视改正朔、易服色之仅能转移人耳目者,其精粗殆有间矣。"⑥故而"灭国手段,此为最酷"。为避免陷于这种境地,张元济建议除省会及通商口岸"别立洋文一科,余悉用华文教授。"这样既不与普及教育的宗旨相背,又能使国民保持"自立之性"⑦。

严复则认为上述议论属于不察事理之见。首先,沿海通商城市和传教所及地区虽有不少懂西文之人,但能熟练运用并堪为人师的却十分罕见,因

---

① 《与〈外交报〉主人论教育书》,《外交报》第 8、9 期。
② 同上。
③ 《答友人问学堂事书》,《诗文》,第 171 页。
④ 《论中国语言变易之究竟》案语,《外交报》第 3 期。
⑤ 《答友人问学堂事书》,《诗文》,第 171 页。
⑥ 《论中国语言变易之究竟》案语,《外交报》第 3 期。
⑦ 《答友人问学堂事书》,《诗文》,第 171 页。

此数十年来学堂聘西文教习和以西文授课,乃是"有所不得已"之举。其次,"既治西学,自必用西文西语,而后得其真"。如果只求助于翻译途径,则远远谈不上掌握西学神髓。况且西方科学书籍汗牛充栋,借翻译输入中国的不啻九牛之一毛,"今既不为其言语文字矣,则废耳目之用,所知者仅至于所译而止,吾未见民智之能大开者。又况译才日寡,是区区者将降而愈微耶?"所以严复主张中学以上程度的学校"一切皆用洋文授课",高等专业课程则应聘用洋教习讲授,这样二十年之后,"所学稍富,译才渐多,而后可议以中文授诸科学"①。

针对张元济语言文字维系民族精神的见解,严复表示,国民的爱国精神植根于"种姓"即种族、血缘关系之中,并不决定于语言文字,学习西文并不必然意味着削弱爱国之情。"国之所患,在于无学,而不患国语之不尊。使其无学而愚,因愚而得贫弱,虽甚尊其国语,直虚骄耳,又何补乎?"关键在于如何走出愚昧,提高知识水平,而不必计较使用何种语言文字,它仅仅是科学知识的表述工具,"国语者,精神之所寄也;智慧者,国民之所以为精神也,颇怪执事不尊其精神,而徒尊其精神之所寄也"②。在1904年出版的《英文汉诂·卮言》中,严复再次不指名地批评张元济的见解是"近似半得之说"。

二

围绕是否以西文为主课而形成的异见,直接来自他们在启蒙教育的首要对象方面的分歧。严复的思虑焦点和他所要开启的"民智",主要集中在如何使知识分子接纳西方文化。要实现这一目标,要使知识分子从第一手资料上真正了解西方学术,学习西文也就成为必要的前提。就方法论而言,严复的议论确属高明之见。但是他责备张元济一味注重民众教育,忽略英才培养,从而有害于社会"长进之机",则不免失之片面。

1901年与1902年之交,张元济从以前力倡英才教育转向注重教育普及,但他并未对知识分子的启蒙有所松懈。即以严译八种为例,这套使知识界耳目一新的学术著作,均由张元济一手策划出版,他为此付出的心血,已

---

① 《与〈外交报〉主人论教育书》,《外交报》第8、9期。
② 同上。

为人所共知。除此之外，张元济还主持出版了一系列西方科学书籍和外文工具书。凡此皆表明他清楚地认识到输入近代科学、促进西文教育对知识分子启蒙的作用。尤其可贵的是，在近代中国百分之九十以上的地区和民众仍处于落后愚昧状态之际，张元济把普及教育和民众知识启蒙视为首要使命，并身体力行，进行了开创性的尝试，从而将康有为等人普及民众知识教育的呼吁推进到实践阶段，使清末以来的教育变革上升到一个新的高度。严复的批评，实际上恰恰表明他对这一问题没有引起足够的重视。

民族语言文字在文化交流中扮演的角色及其发展前途，是中国近代文化史上最引人关注的问题之一。严复与张元济的论辩，典型地反映了当时知识界在这一问题上两类不同的观点。19世纪末出现的形形色色的民族语言改良方案，基本上都是将汉语引向欧化发展方向。从思想根源上看，这实质上反映了不少知识分子在欧风美雨的猛烈冲击下对民族文化自信心的动摇，并由此对民族语言文字产生价值怀疑。

依严复之见，语言文字仅仅是传递文化的工具，并非影响和塑造文化精神的独立实体。既然中国文化更新的参照系在于近代欧洲的实证精神和科学方法论，那么作为文化载体的汉语也要相应改变自身模糊多义的性状，追求清晰准确的表意功能。他认为在汉语中"欲寻定义无歧之字，除科哲诸学所新铸名词而外，殆不多觏"。不精之器难求专精之学，"出言用字如此，欲使治精深严确之科学哲学，庸有当乎？"[①]他根据穆勒欲真正掌握一国语文，非通晓数国语文不能的见解，认为"中文必求进步，与欲读中国古书，知其微言大义者，往往恃西文通达之后而后能之"[②]。因而他主张"先通西文"，以"西国文规"来规范汉语，"庶几名正理从"。在此基础上"回观中文，若其相类则往往有得，且一合而不易离"[③]。在这里，严复清楚地阐述了改良民族语言文字的方法论和基本原则，即在真正掌握和领悟了西文文法后，以新的眼光来审视本国语言文字，发现其中的一般结构及意义所在，并履行类似西文那样的精确表意功能。

---

① 《名学浅说》，商务印书馆，1981年，第5、18、19页。
② 《论今日教育应以物理科学为当务之急》，《严复集》第二册，中华书局，1986年，第286页。
③ 《与梁启超书》，《严复集》第三册，第514、519页。

基于这一宗旨,严复花费了大量心血,为汉语的更新进行辛勤的探索。但由于受单向整合的方法论支配,严复在这方面取得的成就势必受到限制,一部《英文汉诂》,明显地表现出不少削足适履、生硬比附的弊端,就像《马氏文通》试图以拉丁文法范围汉语一样。堪称文化史上瑰宝的严译名著,以今天的眼光来看,其经久不褪的魅力在于它的文学性,而非科学性。他试图用近代科学概念为涵义宽泛的古文词作出定义,使之具有单义性和明晰性,但这一尝试并未成功,严译中创立的许多新名词,几乎都随着时间而自然消逝。

严复的阐述不失为一种智者深刻的片面。相形之下,张元济在西文、西学方面的造诣要稍逊一筹,但他始终能清醒地看到,在两种语言文字交汇之际,并不存在一个超时空、超文化的评价标准,"貌袭西法,不合华文性质"。每一种语言文字都有其不可替代的独特价值,因而在汉语改良中不应当反客为主,而要坚持"以汉文为主"①。这一见解与章太炎等人的努力精神是贯通的,象征着近代汉语改良思潮中民族化或本土化的正确流向。张元济强调民族语言文字与国民精神、民族文化的互依性,表明他已经觉察到每一种语言文字都维系着特定的思维模式和民族心理结构。在语言学和人类学界,曾经流行过民族思想文化的性质决定于语言文字的观点。这一见解固然失之偏颇,但是也应当认识到,语言文字不仅仅是表达思想观念的工具,它同时也具有产生工具的机制这一作用,与其说它在本质上是一种与人分离的客观形式系统,毋宁说是一套意义系统与价值系统。正如帕默尔所说,语言文字"是维系民族的纽带,是历史的宝库"。当人们掌握本民族的母语时,也就意味着同时也接受了它所包含的文化意义。唯有认清这一点,方能在两种语言文字交汇的过程中不致产生外力崇拜。

三

当西方文化作为一种非我、异己的形象呈现在近代中国人面前,它便成为人们理解并确立中国文化自我形象的一个给定因素。在此过程中,出于

---

① 张树年主编《张元济年谱》,商务印书馆,1991年,第143、50页。

不同的感受和心态,近代中国人在认识域外文化并借以建构本土文化时,表现出种种差异性,从而造成西学东渐史上奇警多姿的一幕。严复与张元济的有关论述,表明他们在这一领域各自代表着不同的见解和立场。

在启蒙对象问题上,张元济观察欧美日本的感受是:"泰西人罕不学,非必皆人才也,然于人当知之事无不知之。而民智大开,在上者有所施行,亦不至于妄为阻抗,此善政之所以能行也。""德被法败,日本维新,均汲汲于教育之普及者,无良无贱、无智无愚、无长无少、无城无乡,无不在教育之列也。"①剔除其中的理想化色彩,这些论述表明只有以提高民众素质为前提,新观念和新制度才能得以传播和建立。由此张元济自然会得出注重教育普及的观点。在这一问题上,严复则观察到杰出的人才的前驱先锋作用。所谓"二百年学运昌明,则又不得不以柏庚之摧陷廓清之功为称首。学问之士倡其新理,事功之士窃之为术,而大有功焉"。他认为欧美的强盛肇始于培根开启的经验论传统,而达尔文则更深刻地改变了人们对周围世界和人类本身在宇宙中地位和意义的观念,"泰西之学术政教,一时斐变,论者谓达氏之学,其一新耳目,更新心思,甚于奈端之格致天算,殆非虚言"②。而中国的状况一方面是"舍士无学"③,知识分子构成文化的主要传承者;另方面是知识分子"于新理过于蒙昧"④,无法承担文化启蒙职责。两相对照,严复自然会得出首重人才培养的宗旨。

两人在语言文字问题上产生歧见的一个重要原因,在于张元济认为欧美各国"大都自尊其国语",将保存和发展民族语言文字作为启蒙教育与文化发展的基本前提,"日本、埃及,同一兴学,而一效一不效者,重方言与重外国语之别耳"⑤。而严复则指出,培根、牛顿、斯宾诺莎等英国学者撰写对本民族发展产生巨大作用的著作,都是采用拉丁文而非本国语,"其不用国语者,以为俚浅不足载道故也"。"彼列邦为学,必用国语,亦近世既文明而富于学术乃如是耳。"因此,首要之举在于发展科学文化和臻国家于富强之境,

---

① 《答友人问学堂事书》,《诗文》,第170页。
② 《原强》,《侯官严氏丛刻》。
③ 《实业教育》,《中外日报》1906年7月2日。
④ 《与张元济书》,《严复集》第三册,第527页。
⑤ 《论中国语言变易之究竟》案语,《外交报》第3期。

在此基础上,民族语言文字自然会得以推广流行,"吾未见文明富强之国,其国语之不尊也"①。

由语言关系延伸至文化关系,张元济认为欧美国家都十分注重以本国"民质、俗尚、教宗、政体"作为文化发展的前提,在文化交流中强调维护自己的"独立之道",决不"强同"于人,"凡所损益,一切以国民精神为主,故学成之辈无不知爱其国,卫其种"②。他主张中国的文化革新应当以此为镜鉴。严复在此问题上与张元济产生分歧,就在于他认为英、法、日、俄、普鲁士等国家能跻身文明富强之列,是由于"弃数百千年之旧制固俗若土苴然",而突厥、埃及、波斯、印度诸国遭受落后淘汰之运,也是由于"徒轩轾于人己之间,尊其旧闻,至若不可犯者"③。

类似歧见还可以继续往下举,它实际上是近代中国知识分子看待自我与非我关系的一个缩影。暂且不论其中多少存在的一个逻辑错误,即不同类型和性质的事物无法进行对照,在比较的标准无从确定的情况下,平行的比较论析是没有根据的。令我们更感兴趣的是两人在观察异己文化时显露出来的意向性和心态的差异。

简言之,这种差异就表现为是立足民族文化以寻求更新发展,还是以西方文化精神重塑本民族文化。张元济认为悠久的人文传统维系着中国文化的特性和国民精神,在文化交流中忽视乃至抛弃这一点,只会带来恶果,"夫以数千年之古国,一旦欲效法欧美,变易一切,诚非易事"④。他认为历史文明悠久的埃及在近代的衰落,原因即在于无视"国势民情",一切"极意迎合"欧洲国家,"以至溃败决裂而不可收拾"⑤。因此张元济主张以民族文化为主体,吸收欧美近代文化"相为调剂",以收振新国民精神之效。而严复则着意拈出生物进化学说中的"体合"即"适应"这一概念,使之具有文化概念的性质,"物自变其形,能以合所遇之境,天演家谓之体合",它乃是"进化之秘

---

① 《与〈外交报〉主人论教育书》,《外交报》第8、9期。
② 《答友人问学堂事书》,《诗文》,第170页。
③ 《与〈外交报〉主人论教育书》,《外交报》第8、9期。
④ 《涉园序跋集录》,第128页。
⑤ 《〈埃及近代史〉序》,《诗文》,第287页。

机"①。既然生物体能随环境条件的改变而自觉改变自身性状，从而在生存竞争中不致遭受被淘汰的厄运；那么人类文化的竞争与发展也应遵循同一规律。"支那之教化，盖已老矣，千年以来，日见凌夷，代不及代，观其风气，随波逐流，不复能有树立之意。"②使中国文化避免被淘汰的有效途径，便在于以西方近代文化作为资鉴和参照，"以他之耀，回照故林"③，对传统文化进行单向性整合。"盖中学之真之发现，与西学之新之输入，有比例为消长者焉。"④

中国文化的圆满自足性只是一种神话，它本身存在着不少缺陷亟待克服或弥补，这是清末以降大多数知识分子的共识，也是严复与张元济的共识。所谓"调剂"，所谓"体合"，都不同程度地表明了这一层认识。因此，两人分歧的关键并不在于对西方文化是吸取还是拒斥，而在于吸取西方文化的基本立场和具体内容。正是在这方面，严复与张元济各自成为近代中国文化发展进程中两种精神方向的代表。

四

在第一次世界大战之前，严复为中国文化的更新所树立的参照标准是近代英国文化，包括古典经济学、政治学、社会学、语言学、哲学诸形态，而贯彻其间，为严复全力阐扬的是近代实证精神及科学方法论。严复认为，正是那种以"即物实测，层累阶级，以达于至精至大之途"⑤的方法和强调实证有效的精神，成为近代科学发展的依据和国家富强的基础；中国文化之所以落后，也正在于这一精神和方法的缺失。"古人所标之例所以见破于后人者，正坐阙于印证之故；而三百年来科学公例，所由在在见极，不可复摇者，非必理想之妙过于古人也，亦以严于印证之故。"⑥表明严复这种见解的一个例证，就是他将赫胥黎在《进化论与伦理学》中指出科学工作中应采取"同样的

---

① 《天演论》，商务印书馆，1981年，第36页注②。
② 《论中国分党》，《国闻报》1898年7月31日。
③ 《论今日教育应以物理科学为当务之急》，《严复集》第二册，第286页。
④ 《英文汉诂·卮言》，商务印书馆，1904年。
⑤ 《原强》，《侯官严氏丛刻》。
⑥ 《穆勒名学》部丙篇十二按语，商务印书馆，1981年，第398页。

观察、实验和推论的方法"①(the same method of observation, experiment, and rationcination)这句话,改译发挥为"撮其大要,可以三言尽焉:始于实测,继以会通,而终于试验。三者阙一,不名学也;而三者之中,则试验为尤重。古学之逊于今,大抵坐阙是耳"②。严复强调说,近代英国之所以经过一百多年的迅速发展,在欧洲乃至世界范围内处于领先地位,归功于他们培养人才和发展文化"以有用为宗,而有用之效,征之富强;富强之基,本诸格致"③。他认为中国传统文化之所以陷于颓废无用的境地,正在于缺乏这一科学基础。

问题不在于严复输入的近代英国文化是否确有作用和价值,而是在于他试图单向度改造中国文化的做法有多少合理性。就前者来说,严复的介绍和宣传极大地开阔了知识分子的思想视野,他所阐扬的实证科学精神,在蒙昧主义和唯意志论长久盛行的中国,尤其具有深刻的启蒙意义。就后者而言,则不能不看到,由于受基本立场和方法论的制约,严复在尝试改造中国文化的过程中,往往忽略了不同文化产生的特定背景、基本意向和整体联系,往往孤立地将两种文化在根本上具有历史差异性的范畴或事物作简单的类比或附和。他对老子学说的改铸也表明了这一点。在严复的评点下,老子以直觉静观为特点的认识方法被赋予近代欧洲哲学中感觉论的经验论性质;对"道"的论述成了包含了归纳与演绎等逻辑的学说;达尔文基于近代自然科学所提出的进化原理,也早已被老子揭示出来;而小国寡民之说,更成了寄托着老子的民主主义理想④。

综其一生,严复对中国文化的单向改造原则始终没有改变。第一次世界大战之后的严复,与其说倒退为顽固的封建复古主义者,不如说在欧洲大陆非理性主义思潮弥漫的影响下,试图"改用新式机器"重新"发掘淘炼"传统学说。他以先秦法家学说比附德国叔本华、尼采等人的非理性主义观念,便显示了这一情形⑤。

---

① 赫胥黎《进化论与伦理学》,科学出版社,1973年,第30页。
② 《天演论》导言十八,第44页。
③ 《救亡决论》,《侯官严氏丛刻》。
④ 《侯官严氏评点〈老子〉》,1905年。
⑤ 《学衡》第13、15期。

与阐扬实证科学精神的严复不同,张元济很早就意识到,科学成就并非欧美富强之源,在它背后存在着某种更为本原的因素,那就是基督教伦理精神潜移默化的作用。在这一点上,马相伯对他的影响是很明显的。基督教伦理在西方起着感化人心、振新精神的作用,至今"各国教育几无不与宗教相杂,实积千百年之阅历始能及此"①。这一情形无疑给张元济留下很深的印象,使得他对清末以来"只注重新知识"的教育非常不满,"近几十年来,设学堂,讲究新学……但是在社会上迷漫着一种骄奢、淫佚、贪污、诈伪、鄙贱、颓惰、寡廉鲜耻的风气,使我国家糟到这样的田地,不能不说也是它的结果"②。其缘由正在于"民德不进,即畀以法、美之富,其不陷溺于狂荡者几希"③。有鉴于此,张元济主张教育要重视"人格的扶植,德性的涵养",在这方面,他提出"世界大通,教宗互峙,理无独胜,事有相资"。基督教与儒教、佛教一样,作为世界性的宗教,都有其不可替代、足资借鉴的存在价值。因此不妨借鉴"以拯拔人之罪恶为念"④的基督教,以阐扬"己国所以律身行己之道"⑤。

在这一认识前提下,张元济所标举的古人道德与人格,在内涵上已有所更新。譬如他提出"仁"即在于依良心行事;提出古代伟人的人格共性在于"归根结果都做到杀身成仁"⑥,与他提出的基督教宗旨在于"舍身救世"相似;而他特意举出的友爱、平等、廉洁、勤劳、互助等美德⑦,同样使我们联系到马克斯·韦伯所形容的孕育资本主义精神的新教伦理。

张元济对古籍搜寻、整理、出版事业的非凡贡献,则更为鲜明地体现出他对意大利文艺复兴精神的向往与踵武。经过文艺复兴运动中人文主义者的辛勤努力,不仅使欧洲摆脱了中世纪蒙昧时代,并且由于大量古典作品的

---

① 《关于教会学校章程致学部堂官书》,《诗文》,第125页。张元济晚年曾回忆戊戌政变后所受马相伯的思想影响:"一日与谈泰西科学之盛,先生徐言科学必有其大原,且世人又何以能知科学。余乃知先生深于教理,与世之以祸福感人者迥不相侔。数十年来,未忘斯语。"见《〈马相伯先生年谱〉序》,《诗文》,第297页。
② 《我国现在和将来教育的职责》,《诗文》,第222页。
③ 《张元济书札》,商务印书馆,1981年,第63页。
④ 《在纽约中国留学生会馆演说》,《诗文》,第179页。
⑤ 《张元济年谱》,第461页。
⑥ 《编写〈中华民族的人格〉的本意》,《诗文》,第274页。
⑦ 《论孔子在今日的地位》,《诗文》,第229页。

发现和保存,为欧洲文化的更新发展提供了无限丰富的资源。这一情形对张元济影响至深,他明确表示:"一国艺事之进退,与其政治之隆污,民心之仁暴,有息息相通之理;况在书籍,为国民智识之所寄托,为古人千百年之所留贻,抱残守缺,责在吾辈。"①张元济一再强调:"中原文献系属老成,国之光也",先人遗产的存亡"事关国脉"②,与民族文化的兴替密切相关,因此他以为"吾辈生当斯世,他事无可为,惟保存吾国数千年之文明,不至因时势而失坠,此为吾应尽之责。能使古书多流传一部,即于保存上多一份效力"③。张元济于辛勤奔波、访求古书之际,萃毕生心血于古书的校勘整理,取得了至今罕有其俦的造诣和成就。论者常用王鸣盛在《十七史商榷》自序中的一段话来赞誉张元济嘉惠后学的无私奉献精神④,然而我们又何尝不能从他身上看到意大利杰出的人文主义者彼特拉克、薄伽丘等人以搜寻和校勘古籍为一生志向的精神。从清末到五四乃至20世纪30年代前后,试图在中国重塑文艺复兴辉煌理想的思潮不断、波澜迭兴,论者往往举出章太炎、黄节、邓实、胡适等人为其代表,然而张元济又何尝不是其中具有独特贡献的一员主将?!

在张元济保存文化遗产的辛勤努力背后,分明涌动着一股与乾嘉学者一脉相承的对民族文化的高度自尊感和自信心。鉴于时代氛围的明显不同,张元济的这种信念和毅力较之乾嘉学者显得尤为难得。自19世纪下半叶以来,在西方文化的猛烈冲击下,在腐败落后的社会现实刺激下,知识界出现了精神迷失的危机和民族自信心的沦丧。躁动一时的中国人种、中国文化西来说,以及民族语言文字改良的欧化倾向、对民族文化的单向度改铸等,都不同程度地反映出这一情形。张元济痛感于"求书之难,国学之微,未有甚于此时者也"⑤,以过人的定力维护着对民族文化的自信心和责任感。他充满自信地表白:"能于文化销沉之际,得网罗仅存之本,为古人续命,这

---

① 《涉园序跋集录》,第156页。
② 《张元济书札》,第2页。
③ 《张元济年谱》,第283页。
④ "予任其劳,而使人受其逸;予居其艰,而使人乐其易。"
⑤ 《涉园序跋集录》,第177页。

是多么幸运啊!"①这与章太炎宣称"上天以国粹付余"的豪迈气概如出一辙。他们的努力精神,映现出中国文化在近代行程中的顽强生命力。

(原载《复旦学报(社会科学版)》1993 年第 3 期)

---

① 引自顾廷龙《回忆张菊生先生二三事》,《商务印书馆九十年》,商务印书馆,1987 年。

文明本质及其发展的探索与构造

——康有为《春秋笔削大义微言考》述论

《春秋笔削大义微言考》(以下简称《微言考》)是康有为现存著作中篇幅最巨的一种,集中反映了康有为历经戊戌变法和保皇活动相继失败后在理论与现实思索方面的变化和深入。但目前海内外尚无专文对此书作出分析,已问世的几种专著也未就此展开论述,从而在相当程度上阻碍了对戊戌以后康有为思想研究的深化。

《微言考》十一卷,作为《万木草堂丛书》的一种,于1917年刊行,撰者自述完成于1901年,实际上在刊成前已陆续添入不少新的内容,其下限不早于1911年[①]。与《春秋董氏学》《孔子改制考》等著作相似,《微言考》采取的也是纂注形式。全书逐段并列三条经文:第一条为"不修《春秋》",第二条为孔子笔削之稿,第三条为"已修《春秋》",即今《春秋经》。[②] 随之摘录《公羊传》《穀梁传》《春秋繁露》《公羊解诂》中的有关议论以作参证,最后加上长短不一的按语着力阐述。全书八百四十余条按语,通贯古今,广涉中外,具有强烈的现实感。而贯穿其间的一条基本线索,便在于探究中国文明的本质及其发展规律。

一、《春秋》代数与三世进化的本质依据

自《春秋》问世以降,敷衍、发微、辨正之作何止百千,但康有为认为多属徒抱遗经究终始,留下买椟还珠、得筌忘鱼之憾。原因即在于认定只存在一部被王安石讥为"断烂朝报"的《春秋》,或如北宋孙复《春秋尊王发微》,"但

---

① 有关考订参阅《康有为全集》第六卷所收此书按语。
② 《微言考·例言》。

识尊人王而已";或如刘敞《春秋权衡》,"辨鲁隐之非王,考滕、薛之非侯,如此浅说,儿童所知"①。贤如何休,亦不无泥于经文之失,遑论刘歆有意作伪而造成的歪曲。因而康有为在书中多次表明,读者第一要明白《春秋》之义别具一书,"孔子之《春秋》在义,不在事,传孔子《春秋》之义在口说,而不在文"。他论证道:

> 《春秋》为文数万,其旨数千。盖此数千之大义,乃为孔子之《春秋》……孔子改制,以此数千大义,不敢笔之于书,口授弟子。……孔子晚年,以为吾欲托之空言,不如托之行事之深切著明,故收拾各义,分附于鲁史文事之中,因恐无所讬托,乃笔削鲁史,改定其、年、月、日、时、爵、号、氏、名诸文,或增或删,或改或削,以为记号。如算术之有天元,代数之有甲乙子丑,皆以一字代一式,使弟子后学得以省识其大义微言之所托。②

在他看来,《春秋》记载的一系列会盟、朝聘、征战之事以及各种时地、爵号、氏名,不过是负荷微言大义和发明制度的一串"代数符号"、一部"寓言"、一套"电报密码",与史事无涉,不能以史书记载的征实性、准确性标准去衡量。譬如开篇"元年春、王正月"六字,"不过如算学四元之法之天地人物,代数之甲乙子丑而已,取其简而易代",掌握了符号输送的信息,则得鱼而忘筌可也③。同样,保存春秋大义的《公》《穀》二传在经文系年上存在相异之处,也无关紧要,因为"代数但可托义,无经不可。……先师以义为主,而经文仅同代数记号。记数不清,一家犹如此,况《公》《穀》之殊家乎?但独取大义,则合全经考之,无不同者"④。因此康有为宣称,只有将《公》、《穀》、董、何之说沟通并采,去其枝蔓,专究微言大义之所在,方能"大悟记号、代数之为用"⑤。

仿佛与早年模仿欧几里得几何学证明的方式撰写《实理公法全书》相映

---

① 《微言考》卷一。
② 《微言考》卷二。
③ 《微言考》卷一。
④ 同上。
⑤ 《微言考》卷二。

衬,《微言考》对《春秋》的诠释带有明显的代数式思考的色彩。就像几何证明需要有无需证实的公理作支撑,代数运算也必须有公理作为推导的依据;康有为将《春秋》看作一套代数集,便不能不相应地将编排代数公式的孔子公理化。他提出"《春秋》为律"①,"为天下万世立公律"②。所谓律,相当于《实理公法全书》的"公法",即通过一定论据推导出来的正确原则,这样他也不能不将制律者公理(或实理)化。因此康有为明确揭示:"孔子言公,纯乎公理者也。"不言而喻,这一公理也是不证自明的,"但当博推之,则无乎不在矣"③。于是经康有为的解释,孔子便成了公理的化身,成了超越时空的一个象征符号。

正如代数学以其基本公理而简明地表示数量关系的普遍性,作为编年史体裁的《春秋》为整个人类历史发展提出了何种基本公理和本质依据?孔子又是何种象征?康有为在《微言考》中通过对《春秋》首句"元年春,王正月"中的元、王二字的释义,对这上述问题作了解答。

"元"在康有为思想体系中具有本体论的意义,它作为万物化生之本,先于现象界而存在。康有为说,孔子"推本于元以统乎天,为万物本。终始天地,本所从来,穷极混茫,如一核而含枝叶之体、一卵而具元黄之象;而核卵之始,又有本焉,无臭无声,至大至奥"④。他认为老子的道、婆罗门教的大梵天王和基督教的耶和华与元相似。但作为一种预设的先验精神和宇宙本体,康有为的"元"与亚里士多德的"神"、黑格尔的"绝对理念"在本质上更为接近。

"孔子之道,推本于元,显于仁智。"⑤"孔子之道本于仁。"⑥元与仁,在康有为思想中性质是一致的,区别仅在于一隐一显、一里一表、一全一分,如康有为在《大同书》中用"全神分神"来说明元、仁关系那样。后来梁启超在《康南海先生传》中概括乃师"哲学之大本,以仁字为惟一宗旨",也确属要言。

---

① 《微言考》卷十。
② 《论语注》卷四。
③ 《微言考》卷八。
④ 《微言考》卷一。
⑤ 《论语注》卷十五。
⑥ 《微言考》卷六。

"仁"作为"元"的"分转变化",显现于一切现象界中,将自然、社会和人贯通圆融为一体世界;它具体存在人类社会,便体现为完备的人道。"仁者,元德博爱,人道之备也。"①"人道以仁为本。"②所谓完备的人道在康有为笔下,即指"文明正道"。他认为正是孔子"有此文明正道",故而《春秋》托始文王,以为人道之始,故一部《春秋》,皆言人道,发人道平等、自立、自主之理"③。

康有为通过对"王"义的发挥,进而对孔子的象征意义作出规定。他指出:"王者,往也,天下所归往谓之王。……孔子凡言王者,非谓其位也。"依《公羊传》的解释:"王者孰谓?谓文王也。"康有为对此进一步阐发说:"此文王,盖谓文明之王……百世之后,王皆奉其制法,故为百世公共之王也。太古、中古,皆当乱世,争杀无道,去禽兽不远。孔子改制拨乱之后,乃为人道。故以为人道之始也。《论语》:文王既没,文不在兹乎!此孔子自命之辞,可见孔子为文明之王也。"④一部《春秋》所托始的文王,乃是夫子自道;正是孔子本人,成为人道之始,成为文明公理的象征符号,也即《论语注》中所称呼的"文明进化之王""文明教主"。也正是在这一见解的支配下,一部《微言考》处处以所谓孔子微言大义作为权衡标准,展开上下纵横的议论。

议论中多次涉及的三世进化的历史观,在戊戌以前即已成为康有为思想体系中的一条基线,并为他所反复强调。但在《微言考》中并非全属旧情重温。社会现实运动的激烈冲突和急剧的交替变化,迫使康有为继续不懈地从错综复杂的变化中探寻其中的制约力量和规律,不断刷新原有的认识观念。戊戌时期的康有为主要从政治角度,将由君主而君民共主而民主、由专制而立宪而共和的更迭,视作由据乱而升平而太平的三世演变的标志;但在《微言考》中,康有为已深入一层,明确地将文明发展程度及其性质作为三世更化的本质依据。他指出,作为文明之王,"孔子有此文明正道,托之鲁《春秋》隐元年至哀十年史文之中,各寓其义,分张为据乱世、升平世、太平世。于是人事浃、王道备"。与此相应,文明正道也分作三种,"有据乱之正,

---

① 《论语注》卷七。
② 《论语注》卷四。
③ 《微言考》卷十一。
④ 《微言考》卷一。

有升平之正,有太平之正,各视其时所当世而与之推迁"①。所有人类社会,无论快慢,都是朝着太平世大同文明这一一元的目标发展与前进。

进一步说,在康有为那里,人类从太古蒙昧之世进化至大同文明之世,实际上经历了一个貌若循环的否定之否定的进程。他举例论证道:"上古民如标枝、如野鹿,男女之道不严,夫妇之道亦乖;固随意好合,亦随意离弃。"进至据乱之世,"则不得不严夫妇……夫妇之道愈严凝,而离弃之法不便行矣"。到了升平太平之世,因男女趋向平等自主,则又产生出妇、出夫之类的"离弃之事"。直至"夫妇,如交友然,固无相从,只有合好而已"。对此他总结说:"盖大道循环,太平世之制,去据乱最远,而去原人最近;然其制虽相近,而其理实最远也。"②作为"元"本体外显的人类文明,在一个新的高度上回到了自身;而在这一过程中,文明不断发展进步而达于极致,实现了康有为所预设的太平世大同理想,历史的发展也随之告一终结。在西方学人中,黑格尔曾系统阐述过绝对理念正、反、合的三元阶段,他的历史哲学也着重论证所谓"世界精神"发展的三个主要阶段,历史进程的终点就在于这一精神的完美舒展。康有为对文明进程的探讨,与黑格尔的论述之间,存在着不止形式上的相通之处。根据这一点,似应对构成康有为一生思想主干的三世说重予考察和评价,其丰富的内涵并非如众多论著中所概括的那样,仅仅是公羊说加进化论。

二、文明的普遍整体性及其内涵

将文明发展的进程纳入统一的三阶段模式,反映出康有为思想中的一项基本信念或原则,即贯通古今中外,将人类历史视作一个理性的整体,并揭示文明本质的普遍同一性。这一基本信念始终未曾改变,无论是早年对实理公法的阐扬,还是后期对大同的礼赞及对"诸天"的论列,都有清楚的反映。一部《微言考》,对打通中西,阐发"文明之通义"的议论,更是随处可见。要对此作出恰当的评价,显然先要知道康有为这一信念的来源何在,即主要

---

① 《微言考》卷十一。
② 《微言考》卷三。撰者在卷六按语中对此也有明白表述:"盖人道如环,拨乱世矫枉过甚,当与乱俗相反;而升平、太平则渐转近于乱世。但外形近而精意教化实最相远。"

受何种学说或人物的影响而得以形成。对此，论者皆谓根由在于康有为震惊于西方近代文明的繁荣深受科学的影响，以为人文的发展可以像科学一样，具有放之四海而皆准的规则原理，因而可以依照西方的模式，建立一普遍整体性的人类文化。美籍汪荣祖教授的《康章合论》一书，即完全基于这一观点而展开对康有为思想的论述。但我认为这种见解有片面之嫌。

确实，从文明这一词汇在 18 世纪欧洲启蒙主义的时代出现起，便已开始形成普遍整体性的基本逻辑。启蒙思想家视理性和文明为人类发展或完善的象征，具有普遍性的意义和作用，人类世界都将出现建立在理性与公正基础之上的文明社会。这一表示人们可以运用某些放之四海而皆准的基本概念来认识世界的见解，在黑格尔那里得到系统的阐发。他运用辩证法探寻贯穿于历史各个方面的发展线索，试图把握制约历史进程的本质规律。当马克思称赞黑格尔的巨大功绩在于第一次将整个自然、历史和精神的世界描写成一个发展过程，并企图揭示其内在联系的时候，实际上也表明了与黑格尔的历史本质论相同的立场。随近代科学勃兴而崛起的实证主义，则将这一观念推向极端，认为人类本身足已拥有了解一切的能力，一切自然和社会现象可以从整体上用某项公式作出解释。后来列维-斯特劳斯等人的结构主义人类学理论，也企图通过探索各民族语言的整体性和共同结构，将整个世界纳入一个概念化的模式。

上述关于历史与文明的整体性观念，随近代以来西学东渐的浪潮拾岸而入，影响了不止一代的中国知识分子，并逐渐演变为以西方文明作为衡量和评判人类文明的普遍价值标准。曾经热切地向西方寻找救国真理的康有为，受到这一观念的影响是无可怀疑的。但他的文明整体性观念是否受西方灵感启发而形成？是土产还是舶来品？就《微言考》而论，他的阐述难道与孔子和《春秋》毫无渊源关系可言吗？

尝试论之。相传孔子据鲁史笔削而成的《春秋》，是传下来的第一部编年史书，在有限的篇幅中，年月日时的记述占去了一大半，所有人物和事件均通过时间的定位而显出其联系和发展变化。时间在《春秋》中贯穿一切，并像河水那样以从过去到未来的线性方式流逝，所谓"逝者如斯"，这种线性时间在孔子和《春秋》中已被当作一种普遍的社会时间形式。正如河流初发于源头一点,并无一例外地裹挟而去,《春秋》中的历史记载也有起点,并通过单线条的时间而显明既定方向。所谓太一含元布精生阴阳,太极生两仪而衍生万物,《春秋》第一字"元"意味着天地之本、万法归一,并借助时间而流成单线。社会发展只有定位在这条单线上才具有意义,一不容二,不能有其他的点线存在,即便有也得被包纳消化,所以孔子明言:"吾道一以贯之。"康有为对孔子这句话作过多次阐发,他认为"孔子以天下皆宜定于一"①,"孔子之道,推本于元,显于仁智,而后发育万物,峻极于天,四通六辟,相反相成,无所不在,所谓一以贯之"②。康有为的解释是得其本意的。近代中国人描述的孔子至少有部分是真实的,并非全都是假孔子。正因为康有为相当敏锐地把握了孔子的这一基本思想,所以他宣称"六艺之中,求孔子之道者,莫如《春秋》"③,也就不奇怪了。他选中《春秋》作为依托来阐发其文明观,亦属顺理成章之举。因此我认为康有为论述的文明本质整体性见解,主要来源于孔子和《春秋》,并非舶来品。实际上这一点在《微言考》按语中也时有流露,比如他认为,按照一统之义,只有孔子才有资格"建元",但现在地球各国纷纷建元,不独烦琐,且违背"宜于一"之理,所以他责问:"各国将何所从?"④康有为始终念念不忘孔子纪年,也清楚地反映了这一点。

《微言考》中对文明涵义的诠释,同样鲜明地体现出康有为的上述基本立场。"文明"一词,在《微言考》中前后共出现过一百一十三次。其共同的特征是作为与野蛮、夷狄及草昧的对置词、反义词出现的。如"野蛮为文明之敌,从野蛮则文明灭绝""不以野蛮乱文明""人世宜由草昧而日进于文明"等。文明一词与文化一样,是一个意义非常广泛的多义词,曾出现过众多的定义。但从18世纪卢梭、孟德斯鸠和百科全书派以文明象征良好的风尚和生活方式,使之成为与未开化和野蛮状态相对立的观念,具有从中世纪向近代社会进步的意义,其基本含义后来一直被延续下来,至19世纪则已形成一项众所周知的定义,即被用来指民族或国家在特定历史阶段中显示出来的进步特征的总和。康有为对文明基本涵义的理解,也与此有相通之处。

---

① 《微言考》卷一。
② 《论语注》卷十五。
③ 《微言考》自序。
④ 《微言考》卷一。

在康有为笔下，和"文明与野蛮"可以在同等含义上置换的，是"中国与夷狄"这对概念，中国即为文明，夷狄等于野蛮。"夷狄进于中国则中国之。文明即为中国，野蛮即为夷狄。"①他辩明说："孔子所谓中国、夷狄，非以其地也，但以其文、野之别耳。中国而能文明也，则可主中国；中国而野蛮也，则亦不可主中国。故孔子至公者也。"②"文明、野蛮无定地、无定人，惟行是视。"③"中国"一词在这里虽非特指国家，仍意味着以孔子为象征的中国文明作为文明公义，这一点也正与康有为阐述的文明整体性相呼应。自近代欧风东渐以来，西方人每每以其资本主义文明的一系列特征作为人类文明的普遍整体性的象征，并基于文明优越感来论证其他民族和国家的野蛮性，论证"文明"殖民主义的使命。康有为的论述，则明显地表现了与这一文明整体论相抗衡的意图。因此，在《微言考》中，"文明"一词包含了两个彼此密切关联的基本涵义。其一，指摆脱野蛮低级状态的进步社会的成就；其二，这些成就又与特定社会状况相联系，由此凸显出中国文明的先进性。

人类发展到一定阶段，从野蛮状态步入文明的门槛，其主要标志是什么？两者之间的区分究竟在哪里？20世纪50年代，人类学家柴尔德（G. Childe）曾经提出过十项基本标准，如城市、国家、文字、劳动分工、科学工艺等，这些标准后来基本上为人们所接受。康有为在《微言考》中对这些标准也有或详或略的叙述。如卷五按语中论述语言文字的发展和丰富程度体现了文明与野蛮之别，卷七对"凡治愈文明，则分业愈多；治愈野蛮，则分业愈少"的论证，卷十提出根据"治国有状无状，以别文明野蛮"等。但受上述文明基本含义的制约，在康有为的论述中，区分文明与野蛮的根本标志，主要建立在以孔子为象征的中国文明的根本特征的基础之上。他反复说明："孔子所以重中国者，谓先王礼乐、文章、政治之所存，人道之文明也。"④"不知尊先圣法度之罪，贬为夷狄。凡文明者，必爱文明；先圣法度者，文明之至也。"⑤"孔子之贵中国者，贵其礼义也，贵其文明也；不欲无礼义人之犯有礼

---

① 《微言考》卷六。
② 《微言考》卷九。
③ 《微言考》卷十。
④ 《微言考》卷八。
⑤ 《微言考》卷五。

义人,不欲野蛮人之犯文明人;然后人道益以进化。"①康有为的论述表明,中国文明的基础和根本特征来源于悠久的文明传统,这一传统集中体现为古人开创的一套礼仪制度、风尚习惯、行为规范和关系准则。正是这一文明传统,使得中国成为人类文明的优秀代表,成为区别文明进化与野蛮落后的最高尺度。根据康有为的这一思想倾向,我们固然可以将他归入近代以来庞大的中国中心主义者的行列,但必须进一步作探讨的是,康有为如何观察和阐扬文明传统。正如伽达默尔所言,传统并非一宗既成的继承物,理解传统的过程就是参与传统的过程,因而也就是重新规定传统的过程。康有为在《微言考》中用更新的方法对文明传统进行探索和阐述,在文明整体性原则之下,将近代西方文明的一系列特征,包括国家制度、交往方式、科学文化、社会风尚等广泛纳入,其结果便是对中国文明的美学重构。

三、小农文明的探索与重构

戊戌变法与保皇运动相继失败的双重打击,使得康有为经过"蒙难晦明,幽居深念",在沉痛的思索中逐渐明白,改变中国的落后状况并非仅靠政治变革即可奏功,维新事业的成败维系于整个社会文明面貌的改观。因此,他在《微言考》中总结出变法失败的根本原因在于"进化未至,离乎野蛮而未能亲合于文明,以两不相容而亡"②。中国在近代的落后,最终也是因为"公理不明,仁术不昌,文明不进。昧昧二千年,瞀焉惟笃守据乱世之法以治天下……使我大地先开化之中国,五万万神明之种族,蒙然茶然,耗矣衰落,守旧不进,等消野蛮"③。

《微言考》补撰之际,康有为经历了唏嘘伤感的印度之游。曾经辉煌灿烂于世的印度文明,曾几何时,已成为"大地之骨董",文明的衰落,使得"印人遂至极愚极弱,一灭于回,再灭于蒙,三灭于英。已国不保,夷为奴隶,人身不保,有类羊豕"④。一篇四万多字的《印度游记》,仿佛成了印度文明的悼

---

① 《微言考》卷三。
② 《微言考》卷六。
③ 《微言考》自序。
④ 《印度游记》手稿,藏上海市文物保管委员会。台湾蒋贵麟编《康南海先生游记汇编》本无此段。

文。但康有为又表示，他"非吊印度也，私忧窃恐吾国之为印度也"①。康有为清楚地看到，无论是过去还是现在，历史正在不断地上演一出出文明兴亡的悲喜剧，"天道循环，有成有毁。罗马、印度灭于回、蒙，波斯祚乐阿士对之火教及犹太教皆将灭尽。后之视今，犹今之视昔"②"今则大地交通，轮船四达，际海竟地，皆为比邻……然地势虽殊，种族犹争；生存竞争，强胜弱败，其理一也。"③历史上出现过的许多野蛮对文明的挑战和征伐，与现在各国家、文明之间的竞争以及文明对野蛮的兼并，其间贯穿着相同的残酷竞争、适者生存之理。缺乏生机活力的文明必然趋于衰亡，就像历史上的古希腊罗马文明和现实中的印度文明一样。

基于上述认识，康有为在《微言考》中以颇为强烈的现实感，对中国历史文明的特征及其发展进行了探讨，试图打破时地之限，通过重构给中国文明注入强有力的生机活力，使之在人类文明的竞争舞台上立于不败之地。他的探讨，实际上已初步涉及社会结构、政治组织、经济制度、社会习尚、科学文化、宗教信仰等文明的基本方面。

在社会结构方面，康有为着重探讨了血缘氏族制度在中国历史上的传承和作用。欧洲社会从野蛮步入文明时代的过程中，曾伴随着血缘氏族制的瓦解崩溃，但这一情形并未在中国社会发生。与之相反，家族宗法制随着时代演进而一直被保存下来，且呈现强化的趋势。这一情形，构成了中国进入文明时代以后的一个突出特征。对此该如何评价？与当时严复运用西方的社会进化模式从根本上予以否定的态度不同，康有为是从文明发生学角度来肯定其历史合理性。他在论述其起源时指出，在太古犷獉之时，人们最初不懂得合群，在经历了严酷的生存竞争后，逐渐明白了众胜寡败的道理，于是便产生谋求合群的倾向，"遂为定婚之据，而生男育女，皆知为己所生育，则知爱之。子亦知爱其父，夫妻兄弟亦知互相亲爱，知亲爱之乐，于是皆用夫妇之法。男强女弱，故男恒为之主，积久遂成聚族之法；故太古合群，必自聚族始"。族聚而成后，相应地要推选出族长、家长。"其族长、家长皆有

---

① 《与同学诸子梁启超等论印度亡国由于各省自立书》，载《南海先生最近政见书》。
② 《微言考》卷十一。
③ 《微言考》卷八。

专制之权,故其国君必以嫡子承袭。……此皆族长之遗制也。"①

中国小农文明的主要特征之一,即在于凭借血缘氏族制度将宗法关系模式扩大为普遍的社会关系网络,并且也移植于国家政权之中,以血缘关系为基础建立权力控制系统。严复当时称孔子是"宗法社会之圣人",表明他认识到孔子学说与这一现实的内在联系。康有为也很清楚地看到孔子学说所具有的宗法色彩,一再申说"孔子之道本仁,仁本于孝,孝莫大于锡类,故曰:天地者,生之本也;祖宗者,类之本也。"②"孔子最重种族。"③并阐发孔子的一条基本原则是"人生于三事之如一,君、师、父母,皆至尊亲。"④但康有为受其文明整体性立场的制约,对孔子学说乃至整个小农文明的这一基本精神,势难作出否定的评价。所以他从肯定意义上对宗法社会关系的历史作用予以夸张,并不使人感到意外。他认为:"上古亲亲,故人种之发达赖于族制。未有国土君长,则赖族长以统摄之;因天然之亲以别昭穆、亲疏之序,因世袭之制以成大宗、小宗之统。其聚族愈强,得地愈广,遂成为邦国君主。……孔子因族制而定宗法,严男女而崇父子;故中国至今,聚族而居者万千人,分姓而系者百十代,系绪条远,道里辽阔而亲亲如一,所以国和人群、睦亲人道。故大地万国,中国人种最繁,甲于各国,宗法之所致也。"⑤他进而将这一见解推广为普遍原则,认为古希腊罗马文明和印度文明的兴盛,"皆起于族聚而立族长、家长",现在欧美各国也都采纳了孔子这一遗制。因此他总结说:"凡以族制合群者,其国必强盛,其种族必大,其治必文明。"⑥

但另一方面康有为也看到,将血缘宗法关系放大为整个社会结构,难免产生一系列狭隘性、闭塞性、排他性及种族主义倾向,与大地开通、交往频繁的近代世界格格不入,因而他又假托孔子引入了近代的平等博爱等因素,主张"凡人有大族谱焉,凡天所生万物是也;有中族谱焉,凡同黄帝祖所出之人类是也;有小族谱焉,今之族姓是也"⑦。认为只有冲破以族姓自限的狭隘观

---

① 《微言考》卷三。
② 《微言考》卷五。
③ 《微言考》卷四。
④ 《微言考》卷五。
⑤ 《微言考》卷三。
⑥ 同上。
⑦ 《微言考》卷五。

念，视天下万民为同胞，方才体现了孔子开辟的文明境界。

在经济制度方面，康有为主要通过将古代井田制的完美化，以阐扬孔子的均平爱民之义、藏富于民之义等。他在《春秋》宣公十五年"初税亩"条下摘录了《公》《穀》对鲁国税亩之举的指责，以及《公羊解诂》中对井田制的详细记载，认为井田制作为一种颇获颂声的土地制度，乃由孔子一手所定。他对此论证说："古无井田之法，故犹税亩，盖旧制如此。《礼》曰：献田宅者操书致。可见古无授田之制。……夏、商、周之制，皆孔子所托三统之制也。贡、助、彻三法，亦皆孔子税法，分作三种，听后世度时地行之。"①目前对《孟子》首先叙述的井田制属实与否虽尚存疑问，但多数学者已确认它在历史上的存在。这种殷周时期在宗法制基础上推行的授田制度，在春秋战国时期已趋于瓦解，正是鲁国实行的初税亩，完成了由井田制下的劳役地租向实物地租的转变；至秦始皇时，则完成了由授田制向土地租佃制的转变，使后者与分散的小农经营方式相维系，成为古代延续二千多年的基本生产关系。康有为的论证则完全颠倒了历史现象产生的先后次序，并武断地将井田制归为孔子托古改制的产物。其缘由也正在于康有为自己将井田制当作一种文明的象征符号，并赋予它新的内容和色彩。因此他认为，井田制作为孔子手定的均平仁政，体现了"生人皆同胞同与，只有均爱，本无厚薄"的平等、爱民精神。不仅"贞观之治，号称甚盛，实行井田之效也"。欧洲近代经济学家规划的土地分配制度，以及社会主义者倡导的均贫富、均产业之说，也均未超出孔子的井田之法、均平之义。他还进一步将发展资本主义大农业、大工业、大商业的使命，归纳为孔子题下固有之义。"井田什一而籍者，亦孔子悬农家一影耳。若以工商大公司为一封建，则督办、司事即君公、士夫，而各工夥即其民也。人执一艺，量以授俸于公司之中。饮食、什器、衣服备具，休休游游，立学教之，选举升之，力役共之。非一农田之小封建哉？今欧、美之大农及大制造大商，参于议院，行于宴会，则以诸侯入为天子大夫，且备于礼乐。故孔子井田、封建之制，施之据乱世而准，推之太平世而准者也。"②

在政治组织方面，康有为相应于将上述井田制归于孔子的创意，进而将

---

① 《微言考》卷六。
② 同上。

与井田制相维系的三代宗法政治视作孔子改制的产物,并为这种宗法政治体制及其精神涂上一层温情的色彩。殷周时期以宗法制为轴心建立起来的权力等级结构,主要以维护君主至高无上的专制地位为价值标准和根本原则,秦汉以后趋于强固化的极权专制制度也以此为渊源。但康有为否认其中的本质联系,认为在宗法政治下,"君臣皆共治,天职以为民牧;虽有贵贱,而阶级相连,不如后世天壤之绝"①,已初具近代立宪政体的性质。只是由于历史上落后民族的入侵,才中断了这一文明传统。他具体论证说:"至孔子定相见礼,天子为三公下阶,卿前席,大夫兴席,士式几,所谓使臣以礼也。"自秦汉至唐代前后,尊君卑臣倾向虽日渐明显,但君臣相见仍不敢过分非礼,朝臣也能坐着论政。但自从"蒙古入中国,以军容入国容,以野蛮乱文明;臣下见君,乃有跪礼。明世因之,天子坐受王公宰相之拜跪;乘舆经过,王公师相跪接道旁如蚁,绝不顾视。不能比古者一士人式几之礼,况下阶及兴席乎?欧美君主见臣,有兴席握手之仪,虽不能比孔子之制,亦庶几得共治天职者哉!"②

因此,康有为主张恢复并弘扬这一被中断了的政治精神和文明传统,这一传统与欧美近代政治发展之间有着源流关系。《微言考》中大量按语都围绕这一点展开论述,将象征近代西方政治的一系列基本特征和精神,如议会选举制、非世袭制、依法治国等,均纳入中国文明题下。譬如近代欧洲出现的社会有机体论,即早已见于孔子的"国家学宗旨":"国之合君臣民成团体,犹身之合官骸为全体也。一身为有运动之体,有一肢生病,则全体痛矣;一国亦为生动之体,有一夫之病,则全国痛矣。人赖肌肤以为身,元首主持之,而股肱运动之;国赖士民以为身,人君主持之,而人臣运动之。此立国体之本也。"③这些论述表明了康有为在关于文明同构同质性的论证之下,试图将世界文明的先进因素融入中国的文明传统。

除了上述所论,康有为对中国文明的探索和阐发还涉及社会习尚、宗教信仰等一系列问题。他认为古代对人祭之风的革除,是中国文明富于人道

---

① 《微言考》卷六。
② 同上。
③ 《微言考》卷四。

精神的表现和对人类文明的一大贡献,"旧俗尚极无道,多以人祭。《战国策》西门豹守西河,巫尚请以人祭河,可见今土司、生番及非洲尚有之。摩西《旧约》献羔,亦以人为祭。……孔子书此恶之,此风乃革"①。他论证自孔子以后,各种鬼神迷信崇拜现象已被基本扫除廓清。"孔子之祭,止乎郊、社、山、川、先祖五祀,余皆淫祀也。……太古淫祀之多,据《汉书·郊祀》、《史记·封禅》犹众,乃知孔子扫淫祀之功也。"②康有为仅从古代由迷信泛滥的多神教向少神教进步的角度提及五祀,而当时严复则从五祀并存的现象敏锐地观察到中国社会中"宗法、宗教二者,几如一物。故孔子有言:'知郊禘之义,治天下如视诸掌。'"③并进而剖析其特征在于祖先崇拜与天神崇拜并存,其性质与宗法制一以贯通,其功能在于祖先崇拜与宗法关系相结合,成为维护等级制和特权继承制的工具。康有为对此未予深论,一个原因即在于两人对宗法制的看法不同。这里不便详论,详论另需专文。

强种与争霸,是《微言考》中多次强调的两个问题,康有为实际上把它当成特殊的文明精神予以阐扬。联系到康有为写作时的现实背景以及他目睹印度人种退化加速了文明衰亡、西方殖民者大举征伐弱小民族的情景所受到的强烈刺激,康有为的阐述意图便可了然。对此,康有为自己也有表白:"仆生平言世界大同,而今日列强交争,仆必自爱其国,此《春秋》据乱世所以内其国而外诸夏也。仆生平言天下为公,不可有家界,而今日人各自私,仆必自亲其亲、自私其子。"④

康有为认为,人种良劣直接关系到社会盛衰与文明兴亡,"人类之要,莫如存种;存种之法,莫要于汰恶而留良;然后人种日善"⑤。这一论点与19世纪以来弗·高尔敦等人主张借人为的生物选择方法以改善人的品种的优生学观念如出一辙。但在康有为看来,"孔子早知保全人种,故垂此制"⑥。"盖孔子之所立新制,以戒后世。"⑦人种改良优生观念的父辈特征早已存在于古

---

① 《微言考》卷四。
② 同上。
③ 严复《政治讲义》,《严复集》第五册,中华书局,1986年,第1264—1265页。
④ 《答南北美洲诸华商论中国只可行立宪不可行革命书》,载《南海先生最近政见书》。
⑤ 《微言考》卷三。
⑥ 《微言考》卷五。
⑦ 《微言考》卷九。

代中国文明的智慧海里,西方近代优生学理论只是其衍生出来的儿孙而已。父辈特征已经包含了两点:一是晚婚,"孔子定制,三十乃娶,二十乃嫁。盖恶早婚嫁也"。早婚不仅伤身,且传种不良,"辗转流传,人种自弱,所关甚大"①。二是通种杂交。就像桃李梅梨因杂交而繁硕味美,鸡羊牛马因杂交而蕃滋多产,人类"自取其种,不若合别种,其生意尤多也"。"不娶同姓之义"是古代中国文明中的一条精义,它还表明娶异姓不如娶异乡,娶异乡不如娶异邑,娶异邑不如娶异郡州,更不如娶异国异种。日本皇族因未遵照中国古人的教诲,世娶同姓为妻,造成人丁不繁,王室公卿千年世袭者仅二十家,提供了一个反面教训。"今地球大通,诸种多合,明效已著;但当淘汰其恶种,而合于良种耳。"②因此,康有为强调要发扬中国文明中的强种精神。否则就会像非洲之黑人、南洋之巫来由人、夏威夷土人及墨西哥、美洲之土人,因为人种不良而"复退化于野蛮"③。

《春秋》王、霸之义,历来诠释者多由尊王抑霸处着眼,但康有为认为论者皆未揭破真义。在他看来,孔子的真实意图是要阐明王霸实一、霸业有功的观点。他指出:"当时之霸即王者,但其号异耳。"④所谓霸,相当于古希腊的代兰得、罗马的恺撒,"皆执天下之政权如王者"⑤。日本幕府时期五姓大将军先后统治日本八百年,与齐桓公、晋文公一样,成为实际执掌王权的五霸。"如今德国之二十四国之尊普王,意国之十一侯之共尊萨谛尼王,亦其比也。"⑥他认为孔子视齐桓创霸为春秋第一大事而一再详述,原因即在于"《春秋》日以忧中国,攘夷狄为义"⑦。从而推许齐桓、晋文开创霸业"能救中国,攘夷狄,则为王者之事;能服强国,功德最大。譬若西班牙王非难第一之能逐回国,德意志诸古王之拒俄特狄及突厥,保全罗马之文明,则功德自为最大,欧史最称之也"⑧。齐桓、晋文与殷汤、周武王不同之处,仅在于汤、武

---

① 《微言考》卷五。
② 《微言考》卷九。
③ 《微言考》卷四。
④ 同上。
⑤ 《微言考》卷三。
⑥ 同上。
⑦ 《微言考》卷八。
⑧ 《微言考》卷四。

推翻前朝统治者而自封为王,齐、晋仍虚尊周王,故以霸名之,其实质是一致的。故一部《春秋》,"明有霸心者,功过可除","善从霸不倦,征伐不义"①。他认为孔子仅从定于一尊的正名分角度而尊王抑霸,但所尊之王,如前文所述,乃是百世文明之王,并非实指,尊王只是一种信念,一条价值标准,而从霸、善霸、争霸才是实际中遵循的准则。康有为认为孔子的门人弟子拘泥于名义而讳言齐桓、晋文之事,"自是后世遂无此体,不解其故,但言霸则深恶之耳"②。因而亟须恢复光大这一被湮没了的文明精神,尤其在"八国之师入顺天",号称文明之国而行野蛮之举的严酷现实中,这一自强抗争的精神显得更为重要。

四、简短的评价

文明研究意味着从宏观上把握整个社会的发展状况,从根本上展开对国情的深入探索,直接关系到人们对自身所处环境、时代地位及发展前景的寻求与确定。正是有鉴于这一重要性,自20世纪以降,对文明的考察和探讨,日渐成为学术界注视的焦点,并趋向于形成一股研究的热潮。康有为无疑是站在潮头的弄潮儿,其《微言考》一书有两点特殊意义:第一,它是20世纪中第一部问世的文明研究著作;第二,它象征着康有为从政治变革领域向文明研究领域的重点转向。20世纪初写下的《大同书》《物质救国论》及列国游记等一系列著作,均贯穿着文明探索这一基本线索。《微言考》中并未对中国文明展开系统化和完整性的论述,不少缺而未论或论而未详的问题,如文明的生长环境等,在同时期其他著作中分别得到较详尽的探讨。《微言考》的重要性在于提出了研究的价值标准和基本思路。

当一种文明需要被阐明和弘扬时,往往意味着正处于面临危机之际。正如康有为在《意大利游记》中承认的那样,中国文明在近代已出现了"退化危弱"之象。建立在先进的资本主义经济和社会生活方式基础上的西方工业文明,挟其全球性扩张之势呼啸而入,与中国古老的小农文明产生了一系列激烈的撞击、冲突和消融,使后者处于前所未有的困境之中。如何走出困

---

① 《微言考》卷四。
② 《微言考》卷三。

境,使传统文明重新获得生机活力,便成为近代许多中国人思考的主要问题。康有为的论述,表明他并未将传统文明当作一种静止的客体进行剖析,而是理解为一种处于生长变化状态中的开放系统,试图通过引入欧美文明的先进成就,使中国文明再现往昔的辉煌,并以新的形象融入人类未来的世界文明。

构成康有为探索的基本公式和价值准则的文明普遍整体性观念,实际上渊源于传统的大一统、定于一的观念,反映出康有为试图以中国文明自身的一体化作为人类未来趋向的依据,从而与近代西方文明的全球化努力相抵御。所谓困境,实际上也就是这两种普遍整体性的抗争状态。然而也正是这种普遍整体性观念,使康有为难以对构成传统文明根本特征和基础的宗法制度作出否定。他一再强调中国文明的独特性和可贵性在于先人制定的一套礼仪制度,以此作为人道和文明的象征。实际上正是经由周公姬旦"制礼作乐",宗法制度的遗产才得以阐扬和完善,并趋向于强固化;它与落后的小农生产方式相维系,共同规定了中国的社会结构、政治组织、经济制度、人际关系和行为准则、社会风尚等,构成了传统文明的深厚基础。不从根本上改变这一点,局部枝节的变革都难以达到预期效果,任何新的异质因素都会被同化吞没,而全部陈旧的东西又会在一个新的层次上死灰复燃。

也正是康有为这一陈旧的普遍整体性观念,构成了20世纪以后中国人研究文明和更新传统的基本思维方式和价值依据。现代史上波澜迭兴的新儒家思潮,试图通过重构儒学以催发中国文化生命力的努力,将中国的发展关键归之于文化重建,并提出以六艺统摄西学,统摄一切人类文明成果,建立世界性的儒家人文主义等呼吁,这一切都或隐或显地贯穿着康有为的那种整体性原则。因此,康有为实际上已成为以后几代新儒家的共同精神之父。20世纪以后,对中国社会文明发展进程的几次研究热潮,其中也都贯穿了与康有为一致的思维方式。许多人在试图运用马克思主义学说探索中国社会和中国文明的发展轨迹时,皆从一项预设的公式出发,随后从历史资料中挑寻符合其主观意图的内容来印证所预定的公式,并简单机械地将西方文明与中国文明加以比附和归类,而无视两种文明之间的巨大本质差异,把马克思有关欧洲文明发展阶段的论述公式化为人类所有社会文明演进的普遍形态和共同规律。这一切都与康有为探索的基本倾向十分相似。

(原载《学术月刊》1994 年第 7 期)

张元济在近代语文新潮中的建树

肇始于19世纪中叶的语文改革新潮，至五四新文化运动期间已成巨浸之势。对这一历时半个多世纪的发展进程，许多研究者从不同侧面作出过探讨和阐论；但已有的著述几乎都未提及张元济的作用。这是很大的疏忽，因为张元济在语文新潮中对文体改革与文字改革两个方面都有实质性的建树。

清末以来围绕着普及知识、开启民智的历史使命而腾播一时的中心口号，是所谓"言文合一""言文一致"。在它的驱动下，至辛亥革命前夕，国内已出现十多种白话报刊和上千种白话小说，其中影响称大的一份刊物，就是商务印书馆于1903年至1906年出版的《绣像小说》半月刊。这份刊物并非以往很多人所说的由李伯元主编（对此已有文章作过仔细论证[①]）。1903年时，张元济已在商务全面执掌编译出版业务，刊物正是在他的指导下得以问世。第一期上署名"商务印书馆主人"的《编印缘起》，揭示欧美新小说以其"或对人群之积弊而下贬，或为国家之危险而立鉴"的立意，在促进民智发达方面起了有益作用，并表明"夫今乐而忘倦，人情所同；说书吟唱，感化尤易。本馆有鉴于此，于是纠合同志，首辑此编，藉思开化"。这份创刊宣言同张元济的好友严复所撰《说部缘起》的议论颇相似，也与张本人在世纪初转向注重国民教育和新知普及的思想信念相一致，或许即出于他的手笔。三年里刊物基本上遵循了上述宗旨，登载了一系列用比较平白的散体文字写的作品，成为清末驰名的四大文艺杂志之一。

胡适与张元济是忘年之交。两人的交往始于一篇白话文，即1918年初

[①] 参见汪家熔《商务印书馆出版的半月刊——〈绣像小说〉》，载《新闻研究资料》第十二辑，展望出版社，1982年。

胡适应张元济之约为《东方杂志》撰写的《惠施公孙龙的哲学》。这是青年胡适在商务印书馆发表的第一篇文稿，在张元济主张下得到与老资格的林纾相同的稿酬待遇。以后胡适出版了《白话文学史》一书，张元济在受赠后复信表示："世间万物新陈代谢，今文生而古文死，亦时势之所以然，正无庸少见多怪耳。"①

有些研究者据此引申出张元济主张以白话文取代文言文，似乎犯了以偏概全的毛病。古文作为一种书面语并不等同于文言文，其内涵、外延都小于后者。而所谓"今文"即白话文，就其针对《白话文学史》所论而言，也是一个很宽泛的概念，并不仅仅指流行的普通话。胡适在书前自序中指出白话就是不加粉饰、明白晓畅的话，认为《史记》、《汉书》、古乐府歌辞、佛书译本及部分唐诗中都有很多白话作品，反映了白话范围的宽泛性、白话与文言界限的模糊性。张元济对白话文的理解与胡适是相通的，因而会在访书过程中留心搜寻古代的白话作品。例如在赴东瀛访书期间，张元济觅到中土失传的元至治刊本《三国志平话》三卷，即借本影印回国，"复以书多讹字，不易卒读，乃命稽之史书，辨其致误之由，分别订释，录为校记"，将古代通俗话本当作典籍一般加以考订。

清末以来白话推广运动中的一项重要进展，表现为以"国语"一词代替"国文"。张元济在这方面发挥了开通风气的作用。"国语"一词最初出现在1903年京师大学堂学生给袁世凯的一份上书中，三年后又有人提出了"国语统一"的主张②。但通过团体机构加以推行，则始于辛亥前成立的中央教育会，会长即为张元济。在1911年8月5日召开的中央教育会第12次会议，由张元济主持讨论了"统一国语案"，指定审查员负责调查此议案；几天后又讨论了"统一国语审查报告"，决定在北京设立"国语调查总会"作为具体执行机构。

上述活动和机构因武昌起义的爆发而告停顿。但张元济并未中止努力，他在教科书领域继续进行探索和开拓。在1916年，也就是胡适《文学改良刍议》、陈独秀《文学革命论》发表前一年，张元济已在商务印书馆内提出教

---

① 《张元济书札》，商务印书馆，1981年，第162页。
② 参见1906年朱文熊《江苏新字母》自序。

科书文体改革的方针,主张"初等国文用白话编",先在小学教科书中采用白话文;因高梦旦、杜亚泉等提出异议,这一主张未得以贯彻。但几个月后张元济在与同人商谈新编教科书时,再次强调"先编言文一致者若干"①。五四运动发生后,他立即对商务馆已出未出的教科书作出具体部署,一方面"旧有各书,就次级人与商改订",如民国初年出版的共和教科书中的初小国文要"译成白话""生字加注音字母";另方面迅速聘人编出"新体国语"本,"中学师范文科另编。各举所知最时髦者、可以编书之人,再与接洽"②。

由于张元济坚持不懈的提倡和推动,当北京教育部在1920年初通令全国学校一二年级国文改用语体文时,商务印书馆已在此前一年出版了《新体国语教科书》一套八册。"部批称其为国语教科书首先出版之作,椎轮大辂,实开国语教科之先声。"③在教育部通令下达当年,商务又及时推出《新法国语教科书》系列,包括初小、高小及后期小学各九册。此外,"第一部中学国语教科书也赶在民九那一年出版了,就是商务印书馆的中等学校用《白话文范》四册。"这套书虽然"内容欠精(只审定作参考书),但总算是第一部纯采语体文、全用新式标点符号并提行分段的中学教科书了。"商务在致力于教科书文体变革方面的表率和成就,当之无愧地赢得了"真能得风气之先"的称赞④。张元济虽未亲自参与这些教科书的编撰,但在编写体例、方针和范围诸方面仍倾注了大量心血,这段时间的张元济工作日记即为明证。商务能及时抓住革新契机,继民初之后再次成为新式教科书出版的巨擘,清楚地体现出张元济勇于开创风气的可贵精神。

"言文一致"的口号在促进知识与教育普及方面起过明显的作用,但说到底也只是一种不可实现的理想。所谓书不尽言,语言的伸缩性和复杂性不是文字所能全部涵盖和表达出来的,两者事实上难以一致或合一。只有从特定的语境及其担荷的使命而言,这一口号才具有历史合理性。张元济在五四前后确实多次赞同并提倡言文一致,但无一例外地是针对教科书编

---

① 《张元济日记》上册,商务印书馆,1981年,第161页。
② 《张元济日记》下册,第671、687页。
③ 《本馆四十年大事记》,载《商务印书馆九十五年》,商务印书馆,1992年,第687—688页。
④ 黎锦熙《三十五年来之国语运动》,载商务印书馆编《最近三十五年之中国教育》卷下,商务印书馆,1931年,第114页。

写原则而言，也即作为一种促进基础语文教育和通俗教育的目标而提出，其倡导始终未曾超出这一范围。

同样，在对待白话与文言的关系方面，张元济当时也与时尚保持着一段距离。五四前后兴起"文学革命"，许多人唯白话是崇，对文言和古文不加区别，一概置于否定、抛弃之列。语文观是带有价值意识因素的，这种简单化形式化的弊病，反映出当时在欧风美雨冲击下产生的一种对本民族过去的一切文化持根本怀疑的思想倾向。事实上将文言和古文彻底打倒，继承文化遗产的使命势必完全落空。半个多世纪以来在提倡白话文方面成效卓著，而怎样对待文言文的问题一直未妥善解决。这是就一般情形而论。了解文白关系及其功用的例子并非没有，张元济即是典型之一。他本人娴熟于文言文体，能用它写出生力充沛、脉络分明的文章；而同样在他的笔下，也能流出明白晓畅的白话作品，如《中华民族的人格》。在清末以来辅导新知的大潮中，张元济更能自觉打破文白对立的观念，既热诚地为普及教育和知识而倡导白话，也着力为增强文言的弹性和张力而提供施展天地。

许多事例可对此作出印证。如张元济策划和扶植下问世的严译学术名著和林译欧美小说，曾风靡了当时整个学林文坛。而严复和林纾都属于桐城文后劲，其译文都是典雅的文言，其中还保留了若干桐城派古文的韵调和法度。而正是通过这一文体的中介，近代欧美的世界观、方法论及其社会状况、生活方式一一展现在中国人眼前，并产生了广泛的社会影响。类似事例无疑反映出张元济苦心孤诣的匠意，要使旧文言在新时代的考验下激发出活力，具备负荷新观念新内容的功能。因而在五四时期白话文显示出一统书面天下之势时，张元济仍安排麾下干将陈承泽著《国文法草创》在商务出版，此书创议的古汉语词类活用法，堪称文言语法研究的一个重大收获。它实际上也从文法理论原则上对张元济的匠意作出阐释和证实。

清末以来与文体变革并行的另一发展系统是拼音文字运动。这一运动始于甲午战争后出现的各种欧化色彩明显的"切音字"方案，至五四时期则演变为偏激的"汉字革命"潮流。如傅斯年、钱玄同当时分别发表《汉语改用拼音文字之初步谈》《中国今后之文字问题》《汉字革命》等文，断然宣示文字拼音化的原则和否弃汉字、汉语的立场。张元济当时对这一倾向持明显的保留态度,这与他的友人蔡元培主张否定注音字母、采用罗马字母的立场也不一致①。

基于普及教育和提高民众知识水准的信念,张元济在20世纪后热情投身于文字的改良运动。他主持中央教育会议公决通过的《统一国语案》,依据是劳乃宣在南方推广的一套"合声简字"(当时称字母为简字),以及严复受资政院委托对此审查后提议修订推行的书面报告。而劳乃宣的这套字母与当时王照、章太炎、吴稚晖等人的方案一样,都在一定程度上摆脱了以前的欧化模式。民国以后,张元济又投入"读音统一会"活动,认真起草报告书,参与议定出一套正式的"注音字母"方案及其推行方法。这一方案大体遵循了劳乃宣和王照的体系,其中近一半采用了章太炎定下的审音字母。上一世纪末兴盛的切音运动,至此结出了注音字母这一变异之果,这显然已超越了最初倡导者的欧化宗旨。

"公布读音统一会所定注音字母。此亦促进教育之一事。"②由于张元济对注音字母作用的重视,商务印书馆在1919年9月率先推出国内第一部《国音字典》和《国音学生字汇》,而当时的教育部却在两个月后才正式公布注音字母。次年商务出版的《新法国语教科书》,首册即是以注音字母为内容,作为在初级教育中推广注音字母的教材③。在1921年上半年之前,商务又接连编写出版了《国音学讲义》《实用国音学》《国音教本》《国音方字图解》《国音浅说》《注音字母练习片》等十余种书籍。从这些举措中,可以清楚地看到张元济与商务印书馆的开拓精神。

但张元济的努力也仅止于此。他从世纪初以来即一直认为,作为"生民之大用,立国之精神"的体现和寄托,语言文字的兴替与民族国家、国民精神的存亡休戚相关④。因此他不会因赞同注音字母而将汉字本身视作已陈之刍狗,而去迎合汉字革命论的浅薄时尚。正如他在1916年日记中记录下的见解:"凡初学及普通用每字旁均用注音字母。"从现有记载来看,张元济论

---

① 蔡元培《汉字改革说》,载《国语月刊》一卷七期"汉字改革号",1922年。
② 《张元济傅增湘论书尺牍》,商务印书馆,1983年,第88页。
③ 《近代出版家张元济》第1章、《从翰林到出版家》第6章叙述中皆误用"注音符号"一词。实际要到1930年"全国教育会议",才正式决定采用"注音符号"一词取代以前的"注音字母"。
④ 参见拙文《中国近代文化史上的严复与张元济》,《复旦学报》1993年第3期。

及注音字母,都是从便于初学者识字和编写初级教科书角度予以赞同的。换句话说,不是文字,而是注音字母才属于辅助工具,它不仅不能反客为主代替文字,相反在掌握了文字功能后,则大可得鱼而忘筌。所以初级教材和薄物小本的识字书尽可附上注音字母,越出这一范围,诸如大部头正规著作,则毋需如此,他明确指示馆内同人:"注音字、大宗书不能出。"①

基于同样观点,张元济对注音字母颁行后出现的国语罗马字运动,也明显持不赞成立场。20年代后,一批汉字革命论倡导者发起设立国语罗马字研究委员会、数人会等团体,议定出"国语罗马字拼音法式",呈请教育部颁行。至1928年,在蔡元培的力争下,教育部将此方案作为"国音字母第二式"正式公布。张元济当时就对"所谓国音字母"的作用表示怀疑,认为用罗马字代替汉字以实现国语的统一,其效果可能恰恰"成反比例"②。当一位日本人士来访时谈及文字改革问题,张元济也批评了国内将罗马字作为国音字母予以推行的做法,表示:"汲汲推行,私意亦虑为全国文字统一之碍。"③事实上,因缺乏可行性依据,国语罗马字方案公布后受到普遍的冷淡,很快陷于被淘汰的命运。

张元济在汉语改革潮流中所持的态度不失允当,展示出一位国学大师见理透彻、容纳广博的器识和襟怀。近代轰鸣一时的语文新潮已随着岁月流逝而归于沉寂,然而张元济的一系列贡献至今仍给后来者以深长的启示。

(原载《编辑学刊》1996年第2期)

---

① 《张元济日记》下册,第687页。
② 《张元济书札》,第162页。
③ 《赠山崎正董君》,载《张元济诗文》,商务印书馆,1986年,第33页。

引导舆论与权力制衡的追求

——张元济与《外交报》

延续十年、发行过整整三百期的《外交报》,在 20 世纪初的中国社会里,特别是在"国民外交"思潮中产生过哪些基本影响和作用,已经出版的各类报刊史论著对此都未置一词,更谈不上对刊物内容作深入分析;而作为刊物主编的张元济的办刊宗旨及实际贡献,在各种有关传记中也得不到应有的揭示和彰显。新闻出版史和人物研究两方面互为因果的欠缺,使得这一课题仍有加以梳理和引论的必要。

《外交报》于 1902 年 1 月 4 日创刊于上海。在此前不久,张元济刚经历了一个从注重英才培养到倡导"国民教育"的思想转变。根据他的概括,"国民教育之旨,即是尽人皆学,所学亦无须高深,但求能知处今世界不可不知之事,便可立于地球之上,否则岂有不为人奴、不就消灭者也?"[①]明确地把民众知识普及与民族兴亡的命运联系在一起,揭示出在一统之世进入列国交际频仍时代以后,国民如若对世界局势一无所知,对国际问题和外交常识全然不晓,则势难担当振兴民族国家的责任,也不可能立足和保全于酷烈的竞争舞台。《外交报》标榜"志在裨益时局,启发民智,非为牟利"。意图也在于此。张元济本人过去在任总理衙门章京时对清廷腐败外交的耳闻目睹,以及兴办通艺学堂造就外交人才的壮志未酬等,也是促使他选择外交领域进行耕耘的重要因素。

但创办这份刊物的直接动因,显然在于社会现实状况的刺激。1900 年的义和团运动,淋漓酣畅地展现出中华民族反抗外来侵略的斗志和精神,同

---

① 1901 年 10 月 5 日致盛宣怀书,手迹。

时那种暴力攻击的斗争方式和笼统排外的价值取向，也明显带有中世纪蒙昧主义的落后特征。清政府在这段时期中，时而怂恿暴力，盲目排外，时而卑躬屈膝，媚态百出，表现出对外交事务的愚昧无知，导致丧权辱国的结局。因此，增进民众对外交知识和世界形势的了解与认识，并通过社会舆论对清政府外交政策及动向进行监督和制约，便成为摆在《外交报》面前的两大使命。

《外交报》是旬刊，月出三册，由张元济担任董理即主编。其他投资入股和分任撰述、译事、编辑的有蔡元培、赵从藩、杜亚泉、温宗尧、徐珂、沈幼珊、王耕三、马裕藻等人，多为沪上硕彦或南洋公学成员。蔡元培作为筹办人之一，曾草拟过一份《〈外交报〉叙例》，说明刊物的宗旨所在及内容重点。但这份拟稿后来并没有被采用，创刊号上发表的宗旨更为明朗的《〈外交报〉叙例》出自张元济手笔。此外，蔡元培拟稿中曾称："本报名曰'开先'，取英语'前队、冲锋'之义。"[①]但杜亚泉主办的《普通学报》第二期上有一则广告则称"原拟名《尊闻》"。拟名者可能就是杜亚泉，而最后定名为《外交报》当亦出于张元济之意。高平叔先生在《蔡元培年谱》及其他文章中，多次提到蔡是《外交报》撰述，为刊物写过一系列论说文。这一说法似缺实证，我们在他编的《蔡元培全集》中未发现有采自《外交报》的文章。蔡氏手写自传中，对1902年前后活动记述比较详细，但并未提及为《外交报》撰稿之事。况且他自1902年下半年后，精力都放在杭州师范学会、中国教育会、爱国女学、爱国公会、同盟会、光复会、暗杀团和《俄事警闻》等大量排满革命的事务中，不久又赴德国留学，几乎不可能兼顾《外交报》事宜。刊物另一负责人、南洋公学特班舍监赵从藩，也于1902年4月离沪去北京。因此可以说，《外交报》的主旋律及风格，主要由张元济一手擘画而成，其中登载的不少未署名社论所阐述的观点往往散见于同时期张元济的书札或序跋中，因而不难推定为他的手笔。

《外交报》的内容编排，清楚地反映了张元济的指导方针。刊物每期不足三万字，由一系列短篇构成，分列于论说、谕旨、文牍、外交纪闻、译报、要

[①] 《蔡元培全集》第一卷，中华书局，1984年，第138页。

电汇录、外交家传等栏目。至 1909 年第 232 期起出改良版,这些栏目才有所变更。刊物的具体内容未出张元济《叙例》所定范围,如论说栏"选译东西外交家所著,间由自撰,或登来稿";谕旨栏"即不涉及外交者亦录之";文牍栏"凡章奏、条约、规则、报告之类皆隶之";译报栏选译域外报纸中"各国对我国政策""各国互相交涉者""各国内政"方面的文章报道。这些内容的广泛博杂性,反映出张元济认识到外交与内政等众多领域的有机联系,已初具近代色彩的广义外交观,"政党之胜败,军备之张弛,殖民之区域,贸易之自由与保护,以至学术之新旧、宗教之因革、俗尚之靡嚣、工商业之通塞,何一非影响于外交者?"[1]

自世纪交替前后起,中国的报刊逐渐呈现出明显的民间化态势。一个重要的表征便是报刊不复成为单纯的朝廷喉舌,内容也不再完全来自官方,而是通过推行采访制度以及旁罗毕搜的原则,形成信息来源的多样化和民间化局面,使报纸杂志成为各界人士互通信息、阐发见解的一块园地。这在《外交报》中也有明显的反映。从发刊《叙例》划定的各栏资讯来源中,可知张元济的意图也在于"举我国对外之事实,与各国所以对我之现状之隐情,暨其国立法行政之迹,凡足资借镜者,博访而广译之"。内容来源渠道的多样化,自然就能使各种各样的态度、观点、意愿和思潮找到适当的表达场所而并存互竞,有助于强化与专制集权的疏离性,从而引导民众和各界人士在评判和抉择过程中增强独立自主性与参与意识。

譬如,针对清王朝在庚子以后表现出来的媚外丑态,《外交报》接连刊出《论中国外交之工拙》《论媚外之害》《论外交必有主体》《论外交之真相》《论中国近日之外交》等一系列论说,揭露统治阶层愚昧顽钝、卖国求荣的本质;另一方面,又登载《论瓜分变相》《扬子江英德势力说》《论各国攘夺中国政策》等一组文章,述论列强对华政策的走向及其瓜分野心。由此抨击清政府面对迫在眉睫的存亡关头,仍对国际事务懵懂无知,不注意讲究外交政策,这样"国为何而不亡?"编者还借外国人之口指出:"中国外交,索无一定方针,惟偷机取巧、循题敷衍而已。"[2]

---

[1] 《〈外交报〉叙例》,《外交报》第 1 期。
[2] 《论中国外交》,《外交报》第 99 期。

这些文章的编排及其中的议论,明显地表达了对朝廷外交的不信任态度,以及谋求外交主体转换的意图。张元济在 1905 年写的一封信中指出:"中国国权尽矣,而稍稍可与外人争存者,惟此将尽未尽之民气。"① 在同一年他又为《外交报》撰写了未署名论文《论民气之关系于外交》,公开论述变更外交主体这一尖锐问题,文章指出:"外交官所以为本体者,京师也,官吏也,否则当局一人之感情也。庚申之约、甲午之约、庚子之约,皆以京师危急之故,而偿款惟命、割地惟命,此以京师的本体者也。租界之会审、通商之特例、传教之自由,皆为官吏减损责任而设,此以官吏为本体者也。若崇厚以恐惕而弃伊犁,李文忠以优礼而订密约,则以当局一人之感情为本体者也。"文章认为,这一连串丧权辱国的条约所造成的危害,都被统治者转嫁于民,"一一惟国民受之,业产之丧失也,赔偿之摊派也,受其害而不敢问其由者众矣"。因此,要祛除这些弊端,就必须正本清源,形成以国民为主体的外交,取代以朝廷、官吏为主体的传统外交。"积民而成国,国有外交,即国民与国民之交涉也。国民不能人人自立于外交之冲,于是有外交当局以代表之。代表者,所权之利害,即国民之利害也;所执之政策,亦国民之政策也。苟其所权、所执,显与其国民之利害政策相冲突,则虽以非常之枭雄处之,鲜或不败。"② 可以说,在 20 世纪初年兴盛的民间外交、国民外交热潮中,张元济的宣传起了关键的推动作用。

不宁唯是。国民外交思潮中树立的价值取向和舆论基础,亦即"文明排外"理论,也是张元济在 1902 年初的《〈外交报〉叙例》中首先揭橥。他在文中提出,过去数十年中盲目排外、野蛮排外所造成的严重后果,已是有目共睹的事实;所以现在应该提倡文明排外,并把它当作办外交的宗旨,"当世君子诚欲审国势调外情,出文明手段,以尽排外之天责,于吾此报,当不无涓壤之助"③。

当时,严复看到了这篇文章后,当即以公开信形式进行驳议,指出"当此之时,徒倡排外之言,求免物竞之烈,无益也。与其言排外,诚莫若相勖于文

---

① 1905 年 1 月 21 日致盛宣怀书,手迹。
② 张元济《论民气之关系于外交》,《外交报》第 130 期。
③ 《〈外交报〉叙例》,《外交报》第 1 期。

明。果文明乎,虽不言排外,必有自全于物竞之际;而意主排外,求文明之术傅以行之,将排外不能,而终为文明之大梗"①。

严复对排外的危害性所作的分析不失为中肯之词,至今不少研究者仍拿它来作为评价张元济"文明排外"宗旨的现成武器。但是从严复公开信中的具体论辩来看,他主要着眼于吸收西学的角度,将"文明排外"论归入"中体西用"论一类的文化纲领。而这显然有误解的因素,因为张元济当时标举的这一宗旨,实质上属于保护本民族国家利益和主权的外交准则和经济纲领。

有趣的是,张元济提出"文明排外"时,虽已闻日本人也有类似见解,但他立论的根据却是由严复间接提供的。严译《原富》经张元济一手安排,在1901年由南洋公学译书院陆续出版。亚当·斯密在这一经济学经典之作中提出了著名的"经济人"原理,指出人都有利己主义本性,每个人最初只考虑追求个人利益,并没有帮助他人和增进公益的动机,只是经过社会竞争原则的自然平衡和调节,才会产生彼此间的协作和互助,消除个人利益与社会利益的对立。严复将这一理论概括为"明两利为利,独利为不利"的"开明自营"说。这些论点被张元济吸收消化,作为解释"文明排外"论的依据:

> 文明排外者,是何言欤?盖人之生也,无不以自利为宗旨者;国之立也,即无不以自利其国为宗旨者,是以有凌侮劫夺之事。凡以凌侮劫夺人为事者,例不以见凌侮劫夺为怪;是以彼我之间,荡荡然无界畔、无契约,缘隙生事,罄竹不胜书。及其迭经自然、人为之两淘汰而残存于兹者,渐趋知力平等之势;又以经历既多,识见渐澈,知前者凌侮劫夺之为两不利,而自利者不得不行以两利之术。于是人与人有伦理,而国与国有外交。要之,当以保有主权,不受凌侮劫夺为界说,是故外交其表面,而排外其里面也。②

这些论述反映出张元济在外交问题上对国家主权的高度重视。当时在

---

① 《与〈外交报〉主人书》,《严复集》第三册,中华书局,1986年,第558页。
② 《〈外交报〉叙例》,《外交报》第1期。

国民意识渐趋强烈的情形下,许多知识分子已将国家理解为民众的公有财产,因而当外来扩张侵略趋于急迫时,便会促使人们越来越注意到国家主权的重要性,而《外交报》则在这方面起了开通风气的作用。比较而言,张元济当时认识到中国所处的世界已成为经济实力的大竞技场,并对列强扩张的经济取向(即急欲变中国为商品市场、原料供应地和投资场所,进而攫取经济大权的野心)持有高度警惕,因而对民族国家的经济大权尤为关注,明确主张要以"文明排外"之名,行"挽回利权"之实。他称这是国人应尽的"义务"和"天责",并积极投身于推进铁路国有化、阻止外人以合资形式染指筑路权的斗争之中,以亲身行动为"文明排外"论提供清楚的例证。

在这一问题上严复也与他态度相左。《外交报》曾刊登严复《路矿议》一文,认为中国人现在还没有能力自己铺筑铁路,一是缺乏专门技术人员,二是地方商贾不肯出资,因而首先必须吸收外资入股①。张元济本人虽强调在"主权日削,外力增进"的情形下合洋股筑路无异于引狼入室,但在由他主政的刊物上以社论形式发表与己见相反的文章,可谓不乏兼容并包的襟度。同时,他用行动做出一篇大文章,作为对严复上述观点的商榷。这便是1905年张元济与汤寿潜、夏曾佑、张美翊、刘锦藻等人一起创设全浙铁路公司,动员大批浙江士绅商贾集资自造苏杭甬铁路,并成功地阻止了清政府的瓦解阴谋及列强对浙江铁路的染指②。

在张元济看来,《外交报》标举的"文明排外"论决非传统的盲目排外,后者造成的恶果已是有目共睹的事实。"吾国言排外数十年,撤藩、割地、偿兵费、租界、势力圈,主权尽失,而转为世界诟病,皆排外之效。"③文明排外则是以维护民族自立和国家主权为前提,并贯彻了"宜有别择""当有预备"这两条基本准则。

"宜有别择",是要明白欧美、日本各国在对中国问题上存在着彼此不同的利害之见,不能笼统地"一然则一切皆然",而必须"详考外人之党派,而精

---

① 《路矿议》,《外交报》第12、13期。又载《严复集》第一册。
② 事情的原委经过,可参阅汪家熔《大变动时期的建设者》,四川人民出版社,1985年,第123—130页。
③ 《〈外交报〉叙例》,《外交报》第1期。

察其各报所发挥,既知其情伪之所在,而后以时宜之道处之"①。《外交报》一直着力搜罗和广泛报道各国的局势动向,目的也在于此。

"当有预备",则是表明抵御外侮并非集会游行喊几句口号即可奏效,要明白外交以经济实力为后盾、弱国无外交的道理。"夫人与人之相争,而能望人之我从者,必有最后之实力。使其人不从,我自有强逼而行之力,而后与吾争者,能预知其难,而降心相从。若无此最后之实力,吾之所至,已为天下之所窥,则虽据理至直,相持至力,而人固可不顾而去之,不相畏,则无可商矣。"所以应致力于"使学力、财力两皆充裕……而后乃可实遂其保全利权之目的"②。

义和团运动平息后,张元济曾去拜访北上议和路过上海的李鸿章,敦劝他不必再替清廷效命。这一举动反映了张元济此时已不再对清政府抱有幻想,而将希望转向民间。他经办《外交报》,即是期望通过开辟传媒阵地担当起社会宣传和开通风气的重任,并借此引导社会舆论,形成一股独立的社会制衡力量。当时办报刊仍被许多人视为"不名誉之职业",左宗棠甚至扬言"江浙无赖文人以报馆为末路"③。梁启超在1901年还感叹报馆"不为世所重,高才之辈,莫肯俯就"④。但是张元济并不为俗见所囿,他一直坚信树立"国民之公论""以膺国民先导之任"的重要性。在经营《外交报》的十年中,尽管他在政治见解方面经历过变化,但这一信念始终未曾动摇,还先后创办或参与筹办了《法政杂志》《东方杂志》等一系列刊物,投资维持濒临倒闭的民营报纸等。这些举措清楚地表明张元济十分重视报刊等大众传媒在破除专制、启迪民智、导引舆论方面的作用,就像他在致梁启超信中所言:"日报为今日一大要事,京中要人无不各挟一报以自护。从此国中恐只有个人之私言,而无国民之公论。非有贤者出为拯救,世道人心真有不可问者矣。""近来言论专制之害,真足以祸民而亡国;挽救之责,是又在吾辈矣。"⑤

(原载《编辑学刊》1996年第6期)

---

① 《论排外宜有别择》,《外交报》第124期。
② 《论排外当有预备》,《外交报》第131期。
③ 姚公鹤《上海报纸小史》,《东方杂志》第131期。
④ 梁启超《本馆第一百册祝辞并论报馆之责任及本馆之经历》,《清议报》第100号。
⑤ 《张元济书札》,商务印书馆,1981年,第58、60页。

振华公司内讧与康、梁分歧

通过吸收外资开发广西实业，借此改善保皇会（1907年改名海外宪政会）一系列商务活动的困顿状况，并谋求在国内发展政治事业，这是康有为筹设振华公司一事的基本背景。他在1907年设法与新任广西巡抚张鸣岐取得联系，商定设立公司开发广西商矿农务事宜。旋即委派叶恩、欧榘甲、梁少闲等五人为代表西行立案，并提供七千元作为承办及捐官费用。但翌年底叶、欧等人赴北美招股后，即打算使公司摆脱保皇会控制而自行运转。他们在各埠劝招认股时，历数保皇会经营商务活动中的亏损腐败现象，攻击康、梁任意支配和滥用公款会费；并申明自立原因是公司招股既成，康有为便会派心腹来掌财政大权。经此一击，康、梁在美洲华侨股东中大失人心，而叶、欧等在数月内顺利招股三百万后，回国自行注册开办矿务。不久随同招股的广西官员刘士骥遇刺身亡，叶、欧等联名向广西巡抚控告，将刘案归咎于康有为一方，促使张鸣岐移文港督缉拿康、梁等七人。这一时期康有为虽格于禁令而鞭长莫及，但为了夺回振华的控制权，以及洗脱谋财害命的罪名，他一方面令徐勤赴美洲挽回影响，另方面亲拟了一系列股东禀帖、征信录、公告、证书、控状等，指控叶、欧及张鸣岐等人侵吞股款、谋乱刺杀、买凶诬仇。这场内讧延续了两年多时间，成为保皇会后期商务活动失利的主要原因之一。

在这场内讧中，梁启超也同在受攻讦之列，甚而被胪列在日本"娶妾""游逸"之罪，但他对此一直保持沉默，与康有为的激烈态度形成明显反差。只是因激发命案、受到通缉时，才在1909年11月5日致书张鸣岐辩其诬枉。他在信中对这场内讧持明显的旁观态度，表示自己对商务毫无兴趣，对公司初议至定局的全过程都不了解，直至刘士骥入美前十日相见"乃始知之"。对振华诸人的分立之举,他表示事先已预料隐忧在于康有为对欧榘甲的重用,而叶恩只是受人利用操纵而已。"仆之恶其人(指欧榘甲)也,非自今日,而乃在五六年以前,尝屡言诸南海,惜不能用。""惠伯则古今第一等君子人,而土木偶者也。今振华则云樵之振华耳。以云樵之振华而谓能得良结果,仆请抉吾目悬门以俟之也。"①言下之意,这场内讧起因于康有为在用人上主观固执,而他"置身事外"之举也就意味着让康有为自食苦果。

然而康有为的看法与此完全相背。辛亥革命爆发后不久,振华公司因经营困难而倒闭,这场纷纷扰扰的内讧也随之消失于无形之中。尘埃落定,康有为于1912年2月4日提笔给梁启超写了一封长达"数万言"的信。此函今尚存近万字,其中对包括振华公司在内的整个商务活动失利原因作了总结。康在信中指出:

> 至商务无论公私如何,吾岂能辞咎,布告各埠引罪多矣。马谡既败,诸葛自贬;此乃义理之至,岂待多言?惟汝手招者卅余万,而未向汝引咎。汝既言之,吾亦直告汝,今商务之败固多端,亦非一人,而最甚者叶恩也。侵盗浪支卅余万(汝所募股卅余万,适足报叶招呼汝之费),其数已算矣。无叶则虽谭张孝亦不能明盗(以有力也),何况它人?叶欲归总理,亲求我,面求璧与丙转求,吾皆不允。而汝到加,亲受其情,亲许之,至硬词请吾电认,否则汝难堪。吾深知叶赌而无商才,以汝严硬,不得已从汝所请。及到加后,叶力请归,犹不许;彼乃谓不干商务,只顶空名。与约法三章,乃听其归,又令子节管银以制之。不料港人尊戴太过,又忌子节而排不许入。归三月而渔票去六万,酒店二万三千,徐闻去五千。吾皆不知,既知而责追之,遂酿反案,一为织布(助以侃),二为振华(助以闲)。皆因渔票之故,遂至截组、墨汇而大变作,一切尽倒,命案激发,谣谤横生。吾本寡人世想,而为此怒极积病,几死于是。但吾一切与汝共事,互有得失,吾亦从不肯诿过于人。试问商败至今五六年,吾曾有一言以用叶委过于汝否?若有则人应闻之。若必责我(商

---

① 《梁启超年谱长编》,上海人民出版社,1983年,第495—498页。

罪),则我最大罪为不能坚守拒汝之荐叶也。汝可反躬思之,汝不迫吾认错,吾亦不及此也。若当时破除情面,拂汝大怒而不受叶,则商务无今日之败,亦无命案,且必开党禁矣。然而必然者,则旧朝当亡,必生出种种支离也。不然以汝之智,何受人些须招呼小费,而付人以数百万之大业乎?实为至奇之事(汝用慧、荫亦同,吾用人虽多谬,似不至此)。而吾亦大谬,自以制叶有人,不妨从汝,不料在远不能制,而一败至斯也(亦由不能归港故,若能归,又无此大败,此又一转因也)。今兹百叛兼起,商务全倒,且命案支离,党禁久迟,吾几死,则皆一叶展转致之。①

依康有为的看法,所以会造成振华公司内讧及海外商务经营失败,最初祸根都是梁启超种下的,那情形类似于多米诺骨牌效应,第一张牌倒在梁启超手里。由于梁启超荐举加拿大侨商叶恩负责香港保皇总会事务,由于梁启超负责的广智书局连年亏损而无法派息,才导致一连串失利、猜疑、内讧、分裂的出现。实际上在此之前,康有为已几次表达过这一看法②。

康有为责怪梁启超力荐叶恩,这一点梁无法否认。在1903年筹设海外商务公司时,梁即反对康推举何穗田为总理,而推许叶恩是"同志中之最同志者"。不久又自行任命叶为正管库,嘱叶速到港任职,然后才写信将此任命通报康有为,"请先生更以电招之。所以必用惠伯者,一因其在美洲声誉最高……—因其人亦实忠义,可无变也"③。至筹设振华公司时,也很可能是梁启超将叶恩推荐给刘士骥④。由于康有为强调荐用叶恩与商务失败之间的因果联系,因而梁启超在振华内讧中虽同样受到叶的攻讦,他不仅不予反驳,反而在致广西巡抚的信中称叶是古今第一君子,其苦心大约也由此可得

---

① 1912年2月4日与梁启超书,手稿,藏北京图书馆。
② 如1908年《与古稀书》云:"墨、纽几倒,为港传单截汇也;港之截汇,虽出行街,实惠伯主之,以惠伯谓非截汇则不救也。遂至纽、墨几覆数十万,十年大局几倒。"(《万木草堂遗稿外编》下册,台湾成文出版社,1978年,第607页)同年4月在瑞典致信给梁启超,云:"广智停息之事哗怒不可思议(广智尚有多不妥事),加中三埠尤甚。既大骂汝,因攻我,迫不可闻。……疑心既起,无一事而可,抚解皆穷,彼既久不缴款,又日议加属自立(恐无可挽)。广智余波一至于此,可不慎欤!"(《梁启超年谱长编》,第449页,并据手稿补校)
③ 参《梁启超年谱长编》,第315页;《康有为与保皇会》,上海人民出版社,1982年,第242页。
④ 康有为在1908年复刘士骥书中提及"承招惠伯、章轩等西游以备兴殖",说明叶恩入桂并非康荐。而1907年前后,梁启超与刘士骥在日本数次晤谈,商讨在广西开设银行等事宜,可能是梁在此时将叶恩推荐给对方。

到解释。他把内讧责任都归之于欧榘甲一人,因为当初资助欧入桂省发展事业,最热心的正是康有为。对此康自然不会认可,他针锋相对地回敬道:"云樵各人猖狂,尤汝所制造。"①这其实是在算 1902 年梁鼓动同门倡行革命自立的旧账了。

康有为对振华公司内讧及商务失利原因的解释有明显的片面性,其中对梁启超深致不满的情绪起了很大作用,而导致不满的直接原因则是梁启超在振华事务上的不合作态度。在振华公司内讧事发前后,康似已逆料有此风波,曾对梁部署过三条防范和应变措施。但梁对此置之不理,一条也未执行。

康有为部署的第一项措施,是让梁启超入美洲负责监督振华诸人招股事宜。他在 1908 年 10 月前后由锡兰返回槟榔屿,当天即致信寓居日本的梁启超,明确表示:"吾与好龙已有嫌,不便再干预,故以全权付弟,催弟入美督办,且弟久不到美,又无人游埠劝捐,无从筹款。弟若一行,必可多得,一起二得,未有若是。未知弟即能入加否?弟即看得振华公司甚重,而美中又可劝捐,又无他人,必须一行。否则徒为他人作嫁,后嫌难言。想弟必(下缺)。"②"好龙"即指叶恩,此时他已与欧榘甲、梁少闲、刘汝兴等启程赴美招股。但梁启超接信后表示难以成行,其原因因回信未存而无由知详,但从他当时致徐佛苏信中可略知一二:"在经济界谋树立……近年来非不尝谋此,而屡试辄蹶,故今颇悛之。"③康有为接到回音后,只得转而电令徐勤赴美督办。徐勤办妥护照、翻译等赶赴纽约,已是次年 3 月,而振华招股诸人已满载而归。

振华经办人打出独立旗号而招股成功的一个基本原因,在于保皇会数年商务活动的经营混乱、屡屡失利,引起美洲分会侨商的强烈不满,并滋生出明显的离心倾向。康有为认为这是叶恩擅提公款经营亏损所致,但又不便立即向他公开发难,以免影响振华公司招股。权衡之下,康有为又在 1908 年 10 月 18 日写信给梁启超,要他出面令叶交出欠款,以纾解商务之

---

① 《康有为与保皇会》,第 363 页。
② 1908 年 9、10 月间与梁启超书,手稿,藏北京图书馆。
③ 《梁启超年谱长编》,第 474 页。

困,平息侨商的怒气,并迫使叶就范。他写道:

> 今惠伯擅拨五万余办渔票、二万余办中华酒店、三千余办徐闻公司(此事我至今月今日接港数乃知),实不能认,吾亦无力代担此,且年年须代纳息尤难。吾为追此与惠生嫌(惠不肯认,此事勉知首尾,初时惠担之)。今港、纽构嫌,职此之由。今闹成大案,势不得不请各埠公断。然惠之元功可念,若一布告公断,则惠名失而怨生,即非所以待元功,又今唐散我党之时,尤虑变生意外。且一布告后,振华亦难招股也。故吾暂忍之,然此事必难久忍。汝与无嫌,不如由汝问之之为愈也。又惠伯将归时(四年前自加),公款(北事)用过五万(商款),惠愿担填。吾令其写一亲笔契据交汝(此据存我处未寄),今抄与汝。汝先可令其将此五万交出,彼不能则令其将存港华益之十万扣出。此事彼已有亲笔,不能不认。汝云"今商事倒乏,惟公事之由,君既仗义(此事在美报上已登过叶捐五万),望即此存华益十万扣出五万以填此款,则商事可纾。此君之信义,而大局赖以存"云云。若得此五万,则可稍松,广智与商之息或可藉此转输也。否则绝矣。吾与有嫌,今极难问,弟以好言抚之,或告众(铭、章等)挟之,彼不得不认,或有望。若此则渔票事稍缓可也。彼肯与不肯,速复我,并速告港人。此为今日善后第一事矣。可留意速发。①

对康有为的这一郑重嘱托,梁启超未作任何反应或举措。

1909年1月,正值振华招股诸人在美四处活动,导致"人心大解,风潮四起"。"人心九成尽归振华。"②康有为一面重新任命八九人为振华新董事,试图夺回公司控制权;又于6日致函梁启超,指出"振华之事实案渐明,此事发难自汝始,否则我几听之。……龙门某道十年患难不改,乃今正资以卖我也","今大局倾覆,而振华分毫不救,叛形已成"。先挑明梁有不可推卸之责。随之提出"汝致书坚伯,直攻以散之,汝谓若何?否则坐听其取此百

---

① 1908年10月18日与梁启超书,手稿,藏北京图书馆。
② 《康有为与保皇会》,第394页。

万。……汝意云何？电复（电文不办则一不字，办则一办字，足矣）"①。希望梁出面利用与西抚张鸣岐的良好关系，在振华"明叛自立"诸人返国之前，鼓动张禁止振华在广西地方开发业务，以断其后路。但是梁启超对此依旧搁置一边而不予理会，并且显然也被信中归咎之语所刺痛，在10月份因受通缉而致张鸣岐的辩诬信中，还针锋相对地将振华叛立之事归因于康任用欧榘甲。

由于资料不完备，特别是无从查阅振华经办人在美招股期间的议论表述，收入《康有为与保皇会》中的一批有关信札也是众口不一，见解歧出。因此对于这场内讧的详情经过及主次角色缺乏清楚的了解，也无法断定康与梁的相互指责孰是孰非。可以明确的一项事实是，康、梁之间在振华公司问题上存在着严重分歧。这一点向来为研究者所忽略，然而也正是了解保皇会后期商务事业发展的一个关键。作为一种假设，如果两人在振华问题上立场一致，协力应变，或许这场内讧不会闹到不可收拾的地步，保皇会的商务实业活动也不至于一蹶不振。然而这种可能性并不存在。如同落叶能传达秋意，康、梁在振华公司内讧中各行其是的表现，反映出的本质问题是他们在中国改造问题上的不同思考和见解，及其对近代化道路的不同抉择。

筹建广西振华公司，也是康有为《物质救国论》观点的一次实践。这在他给主持广西地方自治事务的刘士骥信中有明白的表述。康有为感叹于《物质救国论》一书"惜门人失其多不能读之"，颇望刘能成为知音。"今吾铭伯躬任自治之政，如铭伯之至诚，有坚白之信任，或可以吾道少试于一隅，而即可推之于全国。则数年之顷，中国可大强，岂止不亡；数年之间广西可骤盛，岂止不贫瘠已哉！"②对于康有为创办实业的活动，梁启超也同样明白地表述了自己的态度："自其初发起全盛之时，即已不愿问，非与任事人有意见，良以此举为仆所不主张，既不能持异论以尼其成，则亦置身事外而已。"③他对实业活动不过问，而对出版《物质救国论》则做到了"尼其成"。

作为戊戌后重新思索中国近代化问题的结晶，《物质救国论》是奠定康

---

① 《梁启超年谱长编》，第482—483页。
② 《康有为与保皇会》，第352—353页。
③ 《梁启超年谱长编》，第495页。

有为后期思想基础的重要著作,其内容需作专文析论。概括而言,康有为在书中指出,近百年来欧美称雄大地,不是靠哲学或民权、自由观念,而是靠物质力量,中西强弱得失之别也是在物质方面。中国的发展虽然百端待举,但最急迫的还是物质建设事业,这是根本性的"立国之道"。欧洲学说自文艺复兴以后,经历了人道学、国民学、物质学三变,也反映了相同的道理。关于物质的建设事业,康有为在书中着重强调了两点。其一,"物质之方体无穷",物质发展事业是全方位和互相牵连的。"一物之能成,备万物而为之用。"就像造一艘军舰需具备众多复杂的技术,谋求物质之学的进步,势必牵涉到财政、官制、地方自治、议院等各个领域的改善。因而"举一端偏至之论"以为立国之道是不足取的,但中国的现状是"物质之重要尤急也"。其二,物质建设必须有高水平的起点,在标准和规模上不能比欧美强国逊色。"不动则已,动一事必较于万国,而欲其必胜而后可为。"这样才能在列国并峙的竞争场上立于不败之地。这里就有一个不容忽视的时间因素。西书的翻译、法律的改订、官制的变革等都有可能在数月或一二年内完成,甚至议院可以在一天之内宣告成立;然而物质的精新和丰备不能"欲之即得之",造一艘万吨军舰至少四五年,一条铁路大动脉的畅通费时更久,国家的工业化并非短时期内可成。并且每项物质建设都需要具体的学问作支撑。"夫炮舰、农商之本,皆由工艺之精奇而生;而工艺之精奇,皆由实用科学及专门业学为之。实用科学与专门业学,皆非六七年不能成,即捷径可得,亦须四五载,而学异国之语者,尚须数年。故总计工艺、炮舰之学能成,非十载不可。此十载之中,事变纷纭,国势更岌,谁欤许我以休暇者?"因而处在列强环伺下的中国,在物质建设方面更须有紧迫感①。

多快好省地建设中国物质文明,这就是康有为在《物质救国论》中开列的"救国至急之方"。然而正是这本书,自 1904 年完成后,迟至 1908 年才出版,耽搁原因即是梁启超压着书稿不排印。康有为在这段时期内屡次写信责问,催促付印。至少有三件资料可予证明。

---

① 参见《物质救国论》"论欧洲中国之强弱不在道德哲学""中国救急之方在兴物质""论欧人之强在物质而中国最乏""论今日强国在军兵炮械其要则在物质""治军在理财理财在富民而百事皆本于物质学"等各章。

1906年7月11日,康有为在墨西哥写信给梁启超的学生、上海广智书局负责人何擎一,责问"《物质救国论》何尚不刻?吾最注意此事,余皆妄耳;乃竟阁之二年,可恨!吾欲刻一书尚不能,何须广智乎?"①

　　次年何擎一在致梁启超函中提到:"南佛来书责问《物质救国论》何以不刻,今将原函寄呈,务乞即速覆之。盖今年来书屡次追问矣。即寄沪印之,更佳。"②表明并非书局办事人拖延,书稿至1907年尚在梁手中。

　　1907年4月8日,康有为又致信梁启超催问,并担忧书稿久搁而有散失之虞:"为未付还之《物质救国论》何至今不印刻,极不可解。频频追问,擎一乃云无之。人多追问是书,吾再阅全欧,舍物质外更无他。……此书成于(甲辰)加拿大,乃仪侃留稿,误半年寄汝,乃误至今日,又无别稿,吾甚忧之。"③同一信中康有为还追问《粤游记》等稿件寄出已一年多,"今又久未见汝刻"。说明压在梁启超手里的书稿不止一种。

　　在业已公之于世的梁启超各类文字中,没有直接评价《物质救国论》的任何记载,似乎忘却乃师有此一作。《梁启超年谱长编》仅收录1905年黄遵宪的一封信,表示不能接受康有为这本书中的观点。④ 黄遵宪对梁启超各方面的影响明显大于康有为,马相伯曾斥责黄"贼乎人子弟",即对梁受其影响而言。清末时"凡新学而稍知存古,与夫旧学而强欲趋时者,皆好公度"⑤。梁启超将康著久搁不印,这一举动本身即表明他接受黄遵宪的看法,且反感之心更有所过之。无怪康有为对此一直耿耿于怀,至1919年重印此书之际,仍在后序中提到:"当吾昔欲发布此书时,吾门人梁启超以为自由、革命、立宪足以为国,深不然之,搁置久不印刻,宜国人之昧昧也。"

　　梁启超"深不然之"的态度也是情有可原。自戊戌以后,特别是1902年初主编《新民丛报》以来,梁启超在传播西学、倡导革新方面写下的浩富的文字,使其声名倾动一时,被誉为"言论界的骄子",至今被研究者艳称为一生

---

① 1906年7月11日与何擎一书,手稿,《梁启超年谱长编》亦录此函,内容有删减。
② 《梁启超年谱长编》,第382页。
③ 1907年4月8日与梁启超书,手稿。据此函可知《康有为政论集》的1905年底成书说、《康南海先生年谱续编》的1906年成书说均误。
④ 《梁启超年谱长编》,第350页。
⑤ 钱锺书《谈艺录》,中华书局,1984年,第24页。

中的黄金时期。但康有为《物质救国论》一书,却对梁启超这段时期中的思想观点及舆论宣传活动作了基本否定。

梁启超根据思想意识和价值观念决定人的行为这一基本观点,在《新民丛报》创刊号上发表《论学术之势力左右世界》一文,以欧美一系列学者为例,论证学术思想为"天地间独一无二之大势力",以强调中华民族振兴的根本途径在于精神的革新。而康有为则明确地指出,若无物质力量的基础,"则所谓举国四万万之卢骚、福禄特尔、孟的斯鸠,或康德、斯宾塞、倍根、笛卡儿……无数无量,亦皆供人宰割之具、奴虏之用而已"①。所列名单正是梁文论证左右国家和世界命运的"大贤"。梁启超认为"中国所以不振,由于国民公德缺乏,智慧不开"。他的任务即在于宣传中国最急需的新民说和新道德哲学,为中国人塑造一个新的国民人格理想。这一见解则被康有为归于"偏至之论",康表示:"即今人人有国民之资格,又有公议选举之民权……然使无物质之精新,终不能以立国。夫国民为精神之本,而物质乃形式之末,以常理言之,末固不如本之要也。而以今日中国之所最乏者,则在物质也。无物质之实用,而徒张国民之虚气以当大敌,亦犹制梃以挞秦楚也,必不能也。"②

梁启超在1905年以后的言行,则反映出他全然拒绝了康有为的批评。1906年下半年,他曾就社会革命与民主主义问题与孙中山展开争论,其论敌在谋求经济高度发展方面的基本见解,恰恰与康有为在《物质救国论》中的构思不谋而合。梁启超不支持康有为以广西为试点开发国内实业,在于他认为中国当时要振兴实业,必须先确定立宪政体、养成国民公德、整备所需机关、掖进国民企业能力;"四者有一不举,而哓哓然言振兴实业,皆梦呓之言也"③。这与康有为所说"以物质修明,铁电大行,轮轨飞驰,新闻纸、电报、德律风夹辅之,遂能致政教皆盛,非徒富强日臻,而人心风俗亦渐以改良,其成效乃出于所期之外"④,持截然相反的看法,况且康在致梁函中特地提到"吾再阅全欧,舍物质外更无他。法、班、葡之不振,坐兹之故;若论其外

---

① 《物质救国论·论欧洲中国之强弱不在道德哲学》。
② 《物质救国论·论欧人之强在物质而中国最乏》。
③ 《敬告国中之谈实业者》,载《饮冰室文集》第七册第21卷。
④ 《康有为与保皇会》,第352—353页。

体,宫室邑县、民权立宪,岂有异于英、德也"①,说明国力不强,即使立宪政体完备、民权大行,也只是徒有其表而已。两人的思想分歧至第一次世界大战结束后仍有清楚的显露,康有为在1919年重印《物质救国论》,宣称大战的过程和结局都显示了物质力量的强大而无往不胜。同年梁启超发表的《欧游心影录》,则是一曲宣告物质文明破产的挽歌。

康有为认为梁启超思想言论出现偏误,原因在于久居东中,只读日本书,通过日本人的眼光来了解和宣传西学,所得难免因隔了一层而不确,用来指导中国实际则更易出错。这一点康有为在清末致梁启超信中讲过多次,在《物质救国论》序言中也有不指名的批评:"至戊戌之后,读东书者日盛,忽得欧美之政俗学说,多中国之所无者,震而惊之,则又求之太深,以为欧美致强之本,在其哲学精深,在其革命自由,乃不审中国病本之何如。"求之太深,与昔日曾国藩、李鸿章等人"求之过浅"一样,都不适宜作救国的药方。对于梁启超的写作风格,康有为也认为有着受"东文"熏染的种种弊端,并给予不留情的斥责:"文笔则芜漫,文调则不成。千古文章之入于地狱恶道,莫今日若……此诚汝之罪也。计十年后(中国之亡,文学复兴),必有英才领袖文学者,以汝为的而攻射之。"②与康有为的看法截然相反,黄遵宪曾对梁文作过极高的评价:"惊心动魄,一字千金,人人笔下所无,却为人人意中所有。"而梁启超接纳的显然是后一种见解,认为自己在《新民丛报》时期的宣传文字"条理明晰,笔锋常带情感,对于读者,别有一种魔力焉"③。由此也可以看出,康、梁师生之间的思想分歧难以弥合。这也是梁启超晚年有机会公开承认的④。但他认为"康、梁学派遂分"的原因在于他倡导思想独立自由,反对康有为的改制说与保教论。这一说法至少是片面的。

从《南海康先生传》《清代学术概论》直至公祭文,梁启超曾多次向世人勾勒乃师的历史形象,大体是以《新学伪经考》《孔子改制考》《大同书》三本书论定康有为的思想贡献和历史地位,继之以引述康本人之语,所谓"吾学

---

① 1907年4月8日与梁启超书,手稿,藏北京图书馆。
② 1910年8月5日与梁启超书,手稿,藏北京图书馆。
③ 梁启超《清代学术概论》第二十五节,上海古籍出版社,1998年,第86页。
④ 同上,第二十六节。

三十岁已成,此后不复有进,亦不必求进",终之以晚年的参与复辟;而对于1904年以后康有为的思想变化,及其对中西立国之道的探究、对中国近代化模式的建设性构想,却视而不见,采取全然抹杀的态度。这对于康有为是有欠公正的。然而梁启超描绘的康有为,长期被人视作真实的形象而留驻于历史长廊,其影响至今不减。诵读青岛浮山西麓康氏墓前的新镌墓志铭,不免令人生出盖棺尚未论定的感叹。康有为当年对此已有预见,并已对梁启超有言在先:"以汝为我写真,人必信之,然大不肖,则吾亦不敢谓汝写我之像认为我像也。"①

康有为与梁启超在振华公司内讧问题上的不同态度,反映出他们之间内在的思想分歧,这些分歧并非有无成见或凝质流质之别所能解释,也不仅仅是方法论不同所致。置之于近代中国社会和思想急剧变动的框架中,他们的分歧典型地反映了投身社会实践的知识分子群体内部的分化蜕变状况,体现出他们对于自身所肩荷的历史使命、所拥有的知识价值及所隶属的民族命运的不同理解,以及对于传统、现实、未来三者关系的不同思索和抉择。尽管岁月滤去了康、梁师生间的个人恩恩怨怨,他们之间的思想分歧则日渐凸显出典型意义,并有着持续的影响力,在后人不时地重新诠释下各行其是,各自的风从者绝不在少数。当五四新文化运动的健将高声呼唤"吾人最后之觉悟"时,梁启超的新民"魔力"何尝稍歇?近代以来的思想发展演变,会使人联想到时装界推陈出新的规律,若干年前的款式经过设计大师的妙手略施点缀,重又成为时髦样式和红男绿女的新宠。这固然可以称之为化腐朽为神奇,但也未尝不是思想史困顿的写照。至此,关于探讨康、梁分歧的意义也就无需多费笔墨了。

(原载《复旦学报(社会科学版)》1997年第1期)

---

① 1912年2月4日与梁启超书,手稿,藏北京图书馆。

张元济与近代辞书出版事业

商务印书馆在20世纪逐渐成为我国辞书出版事业的重镇，在这重要的文化建设领域作出了不少原创性的贡献，这些成就与作为商务馆把犁人的张元济先生所起的作用密不可分。

张元济在进入商务印书馆之前，即已认识到外文工具书在西学东渐进程中的基础作用。他在就任南洋公学译书院主事后所制订的译书规划以及与严复商讨翻译事宜的通信中，已经计划选聘合适人才译出一批英语专门词典。1901年我国第一部双解英语词典《华英音韵字典集成》（谢洪赍编译）在商务印书馆排印时，张元济尚未入馆，但他对此创举十分关注，并为了郑重其事，主动代邀译界权威人物严复撰写长篇英文序言。1907年商务出版卓定谋等编译的《英华习语词典》，也由张元济邀请严复撰序（此序各种严复结集均失收）。

尽管编纂和出版双语辞书被认为是"事烦而益寡"的"甚难"之事，但张元济坚信"凡欲知一国之典章制度，必熟谙其国之文字语言，而后能触类旁通，毕窥奥窔"[1]，因此他入馆执掌编译所起始，即一直坚持致力于这块领域的开拓，为之付出了大量心血。根据残存的张元济工作日记的记录，有关双语辞书翻译、编撰的商讨和处置，构成了他业务工作的重点之一。如："查日本英和双解熟语大辞汇，五百廿面，每面平均计算约十个名词，约删去一成，每日约译四十名词，约三个月可完，再以三个月办添补之事，约半年可毕。"（1912年6月7日）"与郁少华订定，请修订英华新字典。"（1913年1月25日）"与郭洪声谈英华字典译法未妥处。"（1917年11月3日）"访昭扆，谈增

---

[1] 张树年主编《张元济年谱》，商务印书馆，1991年，第61页。

修英汉辞典事。"(1918年11月14日)"到编译所商编辑英文分类字典,拟分两种。"(1919年3月27日)

从保存完整的1917年的日记来看,这年记载的有关外文辞书处理事宜,前后计48次,所提及的工具书有《汉英字典》《汉英辞典》《英和中熟语辞典》《英文法字典》《英汉大辞典》《汉英大辞典》《仙脱利英字典》《英华大辞典》《大英百科全书》《动植物词典》《英文法名词表》《汉英分类字表》《汉英类辑字表》《汉英分类字汇》《汉英分类词汇》《袖珍英汉辞林》等20种左右。这些记载表明张元济主要致力于英汉双语辞书的编纂出版工作,这与他对英语在国际文化交流中作用广泛的认识有关,就如他在这一年所预料的那样:"欧战止后,中国人无不学英文,西书必大发达。"①商务印书馆作为近代双语辞书的出版中心,其贡献也正集中体现在出版了一系列有开创意义的英汉辞书,从中不难看到张元济所定的编译方针。

在双语辞书的具体编纂条例方面,张元济也在不同场合表达过自己的认识和看法。就双语语文辞书来说,张元济所提出的原则性见解,首先是"门类宜备",各科各类的词语都要兼顾,尽量齐全。这一主张是适应近代社会知识总量不断增加、各种学科内部频繁出现分门别类现象的发展趋势的。其次在收词方面要贯彻通行与应用性准则,"所采名辞以普通眼光选用","科学以普通为限,必须用通行名词,商业名词,亦须用通行者"。列目时应考虑译语环境里的一般需要,善于酌采反映现实生活实际的新词。因此他认为编纂时虽可参考日本的词典,但前提是"非通用者不采"②。这一看法显然符合双语辞书须具备共时性与实用性的基本要求。上述两条原则,在商务印书馆历年编写出版的各种英汉辞书中都有不同程度的反映。譬如1929年编印的《英汉模范字典》,至1935年已重印了34次,同年又出版增订本。林语堂当时曾指定所教大学生"以此字典作自修英文成语之用",因为他认为"市上有所谓英文成语辞典。乃专讲冷僻字句,切不可读,因冷僻成语最难应用,程度尚低者运用不来,反成笑话。故反以此字典为最好细究通

---

① 《张元济日记》上册,商务印书馆,1981年,第267页。
② 《张元济日记》上册,第275、316页;下册,第557页。

用成语之书"①。

　　一部辞书内容的准确性和严密性,及其能否起到公认的规范作用,主要依赖编纂者的学术造诣和专业水准。张元济对此有极为清醒的认识,对网罗有关专家人才极为重视。他执掌商务编译所之后,迅速使之成为当时上海的群贤毕集之所;而在编译所内,人才最集中的部门是人称"洋老爷庙"的英文部。张元济选中精通英文、品性诚笃的留美博士邝富灼(耀西)当部长,给他每月300元的最高薪水,相当于后来拟聘胡适任编译所长的月薪数。邝氏也未负重托,始终对商务忠心耿耿,恪尽职守,为商务的英汉辞书出版作出过很大贡献。随着出版规模的扩大,张元济又在1919年初作出决策,将英文部的英汉辞书编写工作划归辞典部,并指定专人负责②。此外,辞书的具体编纂人选,也往往由张元济亲自指派,或外出延聘。当时受邀的一些社会名流学者,商务馆内大约也只有张元济请得动。上述情况在他的日记中有许多记载,其中一个较典型的例子是延聘颜惠庆主持《英华大辞典》一事。

　　出身于"中西合璧"式家庭的颜惠庆,留美归国后执教于上海圣约翰书院,他因常去商务印书馆访书而与张元济结识。张元济在了解到他的资历和才识后有意延聘入馆,但颜可能因他父亲在书院任副院长而不想离去,只答应在馆外为商务编辞书。他编了一本初级字典后,感到不满意,并萌生了"竭数载之力,荟萃群书,招邀多士,纂一类典,汇为巨观"的设想。但要兑现目标,他又深感困难多多。也就在此时,即1905年初夏,张元济登门拜访,执意以主编《英华大辞典》一事相托。双方至此一拍即合,颜惠庆得到张元济的有力支持,遂招邀同人,三易寒暑,终于完成全稿,并由商务在1908年3月精装出版③。

　　这部辞典是商务历年所出外文工具书中的佼佼之作,也是近代中国辞书发展事业中的一块里程碑。从不轻易许人的严复在应张元济之邀而写的

---

① 林语堂《两部英文字典》,《商务印书馆九十五年》,商务印书馆,1992年,第332页。
② 张树年主编《张元济年谱》,第163页。
③ 张人凤《颜惠庆与〈英华大辞典〉》,《出版史料》1992年第3期。

序中,也称赞它"搜辑侈富,无美不收,持较旧作,犹海视河"①。如果说这部大辞典是颜惠庆等编纂者才学和辛勤劳作的结晶,那么它同样也集中体现了张元济的倡议、识才、支撑之功,就像当时圣约翰大学校长卜舫济在序言中称赞的那样:出版这部不可替代的英华辞典,体现了商务印书馆主人的远见与睿智。

在单语辞书出版方面,张元济也付出了大量心血,从择类审题、作者约聘、立目释义、体例版式等各个方面给予具体指导,为商务印书馆在这一领域的出版活动定下了基调。民国初期问世的《商务印书馆新字典》和《辞源》,是由张元济指派国文部陆尔奎、方毅、蔡松如等一批常州籍的"阳湖耆宿"编写的,他本人也参加具体词条的编撰,并过问整个编辑工作。如同欧洲早期语言学的转折是以多卷本语言辞典的产生为特征,这两部工具书的象征意义在于结束了《康熙字典》支配辞书界200多年的历史,标志着汉语辞书的编纂进入一个新的历史阶段。商务出版的《中国人名大辞典》《中国古今地名大辞典》《中国医学大辞典》等一系列重要辞书,也都由张元济指定馆员担任具体工作。在他的工作日记中,有关约编、审订诸事宜的记录也比比皆是。如任命杜亚泉为理化部长,承担《数学辞典》《植物学大辞典》《动物学大辞典》的编纂任务,其间数次约谈有关内容取舍,编成后又就发排印行之事对出版部作具体指示②。高梦旦打算编《中国医药大辞典》,张元济鼓励他"可即动手",并认为"此书应稍有编辑工夫,名医及医书目似可附,又版式宜小,便于医生携带"③。在近代的拼音文字运动中,国内第一部《国音字典》及《国音学生字汇》于1919年9月由商务推出,而当时的教育部在两个月之后才正式公布注音字母表。这一开创性的成就,与张元济多年支持语文改良运动、重视注音字母在初级教育和知识普及方面作用的基本立场有直接关联④。

除了执掌馆内这方面的出版业务,张元济还独力编出两种工具书,一是

---

① 严复《〈英华大辞典〉序》,《严复集》第二册,中华书局,1986年,第254页。
② 《张元济日记》上册,第144、359页;下册,第637、670页。
③ 《张元济日记》上册,第52页。
④ 张荣华《张元济在近代语文新潮中的建树》,《编辑学刊》1996年第3期。

《节本康熙字典》,是他鉴于《康熙字典》"求全务博","每检一字必遇有不能识亦不必识者,参错其间,耗有限之光阴,糜可贵之纸墨",故加以芟夷整顿,删去大量"奇诡生僻、无裨实用"之字,留存其中约五分之一的内容①。商务在40年代出版了这一节本。另一种是《成语词汇》(未刊),是他平日从各种唱本中披拣辑录,并附加注释,逐条写在自制卡片上而成,不失为一种有学术参考价值的工具书,至今仍有学者呼吁予以出版②。

"筚路蓝缕,以启山林",张元济在我国现代辞书编纂出版史上的先驱作用,值得我们记取。

(原载《辞书研究》1997年第5期)

---

① 张元济《简本康熙字典小引》,《张元济诗文》,商务印书馆,1986年,第286页。
② 顾廷龙《张元济年谱·序》,张树年主编《张元济年谱》,商务印书馆,1991年。

康有为对戊戌变法的一项否思

"追思戊戌",是康有为自流亡海外以后经常涉及的话题,其中固然不乏在失意艰窘中借以自矜自励的意图,并提醒世人毋忘他在中国维新事业中"老马之导"的功勋;然而已成旧事的戊戌变法本身仍具有现实意义,值得通过回访这一中介以明确历史与现实的关系,并借取对未来方向有规定性的指引。因此,康有为在不同情况下对戊戌往事的一系列凸显或遮蔽,会引发我们的好奇心,要去探索这一现象背后所传达的旨意或精神。其中为研究者忽视的一点,我以为就在于康氏对戊戌变法基本纲领的一个否思过程。

戊戌年的变法的纲领,简言之,就是通过强调新旧对立、水火不相容的修辞术,争取在清廷中设立制度局,选拔天下草茅之士参与到清政府各级行政机构之中,取代从中央到地方的一切旧式官僚机构,废除既存的统治精英构成制度,重新设立官僚制及其价值承担。所谓"国是"概念的涵义和组织政党团体的目的也即在此。由此不难理解康有为在变法期间的各种议论中,随处流露出对贵族等级和上层官僚的憎恶心态。他宣称"方今大臣皆老耄守旧,不通外国之故,皇上欲倚以变法,犹缘木以求鱼也"。"惟有擢用小臣,广其登荐……破格擢用。"①并在为进呈御览而写的两本书中,提供了两个经过修饰的正反例证。他在《波兰分灭记》中表示,波兰被列强分割,原因是垂老守旧的贵族大臣阻抑变法,而波兰国王则优柔寡断,迁就退让,不能专用维新志士。"今吾贵族大臣未肯开制度局以变法也,我之不为波兰者几希。"②在《日本变政考》中,他给光绪开的救命之方是效法明治天皇,与守旧大臣"一刀两断",破除常格重用草茅志士,"公卿宰执,皆拔自下僚,起自处

---

① 《康南海自编年谱》,1898年。
② 《波兰分灭记》卷六自序,故宫藏进呈本。

士","盖破除资格勋藩之旧,采用草茅才俊之言,此事最难,日本维新之始乃能行之"。为增强耸动天听之效,书中对日本维新史实作了不少涂抹或更改。已为论者指出的一则,就是他把维新功臣三条实美、岩仓具视的贵族世家出身改填为"从草茅拔用者"①。这多少透露出康有为在辛亥年之前已经把皇帝当成可以哄吓的"土木偶"。

上述变法纲领及议论,反映出康有为对社会各阶层精神状况的基本分析。这一分析当然未尽符合实际②。但在以后数年中,他对贵族阶层的那种"海滨布衣"式的怨恨并未化解。一个间接的例子是,他在1901年隐居印度期间,耳目所接,使他产生的看法是把印度文明的衰亡归咎于无端划分人种贵贱的社会等级制,并一再称颂孔子"讥世爵"否定世袭贵族观念的可贵③。

然而自1904年踏上欧洲大陆后,康有为的看法开始变化,我们从他当时写下的一批游记中可以发现这一变化的反映。在德意志境内漫游期间,各类博物院中大量精致华美的陈列物品,引出康有为一番不同以往的感叹:"欧人室器刻镂之精,皆在侯封之讲求,惟其奢富,故器物能精。吾国久无世爵,人士皆贫,用器难精。……嗟夫!道兼阴阳,事难遍胜,虽以去世爵之良法,人民平等,而器之敝陋又从此生。欧洲中世,封建并争,人民涂炭,而室器之文美又从之产生。得失互见如此,甚矣!道之难言也。"④这些议论表明康有为试图从中欧文明成就高下的角度,重新思索贵族阶层的历史作用。由此得出的初步结论,已与戊戌维新政纲形成差异。以德国为例,康有为认为贵族阶层对国内工商业的振兴繁荣起了关键作用。他指出:"德今该撒威廉二世,欲鼓励工商业,一夕大宴三十万之世爵,令各认一业。三十万贵族,乃尽以其大第广田质于银行而举工商业。故不年月而百工商业骤盛,则贵族繁多之力也。"⑤另如丹麦、荷兰、比利时等数百万人口的小国,也是由于国

---

① 《日本变政考》卷一,故宫藏进呈本。
② 叶恭绰在《书于梁致端方札后》中认为:"清之末祚,有识之士早知其永,而满人尤然。如盛伯希昱辈目恫于宗庙之不血食,故亟主擢用汉族贤隽,融和畛域,乐初(长善之字)亦即本此旨者,其汲引结纳,具有深意,非徒弘奖风流而已。"(《矩园余墨》,辽宁教育出版社,1997年,第14页)
③ 《印度游记》,载《康有为遗稿·列国游记》,上海人民出版社,1995年。
④ 《德国游记》,同上书,第118页。
⑤ 《万木草堂遗稿外编》上册,台湾成文出版社,1978年,第311页。

内"世爵如麻",促成了"工商之精,学校之盛,文明之丽"的盛世气象①。

欧洲大陆上的观感显然引出了康有为的求知欲,他在横渡海峡造访有贵族社会典型之称的英国时,就有心交接名下有各等爵号的世家子弟,从旁察言观色,并留意有关英国世爵掌故的参考书,自言曾发兴将一份洋家谱译成中文。在今存《英国游记》中,康有为对英国及欧洲的贵族有大段评论。对此自不应只说他在野狐参禅,不妨将他的高论要点引述于下,权当一节姑妄言之姑妄听之的瀛外奇谭。

康有为的议论前提虽仍是所谓贵族得失互见论,其中已有轻重虚实之别,由此引出的一项结论是:"近者欧洲一切之兴皆赖封建世爵以产之。"②他从两方面对此结论作了论证。

其一,近代欧洲的政治民主原则、立宪政体最早从英国起步,这是英国贵族阶层的贡献。"英国自约翰以来,大宪章之立,请愿书之求,民权之争,议院之成,今波及于大地而产生于欧洲者,一切皆非平民能为之,皆世爵为之。"③其中提及13世纪初《自由大宪章》和17世纪的《权利请愿书》,这两份英国历史上著名的文件,都是国王在贵族势力胁迫下签订,内容原本是反映贵族阶层的要求和权利,但在英国历史进程中却起着自由宣言和立宪基础的客观作用。康有为对其中曲折也作了分析:"盖世爵各有治地部民,其权力能常与其君主相抗,故君主有恶,诸世爵联合而废之,甚者弑之。众力相等,又不能以一人独篡。故复立君而誓之限之,此事势之自然,无中外而暗合者矣。君主既恨世爵之抗己,故日思废抑世爵,势不能引平民以抗世爵而助己,于是议院分为二。故平民之渐有权者,亦世爵之反激力有以生之,若无世爵之反激,可断欧土千万年无上下议院之诞生也,而更安得有立宪民权之事出?"④

其二,近代欧洲物质文明的繁荣兴盛,也应归功于贵族力量的推进作用。康有为说,到过欧洲的人都会对那里建筑、器物的壮观和精妙留下深刻

---

① 《康有为政论集》上册,中华书局,1981年,第615页。
② 《英国游记》,载《康有为遗稿·列国游记》。
③ 同上。
④ 同上。

印象,"然原欧美之致精,注意于宫室器用之美者有故焉。……所以致然者,则封建世爵既多,租入甚丰,或掊民甚至,世为侯矣,不知稼穑艰难。故不惜财力,以营丰屋,尽雕刻崇闳之丽美;以制什器,尽金木镂染之精良。以彼世爵之多,相习成风,相扇不已,富人艳而师之,士人习而尚之,不如是者则摈不与伍。故尚奢尚富之俗遍于欧,流于美,而宫室什器之华严精丽日新日出,乃以文明骄于万国。而工艺之精奇日竞不已,则轮舟、汽车、电线、显微镜、千里镜、留声器、无线电因以滋生。以器物之粗而其无量之大力,乃能缩地通天,破旧俗,变旧教,强国土,制大地。而凡徒尚道德贵农俭之国,则愚暗钝塞,削弱几亡。而所以工艺致精之故,则皆世爵为之"①。崇尚奢华时髦的风尚,以及对财富和享乐的追求躁动于社会上下,这些是否会直接促成资本主义的诞生,或构成资本主义赖以生成的动力性因素,一直是探讨欧洲现代性起源的重要课题之一。康有为在这些议论中已涉及这一历史问题,并且在与贵族历史作用相关性的角度提出了肯定性见解。频繁地穿行涉足于欧洲各国故家世族的遗迹之间,那种依然可见的贵族理想及文明成就显然使康有为大开眼界,使他不由地发出一番赞叹。我们自然不好陪他感慨,但可以从他的议论中觉察到一个变化,即戊戌时期充溢胸臆的对贵族阶层的憎恶之情,已经荡作云烟消散,取而代之的是某种由企慕而生的认同感。因此当他记下被欧人视作来自文明古国的上等贵人时,字句间不无自得之意。与此并行相伴的另一变化,是康有为对戊戌前屡作明朗表述的平等观念作了同样明朗的否定,所谓"古今万国,未有不以君子治野人者也。苟漫曰平等,而以野人治野人,或以野人治君子,能无乱乎?"②这一变化也在提醒我们对他早期的平等思想宜重作梳理,弄清它究竟是承荷了真正的社会意义,抑或只是一种道德宣示。

在繁复浩大的欧洲历史画卷中,贵族阶层活跃而醒目的身影攫住了康有为的视线,他以惯有的自信心从中概括出一条简化历史的原则,认为推动欧洲政治与文明进步的动力来自追逐荣耀与奢华的贵族阶层,赋予这一阶层以社会首要力量的重要性;并借助这一原则分析社会的发展基础,解释历

---

① 《英国游记》,载《康有为遗稿·列国游记》。
② 《万木草堂遗稿外编》上册,第392页。

史的动机和进程。我们固然有理由讥斥康有为这一原则的妄谬和虚幻性，也不妨指出他的揄扬与昔日的毁抑一样的盲目。但是对于思想史来说，这样的时代幻念自有其不可轻视的价值。它反映出在贵族阶层作为一支社会力量久已丧失重要性后的很长时期内，他们所特有的生活形式和制度，及其被视为崇高职责承担者的看法，仍然影响和支配着许多人的思想心灵。尤其应注意到，循着这一与戊戌变法纲领相悖的思索进路，上述原则在民国初期康有为有关政治形式取舍的各种议论中也清楚地反映出来，尽管从原则出发议政这一点与戊戌时期并无二致。

康有为在辛亥年以后反复申论的虚君共和论，在形式上仍沿袭了他推重的英国式虚君君主立宪制。论者多强调他坚持保存君主名号的逆历史潮流性质，此固毋庸再议。但有两点应予注意。一是康有为认为他所主张保留的君主之号，如同他在瑞典买地造房时雇用的量地人也有子爵、男爵之号一样属于虚衔之爵，"无权无事，实一大世爵耳。……多此大世爵，于民无几微之损，而秩序能存"①。这一"名同而实异"，比起挂民国招牌行军阀割据专制的名不符实，究竟哪一种为患更甚呢？第二点是他着重强调英国在转向民主化政治过程中贵族阶层所起的关键作用，"英为立宪共和之先河，然皆少数之贵族为之……英以此小数为美而立国"②。类似见解在康有为民国前后的议论中屡有出现，从中可以看到在对戊戌变法政纲的否思过程中，他关于权力精英的概念在内涵上也有所变化，不仅包括控制官僚机构而进入权力中枢者，也包括了凭借财富、声望、学识或生活方式而成为社会显要的人。这一变化与康有为本人的生存处境不无关联，并且也有助于理解他提出的一系列改革共和的建议和措施。

要把英国的君主立宪制度移植到中国社会土壤，免不了遇到一大问题，即中国社会不存在像英国那样能统治社会并指导社会行为的世袭贵族阶层。康有为认为从春秋战国时代以后就已经如此，"我国自秦汉后，封建消除，已无贵族；即有封爵，实等齐民"③。他从与英国贵族历史作用相关的角

---

① 《康有为政论集》下册，第837页。
② 《康有为政论集》下册，第819页。
③ 《万木草堂遗稿外编》上册，第466页。

度具体论证道:"至秦汉一统后,封建世爵皆削尽,虽位宰执爵王侯,实皆匹夫,其不能起与君抗,乃事势之无可如何也。若大无道之君,若秦政、隋炀、元顺帝,时平民之刘、项、窦建德、宋金刚、薛万举、朱元璋、陈友亮、张士诚等并起,则又缘无封建之故而摧枯拉朽焉。然平民称兵而剿灭群雄,即复为帝,则民权矣而实为帝权之阶,抑不足道。"①据此见解,他对六朝时期贵族势力强盛的说法也表示怀疑,"或曰六朝时世家之地位权势亦重矣,何以不能产民权?则六朝世家并无治地,仅同欧土今日之世爵,迫君不甚,而国土太大,议院未成,君又不须引平民以敌之,此所以不能诞生也","夫六朝之世,一国之君位数争,内乱频仍,则权落于大臣之手,而篡业成焉。以无贵族故也"②,直接否定了六朝贵族势力的历史作用。显然他是参照了英国等欧洲国家"世爵各有治地部民"的情形,并以此作为评判标准。

如何解决贵族的缺席问题呢?或许受到现实的启发,康有为再次发挥了他的主观建构能力。他看到"民国号称尽革贵族,而勋位如卿,又有新贵族出焉"③。这类新贵在康有为看来与秦汉时以军功获爵的武夫没什么区别,与欧洲老牌贵族更是风马牛不相及,够不上资格在君主与民众之间进行权力游戏。康有为认为"再造日月"未尝不可,"一片白地光明锦,受和受采,在加绘画"④。好比一张白纸,可以绘最新最美图画。这一社会改造的思路,我们在现代中国历史上已多次领教,康有为也许称得上是前驱先路之一。于是依照这一思路,康有为仿效英国内贵族麇集的上院,主张在民初国会内另设立一个元老院,"夫各国历史必有特别形势播于其人群中而不可拔者,苟蔑视之,则国家秩序之破坏或由此生焉。故各国国会有代议院,以代表国中之普通势力;又有元老院,以代表国中之特别势力也"⑤。不久,他又将这一元老院设想为独立于国会的"最高机关",掌管国家的外交、军政、法律和教育大权⑥。至于他标举的所谓特别势力,具体由"特别阶级"和"地方势力"

---

① 《英国游记》,载《康有为遗稿·列国游记》。
② 《补英国游记》,同上书。
③ 《万木草堂遗稿外编》上册,第345页。
④ 《康有为政论集》上册,第594页。
⑤ 《万木草堂遗稿外编》上册,第462页。
⑥ 《共和平议》卷三。

所构成。前者"非有形而无形也,非人造而天造也",仿佛英国的贵族,"以学问、知识、器宇、门阀自别于齐民,实一国之上流人也"。后者则是康有为旨在对付"以政党侵入地方行政"和都督割据一方的局面,仿效普鲁士、奥地利等国"州长官以元老大臣为之"的做法,由"特别阶级"成员执掌地方大权,自成"土地之势力",使秦汉以后贵族空有爵号、"实等齐民"的空虚状况得以改变①。康有为的创作意图不可谓不周详,问题是在现实中必然要碰壁。也许康有为自己也很快意识到当不成元老,干脆宣称去做"天上天"之人了。

自戊戌变法至民国初期的十多年间,在康有为的思想发展中有一条值得重视的变迁轨迹,它具体通过对戊戌维新纲领的否思进程,表现出康有为在寻求萌生希望的社会土壤和重建政治制度方面,经历了一个由下而上的战略转移。在思想史上充分重视这一变化,并不意味着肯定或接受康有为的见解,而在于它昭示着20世纪以来重建中国政治制度方面几乎都采取精英统治和等级权威结构化的趋势。从所谓历史的长时段来看,从自言"门非华腴"的康有为目光的由下而上,经过20世纪中叶现实社会结构的巨大转变,至被称作"遗老遗少"的陈寅恪已将托命的眼光下移到社会底层。在这一条上下浮沉的线索中,蕴含着无穷的迷惘、幽怨和激情,也许20世纪中国历史过程中的许多问题可以从中得到寻绎。

戊戌变法无疑是敲响中国历史命运的钟声,它与随后官僚构成制度和清帝国体制的废除以及政党并雄互竞格局之间,几乎是一种交替性的变化。在康有为追思戊戌的一系列言论中,时常会出现"鄙人愚昧""鄙人不察国情之巨谬"之类的表述,追思往往翻成追悔和挽回往事之念。然而就像船橹击水发出欸乃一声后,圈起的漪涟必定会延伸至很远很远。

(原载《复旦学报(社会科学版)》1998年第4期)

---

① 《中华民国国会元老院选举法案》《废省议》。

康有为的澳门观及收复澳门策

康有为对澳门的空间特殊性向无好感,尽管它曾给维新和保皇活动带来益处。他认为,澳门体现了中国和葡萄牙数百年交往有害无益的授受之道,葡萄牙作为与中国接触的"第一最先之国",在长期的往来中是得益的一方,尤其受惠于中国文明成就的泽被。这一点可谓有食为证,中国饮食术就是通过澳门的中介传到葡萄牙,进而扩散至其他地区,"然则今欧美人一饮一啄,醰醰有味,皆我国之所贻……故敢断然曰,大地饮食必全效中国,葡为嗣子,班为文孙,墨、法为曾、玄,而各国皆吾云来也"①。而另一方面,中国在这一交往中却受害无穷,澳门在葡人治理下,赌风炽盛,并进而蔓延到广东省。"广东盗赌二风之盛,实为全中国所无。……今得其由,乃知质澳门之感化,谢葡人之移植来也。夫近朱则赤,近墨则黑,自有轮舟以来,羊城、佛山、陈村、石岐之往澳门者,仅数时许,工商往来如织,故皆沾被赌化而归,余波及于全粤村野。"对此他特地指责张之洞督粤期间公然开赌,"为葡人承流宣化","真得葡人赌衣钵之正传"②。

康有为上述议论显然是以直觉和一般印象作为依据,因为他不是先认真探究广东地方赌风盛行的各种历史成因,并据以作为论述的基础,而是仅仅以自己的常识作解释。这一情形是耐人寻味的。我们可以从中觉察到康有为的一条议论准则,即以文明强盛与否作为评价中葡关系成败利钝的准绳,进而构成决定澳门地位及作用的"先入之见"。尤其是1907年初经历了葡萄牙之游后,康有为对其国力衰弱不治的情景留下了深刻印象,使他对"弹丸蕞尔若吾一郡"的葡国长久占据澳门有"受辱"之感。"蕞尔葡不能自

---

① 《葡萄牙游记》,载《康有为全集》第八集。
② 同上。

治其国,安能远治吾澳门?"他表示对此"实不可忍",忍不住发出"眼中岂可着沙"的斥问①。在康有为的澳门观中,这样一种准绳和先入之见贯穿始终,也是他在澳门交涉问题上抨击曾纪泽、张之洞,以及反对清廷出让澳门治理权的主要依据。他对澳门在东西方文明交流中曾经起过的突出作用避而不谈,也并不使人觉得费解。

1910年寓居南洋期间,康有为主要通过《国风报》上的一系列报道,了解葡萄牙国内形势的变化、澳界交涉状况以及国际局势动向②。1910年10月初,葡国内发生革命,建立了新的共和国政权。消息传来,康有为认定是"收复故壤,千载一时",立即致书清贝勒毓朗,陈述这一"急事要机",并随函附上《葡乱君奔革命无主澳门改竖乱旗请立发海陆兵舰收复澳门折》托毓朗代呈③。在有关澳门史研究的各种论著中,这份文献尚未见述及。

在这份一千二百余字的奏文中,康有为首先指出,澳门界址划定的谈判拖迟经年,迄无成议,其间还出现葡人"攻我横琴"之事,官吏却畏怯不敢过问,不但贻笑各国,还会招来列强觊觎之念,以为弱小内乱的葡萄牙尚能在中国任意动武而莫之谁可,"是实召强乱之来也"。追究造成这一现状的起因,则在于"昔者光绪十五年,朝议无规远虑久之宏谟,而贪截缉鸦片之小利,坐割澳门,致启今衅。既铸错于畴昔,复再误于今,今真束手无策之时矣"。现在葡国内发生革命变乱,旧朝君主亡命在外,乱党自立总统,但各国均不予承认。这正是天赐我收回澳门的良机。

康有为从几个不同方面论述了立即收复澳门的可行性。在道义上,葡国旧朝是中土友邦,"今葡乱党叛逐其君,在我友邦于义宜为陈恒之讨。……今澳门葡之官民已从乱觉,改竖乱旗,则非复吾立约之友矣,吾安能再以澳门地让之? 在吾边则为友邦之乱贼,于仗义宜助其征讨。"在公法上,光绪年间签订的让与澳门和约,"乃让于葡之君主耳,非认葡之乱党也。"

---

① 《葡萄牙游记》,载《康有为全集》第八集。
② 1910年2月创刊的《国风报》上有大量关于葡萄牙和澳门问题的报道和论述。仅第一年第二十五、二十六期上就有"葡国大革命""葡国之旧教排斥""葡国革命与英、德""葡国之海军""葡萄牙革命之原因及其将来""葡国新政府之承认""葡国之普通选举"等十件。从当时康梁通信中可知,刊物印出后每期皆致送康有为。
③ 《与毓朗书》,手迹,藏台湾"中研院"近代史所。

既然葡国新立政权,则旧约自行废除,双方属于无约之国。在兵力上,已完全具备攻取的实力。在事理上,澳门是中土故让,乘时恢复,实力协宜。康有为认为,列强如对中国收回澳门之举有议,则不妨举出上述各项可行性理由,"以和约、公法折之,彼亦无词"。列强既不肯承认葡国新政权,更不会帮助乱党对付中国。

在出兵收复澳门的具体部署方面,康有为也在奏文中作了构画。他提出要海陆双管齐下,一方面派驻守广东的陆军直下澳门,另一方面调遣南洋军舰驰入澳界海镇,起到威慑作用,防止发生突变事件。除此之外,澳门葡人中的保皇派尚有部分兵力,可由官方通知他们代为平定内部冲突。"于时海陆兵密压澳门,移告葡官从乱者,谓助吾友邦定乱保土,令其勿战。彼从命则礼待之,如不从命,则以我粤军数万之卒,海军十余之舰压之。区区澳门之葡人,安有能抗我哉!则一文告而拱手受命,一指挥而澳门恢复,无亡矢遗镞之费而成永安大定之功矣。"康有为还预计道,出兵收复澳门尚可收"塞万国病痿之讥"的奇效,使列强为之刮目相看,"必谓中国尚能相机行动,不致全痿,其轻视犹不至极也"[①]。

贯穿于康有为奏折中的一项观念准则,依然是前述根据中葡国力强弱治乱决定澳门地位及治权归属的先入之见,并非以澳门自身发展状况为着眼点。康有为在这份纸上谈兵的奏文中列举的各项可行理由,除事理一项无可置疑外,其余各条都有想当然或一知半解的特点,对当时澳门实际状况的了解也不无隔膜。因而这份奏折发出后便无声无息了。

(原载《澳门研究》第 11 期,1999 年 5 月)

---

① 《与毓朗书》,手迹,藏台湾"中研院"近代史所。

章太炎与章学诚

　　章学诚《文史通义》及"六经皆史"说在晚清以后的影响,是考察这一时期史学观念演变和进展的一个主要视角。这方面的研究尚未真正展开,填充空白的主要是两条印象式的见解:一是同意胡适的说法,即在他受日本人刺激于1921年写出《章实斋先生年谱》之前,章氏生平和著述一直处于被掩没而不为人晓的状况①。二是在章学诚、龚自珍至章太炎之间建构一条"六经皆史"论的传承系谱②。前一点显然不符合历史实际,在晚清和清末民初时期,许多学者都认真对待过章氏遗书,想当章氏"身后桓谭"者也不乏其人③。第二种观点则犯了"唯名论"的毛病,不同时间中不同处境的学者对"六经皆史"说的议论见解存在着歧异性,包括"经""史"的内涵和外延经常处于变动不居之中,因此须注意在特定的历史脉络中分解各家相同命题下的不同含义和意图,进而认识经史关系及史学观念演变的复杂性。概括地说,晚清至民国初期对"六经皆史"说的阐述以谭献、廖平、章太炎三家具有典型性。尤其是章太炎在对待"吾家先哲"方面展示出的孤怀卓识,无愧是近世罕见的思深虑周的奇人,只是他的见解被掩没于许多似是而非的诠释之下而已。从章太炎前后时期对章学诚所作评价侧重点的不同,或者说从清末时的严厉指斥到20世纪20年代以后的引作同调,从一个侧面反映出他"回真向俗"的转折产生于被动地回应时局环境的刺激,同时也反映出当

---

① 胡适《章实斋先生年谱序》,《民国丛书》第三编,上海书店影印。
② 参见岛田虔次《六经皆史说》,载《日本学者研究中国史论著选译(七)》,中华书局,1987年,第183页;余英时《章学诚文史校雠考论》,《论戴震与章学诚》,生活・读书・新知三联书店,2000年。
③ 晚清时期议论过章学诚《文史通义》的人至少可以举出龚自珍、萧穆、胡鸣玉、戴望、姚振宗、俞樾、谭献、朱一新、文廷式、康有为、谭嗣同、唐才常、宋恕、夏曾佑、孙宝瑄、梁启超、陈衍、廖平、陈黼宸、陈庆年、甘鹏云、蔡元培等。

时"新史学"的演变和实际影响使他感到不安和愤怒,促使这位饱历沧桑的老人作出西西弗斯式的徒劳而悲壮的抗争。而他对章学诚的评价之所以发生变化,也于此可得索解。

一

考察章太炎与章学诚"六经皆史"说方面的因缘问题,似应注意到章太炎本身的两个特点,即他自走出诂经精舍之后,大半生涯处于现实政治漩涡当中,他对局势走向和变化的切身感受,往往与他对经史问题的看法有着复杂的互动关系;以及他素持学术于攻辩中求进步的"对境"之论,对手愈奇卓则收效愈增大,譬如王念孙之于戴震,逄蒙之于后羿①。自 1901 年起,在各种论著及演说中,章氏提及章学诚其人其书不下三十余次,大多是在入民国以后。具体论及章学诚学术时,多是挥洒片言断语,刺其疏于考索,夸大自高,徒资谈助,或尚可供初学"泛览"。这表明章太炎并未将章学诚看作值得认真对待的对手。他晚年对学生提及"余幼专治《左氏春秋》,谓章实斋六经皆史之语为有见"②。但他早期所作《膏兰室札记》《春秋左传读》等征引过许多清人著述,却从未提及章学诚。

初次述及是 1901 年的《征信论》一文,主要讥刺《文史通义》论史缺乏征实性③。《訄书》重订本有两处提及章学诚。《清儒》篇称赞"会稽章学诚为《文史》《校雠》诸通义,以复歆、固之学,其卓约过《史通》"④(但在《检论》同文中,"过"字已改作"近"字)。《哀清史》篇附《中国通史略例》中提到"会稽章氏谓后人作史,当兼采《尚书》体例"。1906 年《说林下》也有"史家若章、邵二公,记事甚善,其持论亦在《文心》《史通》间"的好评⑤。这是章太炎在

---

① 《国学概论》,上海古籍出版社,1997 年,第 28、29 页。
② 诸祖耿《记先师章公自述治学之功夫及志向》,转引自姚奠中等著《章太炎学术年谱》,山西古籍出版社,1996 年,第 443 页。
③ 《征信论上》:"章学诚以《李陵答苏武书》,世疑其伪作,非也。必江左之士,降北失职,忧愤而为之。自谓其说蹉跎,度越于守文者,而任大椿亦称其善。此即与桓、刘之事无异。""昔唐人言庄周之学本田子方,推其根于子夏。近世章学诚作《经解篇》取之,以庄子传田子方,则谓子方是庄子师耶?然其《让王》亦举曾参、原宪,其他若《则阳》《徐无鬼》《庚桑楚》,名在篇目,将一一是庄子师耶?"载《章太炎全集》(四),上海人民出版社,1985 年,第 55、56 页。
④ 《章太炎全集》(三),上海人民出版社,1984 年,第 157 页。
⑤ 《章太炎全集》(四),第 121 页。

1907年之前仅有的四处略言及章学诚之处,其中对《文史通义》的评价不可谓不高。

在1907年底至1908年,章太炎突然一改常态,先后撰写了公开信《与人论国学书》和《原经》一文①,对章学诚《文史通义》内篇各章条分缕析,逐一驳斥,显示二章虽曾同样将学术见解压缩为一条"六经皆史"论的命题,但在解释经与史的定义及其相关性,在认识经与史中蕴涵的道、学、政的特征,在衡准六艺与诸子的重轻,在把握历史与信仰的消长等系列方面,存在着不能轻视的区别。

章太炎刮目相看章学诚,缘由要从公开信中寻找。那封信原题作"某人与某君论国粹学书",刊出时并未署名,因其中指名批评了昔日之师谭献:

> 往见乡先生谭仲修,有子已冠,未通文义,遽以《文史》《校雠》二种教之,其后抵掌说《庄子·天下篇》、刘歆《诸子略》,然不知其义云何?

谭献(1831—1901),字仲修,号复堂,浙江仁和人,同治举人,曾主讲经心书院。章太炎在诂经精舍求学时,曾尊称他为"吾师"而多次请教,并将所作札记和《春秋左传读》呈请审阅。但在那封信里,章太炎已直呼其名。这曾引来钱锺书在代父作《复堂日记跋记》中对此痛加指斥:

> 直字之曰"谭仲修",冠之以"乡先生",而尊称之"夫子"、自署之"受业",胥归一笔钩乙。而又词兼恢调,其意若有憾焉。岂章君治《左氏》《周官》,敦崇古学,而谭氏诵说《公羊》,好称今文,有如康成之与何休,今古学不同之所致耶?然吾闻之也,郑君古学之宗,受诸马融以为本师,而从第五元先习《公羊》,著于本传,而针废起疾,未尝横被师门。诗有之,"转益多师是吾师",章君独不闻之乎?夫尊其生而畔其死,是敬其有知而慢其无知也,是奸人之道而背畔之心也。于戏!师弟徒以死生,势能施于问学。不图逢蒙,乃在大儒!②

---

① 《与人论国学书》,收入《太炎文录》别录卷二,载《章太炎全集》(四)。
② 《复堂日记》,河北教育出版社,2001年,第416—417页。

这一连串指控的都是非常严重的罪名,但是能否坐实,则还可以商榷。因章太炎很清楚"转益多师"的道理,他和本师俞樾气脉相通的一点便是"为学无常师,左右采获"①。从他向学生讲述治学经历直言"颇从问业"云云,可知章太炎并未"一笔钩乙"昔日与谭献的师弟之谊。上述那封公开信表明他已拒称谭献为师,这一点是明白的事实,但原因不是所谓尊生畔死和"师弟徒以死生,势能施于问学"。谭献去世之年章太炎有"谢本师"的骇人之举,而在俞樾身后其敬师之心却愈趋诚挚,因死生而敬慢有别非章氏之所为。所谓"不图逢蒙,乃在大儒",较之章氏"对境"之论,亦可谓断章取义。他对谭献发难的缘由应当从他出狱后的学术变化方面去找,但并非如钱先生所说的"今古学不同之所致"。章太炎从俞樾处接受的教诲就是"深疾守家法违实录"②,他在不同时期对今文经学皆有容纳采择,他所深疾的是以今文经学缘饰政术。这在他对廖平学术见解的评议中有清楚的反映。

其实引起章太炎非难往昔之师的真正原因,在于谭献对章学诚其人其书的"迷思",《与人论国学书》在提及谭"有子已冠,未通文义,遽以《文史》《校雠》二种教之"时,实际上已点出两人分歧之所在。钱锺书先生在《复堂日记序》一文中比论李慈铭和谭献评骘实斋的相异之处,谓李氏"矜心好诋,妄人俗学,横被先贤",谭氏则"多褒少贬,微词申旨,未尝逸口"。这是依个人好恶之心而高下谭李二氏,就像序中等视《越缦堂日记》和《复堂日记》为彼此不让的名山不朽之业,未免过于抬举谭氏的学识。这些褒贬失当之处可置之勿论,这里要说的是,探究谭献与章太炎两代文心对章学诚《文史通义》的不同理解和评价,是一个更具典型意义的比较课题,借此可以看清谭、章因缘亲疏的关键所在,也能使人看到在研究"六经皆史"这一史学重大命题时,必须注意分解它所内涵的几种不同含义在不同的时空条件下如何变换着呈现,这样做要比系谱式的勾勒或海阔天空的中外比附更能接近历史实相。

"章氏之识冠绝古今,予服膺最深。"③谭献对章学诚的崇仰之深和评价

---

① 章太炎《俞先生传》,《章太炎全集》(四)。
② 同上。
③ 《复堂日记》,第17页。

之高,在晚清时期无出其右者。他自咸丰年间在京师和厦门等地借得《文史通义》写抄本,"读之不啻口沫手胝矣",此后便四处留心搜寻章氏遗书。其拳拳奉之为鸿宝之情,可从俞樾在同治前期向他商借《文史通义》的通信中领略一二。俞函曰:

> 子高(戴望)回浙,属其转借章氏《文史通义》。子高极称足下此书时置案头,晨夕相对,车袠可共,而此或难。不揣冒昧,窃有所请,倘集钞胥写本见赐,百朋之锡,殆未足喻。①

同治三年(1864),谭献创作了《师儒表》,列章学诚为清代五种绝学之一;从附之以邵晋涵来看,谭是认为章氏的绝门功夫在史学②。他在光绪二年(1876)的日记里写道:"胡石庄之论性学,章实斋之论著书,先生(王夫之)之论治理,如山有乔岳、水有灵海,奉以为归而推求之,毕世不能尽也。"③这里的"著书"显然是指撰写史书。将章学诚推举为清代史学第一人,在晚清时也只有谭氏一人作如是观,在这一点上他是开了民国以后胡适、梁启超等人议论的先河。

概略地说,谭献对章学诚"六经皆史"说的理解和阐发,主要是凸显章氏命题的内在精神是标举"官师治教合一"之旨,并尊奉此旨义为"不磨之论"和"师说",认为此旨能"洞然于著作之故",能洞究"六艺之本原"。他的日记中有这样一段记载:"阅《文史通义·外篇》。表方志为国史,深追《官》《礼》遗意,此实斋先生所独得者。与《内篇》重规叠矩,读者鲜不河汉其言,或浮慕焉,以为一家之学亦未尽耳。悬之国门,羽翼六艺,吾师乎!吾师乎!吾欲造《学论》曰:天下无私书,天下无私师。正以推阐绪言,敢云创获哉!"④所谓天下无私书,不仅是要说明六经皆官书,而且强调官师合一的六艺精神贯通并支配诸子著述和史书。"周秦诸子亡空言,精神皆与六艺通。"他根据《文史通义》里辩《史记》非私作、非谤书的见解,批评归有光、孙衣言等各家

---

① 《俞曲园书札·与谈仲修》,大东书局,民国二十年再版。
② 《复堂日记》,第 28 页。
③ 同上书,第 71、72 页。
④ 同上书,第 20 页。

对《史记》的评价仅"得史公之肤末",并撰写《史记识语》数十则,"大约欲为司马辩者,'发愤著书'及'是非谬于圣人'二语也"①。在对《春秋》性质的看法上,谭献本诸章学诚《易教》篇论述《易》象与六艺相表里的见解,本诸庄存与的今文经学观点,阐说《春秋》并非保存陈迹的史书,而是一部究明政道、预测未来的"合天运"之书。"言《春秋》治已往之人事、《易》治未来之人事,义甚粹美。然又乌知《春秋》固治未来之人事乎?《公羊》家法蔽晦,世遂以《春秋》为陈迹,然而知《易象》《春秋》相表里者亦鲜矣。"②

二

前述谭献尊扬和阐发的两点立论,恰恰是章太炎在《原经》一文里倾力驳斥的对象。

自1906年7月出狱东渡日本以后,章太炎对两个问题的思考和关注越来越强烈,那就是中国学术如何摆脱官方的制约而发展,以及如何维持作为中国"独有之学"的史学。这是两个互相关联的问题,也可以归并于"六经皆史"的命题中予以阐明。章太炎的关注在很大程度上源于观察现状而受到的刺激。戊戌政变之后,清廷愈益明显地表现出用官师治教合一之策巩固统治基础的姿态。作为清政府主要文化教育设计师的张之洞对此早已成竹在胸,因为他在《劝学篇》中已经注入了这一层设想。据其门生陈庆年在政变后不久的一封信中披露:

> 近日南皮师思得一官师合一之法,委正途候补人员充中学教习,日与讨论,又稽察拊循,与管堂通为一事,期以师法而兼官法。③

如章太炎所看到的那样,这一策略在废除科举后仍然被贯彻于学校之中。他在1906年底时明白表示:说学术会随着科举废、学校兴而日进,只是一种天真的想法,"直不喻今世中国之情耳。中国学术,自下倡之则益善,

---

① 《复堂日记》,第113、114页。
② 同上书,第240页。
③ 《陈庆年戊戌十月二十八日致缪荃孙函》,《艺风堂友朋书札》下册,上海古籍出版社,1981年,第962页。

自上建之则日衰。……今学校为朝廷所设,利禄之途,使人苟偷,何学术之可望?"坚信"政学分途"的章太炎明白地表示:"古今异宜,汉唐法制犹不可尽行,今世何说继周之道?"①他要反击这股现实动向,便不能不正视"官师治教合一"的主要弘扬者章学诚。

1907年2月俞樾在苏州辞世,远在东瀛的章太炎迟至8月从报上获悉。伤悼之际,难免会使章太炎念及另一位曾影响过他学术生涯的老师谭献。下世已六载的谭献的论说此时重新引起他的注意,似并非偶然。以张之洞门生自居的谭献对张的谋虑自有会心,他盛赞《劝学篇》"闳通纯备,握机成务,言功可以同立者也"②。并且从自身感受的角度阐扬《文史通义》中的官师合一论。以谭氏在文坛上的地位和影响力,他议论的作用自然不能低估。有鉴于此,大概不难理解章太炎会在1907年底的那封公开信中突兀地将谭献与章学诚并在一起讥斥。同时这可能也是替刚去世的俞樾出一口气吧③。时隔不久,章太炎又撰写了意在系统清算的《原经》一文。说他在《原经》属稿之际眼前晃动的是谭献身影,笔下也在不指名地批驳谭氏,窃以为非臆测之语。

《原经》篇近万言,包蕴颇富,其中主要内容可以归结为两个方面:一是驳斥章学诚"六经皆史"说的旨意是将中国学术置于官学的牢笼之下,是要否定史学发展的自主性。其次是根据六经是史书的见解,论述《春秋》一书并非规定时政、预测未来的圣经,其独特的价值在于保存史实,标志着中国史学的开端。

"章炳麟曰:老聃、仲尼而上,学皆在官;老聃、仲尼而下,学皆在家人。正今之世,封建已绝矣,周秦之法已朽蠹矣,犹欲拘牵格令,以吏为师,以宦于大夫为学。"④章太炎对《文史通义》中"六经皆史"说的评价,主要着眼于春秋战国时期学术裂变的脉络中探究其真实意图,这一视角无疑具有准确性。民国以后至今不少名篇专著的阐释虽趋于精巧化,反而给人郢书燕说的印

---

① 《与王鹤鸣书》,《章太炎全集》(四),第152—153页。
② 《复堂日记》,第398页。
③ 谭献曾学着章学诚骂袁枚那样骂俞樾:"小言破道,私智盗名,谬种流传。经生有俞樾,犹文苑之有袁枚矣。若俞之诗文,则又袁之舆台。"见《复堂日记》,第254页。
④ 章太炎《国故论衡·原经》(中卷),上海古籍出版社,2003年。以下引文未注明者皆出此篇。

象。因为从章学诚对先秦时代官私之学消长情形的看法和评判入手考察，可以澄清他的"六经皆史"说暧昧不清的含义。在这方面，章学诚的基本观点是，由"周官旧典"构成的官学集道、学、政于一体，从官学到私学的变迁是历史的退化，从而否定私学存在的合理性及其独立性格，否认孔子开创私学传统的历史作用。章学诚说："官守学业皆出于一，而天下以同文为治，故私门无著述文字。……六艺非孔子之书，乃《周官》之旧典也。""三代之衰，治教既分，……至于官师既分，处士横议，诸子纷纷著书立说，而文字始有私家之言。""文字不隶于官守，制度不原于载籍，是谓无本之学。"①章学诚一方面认为六艺与六经有别，前者是周官政典，后者是儒家信奉的经书；但出于否定私学性质和内容异于官学的观点，又强调两者之间一脉相承的关系，六经只是祖述周公之旧典而已，且周公才是先王治教的集大成者，孔子所集不足一成，所做的只是"表章六籍，存周公之旧典"②，"人如孔子，不过学《周礼》一言，足以尽其生平"③。因此，"学术之未进于古，正坐儒者流误法《六经》而师孔子耳。……学孔子者，当学孔子之所学，不当学孔子之不得已"。"故知道器合一，方可言学；'道器合一'之故，必求端于周、孔之分，此实古今学术之要旨。"④所谓"道器合一"，在这里是官师合一的另一种表述。而"合一"的实际含义是指一种主次、附丽的关系，因为他表示作为先王政典的六艺已经括尽道体，而"道不离器，犹影不离形。后世服夫子之教者自六经，以谓六经载道之书也，而不知六经皆器也"⑤。从这些表述中，可以清楚地看到章学诚对君师之间主从、高下关系的价值评判。

正是根据六经源于六艺、等六经于官典的"本原"之论，章学诚才强调要突出六经的官书性质及其凌驾于私学之上的独尊地位。他在《经解下》中写道：

异学称经以抗六艺，愚也；儒者僭经以拟六艺，妄也。……强加经

---

① 《校雠通义·原道》，叶瑛《文史通义校注》（下册），中华书局，1994年，第951页；《经解上·礼教》，《文史通义》内篇，辽宁教育出版社，1998年"新世纪万有文库"本，第26—27、25页。
② 《原道中》，《文史通义》内篇，第36页。
③ 《与汪衍如观察论学十规》，仓修良编《文史通义新编》，上海古籍出版社，1993年，第291—292页。
④ 《与陈鉴亭论学》，《文史通义》外篇，第282页。
⑤ 《原道中》，《文史通义》内篇，第37页。

名以相拟,何异优伶效楚相哉?亦其愚也。扬雄、刘歆,儒之通经者也。扬雄《法言》,盖云时人有问,用法应之,抑亦可矣。乃云象《论语》者,抑何谬邪?虽然,此犹一家之言,其病小也;其大可异者,作《太玄》以准《易》,人仅知谓僭经尔,不知《易》乃先王政典而非空言,雄盖蹈僭窃王章之罪,弗思甚也。

类似经书不可私拟的议论也见于《易教上》。这些见解受到章太炎的有力指斥,《原经》开头即指出:"鞅世有章学诚,以经皆官书,不宜以庶士僭拟,故深非扬雄、王通。"随之征引《吴语》《论衡》《管子》《世经》《图经》《畿服经》等文献,说明"经之名广矣"。他以《易》为例,驳斥章学诚必以官私相格的荒谬性。"盖《易》者,务以占事知来,惟变所适,不为典要。故周世既有二家驳文,韩宣子'观书于太史氏,见《易象》与《鲁春秋》,曰:周礼尽在鲁矣。'尚考九流之学,其根极悉在有司,而《易》亦掌之太卜。同为周礼,然非礼器制度符节玺印幡信之属不可刊者。故周时《易》有二种,与《连山》《归藏》而四,及汉扬雄犹得摹略为之。是亦依则古初,不愆于素。学诚必以公私相格,是九流悉当燔烧,何独《太玄》也!"

章太炎在《原经》中用大段篇幅辩驳章学诚《易教》三篇之论,是因为在这里对《易》的评价直接涉及如何看待《春秋》一书的性质。《文史通义·易教》阐发的旨意是所谓"《易》象包六艺",认为懂得《易》之象与《周礼》之官、《春秋》之例贯通比兴的道理才是"知类","《易》以天道而切人事,《春秋》以人事而协天道","夫子学《易》而志《春秋》,所谓学周礼也"。《易》是被章学诚视作周公之政典,所以扬雄拟《易》会被他斥为"不知妄作,不特有拟圣之嫌,抑且蹈于僭窃王章之罪也"。而"易象"的所指,则已被谭献明确概括为"制宪明时"①。根据这样的"比兴贯通"之论,《春秋》的义例和内容自然就被归属为周公的制法。这些见解也是谭献评价《春秋》性质的根据,自然会受到章太炎的认真对待。他认为"仲尼赞《易》而《易》独贵,其在旧法世传之史,则筮书与卜梦等夷"。《易》是占卦书之一,"惟变所适,不为典要",并非

---

① 谭献《文林郎国子监典籍会稽实斋章公传》,《碑传集补》下册卷47,上海古籍出版社影印本,第1535页。

是官书;孔子是根据鲁国史记而作《春秋》,"犹冯依左丘明","五十凡例,尹吉甫、史籀之成式,非周公著也"。因此章学诚的议论属于"不观会通,不参始末,专以私意揣量,随情取舍"。

章太炎重视《春秋》,在于以《春秋》为史书,其独特的价值在于保存了东周史实,使得"东周之事,粲然著明。令仲尼不次《春秋》,今虽欲观定、哀之世,求五伯之迹,尚荒忽如草昧"。所以他认为强调《春秋》义例和微言并不足以凸显其特点,类似义例和微言同样存在于司马迁、班固、陈寿的史书中,在这一点上经史无别,"太山、梁父,崇卑虽异哉,其类一也"。章太炎所倾力批驳的则是所谓《春秋》为百世制法之论。他认为:"法度者与民变革,古今异宜,虽圣人安得豫制之?""《春秋》言治乱虽繁,识治之原,上不如老聃、韩非,下犹不逮仲长统。""《春秋》二百四十二年之事,不足尽人事蕃变,典章亦非具举之。"因而主张《春秋》规定时政并为后世制法的观点,其荒谬之处即在"以不尽之事,寄不明之典,言事则害典,言典则害事。令人若射覆探钩,卒不得其翔实"。这些明白的事理只能表明《春秋》是保存陈迹的史书,"明其藏往,不亟为后世仪法"。章太炎对"制法"说的严厉斥责,以及反复申明《春秋》的史书性质,既是在揭示孔子和左丘明开创史学传统的功绩,"令迁、固得持续其迹,讫于今兹,则耳孙小子,耿耿不能忘先代,然后民无携志,国有与立,实仲尼、左丘明之赐"。更是要确立历史在保存民族文化和制约政治体制方面不可替代、不可或缺的作用。

三

"学诚以为六经皆史,史者固不可私作。"章太炎信持的"六经皆史"说与章学诚在《文史通义》中阐述的"六经皆史"说之间,并不存在如流行见解所认定的一脉延承关系,而实际是一种同名异实关系。《原经》篇阐发的内容,亦可视为两种"六经皆史"说的交锋。

章学诚认为天下之道尽在先王政典中,六经作为政典的载体或载道之器,与"史"异称而同实,从而将史学纳入官学的范围之内,并规定了史学负荷的使命是为政治统治的合法性提供历史事实。他是在与政治紧密联系的前提下赋予史学显要的地位,而未受官学控制的私作之史,则有可能对统治的合法性提出证伪,必然会受其谴责和否定,以达到谭献后来渲染的那种"天下无私书"之境。

而章太炎则明白地提出六经是史书,强调六经皆史与古史皆经的对等性,如同"经不悉官书,官书亦不悉称经"。他据此经史官私对等观念否定章学诚的"僭拟"说,举出《史记》《汉书》《三国志》《楚汉春秋》等一连串私作史书的事例,说明"此皆不在官守,而著书与六艺同流,不为僭拟"。论证史书的价值高下尊卑并不依官私之别而判,"古之作者,创制而已;后生依其式法条例则是,畔其式法办条例则非,不在公私也。谓不在史官不得作,陆贾为《楚汉春秋》,孙盛为《晋阳秋》,习凿齿为《汉晋春秋》,何因不在诛绝之科?准其条法,仲尼则国老耳,已去司寇,出奔被征,非有一命之位、儋石之利禄,其作《春秋》亦僭也"。

章学诚要将史学置于官学牢笼之下的倾向,也表现在其方志学理论和实践中。他在《州县请立志科议》一文中说:"天下政事,始于州县而达于朝廷。则史事责成,亦当始于州县之志。"他建议仿照朝廷开馆征书修志之法,在州县设立志科机构,以法令形式规定由"典吏"即司府厅州县的官员掌管方志修撰,以及划一志、史,将方志和地方史归并为一种体裁。倪文孙(D. S. Nivison)和余英时已各自在他们的专著里准确地提出章氏理论是由修志而系统发展出来的①。方志学研究者都充分肯定其方志理论有着非同泛泛的高明之处,章太炎的看法则与今人全然不同。他敏锐地觉察到章学诚要在方志修撰中实践"官师治教合一"的意图,因此在《原经》中多方指责章学诚将方志一律划定为官书,将方志与地方史这两种并行不悖、不能相互取代的史书体裁武断地归并统一等做法存在着失据、无状、不知类等各种谬误。章太炎的见解一直没有受到方志学研究者的认真对待,至今也仅有已故谭其骧教授写过一篇与章太炎观点相似的论文②。

在对待史学发展问题上的学术与政治、历史与信仰的立场之异,也使得章太炎对章学诚昌言"史德"的性质有深入的洞察。章学诚在刘知幾《史通》

---

① 倪文孙《章学诚的生平与思想》,斯坦福大学出版社,1966年,第57—60页;余英时《论戴震与章学诚》,第167页。
② 谭其骧《地方史志不可偏废 旧志资料不可轻信》,《长水粹编》,河北人民出版社,2000年。

提出良史必须兼具史才、史学、史识三长的观点之后,增添了一项"史德"标准,这一点自民国"新史学"兴起后一直备受赞赏。20世纪中叶法国汉学家戴密微在《章实斋及其史学》一文里略言及章氏与维科的相似性,此后汪荣祖教授在《史传通说》一书中踵事增华,多方论证章学诚不啻为史学开辟通途大道的中国式维科,至今最流行的观点则是认为章学诚"史德"说的价值在于确立历史学家的客观立场和主体意识①。这些议论似乎都未弄清楚史德即"心术"的真正含义,也不能说明章学诚站在尊君卫道立场指斥古人的议论:"夫以一生坎坷,怨诽及于君父,且欲以是邀千古之名,此乃愚不安分,名教中之罪人,天理所诛,又何著述之可传乎?夫《骚》与《史》,千古之至文者,文之所以至者,皆抗怀于三代之英,而经纬乎天人之际者也。所遇皆穷,固不能无感慨,而不学无识者流,且谓诽君谤主,不妨尊为文辞之宗焉,大义何由得明?心术何由得正乎?"在这方面,20世纪初章太炎的针对性批评仍然值得重视:

> 《史德》一篇,谓子长非作谤书,将以究天人之际,通古今之变,语亦谛审。至谓微文讥谤,为贼乱之居心,宁知史本天职,君过则书,不为讪上?又述朱元晦语,以为《离骚》不甚怨君,是则屈平哀歌,徒自悲身世耳。逐臣失职,类能为之,何当与日月争光,而《古今人表》列于仁人孟、荀之伍哉?刘子玄云:怀、襄不道,其恶存于楚赋。斯为至言!实斋之论,徒教人谄耳。②

《史记》是否属于谤书,固然是疑而未决的问题,但章太炎在这里揭露章学诚以史书中有讥过之文即为心术不正,全无史家天职之念,适足以暴露其"史德"说的本质。不妨对此作一点补充。《史德》篇批评刘知幾所言史识"乃文士之识,非史识也",认为"能具史识,必知史德。德者何?谓著书者之心术也"。他对"心术"之义有正反两面的规定,正说是必须养成"义理参之

---

① 仓修良等《章学诚评传》,南京大学出版社,1996年;赵吉惠《章学诚强化史学主体的历史哲学》,《章学诚国际学术研讨会论文集》,北京图书馆出版社,2004年。
② 《与人论国学书》,《章太炎全集》(四),第354页。

于时势",养成"一饭不忘君父"之心;反过来说,否定朝廷扶植的理学即为"心术不正","是非谬于圣人,忌讳或于君父"便是"心术不正"。细察章氏文字,虽于《史德》中标揭"辨心术以议史德",但是用"心术"之词评骘时人,则仅见其施于戴震之身:"戴君学问,深见古人大体,不愧一代巨儒,而心术未醇,颇为近日学者之患。"他指明戴氏心术不醇的表现就是"丑诋朱子,至斥以悖谬,诋以妄作"①。也就是他在《上钱辛楣宫詹书》中所云,否定朱熹学说即是"心术不正"。刘师培在清末首揭章学诚论说皆有意与戴震立异,虽仅是一笔带过,亦颇能给人以启发。如果说章学诚标揭"史德""心术"之说系针对戴震而发,当不至于纯属猜测之语。

因为章学诚自述学术宗旨在于"持世而救偏","所谓'持世',就是为当时的政治服务,用以'经世';所谓'救偏',就是指斥'汉学''宋学'等的各执一偏"②。进一步说,从他对作为头号论敌的戴震的评价来看,汉学、宋学之偏并不在于流入"虚无"和"糟粕",戴震的考证学、义理学探索非但不偏,而屡屡被他称道为识大体。关键在于"心术不正":戴氏企图以考证学形式攻击官方理学,未能做到"持世"即以学术为现实政治服务。因此他说的"救偏",显然不是针对高踞堂庙、强调躬行践履的官方理学,而是针对脱出官学樊篱的草野之学。黄进兴先生曾在一篇文章里提及章学诚可能受费经虞、费密父子的启示而发展出"治教合一"的思想,虽仅片语而可称锐见③。费密《弘道书》本诸"君师本于一人"的三代观,倡言"以帝王系道统""帝王然后可言道统",以清除"草野重于朝廷,空言高于实事"的情形,所论皆在章氏笔下重现。章学诚欲"持世"而特重"时会"一词,如果说《原道》是《文史通义》一书的总汇篇,"时会"则是《原道》三篇中出现次数最多的关键词,其涵义不外指"德位兼具""圣人而得天子之位"的际遇,而执掌权柄尤形关键。孔子即是显例,"孔子有德无位,即无从得制作之权,不得列于一成,安有大成可集乎?非孔子之圣逊于周公也,时会使然也"。在他看来,古之时会如此,今之

---

① 《书朱陆篇后》,《文史通义》内篇,第53—54页。
② 周予同《章学诚〈六经皆史说〉初探》,载朱维铮编《周予同经学史论著选集(增订本)》,上海人民出版社,1996年,第723页。
③ 黄进兴《清初政权意识形态之探究:政治化的道统观》,载氏著《优入圣域:权力、信仰与正当性》,陕西师范大学出版社,1998年,第125页,注4。

时会亦然,他赞叹"清兴百四十年,昌运既开,人文蔚起,极其能事,无论两汉三唐。……国家适当奕叶重熙,廊庙制作,轩揭天地"①。他以躬逢盛世之心和与时俱进之念,昌言以"官师治教合一"为实质的"六经皆史"说,不啻与康雍乾三帝欲集君师于一身、尝尝当周公滋味的勃勃雄心相呼应。时隔一百多年,明末清初士人探究三代封建论时展现的精神气象已经荡作云烟,即便是处于权力边缘的第一流文人学士,也会自觉地以弘扬清廷治教合一的意识形态为己任,这不能不使人叹息清帝厉行文化专制主义的明显效果;而重温章太炎在清末时入木三分的论辩,也不能不使人感叹其言之警策!

(原载《复旦学报(社会科学版)》2005 年第 3 期)

---

① 章学诚《朱先生墓志铭》,载《笥河文集》卷首,畿辅丛书本。

文化史研究中的大、小传统关系论

一

近三十年来史学的总体趋向,是随着自身跨学科性的不断增强,研究视野更趋开阔,以往忽视的各个历史侧面都成为关注和探索的对象。其中在文化史研究领域里,借鉴其他学科的方法和问题意识对民间文化作历史探讨,尤其是史学疆域拓宽的显著标志。在这方面,美国人类学家、民族学家雷德菲尔德(Robert Redfield,1897—1958)提出的"大传统"与"小传统"(Great Tradition and Little Tradition)范畴,已成为研究上层文化与下层文化关系方面较通行的基本概念。

雷德菲尔德是研究乡村和都市的文化与社会变迁的先驱人物,他在研究中美洲乡土文化的基础上,在《原始世界及其类型》《乡民社会与文化》等著作中,提出了从"大传统"与"小传统"之间的互相影响和作用来理解人类历史景观的构想。所谓大传统,是指都市上层阶级以及知识分子的以文字记载的文化,小传统主要是在小规模共同体,特别是乡村中通过口头传承的文化。由于雷氏用这对范畴实地考察印度社会文化的计划未及展开而病逝,他对大小传统之间关系的基本特征并没有作出明确界定,使得研究者对此产生不同的理解和阐发,其中也难免出现与雷氏的看法相误差的见解[①]。如果说对雷氏的这对范畴需要作出严谨、确切和完整的定义是问题的一面,

---

[①] 例如王铭铭提出雷氏这对概念的缺陷是:"他把小传统看成是被动的、没有体系的文化,把都市的文本传统看成是文化发展的动力中心。"(《社会人类学与中国研究》,生活·读书·新知三联书店,1997年,第158页)这一评价显然忽略了雷氏论证乡民文化中具有抵制城市化的特色的观点。李亦园认为这对概念在于强调"这两个不同层次的传统虽各有不同,但却是共同存在而相互影响、相为互动的"(《人类的视野》,上海文艺出版社,1996年,第143页)。这一介绍比较符合雷氏本意。

另一面更值得关注的是,研究者在使用大小传统或者类似的范畴[如精英文化与民间文化(elite culture and popular culture),雅文化与俗文化(hierarchic culture and lay culture);古典文化与俗民文化(classic culture and folk culture),高文化与低文化(high culture and low culture)]时,是怎样认识和表述这对范畴引出的基本问题:作为两种文化空间的大小传统之间的关系如何?是各自具有独特性、自律性,还是处于支配与附属的关系结构中?或者说,两者究竟是贯通互补还是对峙冲突的关系?涉猎所及,围绕上述问题存在着若干不同观点和立场,尝试名之曰支配说、隔阂说、挑战说、修正说、挪用说、源流说并逐一简介于下。

一、支配说。这是从马克思到新马克思主义代表葛兰西等人的基本观点,也是当今影响广泛的一种文化理论流派。马克思、恩格斯在《德意志意识形态》中揭示一条基本命题:"统治阶级的思想在每一时代都是占统治地位的思想。"认为上层统治阶级能够支配其他阶级的思想意识,是因为"支配着物质生产资料的阶级,同时也支配着精神生产的资料,因此,那些没有精神生产资料的人的思想,一般地也是受统治阶级支配的"[①]。马恩的表述往往受到简单化的理解和对待,尤其当他们谴责"农村生活的愚昧状态"时,往往被人认为是蔑视农民生活并视之为进步的障碍,从而断定马恩否认下层文化有独立自主的一面、下层小传统文化完全是上层统治文化的反射。这种看法在六七十年代后出版的文化史论著中经常出现,汤普森的名著《英国工人阶级的形成》即是显例。应当看到马恩虽然没有充分阐明城市与乡村的对立,但他们始终是以支配与冲突模式来分析社会历史,强调社会矛盾和冲突的普遍性,对文化发展与政治统治之间关系的理解,也强调前者并不直接受后者的制约,而是相应于具体的生存条件和社会关系有自身的独立走向,有不同于政治史和经济史的时空格局。他们谴责农村的愚昧状态,主要是对统治阶级的支配和控制造成农民生活的狭隘视野和孤立状态表示痛惜,并不能从中得出马恩无视和抹杀下层文化独特性的结论。马恩在这方面的思想意蕴还有待作出深入的探究阐发。20世纪30年代时意大利共产

---

① 《马克思恩格斯全集》第三卷,人民出版社,2002年,第52页。

党领袖葛兰西(Antonio Gramsci)正是以此为切入点,在《狱中札记》中较完整地提出了"文化霸权"(hegemony)理论。

葛兰西的霸权论是在沿袭马克思观点的前提下,试图解决统治阶级价值观念通过何种途径或中介被一般民众所接受,从而成为支配整个社会的价值观念的问题。他认为文化作为一种自我教育过程,不可能通过自发的演进而发生,普通民众"最难改变观念",他们从不"原原本本地"接受高级文化,而"仅仅并且总是接受奇怪的混合物",因此向民众传播新观念要有一个实行"文化霸权"的复杂过程。作为统治权力的两种显示方式,霸权的涵义不同于压制,不是"按照雅各宾的模式加强和促进运动的领导权",而是指社会统治集团凭借"新知识分子团体"的教育和劝诱,成功地说服民众阶层接受它的道德和文化观念,学会以统治集团的眼光观察事物。因此霸权的实现包含了舆论和认同两个条件,通过知识分子的舆论灌输和渗透作用,使下层民众自愿地认同或默认统治秩序及其文化价值标准的支配。葛兰西自信地表示此一霸权概念体现了"民间文化—高级文化的辩证法"[1]。然而问题是很难在霸权与压制之间作出清楚的区分,因为霸权作为统治权力的显示形式,本身就可能是一种压制,而压制也可以通过一种霸权的方式来实施。此外,霸权是以确保统治集团对社会的支配和控制为使命,民间文化的自主性发展势必受到极大限制,而社会变化冲突的可能性和重要性也得让位于霸权的持续统治。这样,葛兰西的理论最终又归宿到马恩关于统治意识形态的命题上。

60年代以后,葛兰西的霸权论经英国新马克思主义者雷蒙·威廉斯和佩里·安得森等人的介绍宣传,成为研究统治文化与民间文化关系方面影响广泛的学说。特别是威廉斯在《马克思主义与文学》《传播》《乡村与城市》等著作中,按照葛兰西的思路和方法,着重考察上层文化影响底层民众的中介形式,通过追溯戏剧、报刊、书籍等传播手段的历史,揭示统治阶层如何借助不同的媒介影响和塑造民间文化及其生活习俗,以达到支配整个社会的目的[2]。当代法国社会学家布迪厄提出"象征暴力"(symbolic violence)概

---

[1] 葛兰西《狱中札记》,中国社会科学出版社,2000年。
[2] 参见 R. Williams, *Communications*, 1962; *The Country and the City*, 1973; *Marxism and Literature*, 1977。

念,用以描述将统治阶级的文化强加于一般民众,迫使其承认上层文化支配合法性的过程,与葛兰西的霸权概念也有明显的相似性。

二、隔阂说。由美国农民学家詹姆斯·斯高特(James Scott)提出。他的论述见之于《霸权与农民》《抗议与亵渎:农民造反与小传统》两篇文章和《农民的道德经济学》《弱者的武器》《支配与抵制艺术》三本专著①。斯高特认为,探讨农民问题的前提是要看到一个具有核心性质的事实:"农民始终生长于特定的社会及其文化之中,他们在那里接受特定的道义观念,领会具体的社会关系,习得与人往来的期待方式,并且把握属于相同文化的先人为实现同样目的采取何种方法的感觉。"塑造农民形象的这一文化空间,在他看来具有明显的独特性、自律性及相对闭塞性,它是承载小传统的微观空间,与外部世界的统治精英所处的大传统文化空间处于彼此隔绝的关系中。

对于大小传统作为两种文化空间的彼此疏离、隔阂状态,斯高特作了细致的论证。他提出小传统的主要活动场域是村落,村落并不仅仅是农产聚居的一种物理性形式,它被赋予三项明显特征:第一,村落在一定程度上独立于外部,自身构成一个拥有影响力的地方性系统;第二,村落体现为一种共享认知和信息的范围而与外界分离开来;第三,村落是有能力实行制裁的道义性单位,具有排斥非村民的倾向。通过揭示这些特征,斯高特意在强调保存在以村落为典型的隔阂性环境中的小传统"在结构、风格和规模范式方面都与上层阶级的政治和宗教传统有别"。进一步说,斯高特把争取生存的权利这一道德原则,定义为构成农民小传统的一项基本要素,论证它作为村落成员的共有道德基准,如何贯穿于农民日常生活之中;同时这一道德原则又提供了一种基础,使农民产生"脱离统治制度的正统规范的控制"的倾向,并在村落范围内形成"另一个象征性观念世界"或"影子社会"。因此他赞同乔治·奥威尔认为正统性只存在于受教育的人的中间的看法,进而申论:"一项确凿的社会事实是,社会阶层的位置越低下,这个阶层对统治阶层价

---

① 参见 J. Scott, *The Moral Economy of the Peasant: Rebellion and Subsistence in Southeast Asia*, 1976; *Weapons of the Weak: Everyday Forms of Peasant Resistance*, 1985; *Domination and the Arts of Resistance: Hidden Transcripts*, 1990; "Hegemony and the Peasantry", *Politics and Society*, 1977:7; "Protest and Profanation: Agrarian Revolt and the Little Tradition", *Theory and Society*, 1997:4。

值体系的信仰就越淡漠。"在大小传统处于互相隔阂状态的前提下,统治阶层的文化霸权并不能渗入并控制小传统,农民作为手中无权的弱者一方,在力量悬殊的情况下,会采取个人的和温和的方式,用低沉的声调,对自己内心的颠覆思想发出轻轻的诉说,以此抵制和亵渎大传统的价值和信仰。

当代英国史家彼得·伯克(Peter Burke)在这方面的见解大致也可以归入隔阂说。他在《近代早期欧洲的民间文化》一书中认为,16、17世纪欧洲的上层文化与民间文化之间尚未形成对峙的情形,上层文化分享着民间文化,好比一个贵族会有农村来的女仆唱着民歌伴他入眠。民间文化通行于各处,它是每一个人的文化,对一切人开放,各个不同地域的民间文化是相通的,彼此间并不存在鸿沟。那种隔阂的鸿沟横亘在上层文化与民间文化之间,因为上层文化只对统治阶层人士开放,一般民众无法加入和参与上层文化,而统治阶层人士却可以参与民间文化。伯克的见解与斯高特略有差别,是要表明隔阂的双方是一部分人的文化与所有人的文化。①

三、挑战说。这是俄国思想家巴赫金(Mikhail Bakhtin)在他研究文艺复兴的名著《弗朗索瓦·拉伯雷的创作与中世纪和文艺复兴时期的民间文化》中提出的观点。他在书中研究欧洲文化史的思路可谓独辟蹊径,以"狂欢节化"作为贯通全书的核心主题,并将官方与非官方作为上层大传统与底层小传统的区分标准,从中揭示两种文化的截然不同。中世纪教会-国家代表的官方文化,具有等级、教条、蒙昧、神秘、独断、绝对等一系列阴郁的特性,是一个虚伪古板、矫揉造作的世界;民间小传统则是底层的、集市的和广场的文化,是一个充满幽默形式的无拘无束的世界,它崇尚嬗替与变更、死亡与新生的精神,追求自由平等,反叛官方正统规范,颂扬亵渎神灵和离经叛道的行为,讴歌充满生命力的创造精神,热衷于各种因素非同寻常的混杂交融,与任何教条主义和专横性形同水火。具有这一系列特征的下层小传统向官方文化的挑战,明显地反映在嘉年华会活动中。

狂欢节在今天已经式微,而在中世纪晚期和文艺复兴时期,它不同于普通的节日游艺,在各阶层生活中占据显著重要的位置,一年中有三个月时间

---

① 参见 P. Burke, *Popular Culture in Early Modern Europe*, N. Y., 1978。

用于节日。但它的重要性不在于花费时间之长,而在于体现出的特殊意义,它是官方文化的霸权鞭长莫及的一个领域。巴赫金认为狂欢节集中展示民间小传统的挑战精神与三个因素相关,即时间、身体和语言。狂欢节中的时间是从时间中的解放,是从封闭而僵硬的历史观中的解放,这些历史观是官方文化强加给时间之流的。但狂欢并非虚耗时光和逃避现实,而是体验"死亡孕育新生"的历史变易性质,感觉"自身的集体永恒性,自身的尘世历史的人民的不朽,以及不断的复活—生长"[1]。这一时间与狂欢节中的身体相联系,巴赫金用以描述身体观的概念是"怪诞"(grotesque),它渲染肉体通过吃喝、排泄或性交在性质上发生变化,强调不确定性和不可定义性,从而与古希腊雕塑所表达的静态理想相对立。一方面,怪诞的肉体以空间形式表现"死亡与诞生、成长与形成阶段,处于变化、尚未完成的变形状态的现象特征"[2],另方面,"民间怪诞风格"又是"对官方'真理'片面严肃性的欢快的戏仿"。怪诞的风格也被注入语言实践,形成村言俚语、污言秽语和方言土语大行其道的所谓"杂语"现象。巴赫金认为狂欢节中各种广场叱喝、脏话、诅咒和发誓等有特殊的世界观意义,"创造了那种绝对欢快的、无所畏惧的、无拘无束和坦白直率的语言,拉伯雷用这种语言向'哥特式的黑暗'开火"[3]。它"摆脱了规则与等级的束缚以及一般语言的种种清规戒律,而变成一种仿佛是特殊的语言,一种针对官方语言的黑话"[4]。

　　巴赫金的论述极为强调大小传统之间的官方与非官方差异,并有将小传统理想化和中心化的趋向,这一点需放在时代环境中来看。此书写于斯大林主义单语霸权在大清洗之后达到高潮之际,大有苏式"天下无异议则安宁之术"之势,巴赫金身处黑云压城之境,援引拉伯雷小说大谈杂语、复调、裂缝、倾覆、挑战,不能不说写作动机是借伊索式语言进行时代批评。但他能从更高、更普遍的层面出发来批评他所处的时代,因而能在两种文化关系上提出一系列影响深远的原则和理想。中国民俗学家钟敬文曾著文阐发巴

---

[1] 巴赫金《拉伯雷研究》,李兆林、夏忠宪等译,河北教育出版社,1998年,第288页。
[2] 同上书,第29页。
[3] 同上书,第46页。
[4] 同上书,第214页。

赫金狂欢节化思想的普遍性学术意义,及其对中国相关研究的启发性①。在这一问题上,笔者以为还需进一步识别狂欢节的复杂性。嘉年华会和基督圣体节之类的庆典,确实会被利用来当作颠倒社会控制的日常规则和嘲弄权威的手段,当作呼吁变革和反抗的工具;但是也有可能被统治阶层当作社会控制策略的工具,允许这类活动的存在,以便释放或缓解威胁统治稳定性的不满情绪和紧张关系,使它变成只是一种表演。美国女学者戴维斯(Natalie Z. Davis)在《早期近代法国的社会与文化》一书中,通过分析所谓"胡闹音乐"(charivari),论证这类仪式表演活动的"矛盾的潜质"(ambivalent potential)②。这些研究无疑会启发我们注意狂欢节之类的仪式庆典本身具有挑战与控制的双重可能性。

四、修正说。此说侧重点在于强调,承受小传统的民众群体及其代言人,在两种文化接触过程中,对于大传统的价值观念即便不直接拒斥,也会按照自己的生存条件加以修正;这说明底层民众并不是"被动的零"(passive ciphers),他们所展示的所谓"无言者的创造力"和反支配倾向,过去一直受到统治阶层的否定和抑制,必须引起研究者足够的重视。意大利历史学家金兹伯格(Carlo Ginzburg)的名著《乳酪与蛆虫》即表述了这一观点。此书取材于 16 世纪意大利东北部一个磨坊主因异端思想受宗教裁判所审讯的详细记录,也与《蒙塔尤》一样试图从局部个案得出一般性结论,从一个特殊的观察点审视大小传统之间的缝隙、断裂。作者把磨坊主当作一个口传民间文化的代言人,当作小传统的一个具体象征,比较他对中世纪宗教读物的理解与宗教裁判所的正统理解之间的差异,从中揭示他在阅读时总是自我设置精神屏障,对所读内容加以过滤和修正;并且还强调磨坊主的饶舌及由此招来的悲剧性命运,以展示他同时代沉默的小传统群体的内心世界。英国学者帕金(F. Parkin)在《阶级不平等与政治秩序》中探讨下层阶级成员如何对待统治阶级的价值观念,以及格雷(R. Gray)在《维多利亚时代的爱丁堡工人贵族》中论述工人对"体面"涵义的重新解释界定,也都采用了"修

---

① 钟敬文《谣俗蠡测》,上海文艺出版社,2001 年,第 244—249 页。
② 参见 N. Davis, *Society and Culture in Early Modern France*, Stanford, 1975。

正说"的理论观点①。

正视民众对大传统的再加工和修正的过程及其能力,这一着眼点的转换势必导致强调其抵制控制和反抗改造的目的,从而将小传统定性为体现社会反抗的文化。在这方面,马克思的社会阶级冲突理论依然是有效的知识资源。20世纪60年代以来影响所及,不止于反映在英国伯明翰文化研究小组成员的研究中②。英国社会学家保罗·威利斯(Paul Willis)《学着劳动》也是依此观点写成的有影响的著作。此书主要借用民族志方法研究社会下层群体,集中描述英国工人阶级子弟如何在政府学校里受训化,和学校当局如何将他们改造成劳力的过程。通过分析大量的微妙细节、行为方式以及日常生活用语,展示工人阶级子弟反抗学校环境的态度和实践,其特点是自觉固守本阶级立场,拒绝与官方秩序合作,避开向上层社会流动的可能性。作者意在从学校训练层面上文化习得与反抗的情形中,论证反抗是工人阶级的日常生活形式,是阶级关系再生产过程的内在组成部分,并揭示阶级不平等世代相传的文化根源③。

五、挪用说。这是一种较为通行的基本观点。它包含了交流循环、共享、妥协、交感等差别细微的涵义,并且侧重于挪用之后产生混合变异的结果。根据这一观点写成的有影响的著作,我们可以举出当代法国年鉴学派代表勒华拉杜里(Le Roy Ladurie)的《蒙塔尤》,和俄国中世纪史研究权威古列维奇(A. J. Gurevitch)的《中世纪民间文化》《中世纪文化范畴》。《蒙塔尤》叙述的是13世纪末至14世纪初期法国南部一个二百余人的小山村,书里塞满了农民日常生活中的各种细节。作者的雄心是要以小见大,从中透视中世纪乡村小传统的特质,"蒙塔尤是一摊臭气扑鼻的污水中的一滴水

---

① 参见 C. Ginzburg, *The Cheese and the Worms*, Harmondsworth, 1982; "High and Low, The Theme of Forbidden Knowledge in the 16th and 17th Centuries", *Past and Present*, 1976: 73; F. Parkin, *Class Inequality and Political Order*, 1971; R. Gray, *The Labour Aristocracy in Victorian Edinburgh*, 1976。
② 例如加拿大人类学家赛德尔(Gelald Sider)在《人类学和历史学中的文化与阶级》(剑桥大学出版社,1986年)一书中认为,在理解以阶级为基础的社会文化关系方面,强调文化价值的共享共有,并没有多少解释效力,取而代之的应当是对文化冲突和反抗的强调。见该书第109、119—124页。另参见费斯克(J. Fiske)《理解民间文化》一书,伦敦,1989年。
③ 参见 P. Willis, *Learning to Labour*, 1977;彼得·伯克《历史学与社会理论》,姚朋、周玉鹏等译,上海人民出版社,2001年,第106页。

珠,借助日益增多的资料,对于历史来说,这滴水珠渐渐变成了一个小小的世界"①。对这一保存农民小传统的世界,"如果轻率地鄙视这种文化,我们就可能低估了它的价值,早在 1300 年以前,就有人把农民看作"粗野的人",如今这种人依然很多,他们把农村的宁静、庄稼汉的自我珍惜、他们的羞耻心,与没有文化混为一谈"②。但是蒙塔尤作为一个典型,表明中世纪的农民在时空观念、社会意识、民俗、宗教和伦理等方面有着独特的、充满异质性的文化,尤其是农民的心态中具有"浓重乡村色彩的"异端性,"在 14 世纪初期,异端的'农民化'现象非常突出"。这并非由于农民生活的闭塞无知所造成,因为农民"绝非愚蠢之辈,他们对于抽象思维,乃至哲学和形而上学有着浓厚的兴趣。从文献中可以看到,他们毫无困难地与异端派的传教士和从城里来的法官对话"③。也就是说,中世纪上层文化与底层小传统之间的关系并不隔阂,而是"本来就存在着一些联系和互相交流"。这一点并不意味着官方信仰体系对小传统的控制和改进,由于农民异端倾向的顽固性,交流的结果是导致某种奇特的混合,作者形容为"五脚羊","一只脚踏在罗马天主教中,一只脚踏在阿尔比派信仰里,一只脚踏在一种农民的唯物主义或自然主义中,另外两只脚则踏在民俗中"④。

勒华拉杜里的研究成果受到古列维奇的推重和引述,后者研究中世纪的兴趣点也在大小传统关系的探讨方面,并深知在这一领域里创获匪易,因为"很多世纪以来,民间文化一直是以口传形式出现的;像乡村音乐一样,民间文化从未被用文字记录下来。历史学家所能找到的关于农民的精神生活和感情生活的史料,都包含在属于较高层次的作者的作品中,他们在自己的作品中偶然地提到农民,而且描写方式也是不恰当的。他们对待农民的态度是轻蔑、敌视或傲慢式的同情。……中世纪社会中,农民是沉默的大众,他们只有在社会冲突加剧的时候,只有在诸如反叛、异教起义和宗教狂热爆发的时候,才能使世人听到自己的声音。……历史学家很难深入研究农民

---

① 勒华拉杜里《蒙塔尤:1294—1324 年奥克西坦尼的一个山村》,许明龙、马胜利译,商务印书馆,1997 年,第 428 页。
② 同上书,第 349 页。
③ 同上书,第 347 页。
④ 同上书,第 641 页。

的信仰和态度"①。他认为《蒙塔尤》由于在拥有文献档案方面的独特条件,才能真正获取历史的信息。所谓"五脚羊"无疑是一种"怪物",古列维奇正是用这一名称来形容他所理解的中世纪文化整体特征。在这方面,巴赫金的影响也很明显,他的著作多次引述巴赫金的怪诞风格论,只是不同意巴氏将"怪诞"仅仅当作民间文化的特征,当作民间文化截然不同于官方文化的标志②。古列维奇通过分析占统治地位的教会僧侣编写的《圣徒传》一类普及读物,以及大量民歌、谚语、民间故事和有关民间宗教、生活习俗、民间艺术方面的史料,认为中世纪上层阶级为了控制农民的思想和精神生活,在向下灌输自己的文化观念时,往往吸收挪用农民熟悉的神话传统、魔术奇迹之类概念,以增强灌输和渗透的效果,而农民本身也对上层文化作出种种不同的解读和消费行为;官方基督教文化与农民小传统在这一互相挪用的过程中产生一系列碰撞、折中和融合,导致双方都呈现出一种怪诞的精神风貌③。

也是第三代年鉴学派代表的夏蒂埃(Roger Chartier)在他的一篇有影响的论文《作为挪用的文化》,以及后来厚描敷衍而成的专著《在实践与表现之间的文化史》④里,集中探讨1789年大革命以前法国旧秩序下民间文化、民间宗教的形塑和表现问题,阐发对大小传统关系的基本看法。他以17、18世纪流传于法国社会的通俗小册读物为直接证据,认为研究者不作分辨地依据这类书商供应的小册子识别和定义小传统是错误的,这些通俗读物在内容来源上都没有越出四种类型的主题:以圣徒传记或新教徒践行形式出现的宣扬虔敬的文学;颂扬骑士气概和品质的中世纪骑士小说;高乃依等法国、西班牙作家作品的通俗化改编;以及为适应市场口味印行的故事、歌曲、赞美诗、食谱、药方等。夏蒂埃认为这些来源各异的文本虽然经过专业写手的删节、改编和简化以适应公众,但绝不意味着如研究者所说的"来自民众"(of the people),从中无法得出小传统在先天本质上自具形貌、主题和

---

① 古列维奇《中世纪文化范畴》,庞玉洁、李学智译,浙江人民出版社,1992年,第229页。
② 同上书,第33、55页。
③ 参见 A. I. Gurevitch, *Medieval Popular Culture: Problems of Belief and Perception*, Cambridge, 1992。
④ 参见 R. Chartier, "Culture as Appropriation: Popular Cultural Uses in Early Modern France", in S. L. Kaplan eds., *Understanding Popular Culture: Europe from the Middle Ages to the Nineteenth Century*, Ithaca, 1984, pp. 229–253。

信仰的假设。恰恰相反，它是一种吸纳了上层大传统因素的混合物或大杂烩，体现出小传统内在的知识混合与折中的特性，一种通常被研究者简单化或忽视的"文化的复杂性"。因此夏蒂埃强调，必须改变文化传统有单纯性的观点，承认每一种文化形式都是彼此挪用之后的混合物，着重考察对多数人易获得的文化创造物的多种利用方式，考察阅读行为如何因环境的变化而产生不同的结果。

六、源流说，或曰基础说。 此说主要出现于研究中国社会文化的汉学人类学家研究者笔下，认为民间小传统构成大传统的来源或基础。最初见之于师从涂尔干的法国汉学家葛兰言(P. M. Granet)所著《中国古代的节庆与歌谣》(1919年)，书中根据对《诗经》的分析，论证上古中国民间宗教信仰最初作为农业生产季节性庆典的产物，随后被统治者所吸收改造而成为大传统的内容。1985年出版的《帝制中国晚期的民间文化》论文集，收入美国人类学教授沃森(James Watson)《神的标准化：华南沿海"天后"的升格》一文，主要叙述闽广一带民间"妈祖"信仰自元代以来如何被统治者扶持、改造而上升为官方的神"天后"，从个案角度论证大小传统的源流关系[①]。近年来对此观点作系统性论证的是台湾人类学家李亦园。李氏作为雷德菲尔德大小传统论的热心倡导者，认为引入这对范畴有助于拓展中国文化或"文化中国"的核心价值和精神资源。他在《民间文化与文化中国》《中国文明的民间文化基础》《和谐与均衡》《中国文化中的小传统》等论著中，对中国文化结构中大小传统之间的关系、对民间文化在中国文化中的意义作用，提出了一个探讨性的架构，他称之为"三层次均衡和谐"模型。这一模型由自然系统（天）、有机系统（人）、人际关系（社会）的和谐三种次系统构成，以臻于"中和化育"的理想境界为最高文化指令或中国文化理念。这三个层面的和谐均衡意义，最先都产生于民间信仰之中，然后流入大传统的士绅文化，得到抽象而精致化的表述。中国文化中的大小传统之所以相互贯通，具有相似的基本理念和共同的文化特征，原因就在于上述"三层面均衡和谐系统都是从

[①] 参见 J. Watson, *Standardizing the Gods: The Promotion of Tien Hou Along the South China Coast*, 1985; D. Johnson, A. J. Nathan & E. S. Rawski eds., *Popular Culture in Late Imperial China*, 1985。

小传统民间文化资料中所建构出来,能在纵的形式上勾连了中国文化中大传统和小传统两部分"。这是李氏研究的用力点和关怀所在,就是要说明从小传统的研究中"更能看出中国文化构成的核心基础"①。

对于大小传统范畴在中国文化研究中所能发挥的解释效力,怀疑和否定者亦不乏其人,两位著名的汉学人类学家弗里德曼(Maurice Freedman)和施坚雅(William Skinner)即是如此。弗里德曼认为中国虽然存在很大的社会分化,但中国文化具有一体化性质,是一个整体,其中高雅与低俗成分相互渗透融合,难以区别,而使用大小传统模式会生硬地把它割裂成两部分②。施坚雅则基于对地方秩序和区域体系的考察,指出中国文化是一种高度地理性和社会流动性的产物,"要辨别中华帝国的专属农民的小传统,那就会陷入困境,不但从一个地方体系到另一个地方体系文化上的差异十分明显,更紧要的是,农民所属的载负文化的主要地区,非农民却是其不可分割的组成部分"。参与地方小传统的不仅有不可忽视的参与者;另一方面,把儒教装扮成大传统的角色,既遮蔽或贬低了与佛道相关的高级文化,又忽略了中国高级文化的内部分化。"最后,从事综合比较研究的学者们断言'大传统'是由城市士大夫哺育与传播的,对这种说法,大多数汉学家都容忍不了,因为它等于一种无法接受的文化两分法,兼有一种无法接受的城乡两分法,而这是以嘲笑中国社会基本动力的静态公式化方式作出的。"③

另一位研究中国文化的著名学者史华兹(Benjamin I. Schwartz)则对上述见解表示异议。史华兹有关大小传统的看法集中见于《古代中国的思想世界》一书的跋文,以评价弗里德曼的研究为切入点。他认为弗里德曼从人类学角度将中国文化视为有机整体,将民间文化和上层文化视为同一文化系统的两种版本,将民间宗教视为精英宗教的镜像,这一观点有明显的局

---

① 参见李亦园《人类的视野》,上海文艺出版社,1996年,第140—161页;《和谐与均衡:民间信仰中的宇宙诠释》,载林治平主编《现代人心灵的真空及补偿》,台北宇宙光出版社,1998年;《中国文明的民间文化基础》,载马戎等主编《二十一世纪:文化自觉与跨文化对话(一)》,北京大学出版社,2001年。
② 参见 M. Freedman, *On the Sociological Study of Chinese Religion*, in Arthur Wolf eds., *Religion and Ritual in Chinese Society*, Stanford, 1974。
③ 参见施坚雅主编《中华帝国晚期的城市》,叶光庭等译,中华书局,2000年,第313—314页;另见 W. Skinner, "Chinese Peasants and the Closed Community: An Open and Shut Case", *Comparative Studies in Society and History*, Vol. 13, No. 13, 1971。

限性和狭窄性。他强调问题的关键是要重视上层文化与民间文化之间动态的、复杂的互相关系,以及两者之间存在的张力关系。史华兹为透视这些关系而提出的一种构想(vision),是将中国文化一分为三,也就是在统治阶级的文化与民间文化之间另区划出一种"高层文化",它属于"某些集团与个人的文化——尽管他们也许最初兴起于统治阶层,并且与之有着紧密的联系,但却起着类似于'知识分子'(就这个术语最为宽泛的定义而言)的作用"。这一"高层文化"在殷商和西周时期尚未显形,因为它的载体本身还没有从统治阶级中剥离出来,"只有到了周代的最后几百年间,尤其是在《论语》和战国时代的文本中,我们才清晰地意识到他们的存在。他们与众不同之处在于,对整个民间文化和统治阶级的文化持有反思和质疑的态度。从根本上讲,我们处理的古典文本,体现的正是这一集团的思想。我将这一集团称为'高层文化',这个集团才是同时代的印度、以色列、希腊思想中有创造力的少数人(creative minorities)在中国的对应者"。在史华兹看来,这一高层文化集团借助于反思能力,与统治阶级文化和民间文化都保持了一定距离,而它与民间文化之间的重叠和互动,尤其构成了中国文化史研究的重点所在①。余英时的论集《士与中国文化》,其实也就是重点考察这一重叠、互动关系的成果,特别是其中《汉代循吏与文化传播》一文,引入了雷德菲尔德的大小传统范畴,用以描述类似史华兹所定义的高层文化与民间文化在汉代的互动关系②。钟敬文曾论述在中国民俗文化研究中,除了上下层文化,中层文化的独立性和作用也需要引起足够的重视。他所说的中层文化,在内涵上与史华兹的高层文化相吻合,也是异曲同工地表达了类似一分为三的看法③。另一位民俗学研究者张道一在《中国民间文化论》一文中引入"文化圈"概念,认为从历史角度观察,中国文化可划分为各具特色的四个文化圈:以宫廷为代表的贵族文化;以文人士大夫为主的文人文化;以宣扬宗教为目的的宗教文化;以及以农民为主的民间文化。其中民间文化的内涵体现为传统的民俗节日、人生礼仪和日常生活的各种方式及其用品,以及民间说

---

① 史华兹《古代中国的思想世界》,程钢译,江苏人民出版社,2004 年,第 420—433 页。
② 余英时《士与中国文化》,上海人民出版社,1987 年,第 129—216 页。
③ 参见钟敬文《谣俗蠡测》有关各篇。

唱、俚曲、草台小戏和皮影、年画、剪纸等。"民间文化带有原发性,面广量大,一直成为其他文化摄取滋养的基地,因而带有'母型'文化的性质。"①

二

大小传统之间的关系是个错综复杂的研究课题,上述各家观点学说或模式,都有强弱不等的解释效力和借鉴价值,但不意味着提供了现成答案,需要研究者根据具体的探讨对象加以理解和运用。关键是避免从自在的、同质的和非历史的方面构造两者关系图景,把两者的关系放在不断流动变化的状态背景下理解,既看到它们各自内部存在的张力、矛盾和多样性,也看到它们之间保持着的具有历史敏感性的互动状态。在中国史研究领域引入这对概念,无疑会丰富我们对过去的认识,会引起人们对中国文化传统一些基本问题的再思考。《帝制中国晚期的民间文化》论集已初步论及的问题,一是中国文化的一体化与分化,通过与法国、俄国的横向比较,以及对《圣谕广训》宣讲和乡约制的分析,探讨大小传统之间的整合及差异;二是小传统的表现形式,书中论及的三种主要形式是民间宗教、仪式和戏剧;三是大小传统之间的接触渠道或中介,书中称之为"专家"(Specialists),分成职业性的(如相士、郎中、讼师、僧侣、巫师、代写书信者等)和业余的两种类型。这些基本问题还值得进一步探究。此外,笔者以为尚有几个问题值得思索。

第一是如何把握大小传统的区分和界限。

研究大小传统关系的基本前提是一种区分和差异的观念:小传统不同于大传统。不乏在这两者之间划出分界线的尝试和努力,晚近有的研究者还着眼于从社会与核心文化、与边缘文化的关系来理解两者的区别。但是也一直有研究者对此取向表示怀疑,认为这样的二元公式有明显的武断性,因为文化的创造物不会自然地归属于构成社会的特定阶级或集团,一如民间的意义不会自动归属于确定的文本和实践;文化有社会前提,但是文化与社会的关系要比上层与民间的措辞所能揭示的更具变动性,以二元公式为前提的研究难以取得实质性成效。夏蒂埃的论著可看作这种见解的典型,

---

① 《张道一文集》下卷,安徽教育出版社,1999年,第471—493页。

他的研究宗旨之一就是要推倒区分大小传统的任何理由。但笔者以为这类见解有矫枉过正之嫌,在这一问题上不应退到彻底的怀疑主义立场。二元公式固然有局限性,尤其是将两者关系等同于支配与服从的关系时,往往会忽略或排除彼此的共享和妥协,然而大小传统的并列分立毕竟是一种历史存在,绝非"人为性"一词所能抹去,特别是注意到在历史过程中,对小传统的改造具有阶级性,统治阶级总是力图按照自身文化价值改造小传统,甚或要将小传统变为统治阶级的创造物,这无疑间接地映现出两种传统对立的轮廓。也许问题的症结不在于二元公式合理与否的辩解,而在于怎样准确把握大小传统之间捉摸不定的界限,因为两者分界线会相应于各种外在环境条件而游移变动。这些外部条件包括:精英集团改造民众的热情及计划的变化、社会各阶层政治妥协调和的可能性、城市和村庄的兴衰更替,以及社会经济关系和劳动方式的变化等。需要用不同的检验之轴来理解这些多维度的状况,合理地解释大小传统之间动态的分界线。也就是说,应当在承认大小传统分立是客观存在的前提下,在合理把握两者分界线的前提下,将大小传统关系演变的过程理解为一部既存在共享、调和与交换,也存在冲突、改造、侵占和颠覆的历史。

第二是如何辨识和表现小传统的本真性。

小传统的面目常常处于模糊不清的状态,考察有关小传统的描述历史,会导致对我们能否按其自身性质进行描述产生重重疑虑。这首先是因为它的载体"民众"或"人民"(people)一词含义暧昧,在欧洲历史上兴盛古典主义、启蒙思潮和浪漫主义的不同时期中,对"民众"这一神秘的"他们"(Them)的描绘大不相同,使得对小传统的评价也迥异其趣。彼得·伯克认为17世纪以前民间文化还是模糊不清、尚未成形,即基于他对民众的定义,他在《近代早期欧洲的民间文化》中列专章论述18世纪末、19世纪初"民众的发现",以此标志小传统的初次表现[①],引起一些中世纪史和近代欧洲史研究者的辩驳,分歧在于对民众的看法不一。也有论著批评研究小传统的论著中频繁出现民众一词,其实是沿承自旧意识形态话语,因而研究者虽然自

---

① 参见 P. Burke, "We, the People: Popular and Popular Identity in Modern Europe", in S. Lash and J. Friedman eds., *Modernity and Identity*, Oxford, 1987。

以为在认同小传统,事实上只是将一种话语中的词汇不加批判地移入到另一种语境中,从不同的侧面复述了统治阶层所划定以取消民间思想和实践的基本差异的意图。这是一个目前正展开探讨而难以遽作定论的课题,在中国史研究的相关领域中,这一问题尤显突出,有关"人民""民众"话语的产生及其涵义变化,尚有大量细节需要梳理。此外相关的一个问题是,我们勾勒小传统轮廓的直接而可靠的依据是什么?那种19世纪以来所强调的民间传说和歌谣的纯真性,赋予它在研究小传统方面极为显突的特权地位的做法,在晚近的研究中已受到深刻的质疑。例如彼得·伯克通过对英国民歌(ballads)来源的具体考察,认为它尽管被长久看作纯粹是民间自治的口头传统的产物,实际上还得仰赖出版商从形式到内容的中介作用和传播活动,而所谓纯真性在这一中介过程中已经消失。在小传统研究者看来弥足珍贵的地方法院档案,其实在具体利用时也会遇到各种困难,因为法庭审讯记录的形式也是一个"极为复杂的社会过程"(金兹伯格语)。也许理智的态度是,当广泛运用多种类型的文献材料时,应避免事先假定某些历史遗存物具有内在特质,是特定的文本、价值和行为模式的载体,而是采取考证学的剥笋或剥洋葱的方法,剔去层层伪装,一直剔至公认是出自民众的内核部分。

法国史家勒高夫在《中世纪西方的文明》一书中说:"封建社会是打手势的世界,不是用笔写的世界。"此言大体也适用于中国,农民一般都不具备书写能力。那种产生于生活体验的小传统,作为农民自我创造的生动的文化,它体现了一种生活的艺术和生存的方式,并对应着自然环境和岁月的节奏,这种本真的小传统能够在原初的语境之外得到准确的重视吗?追问本真性也意味着不可忽视小传统自身的多样性和差异性,因为有一种常见方法是着眼于大传统的价值标准或趣味范畴,对形形色色的小传统内容有选择地凸显、解释或建立模型,以论证大小传统之间的贯通性或一体化特征。这种策略方法未必能使小传统得到真实的体现,即使农民在特定条件下为了有目的的活动而使用他们所能得到的大传统符号资源,也不必然意味着受后者的支配,因为不同的生活经历和社会等级会使人们对同一文化符号有不同的感受和解读。如何避免使描述和再现小传统的工作变成单纯的文化建构活动，不至于使小传统成为仅仅反映"精英"知识分子观念理论的一种镜像，这是一个需要关注的问题。

第三个问题是要注意民间文化与大众文化(mass culture)的区别。

有不少论者时常混同使用这两个概念[①]，但是两者在性质上是不同的。民间文化是从底层升起来的，它是民众声音的真实的表述，往往起着斯高特所云"弱者的武器"作用；大众文化则是从上层降下来的，它是社会控制的一种类型或政治统治的一种工具，往往促成一种"闪光的野蛮状态"。这两者之间的兴替过程是一个有待探讨的课题[②]。

(原载《复旦学报(社会科学版)》2007年第1期)

[①] 例如1984年出版的英文版论集《理解民间文化》在概念区分上较为严谨，收入的十篇论文皆属于对中世至19世纪前欧洲民间文化问题的历史探讨。而1991年出版的论集《再思民间文化》，收入的19篇论文，有好几篇是论述电视、时尚、摄影等大众文化问题，在概念定义上反而不及前一种论集。参见 C. Mukerji and M. Schudson eds., *Rethinking Popular Culture: Contemporary Perspectives in Cultural Studies*, Univ. of San Diego Press, 1991.

[②] 如李欧梵与 Andrew Nathan 合写的"The Beginning of Mass Culture"一文(载 *Popular Culture in Late Imperial China*)将大众文化在中国的崛起时间定在19世纪末20世纪初。

康有为《孔子改制考》进呈本的思想宗旨

被梁启超比作"火山大喷发"的《孔子改制考》一书,夙为研究者推重为影响近代学术与政治的"康氏二考"之一,但议论多止于对书中"上古茫昧"论、"托古改制"说的评述,以及对作者"教主"野心的讥斥。对于衍生自刊本的进呈本《孔子改制考》,相关研究几近空缺①,贯穿于书中的思想宗旨和改编意图,及其与刊本之间的异同所在,迄今未得到深入的辨析和中肯的揭示。

一

《孔子改制考》抄本九卷,系康有为继刊本行世后于戊戌年五月(1898年6月)进呈,原藏景阳宫清内府,今存故宫博物院图书馆,一函线装九册。卷首有康氏自序,序及各卷下方均署"工部主事臣康有为撰"。各卷目如下:卷一,上古茫昧无稽考;卷二,儒教为孔子所创考;卷三,孔子为制法之王考;卷四,孔子创儒教改制考;卷五,六经皆孔子改制所为考;卷六,儒墨最盛并称考;卷七,鲁国全从儒教考;卷八,儒教遍传天下战国秦汉间尤盛考;卷九,汉武帝后儒教一统考。

与光绪二十四年春上海大同译书局初刊本对照,进呈本卷一亦刊本卷一;卷二为刊本卷七,但卷题及首数页损毁,正文自第二节目"孔子自明创儒大义"下案语"而以一律限之,自谓析理于秋毫"始;卷三为刊本卷八;卷四为

---

① 孔祥吉《康有为变法奏议研究》第八章"进呈书籍述考"有专节概述进呈《改制考》的思想内容(辽宁教育出版社,1988年,第350—361页),《康有为变法奏章辑考》第三部分"进呈编书序"中并有复述(北京图书馆出版社,2008年,第419页)。所论多有待商榷,如以刊本卷八《孔子为制法之王考》为例论证其"满腔热情地称颂民权,认为百姓应该具有自主自立之权",而进呈本则"冲淡了民主自立思想"。此论显然不通,因第八卷也只字未改地抄入进呈本中。

刊本卷九；卷五为刊本卷十；卷六为刊本卷十八；卷七为刊本卷十九；卷八为刊本卷二十；卷九为刊本卷二十一，而仅写录其半，至"两汉学人皆从儒教"节案语"传经诸大儒，天下学术所自出，皆博士之学也"止，以下从略①。刊本卷三至卷六、卷十一至卷十七，计十二卷，均被进呈本删去，字数从二十六万减至十二万余字。但正文内容并无出入，两者差异主要见之于序文。进呈本序删掉刊本序中八处"大同"字及首尾两处孔子纪年，并删去"中国之民遂二千年被暴主、夷狄之酷政"及朱熹之学"偏安"之弊等内容，添入"我君臣、父子之道将坠将湮，岂不畏哉"及"以天统君，以君统民，正五伦，立三纲，而人人知君臣、父子之义"等内容。类似改换修辞之举在康氏论著中并不鲜见，但不能据此以偏概全，以序文差异涵括全书的区别②，还需注意两序前后相承的内容，分析进呈本如何通过删存而凸显主题和思想宗旨。

进呈本《改制考》隐然以章学诚《文史通义》一书为论敌，通过对三代文明的重新评价，否定章氏抬举周公为文明"集大成者"和作为权力掌控人主导"治教合一、官师无二"状态的宗旨，及其"有德无位，即无制作之权"的观点；通过强调孔子以布衣身份创教改制，揭示"德高于位""道尊于势"的素王制法论，进而树立孔子作为仲裁者的"治教合一"的政治理想。贯穿于进呈本中的这一思想宗旨，既明白地体现于各卷大义及其相应性上，也可间接地从时人的批评议论中得到印证。

进呈本九卷，可析作破与立两个部分。卷一、二、四、五主要论述上古茫昧无稽，夏、殷无征，周籍不传，"周制亦茫昧"，因而所谓周公制礼作乐无从说起。章学诚推周公为三代文明集大成者，而孔子不得集一成，可谓"愚横狂悖"。因为"六经以前无复书记"，六经非周公旧典旧礼，儒家和诸子也非出于王官，章学诚批评儒家有"空名言道"之弊，实为"极背谬矣"。卷三、卷六至九，倡言孔子为改制立法之教主圣王，中国义理、学问、制度皆立于孔子。此项宗旨通过两方面象征得以展示：一是以孔子易周公，借以突出"为

---

① 进呈本中的若干错字和缺漏，具体可参阅姜义华、张荣华编校《康有为全集》第三集所收刊本解题，中国人民大学出版社，2007年，第2页。
② 孔著观点失之之处，即在于根据两序差异得出结论："《孔子改制考》进呈本与刊本的主旨已迥然不同，前者言民权，后者言君权；前者言大同，后者倡孔教。"(《康有为变法奏议研究》，第357页)且"前""后"两字也用反了。

师统而不为君统"、尊道而不尊势的意义;二是以"圣神崛兴"、六经先行的鲁国作为儒教圣地,"犹瞿昙之于迦维叶,摩诃末之于麦加",类似于佛教起源地和伊斯兰教朝拜中心。一国之君若从孔子之道,才有资格入圣地"配享孔庙",而大力推进儒教一统大业的汉武帝,其功绩堪比弘扬佛法的印度阿育王。

二

康有为对章学诚《文史通义》的看法前后有明显不同。今残存光绪十三年(1887年)康氏日记中初次提及章书:"(五月)七日,阅《文史通义》一部。"次年日记里即留下读后感:

> 古有官师合一,有一学必立一官。秦人以吏为师,不为过也,特所设者非其人耳。刘向叙百家,章□《七略》,皆以为出于古者之某官,即其意也。
>
> 后世儒术既盛,势若统一,实则不然。若韩昌黎之为儒家,柳宗元之为名家,苏洵之为兵家,苏轼之为纵横家,王安石之为法家,其取力端绪究竟,编文章者正当分别观之,据为叙录,以续《七略》诸子之后。①

这段议论主要摘录章学诚《校雠通义》的《原道》《宗刘》篇②,反映康有为敏感地抉发出章氏著述的两条宗旨,即希踪统治者主导的"治教无二、官师合一"理想,以及重申《七略》揭橥的诸子出于王官说,康有为显然对此持赞同立场。他并未将《文史通义》看作史学论著,而是视之为与《明夷待访录》《校邠庐抗议》同类的"议论之书"③,自然会敏感于其中议论政学关系的要点。及至撰写《改制考》之际,这两条宗旨已成为他笔下痛加驳斥的对象。注意到康氏先后截然不同的阐论,有助于考见《改制考》的起撰时间④,也能

---

① 拙编注《康有为日记(1886—1889年)》,《近代史资料》总119号,中国社会科学出版社,2010年。
② 叶瑛《文史通义校注》下册,中华书局,2000年,第951—957页。
③ 《桂学答问》中开示阅读书目,在"议论之书"下列出《颜氏家训》《黄氏日抄》《明夷待访录》《文史通义》《校邠庐抗议》五种。
④ 关于《改制考》一书起撰时间,康氏在《我史》光绪十八年条下称"始属稿"于光绪十二年丙戌(1886年),今人通常认为在1891年《新学伪经考》成书后开始写作此书。就康氏对《文史通义》的看法变化而言,此书起撰时间不会早于1889年,而康氏1890年羊城会晤廖平后始有"改制"之论。因此《改制考》序(署1898年2月)"八年于兹……为《改制考》三十卷"之说较为可信,此书属稿于1890年后。

从中察觉今人研究观点之尚可商榷之处。

"治教合一"原本就是《礼记》《周礼》等儒家经书中标举的社会理想,《礼记·中庸》对此有典型表述:"非天子,不议礼,不制度,不考文。今天下,车同轨,书同文,行同伦。虽有其位,苟无其德,不敢作礼乐焉;虽有其德,苟无其位,亦不敢作礼乐焉。"朱熹在解释这段经文时,先引述郑玄语"言作礼乐者,必圣人在天子之位",接着表示:"惟周礼乃时王之制,今日所用,孔子既不得位,则从周而已。"①章学诚则进而予以具象化的阐说,通过置周公地位于孔子之上,论证唯执掌权柄者能充当政治与文化的至高权威:"自有天地而至唐、虞、夏、商,皆圣人而得天子之位,经纶治化,一出于道体之适然。周公成文、武之德,适当帝全王备,殷因夏监,至于无可复加之际,故得藉为制作典章,而以周道集古圣之成,斯乃所谓集大成也。孔子有德无位,即无从得制作之权,不得列于一成,安有大成可集乎?""周公集群圣之大成,孔子学而尽周公之道;斯一言也,足以蔽孔子之全体矣。""故隋唐以前,学校并祀周、孔,以周公为先圣,孔子为先师。盖言制作之为圣,而立教之为师。"②

康有为对上述见解分别予以针锋相对的回应和驳斥。他申言"中国义理、制度皆立于孔子"③,将上述《中庸》一段文字重新解释为:"天子,孔子也。""议礼、制度、考文,皆孔子改制之事也。""孔子继天奉元,顺时布政。""后世之人,通孔子三世之制而酌行之,有位无德,有德无位,皆不敢改作也。"④朱熹《中庸章句》的有关解释显然令康氏不满,此时他已一改稍前尚持有的顶礼膜拜之情,在《改制考》中讥斥朱子学偏安之弊,"如后世郑君、朱子之流,安得为大圣哉"!⑤ 继朱熹之后,王阳明在《传习录》中提出"尧、舜万镒,孔子九千镒"的金两轻重说,置孔子于周公之上;而康有为仍谓王说"大谬",应置孔子于尧舜之上。至于章学诚的六经皆周公旧典、周公集大成之

---

① 朱熹《中庸章句》,《四书章句集注》,中华书局,1983年,第36页。
② 叶瑛《文史通义校注》上册,第121—122页。
③ 进呈本卷四小序,《康有为全集》第三集,第111页。
④ 《中庸注》,《康有为全集》第五集,第386—389页。
⑤ 进呈本卷二案语。康氏1889年间游江西庐山等地留下的诗作中,尚对朱熹推崇备至,如《谒白鹿洞朱子讲堂》:"汉宋有晦翁,集成学为至。……八百年学风,无出新安制。实为新教主,后圣范一世。大鉴易佛法,路得改耶系。三子大力人,鳌负摇地势。"《康有为全集》第十二集,第169页。

说,尤其成为康氏笔下的集矢之的。如进呈本卷五小序云:"孔子为教主,为神明圣王,配天地,育万物,无人、无事、无义不围范于孔子大道中,乃所以为生民未有之大成至圣也。……若《诗》《书》《礼》《乐》《易》皆伏羲、夏、商、文王、周公之旧典。于孔子无与,则孔子仅为后世之贤士大夫,比之康成、朱子尚未及也,岂足为生民未有、范围万世之至圣哉! 章实斋谓集大成者周公也,非孔子也。其说可谓背谬极矣!"卷二小序中也有直斥章氏之语:"章学诚直以集大成者为周公,非孔子;唐贞观时以周公为先圣,而黜孔子为先师,乃谓特识,而不知为愚横狂悖矣。"章氏《文史通义》中《原道》《经解》诸篇屡引韩愈《原道》之文以为佐证,康有为则语含蔑视地表示:"退之,一文人之雄耳,安足责以大道之源流哉!"①对后世影响极大的韩愈《原道》一篇,中心在构造儒家之道的传承系统,这条系统与《孟子》末章末段所叙略有不同,孟子构建的道统系列中没有周公的位置②。朱熹为《孟子》作集注时,显然认为这是不可忽视的疏漏,故颇为巧妙地转录程颐《明道先生墓表》作为《孟子集注》全书结束语。程文则将周公列为道统传承中的关键一环,"周公殁,圣人之道不行"。朱注引程文,意在弥补孟子的缺失。康有为则特地点出《孟子》末尾叙道统之义:"末章称由尧、舜以至孔子传道统之义。"认为此传道系列昭示"大道相传,诸圣相袭,或闻或见,或沿或革,道未坠地,文未丧天"③。比照康有为与朱熹体认道统的差异,可以从中察觉康氏重注"四书"的动因之一,也能理解《改制考》对韩愈、朱熹颇示不满之意的缘由。

  章学诚在惋惜三代盛况不再、"东周以还,君师、政教不合于一"之际,两度举出秦王朝作为复古特例予以表彰。一见于《原道中》:"夫秦之悖于古者,禁《诗》《书》耳,至云'学法令者以吏为师',则亦道器合一,而官师、治教未尝分歧为二之至理也。"一见于《史释》:"三代盛时,天下之学无不以吏为师,《周官》三百六十,天人之学备矣。秦人以吏为师,始复古制,而人狃于所

---

① 刊本卷三案语,《康有为全集》第三集,第23页。
② 《孟子·尽心下》末尾原文是:"孟子曰:'由尧舜至于汤,五百有余岁,若禹、皋陶则见而知之。若汤则闻而知之。由汤至于文王,五百有余岁,若伊尹、莱朱则见而知之,若文王则闻而知之。由文王至于孔子,五百有余岁,若太公望、散宜生则见而知之,若孔子则闻而知之。由孔子而来至于今,百有余岁,去圣人之世若此其未远也,近圣人之居若此其甚也。'"
③ 《孟子微》,《康有为全集》第五集,第425、505页。

习,转以秦人为非耳。秦之悖于古者多矣,犹有合于古者,以吏为师也。"康有为对此评价究竟如何,也是反映其政教观及《改制考》思想宗旨的关键所在,值得认真探究,然今人相关研究未有措意于此者。萧公权先生的名作《近代中国与新世界》一书有关于《改制考》的专节分析,他认为康氏以秦始皇的作为"合王道","他完全赞同始皇的政制,认为完全合乎'《春秋》大义'"①。对此需要指出的是,康有为对秦帝国疆域轮廓的肯定,并不等于他认同作为帝国内核的政制。与萧著观点相反,康有为认为秦始皇采纳韩非、李斯之说,施行一套"以吏为师"的政制,是与孔子教义相悖的,明确对其持否定立场。康氏称赞秦汉间遵孔子教诲的儒生:"游行教导于天下,不知禄爵,不择人主,惟以行教为事。所至强聒其君相,诱导其士民,立博士,开黉舍,虽经焚坑不悔。……其不肖者困于禄位,知有国而不知有教。"②韩非《五蠹》篇中成为秦政制纲领的表述:"故明主之国,无书简之文,以法为教;无先王之语,以吏为师。"李斯则将后半句具体化为:"诸有文学、《诗》、《书》、百家语者,蠲除去之……若有欲学者,以吏为师。"康有为对此驳斥道:"《孝经纬》托先王以明权,则先王之语亦儒者之语也。以法为教,以吏为师,孔子未改制之先,时君之治国者大率如此,韩非援上古之世以攻儒术,多见其不知量也,何明主之国之有?"③"韩非与李斯同学于荀子,而二人之败,其事同,其祸同。观《史记·李斯传》斯辞荀子之言,从可知矣。盖二人皆以急功名之故,遂严法酷令,以投时君。时君悦之,其祸中于人,亦反及于己。辩察之言,贤抗之行,非以为乱世,无怪其与李斯同也。"④

三

康有为否定章学诚在《文史通义》中展示的"治教合一、官师无二"的理想,并不意味着他要破除政教合一的传统本身。研究者认为《改制考》表明

---

① 见氏著《近代中国与新世界——康有为变法与大同思想研究》中译本,江苏人民出版社,1997年,第85页。萧氏结论的依据出自《改制考》卷四《孔子创儒教改制考》(刊本卷九)所言"《春秋》开端发大一统之义,孟、荀并传之。李斯预闻斯义,故始皇罢侯为郡县,固《春秋》义也"。
② 进呈本卷八小序,《康有为全集》第三集,第225页。
③ 刊本卷十四案语,《康有为全集》第三集,第175页。
④ 同上,第176页。

康氏转向主张政教分离的立场,主要依据是梁启超《南海康先生传》中的"孔教之马丁路得"说,以及康氏在戊戌后改作奏折中"政教各立,双轮并驰"的表述①。前者撰于1901年底,传中着意将乃师定位于宗教改革家,而一个多月后又发表《保教非所以尊孔论》,前后观点变化之大耐人寻味。梁氏在传末引克伦威尔语而自信刻画真实②,但康有为不予认可,去函明白表示:"以汝为我写真,人必信之,然大不肖,则吾亦不敢谓汝写我之像认为我像也。"③马丁·路德的新教改革,是弗兰西斯·培根的理性与信仰两个王国各自独立之论的回声;而康有为向来主张"善言教者必通于治",对新教宗旨并无好评,并且多次呵斥路德新教改革是造成欧洲"三十年战争"和分裂动荡局势的祸根之一④。他在那封"伪折"中,也并非主张在政教各自独立的前提下将孔教立为国教,"双轮"之辙虽不重叠,却"并行而不悖",必然按照驾驭者的指引驰向同一目的地。如果说康有为是"儒教的叛徒",其思想叛逆性应在于对驾驭者合法性裁决上表现出鲜明的反传统倾向。

从《改制考》问世后遭受的各种批判攻讦之词中,也可以领略康有为的撰作意图和叛逆性格,以及进呈本和刊本之间贯通的宗旨。如果说翁同龢读后感觉"此人居心叵测"的表述相对含蓄,时任湖南巡抚的陈宝箴在《请厘正学术造就人材折》中扼要指出,康氏因此书召毁之由,在于"见欧洲各国尊崇教皇,执持国政……而中国自周秦以来政教分途,虽以贤于尧舜、生民未有之孔子,而道不行于当时,泽不被于后世,君相尊而师儒贱,威力盛而道教衰。……是以愤懑郁积,援素王之号,执以元统天之说,推崇孔子……其徒合之……甚或逞其横议,几若不知有君臣父子之大防。《改制》一编,遂为举世所忿疾"⑤。只是陈宝箴否定康书作意的根据,依旧在于重申《中庸》的说教,而与《文史通义》中的持论同调,"圣人之大德配天,圣人之大宝曰位,故

---

① 《请尊孔圣为国教立教部教会以孔子纪年而废淫祠折》,《戊戌奏稿》,1911年刊本。
② 《南海康先生传》:"英国名相克林威尔尝呵某画工曰:'PAINT ME AS I AM',盖恶画师之谀己,而告以勿失吾真相也,世传为美谈。吾为康南海传,无他长,惟自信不至为克林威尔所呵。"
③ 参拙文《康有为致梁启超未刊手札》,《近代史资料》总114号,中国社会科学出版社,2007年。
④ 参阅康氏《德国游记》,《康有为全集》第七集;《英国游记》,《康有为全集》第八集。
⑤ 《陈宝箴集》上卷,中华书局,2003年,第779、780页。

曰'虽有其德,苟无其位,不敢作礼乐焉'"①。管学大学士孙家鼐应和陈折而作《议陈中丞折说帖》,节录《改制考》一书中"最为悖谬之语",在于"天下义理、制度皆从孔子,皆不归往嬴政、杨广,而归往大成之殿。有归往之实,即有王之实,乃其固然"。并对此驳斥道:"黄屋左纛乃人君之威仪,天下所尊,抑康有为必欲轻视之,而以教主为尊,臣又不知其何心。"②孙氏说帖特为表彰湖广总督张之洞"用心良苦",针对《改制考》而作《劝学篇》,"其中所论皆与康有为之书相反,盖深恐康有为之书煽惑人心,欲救而正之"。《劝学篇》中的一系列立论,需与《改制考》相观照方可得到准确的理解,有关《劝学篇》研究的薄弱环节也正在于此。张之洞撰作的宗旨,就在于重弹"官师合一"的旧调,以期挽回清朝衰败命运③。就上述几种有代表性的反响而言,《改制考》一书的思想宗旨在时人眼里昭然若揭,进呈本与刊本内容并无原则出入。论者谓康有为"深恐有人会将社会上流行的《孔子改制考》进呈朝廷,藉以离间他和光绪帝之间的关系,匆匆将改写本递上"④,此见解恐难使人信服。

康有为在《我史》中几次自评《改制考》一书"体裁博大",并不全然是妄自标榜,其思想宗旨未为后来研究者重视,主要是受到梁启超评论见解的引导。考量梁氏20世纪20年代所作《清代学术概论》中对康著的四点概括,需注意新文化思潮对他的影响⑤,以及梁氏本人对章学诚《文史通义》的推崇。康有为对《文史通义》的探究和批驳,显然与梁启超的基本立场有别,也与今人视之为史学理论杰构的眼光不同。当代学者中,唯钱锺书先生对章学诚的批评与康氏有异曲同工之致。《容安馆札记》第七八七则为《文史通义》批注,其中就《原道中》的议论有一段驳斥之语:

---

① 《陈宝箴集》上卷,第779页。
② 《翼教丛编》卷二,上海书店出版社,2002年。
③ 张之洞门生陈庆年在1898年致缪荃孙函中透露:"近日南皮师思得一官师合一之法,委正途候补人员充中学教习,日与讲论;又稽察拊揖,与管堂通为一事,期以师法而兼官法。"见《艺风堂友朋书札》下册,上海古籍出版社,1980年,第962页。
④ 孔祥吉《康有为变法奏议研究》,第359页。
⑤ 这四点概括是:"汉学、宋学皆所吐弃,为学界别辟一新殖民地""鼓舞人创作精神""数千年来共认为神圣不可侵犯之经典,根本发生疑问引起学者怀疑批评的态度""夷孔子于诸子之列"。见朱维铮校注《梁启超论清学史二种》,复旦大学出版社,1985年,第65页。

> 夫王莽新朝、王安石新法,依附《周官》,托古改制,而 Plato《Republic》为近世西方防民虐政渊源所自、缘饰之资。无私学,以吏为师,《商君书·更法篇》、《韩非子》《诡使篇》《五蠹篇》皆言之。《商君书·定分篇》仅曰"置法官、置立法之吏,以为天下师"。实斋谨愿老儒,何意主张专狠,意与同归,悍然标举始皇,底蕴毕露矣。夫官师合一,即 Phi-losophy-King 与 Schulung 也。约束整齐,俾万皆就范,思不出位,乃日行《诗》《书》之禁,广言论之熄,冀熊、鱼之兼得,则矛盾之相攻。①

从中西观照的视角对章学诚的批判颇为犀利,"哲学王"的称谓,也可移用来命名康有为心目中的"素王""集大成者"。

分析进呈本《孔子改制考》中贯穿的思想宗旨,其中折射出的意义是多重性的。我们可以从中感受到19世纪末以来"士气高昂"的时代氛围,自宋代以来"君权的高涨"(钱穆语)情形,至此可谓一落千丈,《改制考》一书则充当了变化的风向标。康有为的立论宗旨,虽说被反对者斥为"洪水猛兽",被赞同者誉为"火山喷发",而两方面都难脱夸饰之嫌。《改制考》中对周公、孔子形象的褒贬抑扬,以及散布于各卷中的"道尊于势"之论,明朗地显现出藐视政治威权的勇猛性格和进步精神;然而其思想的归宿点,依旧是回到儒家传统"治教合一"的理想社会与政治结构。审视近代思想史发展中呈现的一种规律性现象,即在激进的光环下持守传统价值,康有为的《改制考》是一个典型样本。康氏的"双轮并驰"说与章太炎"政学分途"的"对境"论之间的比较,是衡论两人学术思想和历史地位的关键所在,迄今未有专题探讨,今人"合论"康、章,多有未得要领处。清末以来的历史进程表明,康氏"并驰"说的影响和作用远甚于章氏的"对境"论,以致今日仍需思索一个问题:中国是否还需要"哲学王"?

(原载《复旦学报(社会科学版)》2013年第1期)

---

① 《钱锺书手稿集》卷三,商务印书馆,2003年,第2481—2482页。

杂　文

《天演论》简析[*]

《天演论》是中国近代思想文化史上的一朵奇葩。如果说,它的出现及其戏剧般的社会效果,反映了自然科学奔向社会领域的时代潮流在近代中国的奇特回声;那么,进而对它的内容结构和思想特色作出分析,对我们比较全面地了解戊戌前夕严复对近代西学和传统文化的态度和立场,也许有一些启发作用。

一

从15世纪下半叶至19世纪中叶以后,近代自然科学经历了一个由分化走向整体综合的转折。以三大发现为标志的一连串令人目眩的辉煌成就,提高了人类对自然界相互联系的认识,深刻地改变了人们对世界和人类本身在宇宙中地位与意义的观念;从而使得社会科学必然要从中汲取营养,不断完善自己的方法论。这一图景在曾赴英求学的严复心中留下了深刻的印象。他在论及牛顿的经典力学运动三定律时写道:"奈端动之例三……所谓旷古之虑,自其例出,而后天学明,人事利者也。"(译《天演论》自序)至于进化论学说在社会政治领域产生的革命性的成果,更使严复赞叹不已:"自其书出(指达尔文《物种起源》)欧美二洲几于家有其书,而泰西之学术政教,一时斐变。论者谓达氏之学,其一新耳目,更新心思,甚于奈端之格致天算,殆非虚言。"[①]以译《天演论》作为其一生输导西学事业的伟大开端,一个重要的认识缘由也即在于此。

---

[*] 除按语之外,本文所引用的10条《天演论》正文内容,都经与原著 Evolution and Ethics 及中译本《进化论与伦理学》对勘,判为严复添加之词。

[①] 《原强》。

科学知识固然对人类社会面貌的改观具有重要意义,所谓"格致不精之国,其政令多乖,而民之天秉郁矣。"(《天演论》论三"教源",商务印书馆1981年版,第54页。以下只标页码)但它作为一种对现实的把握形式,必然要受到哲学观念的影响和制约。严复对这一点看得比较清楚。他认为,主张认识限于感觉意识的不可知论,是近代自然科学兴起的一个基本依据,它是"西学绝大关键"(第69页)。他通过介绍英国经验论哲学,指出:"是以人之知识,止于意验相符。如是所为,已足生事,更骛高远,真无当也。夫只此意验相符,则形气之学贵矣。此所以自特嘉尔以来,格物致知之事兴,而古所云心性之学微也。"(第71页)

严复把主张科学原理只有经过经验事实的验证归纳,方才具有普遍必然性的见解作为崭新的学说介绍过来,主要是针对中国传统学术的弊病而发的。这一点从他对原著的改译可以察觉。原文中有一句论及科学工作中应采用"同样的观察、实验和推论的方法"(the same method of observation, experiment and ratiocination)①。严复将其改译为:"撮其大要,可以三言尽焉:始于实测,继以会通,而终于试验。"接着,严复取便发挥,又加添了一句:"三者阙一,不名学也。而三者之中,则试验为尤重。古学之逊于今,大抵坐阙是耳。"(第44页)

自然科学向社会领域的扩展,首先表现在要求人们以科学的态度来对待社会现象和历史进程。严复从其所处社会环境和时代氛围出发,对进化学说作了一番移植和采撷。这首先表现在严复用自然变迁史来比喻和印证人类社会变革的历史必然性。他指出:"物形之变,要皆与外境为对待……外境既迁,形处其中,受其逼拶,乃不能不去故以即新,故变之疾徐,常视逼拶者之缓急。不可谓古之变率极渐,后之变率遂常如此而不能速也。"(第41页)自然界的状况是这样,人类社会亦复如此。严复通过介绍"欧洲政教、学术、农工、商战数者"从古到今"其变弥厉"(第41页),日趋强盛的事实,热切地企望在中国社会出现真正变革的壮观景象。为了替变革提供理论依据,严复还将"自然状态都是经历无数世代的一种不断变化过程的暂时

---

① 《进化论与伦理学》,科学出版社,1973年,第3—4页。

阶段"这一自然常识阐发成具有社会历史观意义的"运会说",以揭示人类历史的无限发展趋势。

其次还表现在他通过介绍人是一种自然实体的生物学理论,排斥蒙昧主义和禁欲主义。严复指出,生物进化论证明了人是自然界的一部分,"为生类中天演之一境"(第29页)。它无可辩驳地否定了神创说的宗教谬论,同时也将所谓圣人降到世俗地位。"有肉体、智力和道德观念的人,就好象最卑微的杂草一样,既同样是自然界的一部分,又纯粹是宇宙过程的产物。"①对赫胥黎的这段话,严复译成:"顾此冒耏横目,手以攫,足以行者,则亦彼苍所赋畀。且岂徒形体为然。所谓运智虑以为才,制行谊以为德,凡所异于草木禽兽者,——皆秉彝物则,无所逃于天命而独尊。"(第13页)大约感到意犹未尽,严复又添加了一段话:"由斯而谈,则虽有出类拔萃之圣人,建生民未有之事业,而自受性降衷而论,固实与昆虫草木同科,贵贱不同,要为天演所苞已耳。此穷理之家之公论也"(第13页)此外,"偷窃者和暗杀者同慈善家一样是遵循自然的"②这句话被改译为:"若本天而言,则尧、舜、桀、跖,虽义利悬殊,固同为率性而行,任天而动也,亦其所以致此者异耳。"(第89页)把善行与罪孽等视为人的本性使然,肯定人的"独善自养"的遗传本能,这样,严复必然会充分肯定人们趋乐避苦和追求幸福的正当欲望。"古人有言,人之性恶,又曰人为孽种,自有生以来,便含罪恶,其言岂尽妄哉!是故凡属生人,莫不有欲,莫不求遂其欲。"(第29页)

从方法论意义上运用自然科学的成就来研究社会现象,固然有很大的推进和提高作用,但两者自身有着彼此不可替代的规律,绝不能将它们简单交叉,把自然科学的原理机械地搬到社会科学领域。严复在采撷生物进化原理时在很大程度上忽视了这种差别性而走向极致。表现在《天演论》中的社会达尔文主义倾向便清楚地说明了这一点。

二

贯彻于《天演论》中的思想倾向和特征究竟是什么,也即是说,严复翻译

---

① 《进化论与伦理学》,第19页。
② 同上书,第56页。

赫胥黎著作的指导思想是什么,一直是个引人瞩目的关键问题。

我以为,通过《天演论》的译作,严复阐述了社会历史的必然进化和人类自身的进步两个并峙的主题,试图为人们认识历史前进规律和自觉提高自身素质提供论证和参照。而作为这些论述依据的精神原则则是斯宾塞的社会达尔文主义学说。

这首先表现在对原著思想主题的改篡。达尔文的《物种起源》论证了物种进化是自然选择的结果,自然选择的发生前提是生物之间为争夺有限的生存资料所展开的斗争;优秀的物种以牺牲在竞争中失败的物种为条件而得以生存和衍续。尽管达尔文仅将此理论限定在生物界内,这种关于物种间不平等的先入之见,极易导向社会领域。赫胥黎无疑看到了这一点,因而一再强调,虽然人类自身也是生物进化的产物,却有责任将与道义相悖的进化方向抑制在伦理范围之中,这种对自然与道德处于冲突状态的论述构成了《进化论与伦理学》的主旋律。

针对赫胥黎"是书大指,以物竞为乱源,而人治终穷于过庶"的观点,严复详细介绍了斯宾塞将生物进化的自然法则运用于人类社会的学说,以及"人道必成于郅治"的进化的乐观主义(第35—36页)。他对斯宾塞从"力的恒久性"引申出全体进化论,"举天、地、人、形气、心性、动植之事而一贯之",表示极为赞赏,认为它较之生物进化论"尤为精辟宏富"(第4—5页),并将这一思想凌驾于原书主题之上。

以全体进化论为依据的斯宾塞的社会达尔文主义见解,其直接出发点是马尔萨斯的人口理论。严复在介绍中指出了这一点,"故过庶压力,终无可免,即天演之用,终有所施"(第36页);并概述了这一学说主张通过自然选择,消除不适宜的社会成员以促进种族高度进化的内容:"天惟赋物以孳乳而贪生,则其种自以日上,万物莫不如是,人其一耳。进者存而传焉,不进者病而亡焉。""去者必其不善自存者也。"(第37页)严复本着"学问之事,贵审其真,而无容心于其言之美恶"(第33页),通过译文对这一理论的基本精神作了一些阐述和衍伸。

原文中,赫胥黎有一段话区别了性质不同的进化过程:"文明的前进变化,通常称为'社会进化',实际上是一种性质上根本不同的过程,既不同于在自然状态中引起物种进化的过程,也不同于在人为状态中产生变种进化的过程。"①严复将其改译成:"天行物竞者,救死不给,民争食也,而人治之物竞,犹自若也。人治物竞者,趋于荣利,求上人也。"(第38—39页)两种性质不同的进化一齐被放到了生存竞争的原则基准上。因而,他对赫胥黎提出人类相互之爱是一种"官能上的需要的产物",即"在人类异常强烈地发展着一种倾向,即各个人自己身上都重复表现出与别人的行动和感情相似或相关的行动和感情这种倾向"②,表示异议,认为赫胥黎本末倒置。"盖人之由散入群,原为安利,其始正与禽兽下生等耳,初非由感通而立也","然则善相感通之德,乃天择以后之事"(第32页)。

在"导言"四"人为"的案语中,严复描述了"物竞较狭"的旧种与新种相遇,"往往年月以后,旧种渐湮,新种迭盛"(第13页)这一植物品种代替的图景;随即指出:"岂惟是动植而已,使必土著最宜,则彼美洲之红人,澳洲之黑种,何由自交通以来,岁有耗减?"(第14页)使当时人们读了之后,"为之掩卷动色曰:诚如斯言,大地之上,我黄种及黑种、红种其危哉!"③以把人种盛衰等同于物种兴亡的见解为前提,严复必然会赞同种族优劣之说,"夫种下者多子而子夭,种贵者少子而子寿,此天演公例,自草木虫鱼,以至人类,所随地可察者,斯宾氏之说,岂不然哉?"(第38页)从而,严复也就会将自然界人工选择规律直接运用于人类社会,发出"此真生聚富强之秘术,慎勿为卤莽者道也"(第18页)的议论。

从《社会静力学》到后期的《社会学原理》,斯宾塞理论中生存竞争原则的重要性相对减弱,与前期强调无情竞争和淘汰,反对任何社会救济措施的冷酷原则不同,而开始主张在工业社会阶段中建立一种和平、善良的人类品性④。从《天演论》译文中可以发现,生存竞争的社会达尔文主义原则,在严复笔下也被抹上了一层温情的色彩,"斯宾塞之言治也,大旨存于任天,而人事为之辅,犹黄老之明自然,而不忘在宥是已"(第16页)。"曰任自然者,非

---

① 《进化论与伦理学》,第26页。
② 同上书,第19页。
③ 孙宝瑄《忘山庐日记》上册,上海古籍出版社,1984年,第280页。
④ Richard Hofstadter, *Social Darwinism in American Thought 1860-1915*,美国宾夕法尼亚大学出版社,1945年,p. 29。

无所事事之谓也,道在无扰而持公道。"(第 90 页)

斯宾塞认为,在自然选择的严峻法则下,一方面使不适宜的社会成员承受淘汰的命运,另方面又刺激和推动生存者增强适应能力,努力在体育、智育和德育方面臻于完善,随后通过拉马克的习得性遗传规律,推动社会向更高阶段进化。这就是严复所概括的:"生齿日繁,过于其食者,所以使其民巧力才智,与自治之能,不容不进之因也。"(第 36 页)"人欲图存,必用其才力心思,以与是妨生者为斗,负者日退,而胜者日昌;胜者非他,智德力三者皆大是耳。三者大而后与境相副之能恢,而生理乃大备。"(第 37 页)体现在《天演论》中的另一重要内容,正是强调人的自身素质的提高及其现实意义。

严复提出,人除了具备生理特征之外,更重要的是具有社会性。"人之所以为人者,以其能群也。"(第 27 页)一个国家的治乱强弱,以"民品之隆污"为关键,并非以统治者的才干为转移,其根据即在于"合群愚不能成一智,聚群不肖不能成一贤"(第 26 页)。于是,在《天演论》中便出现了借赫胥黎之口"达"斯宾塞重视民力、民智、民德之"旨"的情形。原文中有一段话是:"为了达到他的目的(指摆脱自然状态的束缚),这位行政长官还必须利用那些移民的勇敢、勤劳和集体智慧;并且,很明显,只有使具有这些品质的人不断增加,缺乏这些品质的人不断减少,才能大大地有利于整个社会。换句话说,就是要按照预定的理想来进行选择。"①严复将它改译成:"且圣人知治人之人,固赋于治于人者也,凶狡之民,不得廉公之吏,偷懦之众,不兴神武之君,故欲郅治之隆,必于民力、民智、民德三者之中,求其本也。故又为之学校庠序焉,学校庠序之制善,而后智仁勇之民兴,智仁勇之民兴,而有以为群力群策之资,而后其国乃一富而不可贫,一强而不可弱也。"(第 21—22 页)

在这段译文中,严复不仅综述了斯宾塞重视民力、民智、民德的见解,同时也冲破了斯宾塞提倡个人与社会的对峙性(parallel),和教育的终极目标在于发展个人能力的局限性;认为教育的功能不仅与人的素质提高有关,更重要的是与国家的富强密切联系起来。"夫言治而不自教民始……不足存

---

① 《进化论与伦理学》,第 13 页。

其国于物竞之后者也。"(第23页)教育旨在使中华民族摆脱危亡处境,重新振兴起来。严复通过对人的礼赞,对这一点表达了坚定不移的信念:

> 固将沉毅用壮,见大丈夫之锋颖,强立不反,可争可取而不可降。所遇善,固将宝而维之,所遇不善,亦无懂焉。早夜孜孜,合同志之力,谋所以转祸为福,因害为利而已矣。(第95页)

三

一如相倚而成的传统与现实、中学与西学概念本身,对它们的认识和把握也是互为观照、一并深化的。

在《天演论》中,严复就如何认识传统文化所阐述的方法论和某些理解,从一个侧面揭示出严复这一时期的思想风格。

首先,经验论学说为严复在探索传统文化方面提供了认识前提。他一再指出:"人之知识,止于意验相符,如是所为,已足生事。"(第71页)"人为形气中物,以官接象,即意成知……所谓真实、所谓不变长存之主,若舍其接时生心者以为言,则亦无从以指实。"(第68页)与这种既强调全部知识来源于感觉经验,同时又强调借助思维观念对之整理的见解相应行,严复着意拈出生物进化论中的"体合"概念加以解释:"然于物竞天择二义之外,最重体合。体合者,物自致于宜也。"(第89页)也就是"物自变其形,能以合所遇之境"(第36页注〔2〕)。

这些议论并非泛泛的纸上论道,一与现实问题交接,便会立刻显示出它的指导意义。在严复看来,一个国家学术政教的异同优劣,"其理则与国种盛衰强弱之所以然,相为表里","察其时风俗政教之何如,可以得其所以然之故矣"(第87页)。而欧洲资本主义国家学术发达,"源远支交,新知踵出……度越前知"(第75页),遂演成了蒸蒸日上之势。于是,一方面,欧洲国家提供了学术为强国之根本的现实参照,另方面又具备了上述客观外在与主观认识相交会的"体合"或认识论。这便直接决定了严复对待时运不济的中国传统文化的"独辟之虑",也就是所谓"以他之耀,回照故林"。他颇为自信地指出:"是以生今日者,乃转于西学,得识古之用焉,此可与知者道,难

与不知者言也。"(自序)

这一见识体现了严复试图在现实背景下开启新的途径,使古老的传统文化获得新的生命力的原则立场;并且也使得他在研究传统文化的历史类型和基本性质时趋于超时空倾向。严复明白地指出,阅读古书虽然存在着因历时久远而出现"事意参差"等困难,但是其中"所以托焉而传之理,固自若也"(自序),只要这种事理精确不移,便不会随时光流逝而过时或消失,也不受空间地域的限制;"年代国俗无以隔之,是故不传于兹,或见于彼,事不相谋而各有合"。因此,严复一方面指出了借鉴西学返观古籍的意义,所谓"考道之士,以其所得于彼者,反以证诸吾古人之所传,乃澄湛精莹,如寐初觉,其亲切有味,较之舰毕为学者,万万有加焉"(自序)。同时也很自信地认为:"至于今日,若仅以教化而论,则欧洲中国优劣尚未易言。"(第87页)

严复在《天演论》中的某些具体论述,很清楚地反映了上述指导思想。比如在哲学方面,严复讲到他对司马迁所云"《易》本隐而之显,《春秋》推见至隐"的理解,原先以为只是讲定吉凶褒贬而已;在接触了西方逻辑学说后,便认为它是阐发归纳与演绎等"即物穷理之最要途术"(自序),而"庄子所云心止于符"也被等同于近代经验论的认识论和不可知论(第71页注〔1〕)。在进化论学说方面,他认为"《易》……曰:坤其静也翕,其动也辟"①。已发进化学说之端,并以之诠释斯宾塞的进化定义。他还认为《老子》中"天地不仁,以万物为刍狗"的论点,与赫胥黎"宇宙过程"概念为可作相同的理解(第61页)。并将赫胥黎的论点与理学家言论相对照,"赫胥黎尝云:天有理而无善。此与周子所谓诚无为,陆子所称性无善无恶同意"(第92页)。在自然科学方面,严复认为《周易》中"夫乾,其静也专,其动也直",道出了牛顿经典力学三定律中的第一条,并且"《易》不可见,乾坤或几乎息之旨,尤与热力平均、天地乃毁之言相发明也"(自序)。

传统文化对于每一时代的探索者并非是以同一面貌出现的客体,对它的择别和重建,往往有赖于研究者的思想立场和经历素养。严复上述对传统文化的评价就说明了这一点。他以近代西学为前提,试图用新的眼光和

---

① 引自《周易·系辞上》:"夫坤,其静也翕,其动也辟,是以广生焉。"

见解重新甄别传统的模糊性和多义性，剔除其中成为走向新文化形态的障碍和糟粕，注入新的时代内容，以实现文化的继承。应当说，这具有一定的进步作用和合理性。但这种指导思想也往往使得严复武断地撇开传统学说产生的特定背景、基本意向和整体联系，孤立地将两种性质不同的范畴和见解生硬地糅合比附，走入非历史主义的歧途。

（原载马勇、公婷等编《中西文化新认识》，复旦大学出版社，1988年）

"西体中用"新诠释

20世纪80年代以来,我国学术界出现了一股中国文化研究的热潮,这是我国经济和政治体制改革迈向深入的必然反映,是在中华民族推动现代化进程这一宏伟背景下兴起的。因此,对中西文化的比较研究成为这股文化热的核心课题之一。关于如何对待中西文化之间关系的争论,从19世纪中叶起,在我国学术界先后形成了"中体中用""中体西用""西体西用"三种流行的文化原则。到了20世纪80年代,在随着社会改革开放而兴起的"文化热"中,又形成了一种与"中体西用"论针锋相对的新观点,即"西体中用"论。这一观点由黎澍在1985年的一次学术会议上率先提出,随之李泽厚也发表了《"西体中用"简释》《漫说"西体中用"》等文章,对这一观点和构想作了详细的论证。

"西体中用",按照李泽厚的诠释,"所谓'西体'就是现代化,就是马克思主义,它是社会存在的本体和本体意识。它们虽然都来自西方,却是全人类和整个世界发展的共同方向。所谓'中用',就是说这个由马克思主义指导的现代化进程仍然必须通过结合中国的实际(其中也包括中国传统意识形态的实际)才能真正实现","现在以最先进的科学技术为代表的生产力、政治经济学理论,包括马克思主义在内,都属于西方文化,而非中国文化,怎样结合传统,把这样一套东西用于中国,这就是'西体中用'"。概言之,"西体中用"就是"以现代化为体,民族化为用"。从近年来已经发表的论文来看,对于李泽厚提出的这一新见解,不赞成者多于肯定者,争论主要围绕以下两方面展开。

一、"西体中用"论的基本性质

汪澍白认为,"西体中用"论属于一种崭新的体用观,它尽管仍然将中西文化关系纳入"体用"范畴,似有不尽恰当之处,但"提倡开放,又要求结合中国国情,方向对头"。吴忠民在《"西体中用"平议》一文中认为,从"中体中用""中体西用""西体西用"到"西体中用",乃是中国人所持文化原则的依次递进,反映了中国人对于中西文化理解程度的逐步加深。较之前三者,"西体中用"论的合理性质主要表现在三个方面:第一,在一定程度上试图将中西文化并入一个体系之中,从而在总体上杜绝了全盘西化的可能性。第二,它注意到了一般性文化即生产方式密切相关联的那一部分文化的重要性。第三,在具体处理一般性文化与民族特殊性文化的关系时,它把一般性文化放在一个更加重要的位置。方克立也认为,"西体中用"论"虽有若干混乱和不清晰之处,但同明确主张走资本主义道路的'全盘西化'论毕竟还是有所区别的"。

与上述见解相反,默明哲、王俊义、房德邻等人明确表示,"西体中用"论实质上就是"全盘西化"论,"'西体中用'可以倒称为'中用西体',也就是在中国搞'全盘西化'"。因为这种理论主张"应该把西方资本主义的商品经济和整个上层建筑统通搬到中国来",而"中国传统文化是中国现代化的严重障碍",所以当前要"摆脱中国文化的传统形态","要根本改造和彻底重建中国文化"。郭齐勇也著文批评"西体中用"论割裂了体用的思维模式,他说:"尽管李泽厚的'体'与张之洞的'体'不同,然而思维框架却是一致的。中西文化互为体用之说,很难避免割裂体用,甚至可能重蹈'全盘西化'或'本位文化'的覆辙",方克立也指出"'西体中用'论在思维结构上和'中体西用'论并无二致,都没有超出中西对立、体用二元的思维模式"。

在对"西学为体"的评价上,有人认为这种见解显然缺乏一种较高层次上的民族主体意识,缺乏一种积极再创造的精神,因而不免对于西方文化亦步亦趋,试图以西方的总体文化来代替本民族的总体文化。默明哲也指出,西学"是当代资本主义社会,资产阶级经济、政治在观念形态上的反映,因而不能'嫁接'到我们社会主义的土壤上",把马克思主义也包括到"西学"中去的提法也是不合适的,因为"一般人所说的'西学',是指西方资本主义中占统治地位的社会学说和自然科学","马克思主义虽产生于西方,但它又是西方资产阶级所不能容忍的。马克思主义与资产阶级的社会学说不可能同时拿来,共同作为依据"。

在对"中学为用"的评价上,一些学者认为把中国文化仅仅视作"用"和"形式",实际上是在否定民族文化的主体性。如张岱年指出:"我们常说,'社会主义的内容,民族的形式',这固然是对的,但是,民族的东西是否仅仅作为外在形式而保留呢?""今日如果标举所谓'西学为体,中学为用',就是忽视了民族的主体性。"也有人认为中国文化中那些有生命力的部分也不一定非属于"用"不可,像中国文化中民族意识一类的东西恐怕就应该属于"体"的东西;简单地将中国文化视为"用",实际上是轻视中国文化效用的不科学的做法。

二、"体""用"范畴的价值评估

这一评估实际上围绕着确立还是否认"西体中用"论的理论前提而展开。持前一种见解的人主张,如果明确了"体""用"范畴的含义,或是对它们重新加以诠释,这对范畴在今天不仅可以继续使用,而且具有很重要的现实意义。李泽厚明确表示:"对'体''用''中''西'重新作番研讨,有重要的现实价值和理论价值。"张岱年分析了体用的二层基本涵义:"一是体指本体,用指使用;二是体指原则,用指应用。清末洋务派提出的'中学为体,西学为用',其所谓体用都属于'学'的范围,应是体用的第二种含义。所谓体指文化的最高指导原则,所谓用指实现原则的具体措施。"他认为,明确文化的"体"与"用"很重要。但我们不应以中西分体用,而应是"今中为体,古洋为用"。"今中为体,就是以社会主义思想体系为体,其中包含对于中国固有的优秀传统的批判继承的问题;古洋为用,就是在科学技术方面尽力学习西方,同时在艺术方面兼采民族形式。"

持否定意见的人则认为,简单的"体用"范畴已不能说明今日复杂的古今、中西文化关系问题,"体"与"用"的任何一方都不可能单独与中西文化的任何一方相吻合。文化模式实际上是由两个有机部分构成,缺一不可:一部分是一般性文化,即与生产方式密切关联的那一部分文化,如哲学思想、科学技术、社会制度等;另一部分文化则是特殊性的文化,即与民族特质密切相关的那一部分文化,如民族意识、民族心理等。中国文化是一种文化模式，西方文化也是一种模式，因此，不能将西方文化中的两个部分不加区别地、笼统地皆当成一般性的文化，并以此作为中国民族新文化的"体"。有的学者还认为，在今天，必须抛弃中西对立、体用二元的僵固思维范式，排除盲目的华夏优越感和崇洋媚外等狭隘感情因素，以开放的胸襟，从中国社会主义现代化建设的实际需要出发，批判地借鉴和吸收古今中外一切有价值的文化成果，经过辩证的综合和扬弃，努力创造出一种以马克思主义为指导的，批判继承历史传统而又充分体现时代精神的，立足本国而又面向世界的高度发达的社会主义新文化，有学者强调说，在今天的中西文化的挑战和回应中，中国传统文化主体性必须超越"中体西用""西体中用"和中西互为体用、中西非体非用、即体即用等观念，不要拘泥于中西两种文化如何搭配和分量主次，要以开放的通识迎接未来。根据上述见解，有人断定，在处理中西文化两者之间以及现代化与传统文化两者之间的关系时，任何的体用范畴都不能够成为真正科学意义上的总体原则。

可以预计，围绕着"西体中用"论而展开的学术讨论和争辩将会在我国学术界乃至更广的范围里深入下去，而这一讨论和争辩的深入必将会使我国的文化研究走向一个新的高度。

（原载曹维劲、魏承思主编《中国 80 年代人文思潮》，学林出版社，1992 年）

以今日之我难昔日之我

——读《梁启超年谱长编》

如同梁启超一生著述之丰令人叹绝，其思想与主张的多变善变在同辈中也罕有其俦。一部厚重的《梁启超年谱长编》（以下引据均见此书），便可视作谱主在五十七年生涯中思想嬗变的可信记录。

变化的事例在《长编》中随处可见。他在戊戌变法前惹人注目的思想变化之处，就是接受严复的批评和劝诫，否定了自己在《古议院考》等文章中宣传的"西学源于中学"的主张，并在"保教"的问题上开始与乃师康有为意见相左。在变法失败而避难日本后不久，他自称"思想为之一变"，大倡"破坏""革命"与"排满"，主张推翻清朝专制统治，创建民主共和政府，与戊戌前恪守在现存社会制度下进行改良维新的宗旨大异。及至1903年游美返日后，他"归自美利坚而作俄罗斯梦"，唯恐革命会招来瓜分灭亡之祸，因而"言论大变"，从前深信之"破坏主义"与"革命排满"的主张，至是完全放弃。转而以"大民族主义"与"开明专制"论取代。1911年武昌起义后，他又一变姿态，重新拥护起民主共和，对两党政治基准上的政党内阁制大加礼赞。孰料时隔数年，他对民国现状及前途又深感失望，形容为"群盗相噬，变乱如麻，风雪蔽天，生人道尽"。遂于欧游归国后不久便揖别政坛，从事学术文化研究，以终余生。

这一系列变化，据梁启超本人道来，是因为他生性"热力颇重"，"保守性与进取性常交战于胸前，随感情而发，所执往往前后相矛盾。常自言曰：'不惜以今日之我难昔日之我。'"他显然意识到自己这种外向感觉型的心态："余生平爱恨最盛，嗜欲最多，每一有所染，辄沉溺之，无论美事恶事皆然。"（第190页）确实，这样的心态对于梁启超思想风貌的形成产生了不可忽视的作用。就看他著文喜用的词汇这一小点,且不说那大量产生过轰动效应的时论或议政文,即便在《长编》中收录的许多与师友或家人的日常通信中,便频频出现诸如雷厉风行、顿足流涕、靡然奋发、日日激变、大声疾呼、拍案狂叫、一新耳目之类的用语。他使用的笔名别号同样体现这样的个性。1899 年他自号"任公",1901 年又署名"饮冰子"。后一别号很自然地令人联想起《庄子》中的一句话:"今吾朝受命而昔饮冰,我其内热与!"

不少论者在探究梁启超思想屡变屡迁的原因时,都注意到梁启超在 1899 年致孙中山信中的一段话:"弟数年来,至今未尝稍变,惟务求国之独立而已。若其方略,则随时变通,但可以救我国民者,则倾心助之,初无成心也。"(第 181 页)因而据此推演道,梁启超是万变不离其宗,这个"宗"就是他始终不变的爱国信念,他是站在爱国的坚定立场上不断地调整和更新自己的思想主张,以期跟上时代前进的步伐。这样的结论似乎像拿着特大号的衣服给人穿,不问燕瘦环肥,套进便是合体。试问像梁启超的畏友谭嗣同、夏曾佑及乃师康有为等人,也都是些偏向于"大海潮音,作狮子吼"的性情中人,论感情的浓郁沛然和爱国信念的执着炽热,可以说并不逊色于梁启超,而他们又为何迥然不似梁启超那样善于变化,并且变得那么有滋有味呢?(梁启超自称每次发生思想变化后,"便觉得像换个新生命,如朝旭升天,如新荷出水")因而,上述那种看法,并没有真正把握支配梁启超思想多变的关键所在。要发现固守在他心灵深处的某种基本信念,首先得探讨其得之于时代环境的东西,包括探索整个时代风尚。

于是就要说到社会达尔文主义。这一由斯宾塞奠定思想基础、主张生存竞争和弱肉强食的趋向不仅适用于自然界,而且也可以充作解释人类社会及其发展规律的学说,在甲午战争后中国社会进一步陷于忧患频繁之际,通过严复的四篇论文和《天演论》不失时机地输入进来。它在当时中国社会产生的震撼力量,是当时任何学说与理论不能比拟的。身处"今之忧瓜分惧危亡者遍天下"之时的梁启超,对这般弥漫神州的时尚笃信不疑,并在自己的一生言行中非常明朗地表现了出来。

据《长编》记载,他在 1896 年时即已读过《天演论》手稿,随即在《说群序》中对手稿中"择种留良"之说表示十分赞同,并在给严复的信函中大表仰慕之忧。对于中国所处的境地,梁启超很明白地表示:"灭国者,天演之公例也。……劣而败者,其权利必为优而胜者所吞并,是即灭国之理也。"(《灭国新法论》)"天演物竞之理,民族之不适应于时势者,则不能自存。我国……一旦与他民族之优者相遇,形见势绌,著著失败,在在困衡;国人乃眙骇相视,知其然而不知其所以然。"(《新民议·叙论》)从他当时一再疾呼中国处于危急存亡关头可见,这股信奉社会达尔文主义的时尚在影响和左右了梁启超之后,他反过来又对这一时尚起了强有力的渲染作用。

暂且不论这一学说的是非,问题是梁启超对国家和民族的前途命运作这般阐述,对个人的处世及前途亦作如是观。他表示:"凡人之在世间,必争自存,争自存则有优劣,有优劣则有胜败。"(《灭国新法论》)"盖生有竞争,天下万物之公理也。既竞争则优者必胜,劣者必败。此又有生以来不可避之公例也。"(《自由书·豪杰之公脑》)身处竞争淘汰规律支配下的时代,而又要自恃为"造一世福"的"奇士",梁启超深切地感受到,只有恒久地保持昂扬的精神意志,不断地紧跟时代潮流的发展以及人心所向,才能免于被淘汰的厄运。于是我们便不难理解梁启超何以多变善变,何以在遇到各种挫折和失败时,他不仅不气馁,并且"益信天之所以待我者厚,而有以玉成之也。患难之事,古之豪杰无不备尝"。因而像悲观厌世一类的词语,"我所用的字典里头可以说完全没有"。虽然在清末他也曾为中国的"人种"难以改良而沮丧。然而当清朝被民国取代,他顿时又感到中国已进入了"阳九否极之世"。所谓否极泰来,兴盛有望了。为了论证自己见解多变的合理性,他专门撰写了一篇《善变之豪杰》,将日本的吉田松荫和意大利的加富尔拉来作为自己的楷模,认为他们成功霸业的关键就在于能够"乘时借势,可以行其所志,为同胞造无量之福,故不惜改弦以应之"。他认为这并不是那种出尔反尔的变,"斯变非变",而是丈夫豪杰见过必改的磊落之举。

与近代许多思想家一样,梁启超坚信学术救国的原则,始终以"著论求为百世师"自勉。但在社会达尔文主义思想的左右下,梁启超对待学问也同样以适者生存、劣者弃置的准则加以衡量取舍。"于祖国国粹固所尊重之,而不适于当世之务者,束阁之;于泰西文明固所崇拜之,而不应于中国之程度者,缓置之。"由此我们便不难理解梁启超所持有或所倡导的学说理论为何时常变化、前后不一，以至于自己也承认他的言论之效力亦往往自我抵消。同样我们也不难理解他为何常常明知"非中正之言"，或仅是极端之论、草率之笔，却总是做得津津有味，而且兴会淋漓。以致黄遵宪不客气地指责他"往往逞口舌之锋，造极端之论，使一时风靡而不可收拾者，此则公聪明太高，才名太盛之误也"。而夏曾佑则干脆说他写的东西开卷便错、误人子弟。

一部《梁启超年谱长编》无疑表明，梁启超属于近代中国知识分子中间的这样一种类型：他们的个人的主观世界，经常受到外在的客观世界的左右；他们对于环境条件的变化十分敏感，然而感受到的往往是变化的表象。在梁启超的生活年代，外在的社会环境变化又是那样剧烈，以致如他那样情感强烈的人，几乎无暇区别变化的表象与内容的关联。其实，他趋时本来不坏，但他不自知所趋的只是变化的表象，结果只能给人以投机善变的印象。他用社会达尔文主义替自己的多变善变作根据，正好凸显他意识到自己特有心态的负面。但因其无力克服这种负面，于是，他获得的最佳谥号，也不过是"宣传家"。然而，赐此谥号者的心态与梁启超的区别何在呢？

（原载《书林》1990 年第 2 期）

社会风俗七问

1. 我国饮茶历史发展的大致经过怎样？各地饮茶习俗有何不同？

我国是茶树的原产地，种茶、制茶、饮茶都起源于我国。大约4 000多年前，古人已开始利用茶叶，这从《神农本草经》的记载可以得到印证。至于茶叶从何时起成为单一的饮料，则存在着始自春秋战国、秦汉、三国等几种不同的说法。从古文献中可知，最早记录茶的大都是四川人，如汉代成都人司马相如撰写的《凡将篇》中就有茶的记载，而资中人王褒的《僮约》一文则是最有价值的茶叶文献，从这些记载中可知茶叶在西汉已成为上层士大夫的日常饮料，而四川则可能是其最早流行的地区之一。至汉代末年，茶开始走出贵族的圈限，流入市井间里的庭户。据《三国志》载，东吴时期已有不少人采茶煮为"茗粥"。及至南北朝之后，随着各民族的大融合，饮茶习惯由南而北延伸，北方人也开始有了饮茶的嗜好。

我国古代饮茶之风的大普及是在唐代。这一点与佛教的兴盛有关。唐人封演在《封氏闻见记》中记载："开元中，泰山灵岩寺有降魔师大兴禅教。学禅务于不寐，又不夕食，皆许其饮茶。人自怀挟，到处煮饮。从此转相仿效，遂成风俗。"当时，从贵族、士大夫到僧人、隐士、市井庶民，爱好饮茶之风与日俱增。饮茶风习的大推广，导致了我国第一部研究茶的专著《茶经》的出现。《茶经》的作者是唐代中叶的陆羽，他去世以后被民间尊为"茶神"，并建祠塑像供奉。继《茶经》以后，各种茶书陆续问世，大约有100多种。据考证，"茶"字最初也是出现在唐代中期的百岩大师怀晖碑中，在此以前，是用"荼"字表示。

经过几千年的发展，我国已形成了六大茶类：绿茶、红茶、乌龙茶、白茶、花茶、紧压茶。各茶类中又包括许多品种。在各茶类中,以绿茶生产的历史最久、产量最高、面积最多、影响最大。由于我国从内地到边疆,地区不同、民族不同、饮食结构不同,因而造成饮茶方式与所需茶类也有所不同,形成了各自不同的饮茶习俗。

我国江浙地区多饮绿茶,其中以"龙井""瓜片"最受青睐。京津和东北一带,则流行饮用香花窨熏过的绿茶——花茶。闽粤一带视乌龙茶为珍品,且较上述地区更注重品饮的情趣,如福建、潮汕地区的人泡茶艺术甚为讲究,潮州的"工夫茶"名副其实,极费工夫,连水沸的程度也有"蟹眼""鱼目"之区分。

我国少数民族的饮茶也颇具特色。蒙古族人民一日三餐离不开奶茶。烧奶茶首先将捣碎的砖茶放入加水的铁锅中煎煮十余分钟,茶叶呈红褐色,再加一二勺奶子和少量食盐,搅拌均匀,待茶水沸开后滤去茶叶茶梗即成。维吾尔族的饮茶习俗基本上与蒙古族相似,只有南部少数地区习惯饮茯砖茶,即在煮茶过程中不加鲜奶子,而加些胡椒、桂皮等香料。藏族则习惯饮放入酥油和食盐的酥油茶,它是藏民的高级饮料,时常以此来招待尊贵的客人。

居住在滇西北的纳西族、傈僳族、苗族、彝族和怒族等较为普遍地饮用盐巴茶,视之为不可或缺的生活必需品。湖南、贵州、广西等地的苗、瑶等民族喜欢喝打油茶,它是以茶叶、米花配上花生、芝麻、黄豆、葱姜等调制而成。云南永胜县一带的少数民族普遍饮用油茶,即在茶叶中加入猪油或香油,倒入放有盐巴、火麻子与草果混合粉的碗中饮用。

2. 中国饮酒习俗始于何时?为什么中国的名酒大多出于小村镇?

自古以来,酒就是我国人民喜爱的饮料之一,每逢佳节、亲朋聚会、宴飨宾客、喜庆丰收、婚丧嫁娶都少不了酒。酒在人们的日常生活中占有重要地位。但是,对饮酒习俗在我国产生于何时这一问题,现存的各种史籍中有不同的说法。《世本》《吕氏春秋》《战国策》等书均认为始于公元前21世纪夏朝的仪狄发明酿酒以后。《战国策·魏策》载:"昔者,帝令仪狄作酒而美,进之禹。禹饮而甘之,遂疏仪狄,绝旨酒,曰:'后世必有以酒亡国者。'"《事物纪原》则列出了多种古籍中杜康造酒的说法。而《黄帝内经·素问》更推论早在公元前26世纪的黄帝时代,就已经出现了饮酒习俗。这几种说法各有论据,很难确定哪一种说法更可信。但我们毕竟可以从中了解到,我国的饮酒习俗,至今已有几千年的悠久历史。随着农业生产的发展,酒的酿造和消费得以逐步扩大,饮酒的习俗才逐步盛行,并形成了品目繁多的各种酒类。

根据我国各地名酒志的资料记载,中国许多风味独特的名酒大多出产在普通的小村镇。究其所以然,是与这些小村镇所占有的天时、地利分不开的。一种名酒的诞生,除了必须具备用料精细和高超独特的传统酿造工艺这两个条件以外,在很大程度上依赖于水质的配合。比如从16世纪起就天下驰名的我国第一名酒茅台,出产于贵州省仁怀县赤水河畔的茅台村,这里具有制造茅台酒的特殊环境:水、气候和特殊的菌种。生产茅台酒的水只能用茅台镇附近的流水,因为这些水中含有几十种矿物质。离开这些水就无法酿造出茅台酒的独特风味。酿造专家曾作过尝试,先后在北京、哈尔滨、辽宁、吉林、山东、福建等地,用茅台的曲种、原料和工艺,在那里制作茅台酒,结果均未成功。

又如我国八大名酒之一的山西汾酒,出产于山西汾阳县外三十里处的杏花村,素有清香醇厚、柔和爽口之誉。唐代诗人杜牧曾留下"借问酒家何处有?牧童遥指杏花村"的脍炙人口的诗句。古碑上曾以"井泉味如醴,河东桑荷不足方其甘馨,禄俗黎春不足方其清冽"来颂扬汾酒酿造水质之佳。这里流传着"马踏神泉涌""醉仙居神井"等有关水的美丽传说。其水质非常纯洁,煮饭不溢锅,盛水不锈器皿,洗衣格外干净,都是有目共睹的事实。只有在这种"水重依稀亚蟹黄"的良好条件下,才能酿造出驰名中外的汾酒来。

3. 中国民间吸烟之俗从什么时候开始的?

烟草原不产于中国,我国古代文献中虽然有"烟"和"叶荙"的记载,但都不是指今天的烟草。完成于16世纪末的《本草纲目》一书也并未录入此名。烟草大约在17世纪初传入我国。日本学者加藤繁在《中国经济史考证》中认为,烟草在明朝时由葡萄牙人传入中国,首先在福建、广东栽培,随后传到其他地区。而据吴晗的研究,烟草传入我国有三个途径:一是从吕宋(菲律宾)传入福建;二是从朝鲜传入东北;三是从南洋传入广东。其中以吕宋入福建为主,故烟草又称"建烟"。

据《玉堂荟记》载:"吃烟自天启中(1621—1627)开始,二十年来,北土多种之。"当时人们对烟草是以英语 Tobacco 的译音称之,如淡巴菰、淡巴姑、担不归、淡肉果等。烟这一名称是从日本传来的。黎士宏《仁恕堂笔记》称:"烟之名始于日本。"由于人们享用烟草的主要方式是将其点燃后吸其烟雾,故烟草之名迅速代替了淡巴菰之类的译名,并以品种或产地不同而有各种专称。如陈琮《烟草谱》云:"衡烟出湖南,蒲城烟出陕西,油丝烟出北京,青烟出山西,兰花烟出云南。"

烟草传入我国后,民间吸烟习俗迅速流行。《鲒埼亭集》卷三《淡巴菰赋》序中说:"今淡巴菰之行遍天下。"清初李王逋《蚓庵琐语》中说:"予儿时尚不识烟为何物。崇祯末,我地遍处栽种,虽三尺童子莫不食烟,风俗颇改。"王士祯《香祖笔记》云:"今世公卿大夫,下逮舆隶妇女,无不嗜烟草者。"当时最普遍的吸用方式是将烟草"采而干之,刀批为丝。"(《枣林杂俎》中集),也可以加入干丝、油丝等辅料,"有以香拌入者,名香烟;以兰花子拌入者,名兰花烟"(《在园杂志》卷三)。吸用时,将这些烟丝置于烟管中,"以火烧一头,以一头向口,烟气从管中入喉"(《露书》卷十)。其次是将烟丝卷入纸中,即所谓"吕宋人食法,用纸卷如笔管状,名几世留,然火吸而食之"(《稗贩》卷八)。这两种方式直到今天仍在使用。

至于今天最普遍的机制纸卷烟,即所谓香烟,则是在清末光绪年间才从国外传入的。张焘《津门杂记》载:"广东通商最早,得洋气最先,类多师法泰西所为也。尝以卷烟吸而食之。"我国自己生产机制卷烟,则是从光绪二十八年(1902)官商合办的北洋烟草公司在天津成立时开始的。由于卷烟使用机器生产,产量高,销量大,吸用也方便,故而迅速传播开来,成为人们吸烟的主要形式。

4. 填仓节是怎样一个节日?

填仓节,又叫天仓节,是民间象征来年五谷丰登的节日之一。在我国不同地区和不同时代,这一节期长短和节俗并不一致,一般在正月二十五日举行。

在六朝时，以此节日为天穿节，相传这一天是女娲的补天日。南朝梁宗懔在《荆楚岁时记》中说："江南俗正月三十日为补天日，以红丝缕系煎饼置屋上，谓之补天穿。"

按"填仓"的字面意思就是填满谷仓。关于这个节日的来历，民间有一个传说。相传很久以前，北方曾连年大旱，赤地千里，颗粒不收；但统治者仍与往年一样征收皇粮，使得民间怨声载道，饿殍遍地。替皇家看粮的一位仓官，目睹惨景，感到忍无可忍，遂自作主张，打开皇仓救济灾民，让人们把粮仓抢运一空。但他也知道这样做是触犯王法，一定会遭到惩治，于是就在正月二十五日这一天放火烧仓，将自己也烧死了。以后人们为了纪念这位善良的仓官，重补被烧毁的"天仓"，便决定以此日为填仓节。每逢这一天到来，人们就用细炭或柴草在院内外撒成一个圆圆的囤形粮仓，有的还镶上花边、吉庆字样，以及上粮囤的梯子，并在囤中撒上五谷，象征五谷丰收，以此来表达填满谷仓救仓官的深情厚谊。这正如有关史籍所记载的那样："正月二十五日为填仓日，作面汤蒸饭食之，平明以细灰散布门庭内外诸处，作囤形，谓之打囤。分置五谷少许于囤中，覆以甑瓦等物，谓之填仓。"

古代民间对这一节日十分重视，每逢节日来临，亲朋往来，佳肴盛餐，醉饱而归。宋代孟元老《东京梦华录》曾载："正月二十五日，人家市牛羊豕肉，恣飨竟日，客至苦留，必尽而去，名曰填仓。"一直到清代，北京"每至二十五日，粮商米贩，致祭仓神，鞭炮最盛。居民不尽致祭，然必烹治饮食以劳家人，谓之填仓"（见《燕京岁时记》）。在北方一些地方，这种尽情吃喝现象已不流行，但保存着吃米饭、喝面汤的习俗，即民谚所说："填仓填仓，小米干饭杂面汤。"而在山东惠民一带，则流行着是日黎明罗灰于院中，画地作囤，置谷少许于内的习俗。

到了现代，填仓节又被赋予新的涵义。这就是民间谚语所说的"人勤春来早"。在节日期间，农民们就清仓扫囤，晾晒种籽，修理农具，着手春季的农事准备工作，筹划怎样取得来年的农业新丰收，而不再用以灰画囤的习俗来寄托企盼五谷丰登的美好愿望。

5. 为什么将农历七月十五日称为"鬼节"？
"盂兰盆会"是怎么回事？

农历七月十五日中元节，本来只是把一年两分后作为下半年开始的第一个望日，民间认为这是祭祀死者、悼念祖灵最恰当的节日；而道教也认为七月十五日是主管人间祸福的神灵地官来人世考察核定人间罪恶之日。故民间在这天有拜祭地官的仪式，并供祭三牲水果，焚烧冥镪，作法事念经，普度四方的孤魂野鬼。所以这一天也被称作"鬼节"。

中元节成为我国民间的一个重大节日，与佛教中"盂兰盆会"的流行有着极大关系。盂兰盆会又称"盂兰盆节""盂兰盆斋""盂兰盆供"，是梵文 Ullambana 的音译，意为"救倒悬"，为佛教徒追荐祖先的祭日。《乾淳岁时记》载："七月十五日，道教谓之中元节，各有斋醮等会；僧寺则以此日作盂兰盆斋，而人家亦以此日祀先。"盂兰盆会的起源，据说始自目连救母的故事。据《盂兰盆经》中说，目连之父死后其母忘记奉祀，且恶行多端，结果惨遭横死，判入地狱，堕饿鬼道中。目连对母极孝，以钵盛饭喂母，但食未入口，已化为火炭。目连求救于佛，佛祖告诉目连，必须在每年七月十五日以百味五果置盆中，供养鬼灵，超度众饿鬼，然后其母才能进食，得到济度。目连依佛祖之言祭祀群鬼，最后与父母同证果，成为地藏王之护法。

从南北朝时起，盂兰盆会就已流行开来，北齐人颜之推的《颜氏家训·终制篇》说："及七月半，盂兰盆望于汝也。"这是江北的情形。南朝梁人宗懔《荆楚岁时记》里也说："七月十五日，僧尼道俗悉营盆供诸佛。"这是江南的情形。可见随着佛教的盛行，盂兰盆会已成为一个十分普遍的习俗了。在唐代，代宗李豫每年一到七月十五日，一定要在宫中置一规模盛大的盂兰盆。《东京梦华录》对宋代盂兰盆和这一节日的具体情景作了如下描述："中元节，先数日市井卖冥器、靴鞋、幞头、帽子、金犀假带、五彩衣服，……又以竹竿斫成三脚，高三五尺，上织灯窝之状，谓之盂兰盆，挂搭衣服冥钱在上焚之。构肆乐人自过七夕，便般《目连救母》杂剧，直至十五日止，观者增倍。中元前一日，即卖练叶，享祀时铺衬桌面；又卖麻谷窠儿，亦是系在桌子脚上，乃告祖先秋成之意；又卖鸡冠花，谓之'洗手花'。十五日供养祖先素食，才明即卖糇米饭,巡门叫卖,亦告成意也;又卖转明菜花、花油饼、馂馅、沙馅之类。城外有新坟者,即往拜扫。禁中亦出车马,诣道者院谒坟,本院官给祠部十道,设大会,焚钱山,祭军阵亡殁,设孤魂之道场。"由此可知,盂兰盆会是佛教祭祀先人亡魂的仪式,盂兰盆则是载纸衣冥锱的盛物;祭祀完毕,焚化冥锱是节日的高潮。由于盂兰盆这种竹制的盆状三脚竖灯本身也是冥器,故这一祭祀仪式就被称作盂兰盆会。

在宋代,民间还有在"盂兰盆会"这一天祭祖的习俗。陆游《老学庵笔记》卷七:"故都残暑,不过七月中旬。俗以望日具素馔享先,织竹作盆盎状,贮纸钱,承以一竹焚之。"并视盆倒方向占卜气候,谓向北则冬寒,向南则冬温,向东西则寒温得中。此俗直传至清。

到了清代,"中元日各寺院设盂兰盆会,燃灯、唪经,以度幽冥之沉沦者"(见富察敦崇:《燕京岁时记》)。民间的盂兰盆会,除设斋供僧外,还加拜忏、放焰口等活动。

6. 中秋赏月的习俗从何时开始?

每年农历八月十五的中秋节赏月,是我国人民的一项传统习俗。因这一夜月亮又圆又亮,故民间以合家团聚赏月为主要内容,寓圆满之意。这一习俗的产生,最早可追溯到魏、晋时期。据《晋书》记载:"谕尚书镇牛渚,中秋夕与左右微服泛江。"到了唐代,中秋赏月、玩月之俗已盛行。据《开元纪事》记载:"中秋夕,上与贵妃临太液池望月。"欧阳詹《玩月诗》序"玩月,古也。……八月于秋,季始孟终,十五于夜,又月之中。稽于天道,则寒暑均,取于月数,则蟾兔圆。"到了宋代,始定八月十五为中秋节。每逢中秋节这天,北宋京都东京(今开封)的所有酒楼都装饰一新,出售新启封的好酒,水果铺子堆满新鲜佳果。豪门达官都在自己的楼台亭榭中赏月,琴瑟奏鸣,至晓不绝。一般市民则争上酒楼,以先睹月色为快。正如南宋孟元老《东京梦华录》所说:"中秋夜,贵家结饰台榭,民间争占酒楼玩月。"吴自牧在《梦粱录·中秋》中也说:"八月十五日中秋节,……王孙公子,富家巨室,莫不登危楼,临轩玩月……至如铺席之家,亦登小小月台,安排家宴,团圆子女,以酬佳节。虽陋巷贫窭之人,解衣市酒,勉强迎欢,不肯虚度。此夜天街卖买,直至五鼓,玩月游人,婆娑于市,至晓不绝。"在明代,宫中除设酒馔外,还吃螃蟹以佐赏月之兴。到了清代,中秋之夜,人家各有宴会,以酬佳节。此外,民间还有斋月宫、走月亮的习俗。"比户瓶花香蜡,望空顶礼。小儿女膜拜月下,嬉戏灯前,谓之斋月宫"。"妇女盛妆出游,互相往还,或随喜尼庵,鸡声喔喔,犹婆娑月下,谓走月亮"。(《清嘉录》)

在中秋节这一天,伴随着赏月活动,家家户户还有吃月饼的习俗。关于它的由来有好几种不同的说法。一说源于唐初:唐太宗李世民与群臣欢度中秋节时,兴高采烈地手持吐蕃商人所献的装饰华美的圆饼,指着天上明月,高声笑道"应将胡饼邀蟾蜍",随即把圆饼分给群臣共食,同庆欢乐。还有一种流传较广的说法是:元代末年,朝廷为了巩固其统治,禁止民间用铁制的武器,并规定10家合用一把菜刀,10家供养一个兵丁。这些兵丁往往胡作非为,百姓恨之入骨。有一年,高邮人张士诚暗中串联,利用中秋节互相馈赠麦饼的机会,在饼中夹一小字条,传递消息,约定八月十五日晚上同时动手起义。到中秋之夜,各户人家都掰开麦饼看见纸条,纷纷夺取菜刀,举行反抗元朝统治者的起义。自此以后,人们每到中秋节,就要吃月饼,以纪念这次斗争。不过,"月饼"一词最早见于南宋吴自牧的《梦粱录》一书中,系指菱花饼一类的饼形食品。至明代以后,开始有关于中秋节吃月饼的大量记载,如田汝成《西湖游览志余》:"民间以月饼相遗,取团圆之义。"明沈榜《宛署杂记·民风》"八月馈月饼"注云:"士庶家俱以是月造面饼相遗,大小不等,呼为月饼。市肆至以果为馅,巧名异状,有一饼值数百钱者。"这说明当时八月十五日吃月饼之风已很盛,月饼的制作很精美了。

7. 高山族欢庆"丰收节"有哪些主要活动?

"丰收节"又称丰年祭、收获节、粟祭,是居住在台湾省的高山族一年之中最隆重的节日。高山族同胞将这一节日叫作"莫拉努·马拉期塔",意思是通过祭祀祖先,祈求来年丰收、人畜两旺。"丰收节"一般在每年农历八月秋收后择日举行。按高山族习俗,一年收获后的满月之日,就是下一年的开始,"丰收节"所含送旧迎新之意即源于此。一般年景,庆祝节日的活动要十天左右;如是大丰收,则要延至八月底,全社男人集中到日月潭捕一次鱼才告结束。

节日到来前两天,社长通知各家作准备。于是男子开始打猎、捕鱼、砍柴竹,妇女们则在家酿糯米酒,备办年货。家家户户门口边挂上一束名叫"司快司"的草。除夕之夜,上山打猎的男子,过去要留宿山上小房子,现在则住在牛棚的顶阁上。妇女则到广场上跳舞。丰收节的许多活动都是男女分开进行的。

过节的第一天,家家都以古老的方法钻木取火。黎明,男人在家里用双手紧夹一把筷子般粗细的小木柱,在一长方形木块上急速旋转,让迸发出来的火星点燃一种叫"兰芭子"的草,直到半小时后熄灭。接着再取一次火,用来煮糯米饭、蒸糯米糕和做菜。随后妇女将饭盛入祭篮,放到集中地点,由五位女巫主持祭祀祖灵。男人携带弓箭、刀枪等猎具,举行有关打猎的祭仪。

第二天,妇女们仍集中祭祖,男子则进山打猎,并将猎物抬到社里主管历法的人家里,再进行一次用弓箭射兽头的活动;然后由部落首领平均分配猎物,每户一份。在整个节日里妇女忌触及弓箭。

第三天,举行"凿齿"(又叫缺齿或打牙)活动。凡是8至13岁的男女孩,都要凿去上颚两个犬齿的齿冠部分。凿齿后,家长们聚在一起饮酒庆贺,孩子们要集中在一起住,由家人送饭吃。他们白天休息,晚上去广场观看跳舞,直至丰收节结束。

自第三天晚上起,人们在广场上举行节日篝火舞会"司马拉"。当夜幕降临,广场上燃起熊熊烈火,姑娘们和小伙子们穿上鲜艳的民族服装,三五成群地来到篝火旁。一对对情侣并肩而坐,或悄声细语,倾吐知心话;或举杯同饮香甜的米酒。接着全体青年男女围绕篝火且歌且舞,用歌声缅怀祖先,赞美英雄,展望未来,预祝来年丰收和人丁兴旺。节日中除了歌舞活动,人们还要举行拔河、摔跤、射箭、挑担子等比赛项目。卑南人(高山族一支)在"丰收节"中,还要举行一些别具一格的比赛活动,如编花冠赛、烤肉和做竹筒饭赛、搭茅屋赛和舂米赛等。

(原载胡申生主编《社会风俗三百题》,上海古籍出版社,1992年。标题为编者所拟)

儒学是一种历史共同体学说

继承和弘扬民族的历史文化,是当今中国现代化大业和精神文明建设事业的主题之一,这当然无可非议。不过时下在涉及相关议题的各种研究论著和媒体宣传中,仍屡屡可见一种简单化的论调,即认为儒家学说是"中国思想文化的总汇",并且自古以来就在中国社会文化结构中占据着"支配性地位"。这种在同义层面上理解儒学与社会文化二者关系的倾向,就类同于西方人杜撰的 Confucianism 一词,把孔子学说和儒家学说混为一谈;类同于生活中习称"中文"为"汉语",把"汉语"等同于"中国话",这些习非成是、以偏概全的说法,严格说来是难以通融的。更何况媒体作为普遍性的公众舆论的代表和反映,不加辨析地把儒学与社会文化看作近似的同义概念,必然会对正确认识中国的历史文化和社会状况造成消极影响。

因为儒学既不能被抬举为广被于全社会的文化象征,也不可被视作中国文化的核心所在。恰如其分的理解应当是:儒学是中国历史上产生的一种共同体学说。

以"共同体"这个舶来词定义本土事物,是有鉴于它本身的解释效力。虽说共同体概念现在就像跃动的音符,时时出现于西人的史著和教科书中,依笔者浅见,在抽象概括和深刻阐明上最具参考价值的仍属 19 世纪德国社会学家滕尼斯的名作《共同体与社会》。照滕氏的一家之言,作为人类群体结合两大类型之一的共同体,可以区分成血缘的、地缘的、精神的共同体三种基本形式。前两种容易理解,后一种存在于人们的思想意志相互结合和相互肯定的地方,他们受到一种精神纽带的约束,相互间共同的思想信念正是这一共同体的意志,它是把成员团结在一起的特殊力量(斐迪南·滕尼斯著,林荣远译《共同体与社会》第一章"共同体的理论",商务印书馆,1999

年)。根据这样的概括,我们可以将历史上的儒家定义为一种共同体。

"儒"在孔子之前很久就已出现,这从甲骨文、金文以及《论语》中可得到证实,但儒家作为诸子学术流派之一,则应当始于孔子。"儒学"一词虽然晚出,初见于《史记·五宗世家》,但它的存在也应当始于孔子,这已是学术界的共识。以孔子为代表的儒家学说,起初只是一种地域色彩很浓而影响有限的学说,在孔子之后,儒学逐渐变成内涵远比孔学宽泛的名词。战国时期已出现韩非子说的子张之儒、子思之儒、颜氏之儒、孟氏之儒、漆雕氏之儒、仲良氏之儒、孙氏之儒、乐正氏之儒等并世之异的情形,从时间上说,孔子时代的儒学,与七十子的儒学、汉唐时期的儒学、宋以后的儒学、近现代的儒学之间,也存在着各种差距。尽管如此,我们仍然能够在不同时期的儒学中辨认出相共同的特征,那就是《汉书·艺文志》里较完整的"儒学"定义:"祖述尧舜,宪章文武,宗师仲尼。"在历代儒家身上,也都深浅不一地留存着孔子的学术主张和政治理想的烙印。鉴于此,有理由将儒学视作类似滕尼斯所谓精神共同体的学说。

但是这一学说在中国历史上产生的实际影响和作用实在有限,消受不了人们赐予的"总汇""核心"等荣耀,也担当不起这样的关键职责。从时空两方面的考察都能揭示出这一历史事实。从时代历程上看,先秦时期的情形,无论按照《史记》的六家之分,还是依据《汉书》的九流十家之别,儒学并未占据支配性地位,墨、道等诸子学术背景和资源虽与儒学有相似性,但学说观点往往与儒学立意相反。秦汉时代,先后尊尚法家和黄老之学,阴阳五行、谶纬之学相继兴风作浪,两汉经学完全谈不上弘扬儒学。魏晋南北朝隋唐时期,由三玄并称而变为佛、道二教盛行,儒学衰微,全然没有与佛教道教争雄抗衡的势力,民间信仰也是趋向二教。宋明时期号称理学昌盛,实际上是儒学其表、释道其里;一般士大夫追逐的是功名利禄,膜拜的是菩萨、阎王和神仙鬼怪。虽有论者依据新出土竹书力证理学与战国儒学一脉传承,但研究依据本身缺乏充分可靠性。在清王朝时期,儒学更谈不上占有支配性地位,真正左右统治文化政策的是萨满教那一套,尊尚儒学礼教的只是少数抱残守缺、噤若寒蝉的在野学者。至于儒学影响力和作用在空间地域上的有限性、局促性,在各种正史的儒林传、地理志、人物传以及野史笔记的各地风俗记录中都有大量反映；对此方面所作出的一项出色研究，是谭其骧先生的《中国文化的时代差异和地区差异》一文（见载于《长水粹编》，河北教育出版社，2002年）。

因此如上所述，儒学在两千多年的发展历程中，一方面随着时代演变而相应变化，另一方面也并没有出现过儒学充当文化核心、占据支配地位的特定时期。毋宁说，在中国社会文化发展的良性状态下，儒学作为特定的共同体学说，与其他作为精神共同体的学派相互启发激荡，共同成长，犹如分散的胚胎生长发育于相同的社会母体之中。而只是在生长环境发生突变、遭遇外力逼迫的情形，才使得它移形换位，呈现种种扭曲的形象。

如果无视儒家是历史上产生的共同体之一，是百家中的一家，儒学只是一种历史共同体学说，那么其后果不外乎两个极端：或者尊之升天，推崇它为真理的化身和社会的救星；或者贬之入地，斥责它为文化落后的肇因和社会黑暗的祸根。在近代以来的尊孔和非儒思潮起伏当中，这两种看法交替着出现，其实并不是偶然的。单从内在思想上探究何以造成这样的认识偏向或误区，从远因上说，主要是古代以"道在六经"论否认"九流皆言道"所遗留下的影响。从近因上看，则是晚清至民国期间对儒家起源的考察出现解释偏向所致。20世纪初，章太炎、刘师培等原儒论的创始者，对儒的本义以及儒家、儒学和孔学的分疏，尚不失为开明而进步的见解。尤其是章太炎的《原儒》一文，借鉴《墨子》书中把"名"分作达、类、私三种的见解，解说先后出现的"达名之儒""类名之儒"和"私名之儒"。达名即通称，泛指一般有技能的术士；类名就是通名中的一类，指通习六艺知识以授人的学者；私名表示专有和特殊性，特指孔子以后形成的儒家学派。这是从史学研究的角度考察儒学的来龙去脉，重心归结于最后一类，即儒学。此后研究者提出的"集团""社群"等说法庶几近之。这些见解实际上与历史共同体学说的定义相当接近了。20世纪30年代初，胡适继起而作《说儒》，这篇四万余字的长文虽是他本人的得意之作，但已经偏离了章太炎等人的考察方向。《说儒》全文仅仅落墨在《原儒》标识的第一类达名之儒上面，全然不顾其余。这样解释儒家起源的工作，就与探究历史上特定共同体学说无关，而是变成了说儒等同于说古代思想体系和社会文化。这实际上是不无荒谬地让古代儒家背负过于沉重的荣誉十字架。继此而出现的各种"职业"说,乃至当今所谓取径"思想史方法"的原儒之作,都可以说是胡适说儒偏向的翻版。至于当今新儒家的种种原儒释儒的宏论,则更是眼光盯着当下的阙失来议论古儒,纯粹用所谓"哲学评论"的方法代替严谨的史学研究。对于这样的偏向,正可援引周予同先生的一句话来回敬:"研究道儒的学说当作学术研究则可,用道儒做宣传的幌子则不可。"

(原载《复旦青年》第191期,2007年3月13日。后收入尹冬梅、王宏舟主编《报道大学》,复旦大学出版社,2009年)

钱玄同与章太炎北上讲学

章太炎晚年因避战祸赴北平讲学,是影响民国学坛的盛举。黄侃、杨树达、黎锦熙、钱穆等时贤均对此作过评述,今人主要有卞孝萱《章炳麟的国学演讲》(载《现代国学大师学记》,中华书局,2006年)和桑兵《章太炎晚年北游讲学的文化象征》(载《晚清民国的学人与学术》,中华书局,2008年)两篇专题大作。这些论著从不同角度为还原历史的实相、抉发事件的意义作出了努力,惜均未注意参与其事的钱玄同的记述,因而或伤于简略,或存在明显失误。依据今存钱玄同日记稿本中记载的目击场景,可以充实章氏在京期间演讲和应酬活动的诸多细节,也能够透过章、钱交往情形感受其师生情谊的典型意义,进而考见民国历史时期思想传承和学说授受的特征。

章太炎于1932年2月29日抵京,此时钱玄同与乃师已阔别十六年,事先并不知晓,当天"阅晚报,知太炎师今午来平,寓花园饭店"(《钱玄同日记》影印本,福建教育出版社,2002年)。3月2日,他与同为章氏弟子的友人马裕藻(字幼渔)至饭店拜访老师,当天日记里作了如下描述:

> 别来十六年矣!近来态度如旧,益为和蔼,背颇驼,惟发剪极短,与当年披发大不相同。季刚亦在,检斋亦在。政客一大帮,与辛亥冬与(在)哈同花园时颇相似。询知师实避沪难而来也。四时许,朱、马、钱、黄、吴、师六人乘汽车逛中南海公园,六时雅于大陆春。

朱、马、黄、吴分别指朱希祖、马裕藻、黄侃、吴承仕,"雅"是钱玄同在日记和书信中表示吃饭的惯用语。在章太炎5月21日离京前的两个多月时间里,根据黄侃日记和杨树达《积微翁回忆录》的有关记述,章门师生频繁聚餐,其中罕见钱玄同的身影。但实际情形并非如此,据钱氏日记,除了3月21日至25日未写日记,这段时间内他在不同场合与章太炎同"雅"过十二次,分别在3月2日、3月12日、3月31日、4月4日、4月7日、4月8日、4月18日、4月20日、4月22日、5月11日、5月15日、5月16日。

3月12日是钱氏与黄侃在章师住处发生冲突导致决裂之日,研究者皆根据黄氏当天日记了解其中详情,"食罢,二凤至。予屈意询其近年所获,甫启口言新文学三字(意欲言新文学,且置不言),彼即面赤,詧詧争辩,且谓予不应称彼为二凤,宜称姓字。予曰:'二凤之谑诚属非宜,以子平生专为人取诨名,聊示惩儆尔!常人宜称姓字,子之姓为钱耶?为疑古耶?又不便指斥也。'彼闻言,益咆哮。其实畏师之责,故示威于予,以塞师喙而已。狡哉二凤!识彼卅年,知之不尽,予则浅矣。"(《黄侃日记》排印本下册,中华书局,2007年)而钱氏也在当天日记里有记述,他认为争吵起因于在宾客满堂的情形下,"他称我为'二疯',问我近治音均有何心得,我答以无(我们的新方法、审音、实事求是而不立宗主,皆与季刚不合者,如何可以对他说)。他忽然不耐烦地说:新文学、注音字母、白话文,屁话。我闻'屁话'二字大怒,告之曰:这是天经地义,我们道不同不相为谋,不必谈。□□了一场,殊可笑。移时溥泉亦来,七时顷去,季刚一怒而睡,睡醒即与张同走。至晚八时客始散,钱、马、马、吴四人,与师谈学甚乐……十一时始散"。两相对比,钱记侧重于学术观点的分歧,似应综合两造之言,才可以完整了解事情原委。各种论著皆言之凿凿地引述章太炎当时从中调解之语:"你们还吵什么注音字母、白话文啊,快要念あいうえお了啊。"但是两位当事人的日记均不见此说,似可存疑。

章太炎在京期间所作的演讲,综合各家概述共计六次,具体为:

3月22日,在民国学院演讲《代议制改良之说》。

3月24日,在燕京大学讲《论今日切要之学》。

3月28日,在中国学院讲《治国学之根本知识》。

3月31日,在师范大学讲《清代学术之系统》。

4月12日,在平民大学讲《今学者之弊》。

4月18日、20日、22日,在北京大学讲《广论语骈枝》。

然而实际演讲并不止六次。据钱氏日记,4月8日章氏在钱玄同、马裕藻、沈兼士、朱希祖等弟子陪同下,在北京大学作了题为"揭示学界救国之术"的演讲,内容分为四点:一、不可有好奇之见;二、不可专倚智慧;三、不可依赖群众;四、不可偏听偏信。这次演讲也未见各种章氏年谱著录,仅见于钱氏所记。

3月31日在师范大学的演讲由钱玄同具体经办,他定下由师大文学院国文系、历史系与研究院历史科学门合请,讲题即《清代学术之系统》。演讲经柴德赓记录,经钱氏修订,两年后刊于《师大月刊》第十期。钱氏在"附记"中写道:"当柴君把这篇笔记誊清了,托方国瑜君交给我的时候,太炎先生尚未离平。我请他自己看看,他对我说'你看了就行了';而我当时竟偷懒没有看,直到现在才来动笔修改,实在荒唐得很。所以要是还有错误,那是我的不是,我应该负责声明的。"(《钱玄同文集》第二册,中国人民大学出版社,1999年)这篇六千余言的演讲对钱玄同的影响不小,此后两年多时间里,他不仅集中选购了一批有关清代学术的文献和时人论著,并在日记中留下多则长短不一的思考见解。1934年,钱氏还在师大开设清代思想史研究的课程,按王学、史学、考证学、今文学四方面讲授,讲课内容中明显留下了章氏演讲稿的烙印。

4月份章氏在北京大学的三次演讲在京城学界广受关注。钱穆对演说场景曾有绘声绘色的描述:"太炎上讲台,旧门人在各大学任教者五六人随侍,骈立台侧,一人在旁作翻译,一人在后写黑板。……翻译者似为钱玄同,写黑板者为刘半农。玄同在北方,早已改采今文家言,而对太炎守弟子礼犹谨如此。半农尽力提倡白话文,其居沪时,是否曾及太炎门,则不知。要之,在当时北平新文化运动盛极风行之际,而此诸大师犹亦拘守旧礼貌。"(《八十忆双亲·师友杂忆》)张中行也在回忆文章中描绘过演说情景:"(太炎)满口浙江余杭的家乡话,估计大多数人听不懂,由刘半农任翻译,常引经据典,由钱玄同用粉笔写在背后的黑板上。"(《负暄琐话·章太炎》)他们的叙述是今人了解此事的主要依据,然而八十老翁暮年追忆,难免有失真之处。好在有亲历其事的钱玄同提供的真实信息,使上述似是而非的记述得以纠正。据钱氏4月18日日记:"午后一时半至马家,移时半农乘汽车来,偕往迓师。

盖(北大)中国文学系及研究所国学门请他讲《广论语骈枝》也。我翻译,建功写黑板。三时到,先看明清史料,四时讲,讲了一个多钟头毕。"4月20日日记:"二时许至幼渔家,与同乘汽车迓师。四时至五时许讲,仍未毕,星五当续讲一次。"4月22日日记:"(与马裕藻、刘半农)三人同往迓师,四时起讲,至六时毕。"日记清楚地提供了三次演说的日期,可纠正谢樱宁《章太炎年谱撷遗》记时之误;也指明了演说是由钱玄同担任口译,其高足魏建功承担写黑板的任务。

令钱穆感叹钱玄同执弟子礼甚敬的情景却是事实。暌违十六年,师生间情感依旧十分融洽。4月7日,钱玄同作东宴请乃师,特地拉来俞樾的曾孙平伯介绍给章太炎。次日章氏邀钱玄同、朱希祖、马裕藻、沈兼士等弟子在其住处午餐,钱氏当天日记载:"因即请老夫子写字,我请他写——急就顾三字,他说'字则写矣,顾实未有也',盖说我自己没有房子也。"钱氏自1913年起在北平做了二十多年教授,从未买过房,始终是租赁一族。4月22日北大演说完毕后,"师约我们同至其家吃南京来的大鱼,刘、马、钱、魏、朱、吴六人皆往。食毕,老夫子大拆其字,十时半始归"。

类似师生和睦相处的情景在钱氏日记里有多处记载。此时的钱玄同已经是名震海内的大学者,书法造诣也颇深,仍旧与二十多年前在日本时期一样,凡有章太炎的著作稿交给他,必定工工整整地为之誊录。《广论语骈枝》在演说前两天已交给他,"约七千字光景,午后三时起抄之,抄至夜半一时毕,手疲头胀之至"(1932年4月16日日记)。末句并无抱怨之意,实因他正处在患病期间。在将此文交北大国学研究所刊印前,他还给全篇加了标点符号。据日记所载,4月27日"晚在孔德点《骈枝》毕"。28日"午后校勘标点之《论语骈枝》,恐引书出处有误,多检原书对之。……晚浴。归来撰高子篇高君附笺一则,寄炎师,拟附入也"。5月2日"得緤斋转来高子篇高君之附笺,师略改数字,云可用"。5月6日"上午九时至北大印刷所交稿,再为最后校对一次,即上板"。可知钱玄同并非单纯抄录,还在校勘等方面花费了很多精力。在这段时间内,他同时还在用篆书和隶书誊录章氏的晚年力作《新出三体石经考》一书,其间曲折在日记中也有记载。"将老夫子《三体石经之解》分片而书之,拟将王遗少(指王国维)所解释也抄上去。未写毕,精神疲倦。"(1932年4月23日)"午后回孔德,将老夫子之《三体石经》抄毕。"(4月24日)"灯下将老夫子文中之字取《三体石经》原文摹下,因精神疲倦,弄得没有多少。"(5月6日)此书在1933年刊印时,章太炎补写了一则跋语以志其劳,"吴兴钱夏,前为余写《小学答问》,字体依附正篆,裁别至严。……忽忽二十余岁,又为余书是考。时事迁蜕,今兹学者能识正篆者渐稀,于是降从开成石经,去其泰甚,勒成一编。……稿本尚有数事未谛,夏复为余考核,就稿更正,故喜而识之"(《章太炎全集》第七卷)。

钱玄同对此书内容的商榷校订,及其对王国维相关研究见解的取舍,需另作专文考论。这里要探究的问题是,自新文化运动兴起之后,钱玄同在政治见解和学术观点等方面,虽然与章太炎之间存在着显而易见的分歧,但并未见他作出像周作人那样的"谢本师"之举,也未曾作过"师如荒谬,不妨叛之"(鲁迅语)之类的表白,反而从上述情形可见其敬师之情愈趋淳挚。作为章门师生关系的一个典型,其中缘由很值得探究,借由发现维系章、钱师弟情谊的纽带,可以不囿于地域划分或宗派门户的视角,深入一层地理解民国时期两代学者之间的复杂关系。在这方面,被研究者普遍认可的一种解释出自钱氏友人黎锦熙的《钱玄同先生传》,黎氏认为钱玄同立说的基础在于他从章师处接受的经史关系论,"一般人以为他于章氏的'古文'经义竟无所承,殊不知他在新文化运动中大胆说话,能奏摧枯拉朽之功,其基本观念就在'六经皆史'这一点上"。今人进而推论"钱玄同反对孔教,主张六经皆史料,斥骂桐城谬种和选学妖孽与章氏的精神一脉相承"(桑兵《章太炎晚年北游讲学的文化象征》)。

此观点容可再作商榷,就影响上泛论,未必能切中肯綮。且不说"六经皆史料"是胡适、顾颉刚等人的主张,章太炎本人并不赞同,钱玄同对"六经皆史"说是明白地持否定立场。钱氏认为:

> 章实斋决非"六经皆史料",但他也是托古改制。……适之据章氏《报孙渊如书》中数语,谓"六经皆史"是说"六经皆史料"。此说我不以为然,不但有增字解释之失,实在和《文史通义》全书都不相合。(1922年12月11日、1930年4月6日日记)

这是他对胡适等人"六经皆史料"说的否定。

> 宋以前对于六经,除最无思想之博士和经师外,凡有思想之学者并不认为一物。……自宋以后便不然了,经师、学究且不论,章实斋、龚定盫、康有为、夏穗狮、章太炎之高明,犹认为一物。或认为历史,则六经皆史;或认为哲理,则六经皆哲理矣,这实在可笑极了。(1925年2月16日日记)

这是他对乃师主张的"六经皆史"说的批判。

在钱玄同看来,六经只是性质不同的几部书,"六经"一名根本不能成立,"说六经是什么东西都是胡说"。从新文化运动时期到20世纪30年代中期,钱玄同对于"六经皆史"说皆作如是论。有鉴于此,从接受"六经皆史"论上强调章、钱精神相承是说不通的。至于那种着眼于功利论上的解释,说是趋新弟子需要先生光环笼罩以保住学术地位,学术已入守成的章氏也需要弟子的拱卫,从而形成师徒之间的向心力。这似乎是以时下学术界风气理解历史人物,想当然而并不实然。

从章太炎与钱玄同二十余年中多次探讨"修明礼教与放弃礼法"的问题而言,窃以为维系其师生情谊的纽带在于相同的人生观和处世态度。钱氏受业于章太炎的次年,即1909年,师生二人已在东瀛之地初涉此问题,钱氏在该年6月12日日记中写道:

> 今日与师讲修明礼教与放弃礼法之问题。

这一命题在其日记里又表述为"修明私德与放弃礼法"。所谓"礼教"虽是魏晋时人斤斤辩解的题目,但语境更迁,在这里是用来表示个人道德修养。"礼法"也非泛称礼仪法度,北宋张载的短文《西铭》经程颐、朱熹的大力表彰而被奉为"人道之门",集中体现了理学关于"事亲事天、修心养性"的道德论和人生观,而"礼法"正是《西铭》的核心概念。当时钱玄同读了明末归庄斥责金圣叹之《诛邪思》后,觉得"深中下怀",表示"余以为明末修明礼教者顾炎武、颜元,放弃礼法者傅山、归庄,盖非李贽、金喟之徒所能望其肩背矣"(1909年6月28日日记)。他的见解明显受到章太炎的影响。1906年10月,章氏发表在《民报》上的《革命之道德》一文,已凸显出顾炎武在培植个人道德方面的示范意义。《訄书》重订本新增《颜学》一篇,抬举颜元为荀子以后仅见之"大儒",此文经修订之后改题《正颜》,收入《检论》(钱玄同谓1909年时章氏已在修改《訄书》重订本,并拟"更名《检论》")。《正颜》中虽删去"大儒"之说,仍强调颜氏学行非纪昀、翁方纲缺乏私德之流所能望其项背。他在致钱玄同信里阐发放弃礼法的思想依据时,又举出颜元作为例证,"横渠礼法之谈虽近周汉,乃其《西铭》所说,则与景教同流,视他人之出入释老者,又愈卑下,固不如颜子质实也"(1910年10月20日函,《鲁迅研究资料》第十八辑)。章氏此见至晚年亦未改变,在1932年的演讲中仍旧称颂"清初有气节者,颜氏一人而已"。

钱玄同因"章先生称为郁卿以降之大儒",对颜元、李燃、王源以及写《颜氏学记》的戴望也是礼赞有加,还函请远在上海的邓实代觅颜李遗书。他根据学问、操行、辞章三者作为衡文标准,将古人文章划分为四等,学、行、文兼备为上等,其余依次为有学有行而无文、有文而无学无行、无学无行而无文;而顾炎武、颜元赫然在列上等之选(1910年1月23日日记)。

1912年,师徒二人在国内相聚商讨此问题,章氏告诫弟子:

> 丁乱世,则放弃礼法未可非也。惟修明礼教者当如颜、李,不可饰伪;放弃礼法当如嵇、阮,不可嫖妓。

嵇、阮是指魏晋贤士嵇康、阮籍。钱玄同闻教后当即表白:"丁兹乱世,余固以服膺颜、李学说昌明礼教,举止辄如嵇、阮也。"(1912年11月10日日记)时隔数周后,钱氏与同门康心孚、黄侃、汪东聚餐,对黄、汪二人席间言谈颇感失望,又念及章师训诫之语,遂在日记里大发感慨:

> 黄、汪固好学之徒,而今日席中言不及义,所言不出戏剧,询之则以欲图糊口,不暇为学为辞。唉!热中者日竞逐于议员、官吏之场,其名

为自好者,又皆以醇酒妇人消损其精神。民国真无人矣,至此始知章师之言真是确论。章师固言修明礼法与放弃礼法者皆是也,然修明礼教必如颜、李,否则流于虚伪;放弃礼法必如嵇、阮,否则流于放僻邪侈矣。夫以嗣宗(阮籍)之狂、容甫(汪中)之醉,曾有荒淫女色优伶流连不反之事乎?余也抱作颜、李之心而行同嵇、阮,固有为为之,自问礼法曾放弃,而未尝敢得罪名教也。(1912年12月20日日记)

有关钱玄同的传记作品或研究论著,皆惯称钱氏是反礼教的新文化英雄,这其实是很大的误解,钱氏的思想特征在于反孔教而不反礼教。他所理解的"礼教",密切维系着个人道德修养,就如同章太炎别解"天下兴亡,匹夫有责"之说:"所重者乃在保持道德,而非政治经济云云。"(《革命之道德》)钱玄同对宋代理学家的评价,也显露出与章氏相同的着眼点:宋儒解经多不通训诂,喜以后世之见臆度古人,言心言性之处尤多纠缠不清,"惟注重私德,重贞节,尚廉耻,昌夷夏大防之伟论,此实百世所当景仰者。故后世汉学诸儒詈宋儒,予实以为当然。惟如纪昀、袁枚无行小人,断决礼防便兽行,此等人詈宋儒,实可谓枭獍之尤也"(1912年11月21日日记)。钱玄同不仅以此标准衡论他人,也同样据以律己。他平素生活态度惟谨,绳墨自严,虽然承受的是包办式婚姻,却拒不纳妾,不作狭斜游,也没有交女朋友的浪漫之举,仅有的一次"黄昏插曲"曾使他心烦意乱,"忽得一奇怪情书,可谓出人意表之外者,头胀心乱"(1931年12月10日日记)。这在其时操新文学行当的"名士"看来显得迂腐,而后者也属于钱玄同刻意回避不打交道之人。友人沈士远邀他吃饭,除了沈氏三兄弟、鲁迅兄弟及马裕藻等相识,"生客则有郁达夫一人,这位郁老先生虽则研究新文学的人,可是名士皮气太大,简直和黄季刚差不多,我有些怕领教,只好'道谢了'"(1923年2月23日日记)。

论者都强调钱玄同具有出语惊人、思想偏激的特征,但更应当看到钱氏自有其不肯逾越之界域,他的偏激性格,通常表现于揭露社会黑暗、抨击政要显达之时,对待师友同门则始终能笃厚惟谨,恪遵师训。章太炎极厌恶学者中间所存在的丑态:"饰伪自尊,视学术之不己若者与资望之在其下者,如遇奴隶;高己者则生忌克;同己者则相标榜;利害之不相容者,则虽同己者而亦嫉之。"对师友弟子绝不出奚落责骂之词。北上讲学时黄侃来拜见,章氏特地对他谈及黄宗羲"性多忌刻,于同门毁诋日初即其征也"(《黄侃日记》下册第780页)。所言似另具深意。钱玄同在读了鲁迅《三闲集》《二心集》之后记下感言:"实在感到他的无聊无赖无耻。"(1932年11月7日日记)但在公开发表的《我对于周豫才君之追忆与略评》一文中,则是不含恶意地指出鲁迅有多疑、轻信、迁怒等私德方面的欠缺。政治上的歧见并非导致他和鲁迅绝交的主要原因。他们都对嵇康、阮籍等贤士礼赞有加,鲁迅尤其如此,但在修明礼教与放弃礼法的关系这一问题上,也即在抉破世俗礼仪规训、反对一切人为束缚之后,在乱世之中如何培植个人道德修养以抑制放诞自肆的习气,在此问题上的不同表现才是两人断绝交往的内在原因。钱玄同对吴虞堕落的公开讨伐,也表明他极看重此问题。而这显然与章太炎的耳提面命有紧密关联。

钱玄同晚年自述:"生平无他长,唯不徇俗、不阿容之精神,自己亦颇自负。"(1937年10月25日日记)并自拟别号"并介子"。此典出嵇康《与山巨源绝交书》:"吾昔读书,得并介之人……达能兼善而不渝,穷则自得而无闷。"钱氏解释"并"有兼济之义,"介"有独善之义。他明确表示:"在承平之世……不为社会出力,惟知独善,已经极不应该了。……现在时世之乱,过于五胡乱华、满洲入寇之时数百倍,国势阽危,民生疾苦",自命为有知识之人,还要以无为为当然,以不问政治为名高,实在等于没有心肝。钱氏一生关心时势政治,致力于思想启蒙、唤醒民众的"兼济"事业,虽为此招来讥讽诋毁而无悔。他的言行实际上也在回应章太炎的一贯主张:国学研究的归宿点"要在修己治人是也"(1933年5月《关于经学的演讲》),学者必须做到"束身自好"与"周于世用"兼得。要实现这一宗旨,前提在于端正修明私德与放弃礼法的关系,确立高尚的人生观和处世态度。这无疑是一条需要持久的勇气和毅力、无畏艰辛的生命历程,钱氏的可贵之处,还在于病困沦陷的北平之际,仍坚守住民族气节与个人情操,不作苟且人生之念,尽管所处环境已极其恶劣。章太炎在去世前三个月给钱氏的信中写道:

自今以后,蓟门一道,恐在尧封之外,彼在位者,唯有作夷甫排墙而死,在野亦难容嵇、阮矣。颜公迭处周齐,有《小宛》诗人之言,盖庶几处乱之道也。(1936年3月1日函,《鲁迅研究资料》第二十辑)

老人对学生一吐悲愤之情,山河行将变色,抵御外寇者难免西晋王衍死于后赵石勒之手的命运,江湖上也再无嵇康、阮籍们的立足之地,大概也只能和遭逢鼎革的颜元一样,以"惴惴小心,如临于谷;战战兢兢,如履薄冰"诗句相告诫。两年多之后,钱玄同也随师骑鹤而去。

钱玄同与章太炎虽然各有不同的思想主张和学术特色,仍能够葆有纯真的师生情谊并且善始善终,根本就在于他们所树立的相同人生观,一生据于共同的安身立命之处。作为一个恰切的反面例证,康有为与梁启超的交往也颇具典型意义。康、梁数十年的师弟关系之所以善始恶终,重蹈当年曾国藩、左宗棠师生"石交化为豺虎"的覆辙,其内在原因即他们对待修明私德与放弃礼法的关系,与章、钱师弟的所作所为迥然不同。(参见拙文《振华公司内讧与康梁分歧》,载《康有为研究论集》,青岛出版社,2001年)章、钱师生铭刻于人生实践中的思想,正反典型事例所蕴涵的意义,既揭示出近代学术演变过程中两代学者之间复杂的传承关系,对当今学者也应该是一种鞭策。

(原载《书城》2010年第5期)

钱玄同的名、字、号

近人名号之繁多，钱玄同无疑是一个突出的典型。他一生（1887—1939）不同时期择取的名、字、号及其内在涵义，为后人理解他的思想、学说、人生观念变化轨迹，开启了一扇小小的窗口。但钱氏自拟的诸多名、字、号，即便钱玄同年谱的作者亦未知晓。而各种有关钱氏的传记之作，在这方面也往往语焉不详，或存在明显错误，如认为："原名师黄，取意不明，大概是推崇黄宗羲之意；字德潜，更无法推测其含义。""他还有一个别号叫中季，也称季。"①或称："原名德潜，字师黄，又字季、中季。"②钱氏日记手稿的影印面世，为理清此问题提供了准确的第一手资料，依据日记所述，结合若干书信内容，不仅能避免错误，并且可收知人论世之效。

考察钱玄同取名、改字、择号的变化节律，大致可分为四个不同阶段来概括。

自出生至1905年12月东渡留日为第一时期，可称之为"师黄、掇献"时期。

《钱玄同日记》中存有撰于1909年的《钱德潜先生之年谱稿》，自述出生后父亲钱振常为他取名师黄，字德潜，"因先子晚年处境多逆，欲使勉为诗人。黄，黄庭坚也；德潜，沈德潜也"。意在期望他以后成为宋代江西诗派开创者黄庭坚、清代格调说倡导者沈德潜那样的诗人。此说与其父所述略有不同，钱振常在1894年致缪荃孙信中提及："稚子师黄，小名德潜，取山谷嘲小德诗意，不知将来能著《潜夫论》否。"③显然不是要他成为沈德潜那样的诗

---

① 吴锐：《钱玄同评传》，百花洲文艺出版社，1996年，第一章。
② 北京鲁迅博物馆编《钱玄同日记》（影印本），福建教育出版社，2002年，"出版说明"。
③ 《艺风堂友朋书札》下册，上海古籍出版社，1981年，第759页。

人。但据此可确定"黄"非今人所指黄宗羲,并可考知 1910 年创刊的《教育今语杂志》编辑"庭坚"即为钱玄同,杂志中署名"庭坚"刊出的发刊辞、章程、附识及按语等均属钱氏手笔。又因在兄姐中排行最末,"以古人名字多取相应,亦有不应者,必伯仲之且字也,如枚乘字叔,眭弘字孟,羊祜字叔子等,是虽不相应,犹有古人尚质之意。以诸兄姊中己最稚,因改字季,或以一字不便呼,故或曰子季、季子"。六岁时家人还曾为他另取单名"怡"。据周作人回忆,钱玄同留学日本早稻田大学期间,学籍上用的就是"钱怡"名。

有关年谱和传记皆未道及钱氏早年曾取字"法梨",取意大概是表示效法黄宗羲(号梨洲),直到晚年他还提及,"旧字之'法梨'与'季'亦依然可用也,惟'德潜'则不要,陶潜虽吾所最佩,而沈德潜则深恶其人也"(1936 年 1 月 8 日日记)。他为自己 1936 年日记所署之名即是"饼斋法梨掇献之庐日记"。"掇献"则缘起于 1904 年时阅读梁启超《中国学术思想变迁之大势》一文,非常佩服清初学者刘继庄(字献廷)在普及国语、研究方言上的贡献,因而改字"掇献",既与吴兴话"德潜"音谐,又有"掇拾刘献廷之坠绪"之意。研究者把"季""掇献"等当作他的号是不对的,近人虽多不守五十始称号的古训,也不至于出现幼年即有号的情形。

1906 年至 1916 年为第二时期,可称之为"夏、戴疐"时期。

钱氏自 1906 年年底听章太炎在国学讲习会讲学,"自是直至十六年之春,专以保存国粹为志"(1917 年 9 月 12 日日记)。他在 1907 年加入同盟会,先取号"汉一",后改名"夏","而'怡'遂废矣",以志反满民族主义的信念和光复汉族文化的追求。据他晚年回忆,这一年还因受谭嗣同影响而取别号"在宥","我乃酷慕自繇之一人,故卅年前曾有别号'在宥',彼时因读《仁学》云庄子之'在宥'义即为自由,故用之"(1937 年 10 月 25 日日记)。

1912 年年底,已回国教书的钱玄同又自拟别号"戴疐",其缘由在日记中有较详细的叙述,"戴子高先生于小学宗戴、段、王、郝诸家,于经义宗庄、刘诸家,于躬行实践、昌明礼教则独敷烜颜李之学,是三者皆为学之极轨正宗。余于乡先生中最崇拜戴子高、俞荫甫二先生,然俞氏棣通故训,解晰经典疑义,经诂尤明,诚足媲美王氏父子,然俞氏说经虽知《公羊》之胜《左氏》、《周官》之为伪书,而议论尚有依违,未能一宗西汉经师之说,而其人太喜徇俗,故于义理之一方面所言无甚可观,固不若戴氏之能深明道断矣。戴氏天不永年,年未四十而卒,故所造或不逮俞氏之博通,然观其《论语注》则精义时见,初非率而操觚者所能望其项脊矣。因拟署一别字曰戴觎"(1912年12月8日日记)。从他对晚清戴望学术特征的阐发和推崇之语中,也可以间接考见其自身在此时期的"国粹"观内涵。

钱玄同晚年回忆,1914年、1915年间曾因酒后失言而招人讥刺,"大悔,誓从此少开口",随即想改名字以自戒,"名訒(同讱),字勹口(《说文》'苟'下云,从勹口,犹慎言也)。因讱与慎言均为极普通之名号,我稍变之以期生硬。夜半醒时所想,定次日至高师油印一改名号信通告友朋。(彼时名夏,字中季,因此名此号对于先兄本通不过,非他反对此名此字也,他本反对我改名号耳。不但他,即稻孙来信亦必称德叔——惟'夏'名他们似已承认)翌日即至钱粮胡同访先师告之,先师曰:'钱勹口三字一连,大不妙,盖送钱来则不多说话之意,颇不妙也。(訒则他不提)'此后访先师,恒称我曰'勹口先生'以相戏。我亦觉太不像号,因作'勹口'则词古(见《说文》也)字奇,然恒人不识,止好写作'包口',此二字实觉太怪,遂未用。"(1938年9月5日日记)

1917年至1931年为第三时期,可称之为"玄同、疑古"时期。

钱氏在1916年9月底请北平同古堂代刻"玄同"二字钢印,自1917年后即成为他最常用的号。有关传记都错将"玄同"和"疑古"并归作他的"名",钱氏在日记里皆将其归入"号"列。他择取"玄同"二字为号,远因在于对墨子尚同思想的推崇,近因则是对无政府主义思想认识的变化,由原先的批判否定,转而赞赏张鞠普、吴稚晖等《新世纪》派无政府主义者鼓吹的世界大同论,"进斯世于极乐、万物玄同,相忘于道,即是无上之幸福矣"(1917年1月5日日记)。

钱氏在1921年取别号"疑古",并将此年日记命名为"疑古日记",当取自刘知幾《史通·疑古》篇名。事实上他在十多年前已对此篇格外重视,1908年在日本时初读《史通》,"先取前儒所痛斥为非圣无法之《疑古》篇而观之,觉其伟论卓识,独具眼光,钦佩无量"(1908年2月3日日记)。但此时他定"疑古"为号,已赋予它三点新的涵义:"排除旧思想,鼓吹新文字,整理国故。"有时他还利用谐声双关的手法,将此别号写作夷罟、益孤、拟古、逸梏、忆菰、籦倚、逸谷、肄籔等。

在这一时期,钱玄同提出过废姓的主张,有研究者认为"日本有一贱民阶级之著名代表作家外骨者,自称'废姓外骨'。于是钱玄同先仿'废姓外骨',改名'废姓玄同',继而改名'疑古玄同'。"①这里有两点须辨正。一是钱氏并非受日本作家启发始有废姓之议。他在 1917 年读了江琠《诸子卮言》一书后,很赞成书中"谓墨子非姓墨,墨翟因主张兼爱上同,故废姓氏不举"的说法,进而表示:"然则墨翟之思想与今之倡心社之师复(本姓刘)相同,无论废姓之理由,却是极合真理,将来大同之世,家族制度破坏,姓氏为物毫无用处,必当废灭,殆无疑义。"(1917 年 3 月 27 日日记)二是他不曾改名"废姓玄同"。1925 年 7 月他在周作人的书房初见日人废姓外骨所著书,在不久后的日记中记道:"此人本姓宫武,后废姓而单称外骨,或称废姓外骨,或称半狂堂外骨,半狂堂系外骨所开之书店也。我自读师复之《心社意趣书》以来,亦想废姓了,今又见此,更增添废姓之念。但姓虽废而玄同与疑古两名则欲兼存之,因此两名我均爱之也。拟写作:① 疑古玄同,② 玄同疑古,③ 玄同,④ 疑古,均无不可。"(1925 年 8 月 4 日日记)他后来请同古堂刻两枚牙章,"文曰:钱玄同(仿汉印白文)、钱疑古(细朱文小篆),以便带在身边随时可取用也"(1934 年 8 月 31 日日记),表明他实际并未以名号取代"钱"姓。有关民国前期疑古思潮缘起的研究,多用力于清代姚际恒、崔述至康有为等文献辨伪和经今文学发展的促成因素,但是从这一思潮的始倡者取号玄同、疑古的出处和依据来看,显然不应该忽视近代无政府主义思想观念的内在影响。

钱氏在这一时期里用过的名号,尚有慵斋、渊桐、泉夏、师黄、浑然、扫雪斋主人等。

1932 年至 1939 年为第四时期,可称之为"龟竞、彦均"时期。

九一八事变、一·二八事变以后国难加剧,促使暮年时期的钱玄同对社会、民族、人生问题作出深入思索,这在名号择取上也有所反映。

---

① 胡秋原《一百三十年来中国思想史纲》,台北学术出版社,1983 年。

他在 20 世纪 30 年代前期取过三个别号：急就顾、龟竞、无能子。"龟竞"含有两层意思，一是黎锦熙之父撰写了《龟法颂》一文，并和他谈论"龟走"之义，"因思行年四十六矣，年来行事太像兔子之睡，从今年起当学龟走"。二是亡友单不庵曾取过此号而未用，"不庵一生龟竞，密勿勤劬，死而后已，深可效法，亦可纪念亡友"（1932 年 1 月 4 日日记）。拟号"无能子"是在 1934 年 1 月初，也有两层意思，一是"比来深感到我之无能，一事不成，一学无成，精神、身体皆毫无能力，因自本年始自号曰无能子"；二是忆及早年读《新民丛报》上"扪虱谈虎客"（林之夏）的文章，"言唐末有无能子者，作《无能子》，有《圣过篇》，其价值当与梨洲媲美。当时阅之不解，后购得《百子全书》中有《无能子》一书，然亦未注意，今日检出阅之，上拟鲍生，下侪邓牧，与我意亦适合也"（1934 年 1 月 26 日日记）。

1937 年，钱玄同先后取了三个经仔细考量而定的号。

首先是春季所拟的"义鹉"，以替代同音的"疑古"一号。"以'义'诂自由，绝非纵恣自由之谓，盖有独立不苟与俗合。我生平无他长，惟不徇俗、不阿容之精神，自己亦颇自负，故欲以'义'字为名也。'义'字之义有二：一、精神上自繇独立（孔孟说）；二、行为上尽我所能（墨子说），即仁之用也。拟用'义鹉'两字，意谓以义为准也。"（1937 年 10 月 25 日日记）此后数月的日记，也被冠名为"义鹉日谱"。从中可以发现在晚年的钱氏身上，反传统的"疑古"精神已经明显淡化了。

其次是 12 月 8 日拟号"彦均"。他认为"'彦均'二字甚雅，用以治小学之别号最宜也。且此二字含有五义：一、《彦均》，小学书名（《滂熹》之异名），表示治小学。二、'彦'，君子之美称，与用'倩''德'等字同义；'均'，'韵'之古字，言治音均也。音均固小学之一部分，但我最注意音均之学（包声均），而又以音均来贯形义，故特举'均'字更好。三、'彦'，同上，'均'与'钧是人也'之'钧'通用。四、'彦'即'颜'之母音，颜之《存治篇》，与黄之《待访录》有些地方有同等之特色，且我最服膺颜氏者。五、借为颜钧，山农字也。王阳明之学，一进而为心斋，再进而为山农，于是有何心隐、罗近溪、李卓吾，皆王学中至上之人物，吾所最佩服者也。以古人之姓名为名，表示举扬古已有之，如扬尧舜、司马相如、颜之推皆是"（1937 年 12 月 8 日日记）。

由这一别号承荷的涵义而言,不仅表明他对颜李学说的推崇始终不渝,也反映出阳明后学诸子的学术精神对他潜移默化的影响,而后一点恰恰是有关研究者都未曾注意到的。

最后是12月13日拟号"并介子"。这一别号的出典是嵇康《与山巨源绝交书》:"吾昔读书,得并介之人,并谓兼善天下也,介谓自得无闷也。"钱玄同表示:"我兼济事业在语言文字,而独善事业亦即是此,盖细绎语言文字之变迁历史,及考古音古字古义之真相,是我所以自娱也;用以斟酌取舍,使适用于今世,是我所以兼善天下也。我能兼济之事惟此而已,故今后拟自称为'并介子',于是'独头''仁他'等号均可取消矣。"(1937年12月13日日记)

钱氏在这一年底对以往所取的名字号作了盘点和总结,"于是我定今后所用之名号,名夏,字季,号玄同、疑古、饼斋、彦均,别号急就顽、并介子。与妻共有者:恒恍庐(此四年来挂在太太卧室之门楣者也)。"其中"饼斋"一号向来被看作他信奉经今文学的宣示,但他本人赋予它另一层涵义:"饼斋亦可写为'并齐zhai'。并,仁也;齐,恕也。若'疑古'又作'义鹄',则义也。义、恕、仁三者备矣。'义'(用崔叟说则尚兼用墨子说,则尽我所能而为之义也)与'并'义亦相关(我尽我能之谓)。'仁他'一名虽出《急就》,而字面不甚好,远不逮'并'也。"

1938年北平沦陷后,钱玄同即请人刻了三枚印章:钱夏玄同、吴兴钱夏玄同、疒叟,通过突出旧名"夏"以示反抗日寇的民族气节。他在这年初取了一个别号"匽佚",又可写作燕逸、偃逸,此后用过的字号还有鲍疒、钱疒、烨、饼斋和尚等。"疒叟"一号有时合并为"瘦"字,是他上一年取号"鲍山病叟"的略写,鲍山位于他家乡湖州,"实为先六世祖发祥之地,鲍山中至今尚有一钱家浜,先世故墓皆在该浜之中。我近来忽然抒怀旧之蓄念,发思古之幽情,故拟用此二字。至于'疒叟'二字,系用《说文》及其更古之义,考《说文》'疒,倚也',人有疾病,象倚著之形。叟,古甲骨文也,象人手持火炬在屋下也。盖我虽躺在床上,而尚思在室中寻觅光明,故觉此字甚好"(1937年8月20日致周作人函)。时隔一年多,钱氏又觉得"疒叟"可改作"肏叟"。"肏"字原是他在1914年、1915年间弃用之名,"今阅廿余年,忽思此肏字颇不坏,近来对社会、对朋友尚不想肏,对室人则勃豀时见,极想肏。肏、疒国音同，故可又名'肉叟'以自勉焉。'叟'字义为在室中以手举火寻求光明也，朱丰芑、俞曲园皆以'叟'为古'搜'字，义亦甚好也"（1938年9月5日日记）。同年10月所拟"籇庵"，是钱氏晚年取的最后一个别号，又可写作笕暗、籇闇。"籇"是指古人书写用的简牍或纸张，钱氏借以表示释字，他自述取号缘由："近两旬来时时翻阅段《说文》、朱《说文》、王《广雅》三书，此三书置床头，昨日又翻《字诂》及《义府》，予自此决以释籇为业矣，至于饼斋及疑古两学，当以为副业。拟请人刻一图章曰'籇庵'，不作'觚盫'及'柧广'也。"（1938年10月23日日记）

综上所述，钱玄同一生取用过的名、字、号近五十个，数目之多，并世似无出其右者。他在《反对用典及其他》一文中曾表示："人之有名，不过一种记号。夏、殷以前，人止一名，与今之西人相同。自周世尚文，于是有'幼名，冠字，五十以伯仲，死谥'种种繁称，已大可厌矣。……唐、宋以后，'峰泉溪桥楼亭轩馆'别号日繁，于是一人之记号，多乃至数十，每有众共所知之人，一易其名称，竟茫然不识为谁氏者。"这段话大可移作批评他本人，亦可知其旧式士大夫顽习颇难消除。

（原载《近代史资料》总123号，中国社会科学出版社，2011年。改动后收入《中国近代思想家文库·钱玄同卷》，中国人民大学出版社，2015年）

读《钱玄同日记》三则

《钱玄同日记》(福建教育出版社 2002 年影印,16 开本精装 12 册,7 600 页)手迹极为潦草,与日记主人抄稿、题扇或书联时判若两人,意者其并无胡适那样以日记供人借阅的打算。日记以影印方式原貌呈现,虽使人识读艰苦,却比一些只肯排印示人的日记更让读者踏实。至于日记在考镜个人生活史、见证现代学术思想变迁方面的价值,也无庸赘言。勉力通读之际,随兴会所至而时有识小之录,爰取三则合成此篇,以供商榷。余则尚俟异日。

一、章太炎东京讲学的实相

章太炎一生的七次讲学活动,当推 1908 年至 1911 年间的东京讲学历时最久、成效最为卓著。有关这次讲学具体情形的梳理,今人皆依据朱希祖日记稿本的记录及许寿裳、周作人等的回忆。汤志钧先生所著《章太炎年谱长编》中,逐条迻录朱氏日记所记讲学日期及讲题凡四十七次,至今仍是最为详尽的记载。但是朱记有两点缺失,一是未交代讲学的缘起,两处听课者也不作区分;二是仅记录章氏讲《说文解字》《庄子》《楚辞》和《尔雅》等几种典籍,未记讲史内容,因而不能印证章太炎在答问"先生所讲何学"时所云"中国之小学及历史。此二者,中国独有之学,非共同之学"。《钱玄同日记》里的相关听课记录则更为详实,不仅在内容上可弥补这两点缺失,所记听讲次数也比朱记多出四十余次。据钱氏所记,最先请章太炎讲学的是几个四川籍留学生。他和龚宝铨在 1908 年 3 月 22 日"至太炎处,意欲请太炎来讲国学(先讲小学)。炎首肯,惟以近日有蜀人亦请其教,言当与蜀人接洽云"。29 日从章氏处获知"昨日四川人业已拟定场所:帝国教育会,日期:水、土曜,时间:二时至四时。浙人凡五:余、逷、尤、复生、未生"。4 月 4 日第一次讲学是在清风亭,"今日太炎所讲为古音旁转、对转诸端。商议定为以后礼拜三、六两日开会,一星期共五小时"。4月8日在帝国教育会讲《说文序》,次日钱氏"得太炎信,言帝国教育会场所太贵,每月需价二十五元,而太炎现迁大塚町之屋,楼上有十一叠五屋,可供讲习之用,地方风景最佳,有如园林。大喜"。但仅隔一天,10日"晚得董特生来信,知已租定神田大成中学校屋,每月赁金十元云。则太炎处一时只好作为罢论,况闻太炎迄因无钱,亦未迁往该处云"。自4月11日起,讲学地点即固定在大成中学,当天"自二至五点,共教三点,教部首始一终亥(五篇止)。始知部首诸字今不用者,往往即为某俗字之正体,余别以小册识之"。至7月1日,钱氏记录章讲学十九次。

1908年7月2日,钱氏获悉许寿裳、鲁迅兄弟等想利用暑假时间,请章氏另开班讲学,立刻表示"余与龚、逊二人拟再去听"。此即更为今人熟知的章氏《民报》社讲学。许寿裳《纪念先师章太炎先生》及周作人《谈鲁迅往事》都说讲学在每星期天举行,其实不然。据钱氏所记,自7月11日在《民报》社开讲《说文》,此后一直固定在每周二、五的上午或下午讲课,并且在9月上旬即中辍,"因各人校课(学校开)多有冲突,故今日停止上《说文》课,容后议之。"(1908年9月11日)此后除了9月27日、11月1日两回听讲记录,钱氏日记中再无《民报》社讲学记载。但每星期三、六在大成中学的讲学仍持续进行。朱希祖日记的听讲记录至该年10月31日止,翌年他即回国任教。钱玄同的相关记述,不仅较之朱氏所记更为具体,且能接续朱记中断的记录,从中可知章太炎在大成中学讲授有关文史之学的几种典籍。据钱记,章氏于1909年2月20日至3月27日之间,讲授《汉书》律历志、礼乐志、郊祀志、刑法志、食货志、百官公卿表等;同年3月11日至4月8日,讲授《文心雕龙》;同年3月31日起,讲授《毛诗》;同年4月15日起,讲授《文史通义》。此后10月份日记有两次讲授中国文学史的记载,中间阙数月,盖因钱氏自4月后在大成女校做兼职教员,故中断听课。同年7月份又回国一个半月,至1910年已离日回家乡教书。因此章氏讲学的内容及次数,也必定不限于钱氏所记。

有关章氏讲学具体内容的记录,今人知之甚少。小学方面曾有一册听课笔记《说文籀》,系章氏本人署题,钱玄同晚年仍然保存着,今已不知下落,其内容或可从章氏同时期著作《文始》《小学答问》中略窥一二。是否存在讲《汉书》《诗经》的笔记或讲义,则未见钱氏说明。但他提及章氏讲《文史通义》的自撰讲义《章学诚言》,是在晚年整理书籍时检出,系朱希祖手抄本一册,"老夫子于一九〇九年讲《文史通义》甚好,绝无后来之卫道气也"(1938年12月5日)。《历史文献》第九辑[①]刊出《章太炎先生〈文心雕龙〉讲录二种》一篇,当属仅见的东京讲学记录片断。点校者署"朱希祖等记录",介绍稿本用纸系"松屋制",书封正反面分别题"钱东潜记"和"蓝本五人:钱东潜、朱逖先、朱逢仙、沈兼士、张卓身"。按"钱东潜"必为"钱德潜"之误,此稿应署钱玄同笔录。钱氏1909年日记用纸均有"松屋制"字样,是年3月22日:"下午借取逖先、未生、卓身、兼士及余自己五本《文心雕龙》札记草录一通。"此稿记录不全,实因其时章氏尚未讲完此书。黄侃在1909年3月重返日本,适值章氏开讲刘勰之作,这对黄侃日后研究龙学必然大有裨益。而黄氏十年后撰成《文心雕龙札记》,于"题辞"中交代采录孙诒让校语、李详补注之处,却不提及早先听课经历。金毓黻曾讥斥范文澜《文心雕龙讲疏》多有掠取乃师《札记》之处,若能找到当年听课者的完整笔记,则章门的龙学授受源流自可了然。章氏讲授文学史,朱希祖当属直接受益者,他回国后任教于杭州师范学堂,所开课程即中国文学史,事先还函请章氏指导。钱氏1909年9月9日记:"昨晚得遏先信,言彼在校中教文学史,嘱我请益于先生。今晨因往,先生作函告遏先。午后作致遏书,即以师信寄去。"朱氏后来撰写《中国文学史要略》《中国古代文学史总论》《文学论》等,其中多有章氏文学史观的印迹。钱氏日记中仅有两则长短不一的相关听课笔记,可谓难得的现场实录:

> 谈及中国文学史中有价值、能独立之文人,都计一百九十人(目另列)。(1909年10月2日)
>
> 讲文学,时听者有廿人左右。无书,惟凭口说,今日大致是讲叙录

[①] 上海古籍出版社,2005年。

之学。师言千古书籍传播之功推三人：一孔子，二刘向，三冯道。道之学虽无能为孔、刘之役，但创剞木板之功甚不可没，盖自是而书籍无亡失之患矣。又言今之四部势不能返为七略，郑樵、章实斋虽有复古之志，但识有余而学不足（纪昀贱儒不足道矣），故徒托空言。但今日书籍浩繁，欲编一完全无疵之中国书籍叙录，其实甚难。盖日不暇给，虽孔、刘复生，亦不能尽善尽美矣。今若泛论之，则史部（以下专指四库）仪注类宜入礼类，史部书籍尤多，势不能复入春秋类矣。子部九流甚为难分，计今日可分者惟四家而已：

儒、法、道、杂：合为一家。盖自汉武以后，学者总不敢批评孔子。凡百子书，皆含有仁义道德之言，是儒家也。然如韩愈之拘牵，犹读《庄子》等书，是兼治道家也；而著作中每多有关政治之言，是法家也。其他一人之意见无流可归者，是杂家也，如《绎志》《潜书》等等皆然。是非合一不可也矣。

名家：此后论理学可入。

阴阳家：如《皇极经世》等入之。

小说家：古之小说，实纪一方风土人情者，故艺文志中有《周说》《周纪》《青史子》等书，后世之方志宜入此。章实斋欲以正史拟志，至以诏令等实本纪，可笑之至。近世言社会主义者，多详社会现状，亦可入小说。若《红楼梦》等实非古之小说，只可用四库例坩存之而已。

墨家今已亡。（案师漏去农家未讲，容问之）将来外来之哲学亦无从分派。（1909年10月24日）

二、大学如何排课

高教史研究论及学术独立、思想自由的大学方针和理想时，常用的佳例便是蔡元培执掌北大，或梅贻琦之于清华，大学内系所层面的情形则乏人探究。其实这一层面的运作状况，更能反映教授治校的落实程度。考察日记所载钱氏做系主任时编排课程的日常工作，当可收"于细微处见精神"之效，对当今教育改革也不无启迪。

钱玄同于1929年1月就任师大国文系主任，此后直至1934年，每年两学期开张之前,他都要为排课而紧张忙碌,包括与拟聘教员约谈、课程名称及钟点的斟酌、教师薪俸数的商定等,都由主任决定后报送学校"文牍课"。其间并不存在校方的任何干预,而学生却能对课程设置发表意见和提出建议。系主任既握有实权,也承担相等的职责,尤其能考验学养和眼力。披检钱氏这几年时断时续的日记,可以看到他在排课之事上耗费了许多时间和精力。如1929年2月26日约刘文典谈上课事,"访可敬之刘叔定,谈共将近三小时,无聊之至,为之在师大排二小时之'汉魏六朝赋'也。"此后3月至9月上旬无日记。9月12日:"本学期师大功课表弄了十来天,昨晚方蒇事,今晨送至师大,教员及薪酬名单亦并交。"次年9月12日:"今日将师大本学年教授(全)及讲师之一部分名单送出,请他们先送聘书,而功课尚未排也。"15日造访周作人,征询其意见后定下两门课程:"徐元度(霞村)'近代西洋文艺思潮'二、傅仲涛'近代日本文艺思潮'二。"("二"表示两节课,下同)20日"访遇夫(杨树达),拟请其添讲'修辞学',但须改名"。22日"访检斋(吴承仕),商功课事,未决定",后再协商,至28日定下课程。每确定一种课程都得费去数天时间。至10月14日,"今日非将师大全部课程弄妥不可。早晨访金源于其家,不值,知其下午女师大有课,即西行。先访遇夫,决定:高等文法二、古文词例二。午后二时顷至女师大,晤金源,决定:清代思想概要二、儒家哲学二。金源思想甚佳,与适之为近,教此二门,甚为适宜也。六时访(沈)兼士,决定其课为:文字及训诂二(旧名'文字形义学',不通)、右文研究一(此课较新颖有用)。晚九时回孔德,得宇众留信,知其不愿教文学史,约明晨七时许来面谈。灯下将全部课表写定,已三时矣"。次日清晨,夏宇众来访,"谓决不能担任文学史课"。在商谈无果的情况下,钱玄同只得采取变通举措,"拟暂以中国诗歌史代之"。此后三四年里,钱氏在外出觅人承担文学课程上总不能遂意。如1931年秋季约请孙大雨教"西洋文艺批评"课,孙未应允,转而推荐杨周翰;钱与杨商谈两次后也不能落实,奔波半月后始约定郭彬龢担当,课名也变更为"西洋文学批评史"。约沈从文授课一事尤其大费周折。

1933年,钱氏打算"请沈从文教西洋文学或新文学"(1933年10月16日日记),他与沈氏素无交往,就让黎锦熙致函郑振铎托其代邀。一周后未见郑回复,遂再去函询问。10月26日,他从周作人处得知,"沈决不肯来教,彼于上星期日《大公报》文艺刊同人雅于北海已知之;且知郑、杨(郑振铎、杨振声)诸公均代劝驾,而此公甚腼腆,不愿教也"。周作人表示愿再去劝说一番。三天后"得启明寄来沈从文及代我劝驾之杨振声信,知沈氏决不肯就,此事尚须费心也"。于是钱氏转念想到代劝的杨振声,"径请杨金甫教比较文学,岂不良佳?"第二天将拟聘杨氏事告知周作人,"他告奋勇,说明日亲自出马去说"(1933年10月26日、29日、30日日记)。但钱氏打算再次落空,隔天"得启明转来杨金甫信,知彼又不愿干。怎么办呢?……仍决我再亲找杨,若不来,劲再亲访沈从文也"。此后他两访杨而不遇,11月2日"三访杨振声,他坚决不肯来,允为再代邀朱佩弦。我并且再托启明代邀,且看下文如何也"。4日"得杨金甫书,知佩弦已允教新文学。甚喜"。于是他即访杨振声"谢媒",并去见师大校长,"请其印发聘书"。他在11月7日坐了两个多小时的汽车抵清华,将任教聘书交到朱自清手里。朱在授课未满一年后也辞去,改由吴文祺教"新文学概略"课。至于中国文学史课程,从1934年9月约请郑振铎讲授而未果来看,数年内似乎一直未能如愿开设。无怪钱玄同某次下午至半夜始排定系课程表后发出感慨:"孔累。搭七巧板、摆养智图,真不易也!"(1933年9月15日)

　　学生通过张贴议案或选代表交涉等途径,对课程设置提出建议或表达不满情绪,这一现今大学里罕见的情形,在钱玄同任内出现过不止一回,而他对此也能表现出择善而从的开明姿态。例如他对北大教授林公铎并无好感,仍约请其讲授"论说文"一课,即"徇学生之请也"(1930年3月13日)。在钱氏就任的第二个学期,他在公布课程表后两天,"见校中人贴黄榜,云国文系于今日上午开大会讨论功课事",他不明究竟,托人打听后"乃知对于新排功课,认为有些要削除,有些要加添"。费神弄妥的课表被质疑,难免有些不愉快,"这太麻烦了,他们干么不早说呢"。第二天"师大学生靳德峻、李荫平、吴其仙三人来办交涉,要将徐耀辰、黎劭西、杨遇夫三人新添之科目削去,甘大文开除,请黄节教诗学、容庚教龟文、商承祚教金文——对付了足足三个钟头,允将甘开除,三教授不能更动,且不能不教;若不教,我则不干,其他酌办。又请孙有再去剀切晓谕一番。七时孙有来,云无事矣"(1929年9

月14日、16日)。这一幕师生平等对话的场景,颇令人生出几分物是人非的感慨。对于学生的聘教要求,如果条件允许,钱氏也一定会采纳施行,聘请古文字学家商承祚一事即可为证。在时隔一年后,他从顾颉刚来信中获知"商锡永被广东中山大学所排挤而去,颉、希(容庚)、孟真(傅斯年)诸人均愿招之来平,初拟请清华聘请,而国文系允之而史学系不允,每周只能在国文系任四小时课,拟商我与劢西,由男女两师大诸校聘为教授。我是极愿请他,但恐凑不成十小时,因于晚上访劢西,问其女师院研究所中能否请他任研究员。劢谓名额已满,明日当商诸旭生"(1930年9月14日)。但第二天钱氏已决定由国文系聘为教授,让顾颉刚发电促商氏速来。十天后商从广州抵北平,钱氏即与之商定国文系十小时课程,包括甲骨文研究、金文研究、金石名著研究。于是一年前学生的要求终得兑现。

在钱玄同聘任教员的日常工作中,有时会出现因友人或相识推荐而被动聘请的情形。如1930年3月8日,同校英文系主任温源宁请他吃饭,"为李释戡拉皮条。结果答应了他四小时:① 宋诗,② 中国戏剧研究"。他本人也曾总结排课不尽如人意的三点症结:"一、教授须凑足钟点;二、为情面而设重复课程;三、有几位先生只能教特别功课,而不能不顾情面也。"(1932年9月8日)然而钱玄同并非为情面而不讲原则立场之人,对此可引为佐证的事例之一,便是他不肯聘用蔡元培、李石曾两位大佬推荐之人。1930年10月2日"午后访谬人胡春林,因为他是蔡、李二公所荐,师大不得不敷衍一下也。唉,无聊"。第二天"胡春林来,说可教宗教哲学(!!!)、经术文(!!!)、史传文、经学通论等,发了许多谬论而去"。连施数个惊叹号,是钱氏日记中表达反感和不屑之意的惯用手法。

尤其可贵的是,钱氏在取舍课程的具体工作中,有意识地贯彻思想自由、推进文化革新和避免意识形态说教的教育理念。他在1933年9月制订课表时,设计了一门"古今白话文学选读"课,然后去找合适的教员承担。他概括此课的基本内容及意图为"自元曲至现代白话文学,以上则略说而已,至于宋之白话词、汉唐乐府、唐宋白话诗,亦可稍稍涉及。如此'包藏祸心',庶可对于正统文学'窥窃神器'也"(1933年9月9日)。只是请来授课之人因故辞职,这门课不得不停止。吴承仕讲授的"校勘举例"一课仅两人选修,他与钱氏商量,想取消此课而改上"《仪礼》"。钱玄同即时的反应是"这不但手续上麻烦,且恐更无人听了",未予认可(1930年11月25日)。设想吴氏若改上经学史而非经学课程,钱氏的态度必然不同。1932年9月,有人致信钱氏,要求他在国文系增设"唯物史观"课程。钱氏断然否定,认为:"历史系已有了,岂《圣经》须各处宣传,如道旁赠'马太福音'书乎?"(1932年9月21日)有鉴于钱玄同秉持的教育理念,其言行实在也无可厚非。现今坐拥皋比、手执教鞭之人中,能有几个堪与钱氏比肩?

三、黄侃拜师的"罗生门"

1919年春黄侃拜年岁相若的刘师培为师,已成为现代学术史上的美谈。而拜师的由来及经过,因刘、黄二位均未留下文字记述,使得后来传闻歧出。综合各种相关记载,大致可归入被动说与主动说两类。

被动说的典型表述见于黄氏侄子黄焯所记:刘氏病危之际,"一日凄然谓先生曰:'吾家四世传经,不意及身而斩。'先生伤其无子,强慰之曰:'君今授业于此,勿虑无传人。'君曰:'诸生何足当此。'曰:'然则谁足继君之志?'曰:'安得如吾子而授之。'先生蹶然起曰:'愿受教!'翌日往,执贽称弟子,扶服四拜,刘君立而受之。"①黄侃学生陆宗达《我所见到的黄季刚先生》一文也记载道:刘氏在北大对黄侃感叹"四世传经,不意及身而斩"的遗憾,"季刚先生说:'您想收什么样的学生呢?'刘先生抚着他的肩膀说:'像您这样足矣。'季刚先生并不以为戏言,第二天果然正式去拜老师,登门受业。"而陶菊隐《筹安会六君子传》中的类似记述更像是电影脚本:"刘弥留时叫人把他的同事黄侃找来,当黄靠近榻边的时候,他勉强撑着震颤的手,在枕头底下拿出一部抄本来递给黄,是他毕生研究得来的音韵学。他吐着凄咽的声调说:'我一生当论学而不问政,因一念之差误了先人清德,此学非公莫传,聊作临终之自赎吧。'黄连忙趴在地下磕头,拜他为师。他脸上挂着一丝笑容而逝。"

主动说也有几种颇相差异的叙述。依黄侃妹夫温楚珩所记,某天黄氏

---

① 《黄季刚先生年谱》,又见《记先从父季刚先生师事余杭、仪征两先生事》。

托他预定一桌酒席并备香烛,届时见黄拥刘上座而叩头行拜师礼;事后黄氏解释道,三礼之学为刘氏家学,今刘病肺将死,不如此不足以继绝学①。黄氏弟子杨伯峻《黄季刚先生杂记》一文中,也转录黄氏对其所言:"我和刘申叔、太炎师在一起无所不谈,但一谈到经学,有我在,申叔便不开口。他和太炎师能谈经学,为什么不愿和我谈呢? 我猜想到了,他要我拜他为师,才肯传授经学给我。因此在某次只有申叔和我的时候,我便拿了拜师贽敬向他磕头拜师。这样一来,他便把他的经学一一传授给我。"而梅鹤孙(刘师培外甥)转述刘氏友人尹炎武所谈黄君拜门故事,则又平添诸多细节及第三者:

> 舅氏时在北大专任文科教授,斋夫老陈是专在课堂服务的。黄在先一日与老陈商谈,要拜刘先生为师,又恐刘不肯接受,明日等下课时,须如何如何。知道老陈好饮,赠以酒资,坚嘱明日临时协办。老陈允诺。次日下午,黄自携长线香一束、红烛一对,用一只竹篮提了香炉烛台,又抉了大红毡一条,预先躲在课堂旁边休息室内。不多一刻,老陈照例打过下课钟,舅氏从容出课堂入休息室,则见室内桌上高烛双烧,香烟缭绕。正在愕然,则见老陈铺下红毡,牵曳舅氏坐在椅上不使动。季刚从旁闪出,急趋至前,跪在毡上三叩首,口中高叫"弟子黄侃向先生行特敬礼",礼毕侍立。舅氏此时虽颇觉旁皇,然亦无法拒绝他,自是日起就正式著弟子籍了。②

尹氏说的这则故事,显然于黄侃的形象有损。故而黄氏挚交汪东在《题后》一文中贬之为"传闻异词",并记下黄氏亲口告诉他的拜师原委,所述情节又与黄焯的说法雷同。

在上述两类记载之外,尚别有一说见载于钱玄同日记。钱记在时间上先于上述各家,却至今仍不为人知晓。

> 与林景伊、周虎谈。林言黄拜刘为师事,是在民八刘死之前数月。

---

① 贺觉非《辛亥武昌首义人物传》,中华书局,1982年。
② 《青鹤旧屋仪征刘氏五世小记》,上海古籍出版社,2004年。

一日黄访刘，刘谓你的文章总是学无根柢，根柢者经也。黄询以治经之法，刘谓你要治经，可从我研究。黄诺之。翌日刘忽请黄在其家吃饭。黄往，刘盛馔已陈，而燃巨烛，且铺拜毡。刘曰：尔既欲从我学，可即拜师。何震又在旁说了几句很俏皮的话。黄不得已遂磕头焉。旁有陈仲甫作见证云。此事甚奇，然林谓系黄自述云。（1936年4月20日）

林尹（字景伊）是林公铎之侄，在北大读研究生时曾从钱氏治音韵学，后成为黄侃高足，黄氏在金陵大学去世前，他一直随侍左右。在这则黄氏"自述"中，拜师现场尚有刘夫人何震，她当时说了什么俏皮话，今已无从了解。而尹炎武故事中的校工老陈，变成了大名鼎鼎的陈独秀。由陈氏充当拜师见证人，这一点并非不可能。他在担任北大文科学长时，与刘师培私交甚好；刘氏病重卧床不起之际，在旁照料一切，成为刘临终前最亲近之人的陈中凡，也正是陈独秀的得意门生。钱玄同笔录的黄侃拜师颠末，与上述被动说、主动说皆有所不同，直可概括为被迫说。

一事三说，仿佛日本电影《罗生门》的情景再现，也与今人归纳有关义和团叙事的"历史三调"相类似。这些索解为难的问题，在历史学领域屡见不鲜，研究者真能冥想出化解良方吗？

二〇一二年三月九日

（原载《书城》2012年第5期）

康有为的烦恼：怎样学好英语

康有为的英语水平：自学能听说，读写有障碍

康有为对外国事物向来怀有好奇心和探索欲望。早年他就爱看欧美传教士办的报刊，维新变法运动期间也数次上书建议派人游学和开馆译书，但不见康本人有学外语的举动。流亡海外的头三四年，他主要隐居于印度和新加坡，雇一"叻人"（新加坡人）作随身翻译。据报道，"叻人"在长相、口语流利程度上都与英国人无别。但不见有康氏学外语的任何记载。

他自习英语应始于踏上欧洲大地的1904年，随身翻译先后有其女康同璧、准女婿罗昌以及亲信周国贤、林兆生等。想必是日常交际的需要刺激了康的求知欲，况且还能私下里向女儿求正。1904年7、8月份在英国游览之际，康有为似乎已初具口语应对能力，自述曾不带翻译外出，在伦敦街头"独游，亦以试吾英语之能否通行也"，对自己的外语能力不乏自信。年末在德国境内漫游时，康氏还感叹书店里英文书太少，并"购《德英会话》一册"，似乎打算兼通德语。

当时陪他一同游欧的二夫人梁随觉，也受他影响而"好言之"，常喜欢操习几句英语。康有为曾责备她不懂得区分 like 和 love 之义："华文之'爱'字无施不可，而英文之 like 与 love 有分。彼言吾爱某某，多用'罗父'（按即 love）字，而不知此字不能妄施也，此字只施之夫妇狎昵者。"康有为娶的四太太何旃理比他女儿还年轻，令他郁闷的是，康同璧有时会拿此事开玩笑，把何说成是姐妹。她在向西人介绍父亲的"次姬""何姬"时，"一曰妈打（按即 mother），一曰妈择诗士打（按即 sister）；此为璧之妄，西人误听，遂日与何言，谓吾为父。若然，不几以女为妾乎！"这也间接表明康氏的英语听力还

是不错的。

具备听说能力是一回事,能否"读旁行书"则是另一回事,用晚清时的说法,这是通事与文案之别。康有为撰写的欧洲列国游记中,有不少历史沿革和统计数据的内容,此非由目击耳食得来,需要阅读相关文献。康氏能否直接阅读和编译西文原著,也是估量其游记价值的一项依据。虽说他曾自诩译过英文《古兰经》若干篇,还计划翻译一批奥匈帝国的史料,但我们同样依据其本人表述,可以判断他尚未具备读英文著作的能力。

1906年9月,他在德国柏林写信给大女婿麦仲华,抱怨远游无书可读,若能通西文,"何事在此读《通鉴》";他赞扬达尔文、赫胥黎发明的新学新理,同时又自夸"鄙人二十余年未读一字西书",而所见与之"暗合"。他在海外期间所读的书刊,多由广智书局和梁启超从日本或香港邮寄。所以在康有为的信中常出现索书令,如"凡新译书必寄一册来我"(致何天柱),"吾顷在此杜门编欧洲游记,汝处有欧洲之各国书,望即寄来,日耳曼史、英德法各国史皆要"(致谭良),"望寄新出各日本书,各种学问之至精要者,可以一箱来"(致梁启超)。

康有为的英语水平还没到半通的程度,却爱发顾名思义的议论,而有些见解还不无奇中之效。他在《荷兰游记》中以英语官名"加份拿"(按即Governor)中译为例,批评"今中国译者多不通内外官爵制度,凡外国微末者,辄以中国大官之号译之,久则人视为合宜,于是外国微员末秩亦若中国大僚,而中国大僚译为外国末秩,令彼族有见轻之心,令吾国大僚有失体之辱"。"加份拿"官位只相当于中国的知府或日本的县知事,译成"督抚"极不合宜。他认为恰当的对译是:总督对应"歪斯来"(按即Viceroy),巡抚对应"加份拿毡那路"(按即Governor general)。中国历史上官制译名向来是一个棘手的问题,康氏所言至今不失其借鉴意义。

又如"编士"之号(按即Prince),今译作"亲王"已成惯例,原本是日语借词,康有为认为,"编士者,欧洲王亲之通称。今日本译编士之义为亲王,似是而不同也"。因为它过去是"有土之君之号",如英国王太子世为威尔士亲王,相当于春秋战国时的诸侯国君。"然今编士亦为虚爵",远不如往昔地位尊贵,像日本那样凡皇族不论亲疏皆封亲王,是名实不相符的做法。所以他提议凡有外国编士来游中国,只应以"王亲"之名称呼,"则不至误以至尊之亲王之礼待之"。

自远离欧美,不再置身异国语言环境之中,康有为自习英语的热情也很快褪去,似乎学习动力只来自客观环境的刺激,这与他念念不忘的"皇上"学英语情形相类似。给光绪上英语课的同文馆学生张德彝等绝无胆量纠错,使得皇帝自信心高涨,主动要向欧美公使用英语演说新年贺词,不料遭遇冷落,才知道自己英语太蹩脚,遂失去学习热情而代之以懈怠。

康有为的"鸟语"理论:英音似呆鹅,法音最清脆

就康有为而言,还应看到他对英语一向持有的轻视心理,不肯给予它与中文同等的地位。所以有华侨向他表示"当今英文盛行,他日必从英文为一家"的观点时,当即被他断然否定,他认为英国虽已经历近百年的发展,仍无法在本国内实现语言一统,威尔士、爱尔兰、苏格兰每百人中仍有二十五人不通英语。而中文最称简易,语言之异只在音转,文字相同,容易在短期内做到全国语言统一。

"中国变法后,民智日新,则自能以中国文字而明新理,不必依傍欧人。兵力所至,文学力所至,即文字所至,断无学用英文之理。"而在未来的大同世界里,自有"公共至通至易之新文字",更无英语存在的余地。康有为对英语的贬词,也有欧人影响的成分在内,他曾引述西班牙国王对欧洲语言的描写:"班音似神,法音似人,德音似马,英音似鹅,意音似鬼。"他用这段话来证明欧人本身也瞧不起英语,法国人也曾形容英人说话像鹅叫,而鹅在欧洲是出了名的"呆鸟"。康氏进而煞有介事地纠正班王的描述,说是"班音不如法音之清脆为上"。法语之清脆唯有天上的鸟鸣可以作比喻,他构想未来大同世界中新制的通行语,也得像鸟叫那样轻清圆转,"夫兽近地故音浊,禽近空故音清;今近赤道之人音浊近兽,近冰海之人音清转如鸟。故制音者当取法于四五十度也"。

事实上,晚清以后流行称西洋语言为"鸟语",诸如黄遵宪形容的"鸥鸟之音",或翁同龢描绘的"啁啾不已"声,这些都无不带有贬低和丑化"夷语"的色调。康有为"鸟语"论的妙处在于反其意而用之,他在打压那只"呆鹅"

的同时,又将法语送上天,比作大同世界"地球万音室"制音标准,不啻在为"蛮夷鸟语"正名,康有为化腐朽为神奇的本领确实不同凡响。

(原载《澎湃新闻·私家历史》2015年2月13日)

访谈：康有为的保皇会如何雇用和培养刺客？

【编者按】2014年年底，上海朵云轩拍卖行在秋季拍卖会"康同璧旧藏康有为与保皇会文献专场"中公布了一批重要文献。其中包含康有为与康同璧、保皇会成员的大量往来信件及美国、加拿大保皇会各类文件。这批文献比较完整地记录了康有为1905年首次赴美的活动。

康有为从1898年戊戌政变之后便流亡海外，辗转十余年，其间他依托保皇会进行保皇救国，推行君主立宪等政治活动。康有为的海外活动一直以来并不为世人了解，而他依托保皇会所进行的暗杀活动、资助万木草堂子弟留学等，更是湮没在浩瀚的历史文献之中。此次朵云轩披露的相关文献，揭开了他海外流亡活动的冰山一角。为此，澎湃新闻（www.thepaper.cn）特约记者就相关问题专访复旦大学历史系张荣华教授，为读者呈现康有为的海外流亡生活及保皇会的各类政治活动。

澎湃新闻：从1898年变法失败后，康有为便流亡海外，16年间，康有为足迹涉及亚、欧、美三大洲。流亡期间，他都去了哪些国家，主要做了些什么？

张荣华：康有为出游16年这个说法并不确实，只是他自己的说法："出亡十六年，三周大地。"1898年9月底，康有为从上海到香港，再由香港出发前往日本，一直到1914年7月，经由香港回到上海。前后共17年。康有为流亡海外和重返故国，起点和终点都是在上海。

他在海外这些年的具体行踪至今尚未理清。其中值得注意的，除了首尾两段时间在日本，主要就是在1904年离开印度，摆脱隐居生活以后的欧美之行,即从1904年6月到1908年底。这段时间在欧美,康有为游历了像意大利、法国、英国、加拿大、美国、墨西哥、瑞士、瑞典、丹麦、挪威、比利时、荷兰、奥地利、德国、西班牙、葡萄牙、匈牙利、塞尔维亚、保加利亚、罗马尼亚、土耳其、希腊这些国家。其中有些欧洲国家实际上是反复出入。比如他对法国、英国、德国,自称是分别去过七、八、九次。1908年底开始他居住在南洋新加坡。

除了游历以外,康有为在海外流亡的这些年里,主要干了一件惊天动地的大事,就是开创保皇会的事业。

澎湃新闻:提到保皇会,我们知道,这是1899年康有为以勤王为名,在加拿大成立的。这一组织,无疑是康有为开展海外政治活动的基石。保皇会到底是一个什么样的组织?其主要的活动又是什么?

张荣华:保皇会的名字表述不一。最早被称作保商会,后来康有为听从加拿大一个华侨的建议,保商不如保皇,就改名保皇会。又称中华帝国维新会(Chinese Empire Reform Association),还称作保救大清皇帝公司。1906年以后,保皇会先后改名为国民宪政会、帝国宪政会及帝国统一党。短期也曾用过国民党的称呼。保皇会虽然是1899年7月在加拿大维多利亚成立的,但它的性质可以看作是戊戌维新变法期间保国会的延续和扩展。

保皇会的宗旨就是三合一,忠君、爱国、保种。或者可以换另一种表述,保种、保国、保工商。成立保皇会的直接原因是在戊戌政变后,康有为向英国、日本等列强求救,请他们出面干预,受到冷遇,不得已将目光投向海外华侨。于是开始转向借助华侨的力量自立勤王。所以他在海外建立保皇会,目标很明确,就是吸收华侨当中的两类人:侨商和会党。

定义这个团体并不容易。过去简单把它定义为改良派的政治团体,这并不可取。现在说它是一个华侨社团组织,或者时髦的说法,说是国际化特征的松散的海外流亡团体组织,实际上也是隔靴搔痒。过去梁启超说它是"俨然一政府之雏形",康有为的女儿康同璧就直接定义为"中国未有之大政党"。这两种说法实际上更切合康有为心中的预期。因为康有为一直把它当成一个"影子政府"来经营,为他以后回国执政提供实践经验。

保皇会的活动涉及众多领域。政治上,在保皇名义下推行虚君共和制和宪政改革，探索建立现代党国政治的途径。经济上，借鉴近代资本主义经济发展的理念、模式和经验，在华侨当中招股集资，从事投资、开办实业等工商业活动。文化教育上，支持华侨教育，推行留学规划，并广泛刊行各种报纸杂志，深化宣传的喉舌作用。武备上，保皇会在美国开办各类干城学校，培养文武兼备的人才。另外还专项资助从事暗杀活动的敢死队和刺客。

保皇会在各个方面可以说是齐头并进，战线拉得很广。但它内部组织却很松散。虽然它名义上有总会、分会、支会，但彼此并无级属关系。康有为主要依靠个人魅力来掌控这个机构。在保皇会内部，康有为属于马克斯·韦伯所说的那种奇里斯玛型的领袖人物。保皇会事业的发展与侨民会员对他的崇敬程度是成正比的。一旦康有为的人格受到质疑，保皇会的事业就会停止，甚至倒退。

总而言之，保皇会的各项活动，可以说是被迫中断的戊戌维新事业在海外的延续和拓展。它的活动性质是变法维新事业的延续，所以研究中国现代化史不应该忽略保皇会谱写的现代化历程的海外篇章。当然要深入研究保皇会并非易事。它有点类似于敦煌学，文献资料分散在世界各个地区，属于一个国际性的研究领域。也需要世界各国通力合作，才能深入探讨。

澎湃新闻：您刚刚提到保皇会有专项资助暗杀活动。此次在朵云轩公布的材料中，最引人注目的也正是康有为密谋刺杀孙中山的信札。事实上，这并非康有为第一次密谋刺杀。康有为计划刺杀过哪些政治对手？具体是怎样的情况？

张荣华：孙、康关系的研究历来引人注目。二人虽在1899年后结怨甚深，但还不至于到你死我活的地步。对孙中山而言，他不止一次地说过，戊戌政变后，清廷全力追捕缉拿康梁，反而减轻了对革命党人的压力，从而使革命党人获得更多活动空间。所以间接地要感谢康梁为他承担的风险。而康有为认为孙中山和荣禄一样，要派刺客刺杀他。比如他在印度的时候就认为，日本人宫崎寅藏就是孙中山派去刺杀他的。但对于刺杀孙，康有为更多只是说说而已。他在布置刺杀任务的时候，只是荣禄的方面布置得多一点，从没有去布置刺杀孙中山。在这次朵云轩公布的给他女儿的信之前，从没听康有为提及。之前南长街梁氏档案里面保存的康有为给梁启勋的信里面,康有为也曾痛骂孙中山,但未提起要刺杀孙。

这次密谋刺杀的由头主要是 1905 年下半年,梁启超写信告诉康有为,孙中山要派留日学生进京刺杀光绪皇帝。这使康有为大受刺激。因为他期待有朝一日回国执政,而回国执政的前提是光绪亲政。如果光绪被孙中山刺死,就等于击碎了康有为的回国执政梦。这是他难以容忍的。所以这个消息令康有为非常震怒,才出现信中让他女儿要陈岳崧出面行刺。后来大概觉得梁启超的消息不靠谱,也就不了了之。

保皇会确有雇用刺客的具体规划和专项预算。用康有为自己的话说就是"养侠""办事"。办事在康心里有特指的含义,就是办暗杀的事。这方面的活动,因为隐秘性比较强,康有为在给亲信子弟的私信里面也不愿多说,讳莫如深。

因为按他的说法,办事与谈道不同,"谈道贵阳,办事贵阴"。所以他引用孙子兵法说:"难知如阴,不动如山。所以沉深静密者,乃能办事。"在保皇会内部,康有为手下的两大副会长,管辖的具体职责就是梁启超是负责阳的谈道的一面,徐勤是负责阴的一面,管办事。现在有关刺杀的信息,只在康有为跟徐勤的信里面有所披露。徐勤给康有为的信里面就更直白地讲,荆、聂之事他认为是中国第一要事。这和康有为的认识比较相同。梁启超虽然不管刺杀这一面,但他通过写文章,鼓吹刺杀之道。典型就是 1905 年发表的《中国武士道》。《中国武士道》里面鼓吹荆轲、聂政之事,代表了中国悠久的暴力文化传统。

保皇会筹划刺杀的对象,首当其冲的就是慈禧跟荣禄。其他还有张之洞、李莲英、李鸿章、刘学询、董福祥这些人。像梁铁君因为谋刺慈禧而被杀,以及在日本枪杀刘学询,这已经是广为人知的事。而刺杀董福祥,了解这件事的几乎没有人。一般认为董福祥是病死的。实际上按照康有为给梁启超的信,回答梁启超怀疑养刺客投钱过多,成效甚微时就提到,你梁启超不管这方面的事,我有另外的人布置下去。董福祥就是一个显明的成果。

根据最新的研究,在康有为的兄长康有仪 1904 年秋给梁鼎芬的告密信中的叙述,保皇会在北京、上海、陕西一带布置刺客的规模相当惊人。仅仅派驻上海的刺客就有 110 人。在北京,开店铺的、开茶馆的那些两广的人士,十有八九是康有为布置的刺客。或许康有仪出于邀功的目的,有夸大其词的嫌疑,但这潭水水深难测却是事实。

除了重金雇用像陈士廉、梁元理这样的豪杰之士,康有为还有计划地培养刺客。如康有为在和美国保皇会负责人谭良的来往信中,就经常谈起如何"养五十"。有研究认为这是养五十名刺客,实际上是误解。"五十"是指留美的女学生薛锦琴,是代用李商隐的诗"锦瑟无端五十弦"。针对慈禧太后偏爱女留学生这个特点,康有为有意识地让保皇会出资,让薛锦琴到美国去留学,待毕业后回国,伺机行刺慈禧。她在美国就住在谭良家里,一切生活起居都由谭良来供养。但按照谭家人的观察,薛锦琴压根就没想准备刺杀慈禧,她只是想沾光,由保皇会全额资助到美国留学。她还动员好友雷洁琼,跟她一起骗保皇会的钱,但雷洁琼没有去。可见保皇会在培养刺客方面,多是竹篮打水一场空。钱投进去之后,人家就不干事了。

康有为过于看重暗杀的作用和意义,后来自己反受其殃。康有为在欧洲游历之后,最后相中瑞典,准备在回国无望的情况下,定居在瑞典终老。他在那边买好地皮后,却在1908年8月份匆匆出逃。这是因为,他和他贴身的亲信随从兼保镖林兆生闹翻了。林兆生不仅在海外广泛传播谣言,污蔑康有为各种各样的丑事,还联络瑞典黑手党、烧炭党,暗杀康有为。康有为在这种情况下,不得已逃离瑞典,而且从此以后再未回到瑞典。康诗集中那首奇怪的长诗《不敢再来行》背景即在此。

澎湃新闻:通过康有为这起暗杀孙中山的计划,我们看到保皇会与革命党在海外的彼此争斗。今人大多对两派思想上的攻讦有所了解,但其背后往往也有实利上的冲突。保皇会与革命党同时立足海外,都希望得到华侨的支持。当时两派在争夺华侨的支持方面有怎样的冲突呢?

张荣华:保皇会主要吸收两类会员:侨商、会党。海外华侨的上层富裕阶层,也就是侨商,大多较容易接受康有为灌输的君主立宪观念,在政治上、经济上多支持保皇。因为他们自己也想通过花钱捐官,有朝一日光宗耀祖,回家乡谋个一官半职。而康有为把保皇跟救国等同起来,将对宗族、对地缘的认同,上升为对朝廷、祖国的认同。在经济上通过招股的形式,由康有为做出口头许诺,以后加倍返还。把政治信仰和经济利益捆绑在一起,就很容易吸收那些侨商。康有为的保皇会在北美吸收的侨商的数量是非常多的。

相对来讲,革命党是迟到者,在争取侨商方面完全落于下风。但革命党人在普通底层的华侨中认同感比较强。最突出的是对华侨的会党组织的争取。中国古代秘密结社,到了海外以后变成了会党,像三合堂、致公堂等。不同的会党,统称为洪门。梁启超在《新大陆游记》里面专门讲到美国当地华侨的会党组织,声势非常之大。北美的华侨当中,据说十有八九都是洪门中人。

孙中山与康有为对于洪门的拉拢态度实际上是一样的。康有为在1899年,在加拿大已经赢得了洪门的支持。孙中山到了美洲后,也如法炮制,在华侨当中广泛宣传。孙的策略是他们是新革命党,而洪门的前身,明末清初的秘密结社是以反清复明为宗旨的老革命党。老革命党人和他们新革命党人应该是一家人。这实际上就破解了康有为的宣传伎俩。康有为的伎俩是把救国与保皇联系起来,而孙中山是从历史上说老革命党和新革命党是一家。

后来,因为保皇会在经济上的困难,当初对华侨予以丰厚回报的口头承诺没有兑现,使得华侨倒向孙中山革命党一边。当然这也有种分化的现象。洪门内部本身就分化为两派,并不像现在研究所说的,1905、1906年以后基本上倒向革命党。实际上始终赞同康有为理念宗旨的,在华侨之中大有人在。这个情况在南洋也是这样。像丘菽园也是这样。丘菽园一开始对康有为的资助非常多,后来他和康有为反目成仇,就资助孙中山的事业。但他和康有为的个人私交一直很好。

澎湃新闻:您刚刚提到,薛锦琴是由保皇会全额资助留学的。其实流亡期间,康有为从保皇会的经费中专门拿出一部分用以资助万木草堂子弟留学读书,包括梁启勋、麦鼎华、徐良等人。康有为为什么会有这样的举措?

张荣华:康有为流亡海外多年,一直相信有回国执政的一天。所以怎样培养各类专门人才,以备将来执政的需要,也就成为康有为一直在思考的问题。

实际上,他从1900年起就零星地派遣万木草堂弟子亲信留学海外。而形成长期的保皇会资助的留学规划,大概是在1905年底。这一年,他正式定下第一批大概40个人到欧洲、美国、日本留学,接受专业的、先进的知识教育。所以他在年底发函要求横滨、上海、香港各地的保皇会,推举候选人的名单,由他来斟酌确定。而在他本人预先确定的资助留学对象中,包括梁启勋、麦鼎华、徐良、罗昌、王家驹、林铎、周国贤等,几乎是清一色的亲信子弟。像徐良是徐勤的儿子,王家驹就是王觉任的儿子,罗昌这时正在和他女儿闹姐弟恋,周国贤是他的贴身亲信、英文翻译。这也反映了康有为鲜明的用人唯亲、唯旧的理念。他最相信的还是保皇会当中万木草堂的学生。

康有为要求保皇会每年拨付三万元作为资助留学的专款,具体由洛杉矶保皇会的会长谭良来负责。谭良为确保留学的费用资金不断源,便建议开酒店,将经营所得专门用来资助留学。在他的建议下,康有为1906年在芝加哥开办了琼彩楼酒店。康有为评价它是"兴学育才之举"。后来因为财务运转不畅及保皇会内讧,很快资助留学对象缩减为每年不超过十个人。1909年后,保皇会的财政滞胀严重,康有为也退缩到南洋,来往信中已经不再提及资助留学的事情。

保皇会资助的学生虽然人数少,但是在民国的政法界、文教界、科教界都留下了活跃的身影。比如他的女婿罗昌,回国以后在北大英语系和徐志摩、温源宁齐名。现在有关中国近代留学史的研究,实际上应该补上万木草堂留学史这一章。

澎湃新闻:钱穆曾说:"南海早年,实为欧洲文明之讴歌崇拜者,其转而为批评鄙薄,则实由其亲游欧土始。"您怎么看待钱穆的评价?

张荣华:钱穆的这篇长文(《读康有为欧洲十一国游记》)是典型的断章取义,是借康有为的酒杯来浇自己心中的块垒。为此还不惜曲解康有为的原意。

比如,其中摘录最长的是德国游记中的《莱茵观垒记》。钱穆引述的段落原意是讲欧洲列国分治自立,彼此之间战争不断,流血不止,使得遗留至今的古堡、战场的遗址触目皆是。相反中国几千年长治久安,民众免于流血冲突,所以今天在中国可以凭吊的古战场遗迹寥寥无几。

但康有为这段话的结论是祸福相倚、得失相照。他认为欧洲因为常年战争竞争,直接后果就是今天在政治上超越了中国。这才是这篇文章最后的结论,其重心所在。而钱穆抹去了这段重要的结论,反从文章其他地方摘录了几句,拼接在下面,感慨中国人因为一统格局而免于战祸,对欧洲人因小国寡民的政治而饱受劫难表示同情和哀伤之情。

钱穆接着认为康有为是要证明欧洲的政治破碎黑暗,民生憔悴。这就和康有为的结论完全不同。如果只读钱穆这篇文章,而不去对照康有为原稿的话,就不会察觉钱穆的这个嫁接术。如此断章引述,完全曲解了康有为的原意。

这其实也是钱穆蔑视康有为的另一种表达法。钱玄同曾在日记里说:"钱宾四最讨厌康有为,故所作康有为学术述评,对康氏说的是一无是处。"这是我们今天拜读钱穆相关论述所要了解的情形。

(原载《澎湃新闻·私家历史》2015年2月28日,记者为李路)

《中外纪闻》120年：
康有为曾主张"种族革命"

发刊于一百二十年前的《中外纪闻》，既是晚清维新派的首份报纸，更是康有为为扩大变法事业影响力而派发的一张"名片"。于今重探这张名片的前后左右，会发现若干相关的人事实相尚待抉发，而它折射出的多重意义也还有揭示的必要。

《中外纪闻》并非北京强学会机关报

《中外纪闻》的前身是《万国公报》，创刊于1895年8月17日，大约两日一刊，有编号而无年月日标识，虽有报名而更像是木活字印刷的传单。"日出一张，只有论说一篇，别无纪事。"（梁启超语）每期约印出一千份，夹附于《邸报》免费派送给在京官员。它与英美传教士办的《万国公报》差别明显，却偏要挪用其刊名，后采纳李提摩太的改名建议，自第46号起颜曰"中外纪闻"，其实新报名也是从《万国公报》中的专栏名"中外近闻"衍生而来。改名之后反倒与《万国公报》更神似了，其内容除了选登"邸抄"，主要是辑译外国新闻及电报，译介西国科学、教育、文化和政治方面的论著，以及论说一栏。共出了十八期，每期四五页或七八页不等。1896年1月20日遭封禁。

有关《中外纪闻》的各种介绍评析，均认为它是北京强学会机关报，以区别于康有为个人办的《万国公报》。对此通行观点，似尚可从两方面提出质疑。

《万》自8月份起先后刊出45号，于当年12月16日改名《中》，京师强学会在10月份即宣告成立（另有11月成立一说，但不得确证），成立后至《万》改名之前的两个月里，并未将《万》当作机关报，而改名之举也未改变康有为经营报务的事实；所谓机关报，通常附丽于机关团体而并生，不会迟到于两个月后。

其次，康有为在当年10月17日离京去江宁见张之洞，也是迫于强学会内擅权者的排挤；会中实际掌权主事人是张孝谦，乃军机大臣李鸿藻的得意门生，靠山很硬，康氏虽瞧不起他，也奈何不得其垄断会务的强势地位。当时《万》历经月余的惨淡经营，开始提升影响力和规模效应，派送量也从一千扩充至三千，而"疑谤亦渐起"，对康氏办报的种种猜忌诽谤随之而来，给伺机攻击的张孝谦提供了口实，"张既怀嫌，乃因报之有谣言，从而扇之"（《我史》）。遂知京会事不可为，有离京求张之洞助办上海强学会之举。

在这样的事态背景下，说强学会掌实权者会将处于谣诼旋涡中的《万》举正为机关报，确实让人难以置信。康氏出京后即致函汪康年，说明未带梁启超随行之由："卓如留在京，住南海馆，办报事。"特地点明驻南海馆而非强学会所在地后孙公园，办报事而非办会事，寥寥数字别存意味。

"名片"的由来

说《中外纪闻》（及其前身《万国公报》）不啻康有为打出的"名片"，意在凸显他在京活动陷于困境后的对策效应。

康氏自进京上书遇阻之后，为了扩大变法事业的影响力，展示一己"海滨布衣"的过人才干，他充分发挥雄辩敢言、善于与人结交的个性，抓住任何时机结识京城的大僚贵人。与人结交前先递名片是康氏的惯例，李提摩太认识康之前，也是先接着他送来的名片，意识到这是非常正式的问候致敬。时人描绘康与人结交的情形颇传神："（康）颀身修髯，目光炯炯逼人，见人长揖大笑；问姓名毕，次询何郡邑，物产几何，里中长老豪杰必再三研诘。取西洋铅笔一一录其名，储夹袋中。"（胡思敬《戊戌履霜录》卷二）他拜访在京官僚也不分白天黑夜，每每于夜晚时分夹着铺盖，踏着月光，敲开某京官大门，递上名片后便是滔滔不竭地高谈阔论。

然而，试图靠多方结交以造声势的努力并未得到预想的效果，拟就的上书仍然被阻隔，结识的贵人还是对他无好感。至1895年7月第四次上清帝书仍为堂官拒绝代奏后，康氏方痛切地认识到："以士大夫不通外国政事风俗,而京师无人敢创报以开知识,变法本源非自京师始、非自王公大臣始不可。"感化若干达官贵人无济于事,需要打造一张大名片,在京官群体及地方督抚要员中广为派发,用西方新知刺激官僚的大脑皮层,粗使之开明通达,为变法也提供政治基础和舆论准备。于是很快就有了《万国公报》的创刊。康氏本人对刊报有简要说明:"乃与送《京报》人商,每日刊送千份于朝士大夫,纸墨银二两,自捐此款。令卓如、孺博日属文,分学校、军政各类。日腾于朝,多送朝士,不收报费。朝士乃日闻所不闻,议论一变焉!"

这张"名片"上并未出现康的大名,似乎与其本意及派送意图不相符合,但康有为的谋略远虑并不担心这一点:"当时莫知报之由来,有以为出自德国者,有以为出自总理衙门者,既而知出自南海馆,则群知必吾所为矣!"(《我史》)

康有为的创举其实来自陈炽的启迪诱导。

"江西三子"的助力

所谓"江西三子"是见于晚清汪康年朋友信札中的说法,指三个江西籍的京官:陈炽、文廷式、李盛铎。三人均可谓见识卓荦、议论闿达,对于康有为甲午后在京的变法活动提供各种支持,而陈炽的助力尤其难能可贵。

强学会成立之初,陈炽(1855—1900)以举人任户部郎中,兼军机处章京,地位远高于康,却因性格意气相投而关系密切,过从频繁。翁同龢曾私下恶评陈、康两人为纵横家、策士,也间接可见其风格接近。黄濬《花随人圣庵摭忆》记两人抵掌谈时政,倡言无忌,陈谓曾国藩出缺之职应由刘坤一补,"康抚掌称善,陈言便可决计,无用游移。真忘其一为员外而章京,一为新进之主事,乃妄人耳"。陈炽的看法和建议多对康氏产生直接作用,比如康自言对光绪向无好感,不信皇上圣明,是陈告诫他"皇上实英明通达,过于群臣",此说教直接形塑了戊戌以后康的保皇特征。这里必须突出的一点,即为康氏定下"先报后会"的变法策略。

康氏在多次上书条陈不达、新政难行的困境下,决意以组建新式学会作为突破口,认为"开风气,开知识,非合大群不可,合群非开会不可。故自上书不达之后,日以开会之义号于同志"。此刻正是陈炽适时予以点拨和纠偏,"陈次亮谓办事有先后,当以报先通其耳目,而后可举会"。

这一谋划直接催生出维新派的办报创举,对此后康氏推进变法活动作用甚大。陈炽对报刊的利器功用颇有会心,在完成于 1894 年的《庸书》中已倡导民间自由开设报馆,达成"集思广益,四民之智识宏开;殚见博闻,万里之形声不隔"的愿景。受到陈炽的启发和鼓舞,康在 1895 年 7 月上清帝第四书中,专论办报举措及功用,其见识已非前几次上书可比。他将"设报达聪"列作变法基本措施,认为"中国百弊,皆由蔽隔;解蔽之方,莫良于是"。因此直省要郡和州县乡镇都应当多开报馆,"至外国新报,其最著而有用者,莫如英之《泰晤士》、美之《滴森》(按即《时代周刊》),令总署派人译其政艺,以备乙览,并多印副本,随《邸报》日发"。这些具体设想很快就在其创办《万国公报》实践中得到落实。

陈炽与康有为的"先报后会"论,与当时黄遵宪"重学会,轻报事"的议论形成鲜明反差,而身临其境的梁启超的看法也很有意思。

他在 1895 年 7、8 月间即康氏筹办报刊之际致信汪康年,表示"欲辑《经世文新编》,专采近人通达之言,刻以告天下。其于转移风气,视新闻纸之力量似尚过之"。可知梁虽承担了《万》《中》的具体撰述任务,但与康的兴趣点及用力处不一样。所以他的朋友吴樵也看出梁"颇以康为不然,而不肯出之口,此其佳处"。梁本人提及《万》《中》之事,见于 1912 年由日返国后在北大、北京报界欢迎会所作演说词,其时他与康已完全决裂,故而演说中吹嘘自己如何日日辛苦撰稿,雅不愿提及乃师之名,只含混地以"诸先辈"代之,自然更不会表彰陈炽的创辟之功。

"此'中国'非彼'大清'"

《中外纪闻》及强学会,因 1896 年 1 月 20 日御史杨崇伊奏请严禁,而遭清廷封禁。杨是李鸿章的姻家,参奏或许起因于强学会甫告成立,李鸿章主动捐出三千金以求入会,不料为陈炽所拒绝,遂大恨,扬言"若辈与我过不去,我归看他们尚做成官否"。所以谭嗣同认为杨论劾背后必有李的嗾使。李鸿章是后党中坚,封禁报会又可归咎于浊流所为。但康有为明确认为败局由清流一手铸成。这与经元善致康函中谓"清浊两途皆有大不满意于吾公之处"而导致败局的看法也大相径庭。

倒是汪大燮的见解与康氏相合,他代替麦孟华而与梁启超一起承担《中外纪闻》编务,俨然以局中人的资格,判断封禁之举缘于"京中清流之局之败坏"。他在1896年前后给汪康年的数信中,刻画强学会内清流京官彼此倾轧、互不相能的种种态相,与康本人在清流众多的会内遭受排挤的经历一样感同身受。

但康将封禁报事归罪于清流的昏庸无能,背后尚有对满汉格局的关注。清流势力一挫于甲申,再挫于甲午,此后朝政复现满人亲贵擅权用事之局,汉士大夫敢撄锋镝的锐气荡然无存。康视作内援的翁同龢对封禁报事"嘿不一言"作壁上观;康倚为外援的张之洞,初则玩暧昧,对办报开会事慷慨送钱,但又不肯列名,随后又拣出孔子纪年等论述,当作康党心怀异志的罪证而挞伐,以向清廷献媚。康氏恰恰在这一点上针对张之洞的反弹最激烈,在报刊遭禁后给弟子信中仍对此愤激不已:"纪年事,南皮原面许,今已切全翻。以忌我之故并排击孔子,奇甚。岂料攻孔子、不谈经学者,乃出于所谓清流者乎!"(1896年1月26日《与何树龄、徐勤书》)

拿纪年论说事无疑戳及康的敏感处。康氏一向有此"中国"非彼"大清"的信念,确实对清朝怀有异志。在创办《中外纪闻》前数月,他与孙中山的代表陈少白商议合作事,陈谓非推翻政权,决不足以挽回危局,"康首肯者再"(冯自由《革命逸史初集》)。康本人在保国会集会演说中也敢公开预言,异时清朝被外敌推翻,我辈士大夫不妨学钱牧斋作贰臣。1897年,梁启超向康表白所持宗旨是"以种族革命为本位","南海沉吟数日,对于宗旨亦无异词"。数年后康发表长篇公开书,否定梁启超等人的革命论,所持理由是暴力流血冲突会导致外国列强瓜分中国的割据局面。但他对于满人政权必须被汉族统治所取代的信念一如既往。

康氏心中理想的"种族革命"形式,是所谓"内转"说,即通过非暴力、不流血的方式,使满洲政权逐步过渡为汉族政权。康于清人中独服曾国藩,在于他认为政权由满人向汉人倾斜的"内转"进程开启于曾氏,他让满洲人不敢小觑汉士。他在戊戌以后转向保皇立场,但所保之皇实为有名无实的"土木偶"或曰"虚君",既有杜绝野心家之妙用,又有助于政权平和地过渡到汉族手中。

用现今的表述来说，康是主张清王朝不是中华帝国。因此主张改正朔，采用孔子纪年，是推进"内转"的关键之举。1896年1月5日《中外纪闻》上的论说文《中西纪年比较表》，其意味要与当月12日《强学报》上《孔子纪年说》一文参照比读方得显豁。

该文起首云"神州以君纪年，海外以教纪年，义各有取也"，此下即选列秦汉至隋唐王朝纪年的开端年份，配以耶稣纪年的对应年份；随之对宋元明朝大部分皇帝的开端年份也如法复制；末了完整列出清朝顺治至光绪凡九帝纪年的开头之年，配合西历的相应年份。全文对两种纪年未作任何评价，但《孔子纪年说》文旨是批评君主、教主两种纪年的种种缺陷和不足，论证孔子纪年作为完善的纪年法，在合理性、合法性方面均远高于前两种纪年。相形之下，《比较表》的两种纪年并列，特别是完整列出清代诸帝的纪元，其意味读者当能会心，就像民国初期挖苦女校的赠联"教育教……育，学生学……生"，所谓不著一字，尽得风流，《中外纪闻》之文也颇具此意味。

宋恕有言："自中日战后，能转移天下之人心风俗者，赖有长素焉！"维新派创办报章的先导作用，康有为打造名片的示范意义，在清末以来的历史进程中留下的烙印持续显现；相较于王韬托庇于洋人，在香港办报鼓吹变法，康氏等人在京城的创辟之举，在推动社会启蒙革新、影响中国历史进程方面作用更为直接，意义也更持久。

从康氏创办《中外纪闻》以降，将报章视为改良和革新时政、舆情、人心的利器工具，代不乏人，相关的研究也多集矢于此。而不应忽略的是，从消极否定意义上总结借鉴报刊传播历史及其作用，亦是代不乏人。民初遗老即曾倡言"辛亥革命半藉报馆，后世欲开太平之基，必廓清天下报馆"（胡思敬《审国病书》）。此后代兴者对报刊媒体的警惕与束缚，也是有目共睹的事实。这也是今天重温《中外纪闻》创办历程时所当惕然于心的。

（原载《澎湃新闻·私家历史》2015年8月17日）

李岳瑞与《清史私议》

民国肇立之年,李岳瑞即发表长文,就开史馆为胜朝修史事宜阐述一己之见,堪称清史编纂论说第一人。

李岳瑞(1862—1927),字孟符,陕西咸阳人。光绪癸未年(1883)进士,选庶吉士,散馆授工部主事,兼充总理衙门章京。甲午后在京参与维新变法活动,并与康、梁结识。1898年2月,与阎迺竹、宋伯鲁开京师关西学会。梁启超《戊戌政变记》谓其百日维新期间上书请变服制,以西服取代长袍马褂,并任用客卿。政变后入意大利驻京公使馆避难,受清廷"革职永不叙用"的处分。1905年应友人张元济之邀,任职于上海商务印书馆,与梁启超合著《中国六大政治家》一书。1914年任清史馆协修,承撰《地理志》甘肃一节,《邦交志》英吉利一节及部分列传,又为几家报刊撰写社论和随笔。暮年意气消沉,和严复一样染上鸦片烟瘾。所著《春冰室野乘》《郢云词集》《国史读本》等,因署本名而为世所知,而冠以笔名的《说元室笔乘》等数种著述则迄今不为人知晓。

1912年12月的《独立周报》第十一期刊载《清史私议》一文,作者署名"荌兹",文长八千言,分三期连载。此文刊出后受到钱玄同的注意,他在1913年1月2日的日记中写道:"阅《独立周报》。有'荌兹'者著《清史私议》,谓慈禧宜列本纪,与吕、武同例;其说甚辨。"该报具体事务由其友人康心孚经管,钱氏遂去信打听,1月7日日记云:"得康心孚信,知作《清史私议》者为李孟符,陕西人。坚士(沈兼士)谓其长于史地之学云。"[①]据此可以确定《清史私议》一篇必出于李岳瑞手笔。

---

① 《钱玄同日记》第3册,福建教育出版社2002年影印本。

鉴于此民国首份"清史凡例商榷"久已湮没无闻，无论是汇集清史馆要员及民初社会名流有关清史凡例或评论之作的《清史述闻》①，以及当代有关新修清史编撰探讨的《清史编纂体裁体例讨论集》②，或是今人宋晞《清史稿纂修之经过》③、王钟翰《清史稿说略》《张尔田师谈清史稿纂修之经过》④等专文，均无片言只语涉及此文，似有必要作专文疏解此文梗概要旨，以显示李岳瑞在这一领域中的先导意义和独到见识，对今人新修清史亦不无借鉴作用。

李氏《清史私议》作于清亡一周年之际，秉持究论实事而不尚空言的风格，开篇即强调修史之举的紧迫性，谓政府宜速下开馆之令，礼聘硕儒，勒一代信史。若迟误数年，简册飘零，故老凌替，必然鸿业难成。接着简略交代了有关清史编纂的几点原则性见解：一是修史体裁以纪传体为不二之选，所谓"菴蕞一代之典章，网罗丽年之文献，则龙门史法固千载不废者矣"。二是总裁史者须博识中外，清代结二千年来专制君主之终局，前后经历之奇观实前所未经闻见，因而主事者既须有博综一代之鸿才，尤贵有周知四国之通识。三是清史义例须变通革新，不可沿袭旧史故步。全文主要从本纪、表、志、列传四方面作具体讨论。

本纪的内容要突出两点特征。一是"帝纪宜详纪事实，不可但求简括"。前代正史中本纪内容颇简略，乃因两汉以降君主有专制之虚名而无专制之实事，自一二开创雄略之主外，大多是端拱无为，委政属下，帝纪自是味同嚼蜡无足观。清代则迥然不同，二百六十余年中行政枢轴，全由君主操纵，政府不过奉行意旨，操笔拟诏，等于记室。"一时政治之现象，大抵以时主之好恶为转移。"顺治推行调融满汉之策，康熙猜防汉族之法，雍正之法家色彩，乾隆专制极盛之局，嘉、道的垂拱守府，咸、同的无力挽回衰运，以及光绪短暂的厉行新法等，"诸朝之行事，实大有影响于今日"。如果依照前史之例，仅编次数卷朝政要目以充本纪，"则主德之优拙，遂泯然而不可复见，而所以造成今日之时局者，亦第见其果而未知其因，其亦违史家彰往察来之大

---

① 朱师辙著，三联书店，1957年。
② 国家清史编纂委员会体裁体例工作小组编，中国人民大学出版社，2004年。
③ 《中国史学论集》，台湾开明书店，1974年。
④ 《清史补考》，辽宁大学出版社，2004年。

谊矣"。

二是"孝钦事迹宜列本纪"。司马迁首创史例,列本纪于五体之首,既非作为褒贬荣辱之具,也不以此专属于帝王;故而"未尝一日践帝位"的项羽,赫然在本纪之列。范晔《后汉书》特立"皇后纪"一门,也因为"东汉六后皆常临朝听政,不得不变例以纪实"。今修清史,将慈禧事迹纳入本纪中叙述,既有前例可循,也属于清代历史的实际写照。慈禧一生三度垂帘掌政,天下大权归一人之手,实际操纵内政外交权柄长达半个世纪,尤其光绪一朝三十年间,略等于慈禧一人穷奢极欲的历史,实为今日国力之屃、民生之蹙、人才之乏绝、风俗之偷靡、内讧之孔亟、外侮之交乘的罪魁祸首。"责有攸归,非专纪以备详其本末,则罪状不章,或转以逭千秋之斧钺。此固不得泥刘子玄一家之私言,而妄效班书之删吕纪、传元后者已。"

纪传体中表的作用,是要从无绪的现象中理清眉目。清史编纂中表目之存废,可商榷者有三项。一、"当立宰相年表"。自雍正七年设军机房而裁议政,汉臣始得预闻军国大计之权,直至清亡,"任大臣者前后盖不下数百人,势不能人人而为之传",理当为表以备载其姓名、官职及授除、罢免诸项。尤有要者,自清初设立议政大臣,再改为军机,至清末又改军机为内阁总理大臣,虽沿明制而实乃貌同心异。借此表的设立,"庶几满汉消长之机械,贤奸进退之关系,读史者可一览而得其大要也"。二、"外部大臣及出使各国大臣表宜增立"。鉴于总理各国事务衙门成立后,国家始有正式的外交,宜以前后总署外部诸大臣任事年月列为一表,而以出使大臣附之。从总署外部大臣一表可知,总署初设之际,汉大臣仅同备员,随着以后中外交涉益繁,"满大臣毫无治事能力,事权悉归汉人之手。凡枢廷汉首辅未有不兼直总署者。权位之重,遂与军机埒矣……总署体制之宏,俨然与军机对开两府,如两宋中考、枢密之分总大政矣"。故通过此表可考见满汉权势消长过程。附设的驻外使臣表,则能使人从中了解清廷的昏庸无能,初时尚能选用郭嵩焘等"有资望、通中外时局者"樽俎折冲,力争主权;到后来则"专取译鞮象寄之才,不必其有中外古今之通识。于是丧权辱国之事日有所闻,而国威亦日替矣"。三、"南北洋大臣宜列专表"。清代虽以军机执掌朝政,而南洋、北洋通商大臣自1861年设立伊始,即有遥执朝权的势力,北洋大臣尤其权势熏天。以后两洋大臣分别由直隶、两江总督兼任,影响力并未有分毫减弱。"地望之隆,遂比于成周时二伯之分陕矣。"设立此表,意在使读史者知道,同治以后四十年中,"朝廷有大因革,未有不咨询于两督者。苟两督不表同意,其事直可废止不行"。而"朝政之所以昏而不乱,乱而不亡",实有赖于两洋大臣或两督的"翼赞之功"。

志之为体,所以纪大政之得失,综法制之纲要。有清一代,实为"政法新旧过渡之中枢",因而志的设置也当区别于前史。要言之,当别创外交、捐输二志,革新经籍志。

"外交志当别为一门。"清代外交格局为前朝所未有,前史有关国际交涉事宜,都放在"外国传"中叙述,"语焉不详,略志梗概而已"。元修《辽史》增设"交聘表","其用意甚善,然仅详交聘之踪迹而未具交涉之始末。未足以言史法也"。清史中设立《外交志》,"当以国为经而以事为纬",以内容侧重于俄、英、日三国为要,"今修清史而志外交,当注重于斯三国,至其他国则不过附庸焉已耳"。此乃因为"外患最切者惟俄,盖疆场相接则违言易起,方国初时已以界务而致兵争矣","发大难之端,使吾国顿变待遇列国之态度者,则英人实尸之。若夫大暴清室腐败之真相,而胎育后来革命之初基,则当属之日本"。清室覆亡的初因在于外交上的失败,而外交之所以失败,则皆满汉畛域之见误之,满人权贵秉持"宁赠友邦、毋与家奴"之见,且以此为办理外交之方针。林则徐的挫败和琦善的得志,原因即在此,不必等到荣禄、刚毅擅权时始有此等谬论。咸丰以后满人有所自悟其非,而给予汉人对外交涉权,但已无术挽回颓势,即使有李、郭、曾、薛之才也无裨于大局。由外交一端"明其致败之由,斯能求其补救之术。良史之有功于群治者,岂遽在良相下耶?"

"捐输志当别为一门。"通过卖官鬻爵的方式增加收入,是自古以来官府的惯常举措,清代的特殊性在于国用开支全仰赖于此。这一特征且与有清一代相始终,与前代仅作为临时权宜之计的情形全不相类,其条例之繁和牵涉面之广,远非食货一志所能涵括。专设捐输志,便于具体梳理从康熙初期以国用不足而有捐铜之设,此后每有河工、军务之兴或各省旱涝饥馑之灾,莫不以开捐售官为筹款之方,讫于亡国而未停罢的全过程,更能凸显买卖官爵对社会人心产生的恶劣影响。"惟有此捐输一法,而后胥天下之人才殴而纳诸仕宦之一途。中人之家,稍有资蓄,略读书识字,辄以纳赀得官为一生之蕲向。求仕者愈多,而安心于本业者益无其人。需次之员愈众,差缺不足以供,则钻营贿赂之术愈精,而取偿于民之心益急。官方之坏,士习之偷,实业之衰,民生之蹙,莫不以此为之总因。非为之专志,备详本末,其曷以觇一代之兴亡,而为后来之殷鉴哉!"

"经籍志当兼综今古。"依照汉、隋、唐、宋、元各史《艺文志》成例,"先著录三代以来旧籍现存者,而增益以当代儒流之所著述,古书存佚之大略藉此可以考见"。清修《明史》专载明人著述,不纪元以前流传于世者,遂使旧籍存佚情形无由稽核。"绳以史法,斯为巨谬。"清史的经籍志应有不同于以往之处,要立专目清算乾隆禁书的恶果。"乾隆查办禁书之举,实为秦火后第一大事,非惟故明遗老之著作毁于一烬,抑且波及两宋,因种族竞争之故而波及于艺文。此则当别出子目,详其本末,分别存佚,使忠臣义士之精神有所寄而无致泯没,斯亦史家之职志也。"

列传部分可商榷者有四点。一、"道学、儒林当分传"。元修《宋史》,创设"道学传"类目,后儒议论纷纷,对此分传之例多不以为然。但分传之例并非元人自我作古,实滥觞于《周礼》的师儒之分,并且是对宋史的客观写照。"宋人首倡性理之学,本自别于儒林之外。朝廷以是为黜陟,社会以是为向背。因其本异者异之,使后人得以考当时学派之殊,而识其离合蜕变之故,非漫然无所为而为也。"儒林、道学之歧在清代以汉宋之争的面貌呈现,传写清代学人应沿《宋史》之例以分叙。汉宋之争及其消长作为清学演变脉络,如同宋代儒林、道学之争受制于皇权的抑扬之力,清代汉宋消长之势尤其受到专制权力的规约和形塑,从清初学林盛行宋学,且陆王之学风头盖过程朱理学,黄宗羲、李颙、孙奇逢等南北大儒宗法悉出阳明,而康熙帝"知王学之足以振士气,而为专制政体之阻力也,于是抑王而尊朱,微示意旨所在。海内向风,不数年而姚江之学几绝于世界"。至乾隆朝时专制威力尤甚,"虽以朱学之迂阔,犹病其崇尚气节,俾时主之威令有时不克行于士庶。爰乃奖厉汉学,使一时士大夫皆殚心于破碎无用之考据,更无指天画地、议时政之得失者"。与帝王揄扬汉学的初衷相反,西汉今文学随考据流弊至极而复活。

嘉道之际，微言大义说成为议政的利器，清末倡言变法维新者，"实以嘉道今学诸君为星宿焉"。清代汉学之盛不比宋学逊色，其本身也有"别户分门"的特征，必须另篇分叙，方可凸显清学特征及脉络。江藩虽然明确否定《宋史》别立道学传的做法，但他自己传写清学史，仍不得不以《汉学师承记》《宋学渊源记》两篇分传，难以合并为一。此之谓"史法贵于因时，《宋史》之例为不可废耳"。

二、"藩服与外国当分传"。以往史家狃于内外之见，自尊为上国，而视他国为藩属。清修《明史》，仍沿此谬例，以意大利、法朗机（旧指葡萄牙、西班牙）与朝鲜并载。清朝已与列国通使定约，则旧例断不可延续。宜别立《藩服传》，以记录朝鲜、琉球、越南、缅甸、暹罗、尼泊尔等兴亡离合情状及与中朝通职贡之事。除此以外者，可归之于《外国传》，有约者列于前，无约者附于后，略记其政俗大事而已。至于蒙古、回疆、卫藏在清代所受待遇，介于内外之间，与朝鲜诸国不相同，清官修国史中，蒙古王公表传亦不与满汉内臣列传同列。在五族共和的政体下，"他日修史立传，不可不少示区别，其名王、大长苟有大事足纪者，虽未尝一日足履清室之朝，亦当与满汉诸臣同传，以示一体而泯畛域。满清'国史'旧例，固有不可据为典要者矣"。

三、"忠义传当一体表章"。该类传表彰的清代忠义之臣，既指持民族气节而死者，也包括为忠清而死者。在清朝统治被推翻的背景下，"近世新学家言，对于满清忠义诸臣往往加以訾警，谓其忘种族之大义，而捐躯以事仇雠。夫当种族主义大明之时，则睹此硁硁小节而等诸匹夫匹妇之自经渎沟也亦宜，然胡可以是责数十年前之昔人也？"所谓食其禄者死其事，此理并不以专制、共和而异视。清朝诸臣之忠于所事并无可厚非，况且民国以倡导五族共和为方针，不应以种族仇敌之说为口实而产生猜疑心和离心力。只是在具体传写中，不妨赋予价值高下等差之义。"传有清忠义诸臣，宜以对外死绥及言变法而死于党祸者为第一流，对内寇而死者次之，而殿之以末年之松寿、陆钟琦诸臣，于旌别死事之中仍隐寓高下差等之意。其尚足以协公论乎？"

四、"郑氏宜别为世家"。明朝覆亡后，郑成功仍占据台湾，"存续故国正朔达二十余载"。以往历朝史书记录开国事迹，必定以割据群雄冠于列传之首,"独《宋史》于十国各为世家,是本创例"。清朝崛起时,与之相抗争者始终仅朱氏一姓;南明三王事实应补入明末纪传,不当厕入清史。"惟郑氏虽奉明正朔,而始终未尊鲁王以帝礼,三世相传,固俨然以君主自居。列之《明史》,微觉不伦,而又为中原正统所系,不可例以群雄。然则取法《宋史》,特为之世家,以正其位号,或不悖于史法也乎?"①

细绎《清史私议》全篇内容,可以提举出三点特征来概括:求创新,通中外,平满汉。

李岳瑞在文中就纪志表传各方面所作的探析,皆有不同程度的创新性,也不乏开风气的意义。其中具体胪列的十二条中肯的意见,多在《清史稿》中得以贯彻实施,尤其是他倡议新设的几种表志和类传,后来即落实成为《清史稿》增设的军机大臣年表、交聘年表、疆臣年表以及邦交志、藩部列传等。李氏议论中处处显示要以打通中外的眼光审视清代社会、政治、学术和文化的历史特性,并据此对清史编纂提出了很高的标准,也反映出李氏本身所具有的博识中外的史学造诣。他在《清史私议》中或是拟出的新类目,或是对旧有类目的革新,都与揭露清朝满人歧视和欺压汉人之野蛮国策的意图相关。所谓"平满汉",是表明李氏赞同三民主义中的"五族共和"论,并不意味着认可清王朝对汉族统治的野蛮性。他倡设外交志和几种专表,以及对经籍志等所作的革新,皆基于控诉和否定清朝压制汉人的国策。《清史稿》一向被讥刺为遗老修史之作,回护、颂誉、美化前清的败笔随处可见,李氏构想的清史却绝无遗老气味(学界对其了解少而误解多,如陈旭麓主编的《中国近代史词典》中也将他定义为"满清遗老")。

比照《清史私议》与《清史述闻》所录有关史例商榷的各卷内容,不难发现,在1914年清史设馆后问世的数种修史条例或商榷之作,时有回应李氏此文的具体条辨。例如梁启超《清史商例》在"纪例"中表示:"有议为孝钦后立纪者,援引汉唐吕、武之例,欲尊之而反以罪之耳。"显示他和钱玄同相同,

---

① 按:所述有误。世家在《史记》五体中与列传并列,后世唯欧阳修《新五代史》立世家类目以叙十国事迹,《宋史》仅以世家为列传下的子目,不与列传并列。此处所言是要将郑氏置于列传之外,当易言作"取法《新五代史》"为妥。

也对《清史私议》主张慈禧事迹入本纪的观点相当注意，特地拈出予以反驳，尽管他不知道作者即其友人。吴士鉴《纂修体例》持论同梁启超，并进而举出反对的具体理由："或谓孝钦当用汉唐史例，别为本纪；然同治元年至十一年、光绪元年至七年，固与孝贞同垂帘听政，虽事权出于孝钦，而懿旨则并署两宫，似不如仍列后妃传较为允恰。"张宗祥《清史目拟》则认为慈禧擅政而独握朝柄的情形与西汉初期不同，不能援引《史记》的先例："若仿迁史之例，则亦一吕太后而宜入本纪者也。惠帝既亡，自是年秋八月戊寅至九月辛丑数日之间，共主未定，发号施令一由吕后；以视孝钦之于德宗，初立之际则两宫听政，庚子以后仍以垂帘之名诏天下，虽实权在握，名则不居，且自穆宗崩后未尝一日无君，与吕后实不同矣。如谓政所自出，则《宋史》中宜先为慈圣、宣仁等作本纪，而清之前后两摄政王宜各为本纪矣，有是理哉！"朱钟琪《拟修清史目录》一文也批评征引吕后、武则天的先例是"拟非其伦"，举出的理由和吴士鉴并无二致。

朱希祖《清史宜先修志表后纪传议》则持论与李岳瑞相同，明确主张清廷后妃唯慈禧应入本纪，"孝钦一后用《史》《汉》之吕后例，抑新旧《唐书》之则天后例，则别由拟纪传者定之"。朱氏所拟清史略例，多有回应李岳瑞文之处，如倡议藩部与外交分志记载，增设内阁大学士表、军机大臣表、总理各国事务衙门大臣表、封疆大臣表、出使大臣表等，皆先见于《清史私议》中。与李岳瑞持论貌同而心异者，则见于袁励准、王桐龄的《纂修清史管见书》。该书出于颂扬清室之旨，主张依照《史记》《汉书》和新旧《唐书》前例将慈禧列入本纪，不可依《后汉书》《宋史》之例列于列传。吴廷燮《清史商例》不仅赞同以"摄政绵亘两朝"的慈禧列入本纪，并对李岳瑞阐述的本纪宜详记、不可求简之见，开篇即予以申说，认为"本纪有类《春秋》，盖于大事无所不综"，而《新唐书》和《明史》本纪失之过简，令读者难以探究本末、原始要终。清史本纪理应备记列朝大事，"凡关军国，事出非常，提要钩玄，必举月日，庶俾阅者，列朝治乱，展卷了如"。

《清史私议》中有关清代学术特征及趋势的设想和勾勒，也是开馆修史后诸公注目之处。梁启超《清史商略》虽主张道学、儒林不必分传，"为其不辞也"，却仍赞同"汉宋两派区析为卷"，如同他倡设"死节传"，也是隐袭李氏

"忠义传"之目。于式枚、缪荃孙等《谨拟开馆办法九章》主张统归入"儒林传"目下,但具体构想略同于李氏,谓"上卷宋学,下卷汉学;宋学分派,汉学分经"。金兆藩《拟修清史略例》也认为,《宋史》虽因立"道学传"而为后世诟病,但是"两家门户故不相通",清代治宋学和专事汉学者,虽可同入"儒林传",而必须"同其篇目而异其卷第"。吴士鉴《纂修体例》持论同于李氏拈示的江藩之见,既主张清代学术有汉学宋学分流的特点,均应纳入儒林传内,以消除门户之见;但又强调"江郑堂撰《汉学师承记》《宋学渊源记》,虽加区别,亦藉以考其授受之源流,今撰史传,此书宜采择之"。

(原载《书城》2019 年第 1 期)

"中兴"之义及"同治中兴"命名之非

19世纪下半叶出现数以百计的中兴史著,其中不仅充满了谀词,所认中兴君主也有歧见。流行最广的是鼓吹"同治中兴"。这些编撰之作中论述的中兴话语,与历史脉络中的中兴涵义已无相似处。

念及"同治中兴"一词长久成为中学历史教科书的知识点,尤其使人惘然。

"中兴"一词昉于《毛诗序》(《烝民》序:"美宣王也,任贤使能,周室中兴焉"),后来变成史书中的基本概念或史学关键词。孔颖达说"中兴之事,于经无所当也",在儒家经典中不见有相关界定。研究者常用的定义出自南宋地方官吏王观国《学林》卷二"中兴"条:"中兴者,在一世之间,因王道衰而有能复兴者,斯谓之中兴。"但这一松懈的定义只是为南宋君臣滥用此概念开方便法门。隋唐以前,对其涵义及使用有明确规定。唐宣宗时史官蒋乂否认武则天之后继位的唐中宗为"中兴之君",理由是"母后篡夺以移神器,赖张柬之等国祚再复,盖曰反正,不得为中兴",随即举出简洁的定义:"凡非我失之,自我复之,为中兴,汉光武、晋元是也;自我失之,因人复之,为反正,晋孝惠、孝安是也。"(《新唐书·蒋乂传》)所谓反正,源于《公羊传》哀公十四年"拨乱世,反诸正",意即废而复兴,还复本位。这一定义不是蒋乂的私见,其句式在六朝史书中并不罕见。如《梁书》卷二十九记梁武帝遭遇侯景之乱,以为帝位不保而叹"自我得之,自我失之"(稍前的姚最《梁后略》述萧衍语作"得既在我,失亦在予"),其子梁元帝萧绎平定侯景之乱,"用宁宗室",称中兴主并不算过誉,但《梁书》认为他"禀性猜忌,不隔疏近,御下无术",未给予中兴名义。可知六朝史官定义"中兴"兼顾主客观,对君主德才要求严明,难得出现如宋高宗一类浪得虚名的情形。

中兴定义的泛化与读音两歧有关。民国刘咸炘论宋、明有实学,例证"因古音而及义由音生之说"首发于王子韶、王观国等两宋学者(《右书·宋元明实学论》),上述《学林》的定义依据也在这点上,王观国认为中兴的"中"字分平声、去声,"有钟、众二音,其义异也。'钟'音者当二者之中,首尾均也;音'众'者首尾不必均,但在二者之间尔。中兴者,在一世之间,因王道衰而有能复兴者,斯谓之中兴,首尾先后不必均也"。他举证说商高宗、周宣王、汉光武帝、晋元帝、唐肃宗都号称中兴,"其时首尾先后不必均也,此中兴之'中'所以音'众'也"。又以杜甫诗为例,"杜子美《喜达行在所》诗曰:今朝汉社稷,新数中兴年。又《送郑虔贬台州》诗曰:万里伤心严谴日,百年垂死中兴时。二诗皆律诗,并用中字作去声"。此说在后世颇有应和者,民初号称精通史学的恽毓鼎还在复述"中兴之中,有平、去二声。杜诗'今朝汉社稷,新数中兴年',又云'神灵汉代中兴主,功业汾阳异姓王',是两音并用"(《澄斋日记》1915年7月11日)。然而王观国的辨说无助于澄清中兴概念的内涵与外延,史书叙论中兴事例,何曾有"首尾先后不均"不得为中兴之说?规定中兴之"中"一概作去声则尤属无理。清初钱澄之即对此有相反见解。

《田间文集》卷四《与方尔止论虞山说杜书》批评钱谦益注杜甫诗"新数中兴年""百年垂死中兴时",擅将两"中"字误改作去声,对此举出数证以明"中"作平声:"《系传》曰:《易》之兴也,其于中古乎?谓《易》作于上古,圣人故称文王以中古以兴也。殷有中宗,唐亦有中宗,皆因先业中衰,而后有中兴之号,今作去声,是何义乎?二宗亦可以去声称耶?且子美'中兴'二字屡见于诗,《秋日夔府咏怀百韵》有云'侧听中兴主,长吟不世贤',《赠韦大夫》诗云'汉业中兴盛,韦经亚相传',《送灵州李判官》诗云'近贺中兴主,神兵动朔方',《诸将》诗云'神灵汉代中兴主,勋业汾阳异姓王',此四'中'字亦宜作去声耶?"钱认为杜诗屡见中兴一词而牧斋不识其义,缘于他对杜甫见证盛唐兴衰的经历不能感同身受,"生长华贵,沉溺柔曼靡丽之场,于子美之时地情事,生平所未尝历,胸中无此种境界"。杜甫身经安史之乱和肃宗中兴,诗中以唐"中衰而中兴"比肩汉光武中兴,其中兴之义与蒋义的定义相合,因而钱澄之认为"中"作去声不合杜诗本义。

事实上，清初遗民关注中兴的历史叙述，对夏商周三代中兴君主缺乏兴趣，对宣王中兴之说有异议，"宣王杀杜伯，左儒死之。一时杀二贤臣，安在其为中兴令主也哉？"（王弘撰《山志》卷三《左儒》）对所谓宋高宗中兴也是异口同声地否认，"高宗昏懦，桓、灵类也，是恶可以中兴称焉？"（《山志》卷六《汉帝》。作为对照，有关南宋朝臣对绍兴中兴的谀颂，参见虞云国《南宋高宗朝中兴语境的蜕变》一文，澎湃新闻网，2019年5月11日）而着力烘托汉光武帝、唐肃宗等失而复得的中兴事迹，分明寄托着企盼南明中兴、收复明室江山的愿景。"古之为国者，以开创之人为鼻祖，以守成之人为肖子，以中兴之人为神孙，以末季者为败类。"（李楷《河滨文选》卷一《体论》）历来史官对开创天下的评价远高于继业者，唯独清初遗民对光武帝的评价高过刘邦："高祖之豁达，霸者之略也；光武之恢廓，王者之器也。高祖外宽内忌，光武内外如一。"（《田间文集》卷二《光武论》）"光武德过高祖，以南阳布衣为中兴明辟。"（邱志广《柴村文集》卷一《光武论》）类似议论可谓援古讽今，明白期盼南明朝廷重演光武中兴史。如顾炎武诗云："汉灾当百六，人未息讴吟。"（《感事》）明朝虽当厄运，但一如汉末中兴可期。"功名会有时，杖策追光武。""愿言从邓禹，所谓待西巡。"（《恭谒孝陵》。邓禹，助光武中兴功臣之一）亭林并将唐王称帝看作中兴开端，"闻道今天子，中兴自福州"（《闻诏》）。傅占衡也以光武即位比拟唐王，勉励友人尽忠而为"将来中兴一人耳"（《湖帆堂集》卷四《贺南昌沈候行取序》）。顾炎武1658年作《京师作》诗，已感知中兴难以实现，"空怀《赤伏》书，虚想云台仗"。有失望而不绝望，其矢志中兴的信念尤其显示于《大唐中兴颂歌》，此诗纯从南明中兴可期的视角称赞中唐诗人元结的《大唐中兴颂》，"如见古忠臣，精灵感行色。以示后世人，高山与景行。留此系人心，枝撑正中夏。援笔为长歌，以续中唐音"。钱谦益在福王称帝后上《矢愚忠以裨中兴疏》，企望弘光政权成就晋元帝中兴伟业。他编《历朝诗集》，用"渊明甲子之例，于国号、纪年皆削而不书"，道咸间进士周星誉，还在斥其"想望中兴，以表其故国旧君之思，真无耻之尤者也"（《鸥堂剩稿·历朝诗集跋后》）。而《国粹学报》1908年重刊《钱蒙叟历朝诗集序》，按语多引述周星誉跋文，却已转贬斥为褒扬，显见清初"中兴"涵义与清末革命党宗旨相合。为明朝续命的遗民写下丰富的中兴史述，汇成一股明朗刚健之风,本应成为清初当代史热流中的浓重一笔,却为清廷禁毁而不知所踪。如奇人冯梦龙抗清之际所作《中兴从信录》《中兴伟略》,以及顾绅《中兴纪录》《中兴颂治》、朱鉴等《中兴肇记》等,皆因名列禁毁书目而消失。

乾隆年间,牧斋同乡王应奎重提二钱说"中兴"分歧事,"钱饮光力诋东涧之注杜事,见于《与方尔止书》,其说甚谬,恐贻误后学,为一正之"(《柳南续笔》卷四《饮光误论》)。但所正之说,只是照抄王观国《学林》所谓平、去二音并行的定义,无任何新意,却显示中兴之义由汉唐旧说为宋人新义所取代。涵义泛化的趋向尤其体现于姚椿《中兴论》。姚氏是姚鼐弟子,道咸间国子监生,此文从历史角度专论中兴涵义。他将中兴分为两种类型,"有乱世之中兴,有治世之中兴"。前者特点在"扫除而作新之",有夏少康、周宣王及东汉光武帝的中兴;后者特点在克服怠猛,"怠则整齐而严肃之,猛则休养而生息之",有商太甲、周成王、汉昭帝及唐宪宗、武宗,宋仁宗、孝宗和明孝宗的中兴。两类的共同点在"其道因而兼创",能够承先启后,但通篇在论证后一类中兴的难能可贵。"人知继乱世之难,而不知继治世之难为尤甚。"姚氏给出的定义"夫所谓中兴者,非功名勇武之为难,而保世滋大之为贵",与王观国所下定义同样含混,与汉唐旧说相去甚远。枚举的后一类中兴事例,均属自我作古。比如重点论证西汉昭帝继承武帝所遗虚殆的烂摊子,用霍光辅佐行政,遂使"中国富实,四夷宾服",若是宣帝继位,则汉祚"不再传而失",故霍光辅昭帝,可媲美周公辅成王,同为中兴佳话。这是姚氏看着现状曲解汉史,史书不以昭帝为中兴主,而以宣帝剪除霍光势力,使汉室转危为安,"称中兴焉"(《汉书·循吏传》),"孝宣之治,可谓中兴,侔德殷宗、周宣矣"(《汉书·孝宣本纪》)。荀悦《汉纪》则谓宣帝继承武帝制度遗文,方能成就中兴之业,对中间的昭帝忽略不提。姚说显然于史无征,后来王闿运将曾国藩比作霍光,也是拟于不伦。19世纪中叶,清统治已是日薄西山,借再塑中兴语义而成强心剂以提振士气,这是姚椿凿空之论的意图。不过据他否认宋高宗中兴的理由:"宋高宗之仅恃其臣以为恢复之资,而窃光显之号,得终其身,又何中兴之足云?"若活到同治年代,想必不会认可同治中兴的名号。

19世纪下半叶出现数以百计的中兴史著,其中不仅充满了谀词,所认中兴君主也有歧见,除同治之外,有指咸丰为中兴皇帝(李滨《中兴别记》专纪咸丰中兴事迹),也有"同光中兴"之类不通的冠名。流行最广的是鼓吹"同治中兴"。这些编撰之作中论述的中兴话语,与历史脉络中的中兴涵义已无相似处。如1875年浙人京官陈弢《同治中兴奏议约编》自序,将中兴与反正混为一谈,并将同治中兴比作宣王中兴。周宣王的中兴是针对其父厉王的昏聩而言,同治较之乃父咸丰则百无一是,陈氏的比附全无道理。至于谀颂同治"孜孜求治,十有三年中,庙堂擘画何等焦劳,中兴事业甄殷陶周",比照六岁登基、十三年后亲政半载就病死的史实,明显是一派胡言。当时另一浙绅徐有珂,借仿作元结《大唐中兴颂》,"以颂圣朝中兴之盛",将同治中兴比作肃宗中兴,即以太平天国起义等同安史之乱(《小不其山房文集》卷二《拟元次山中兴颂》),与顾炎武撰《大唐中兴颂歌》完全是貌同心异。薛福成作《中兴叙略》上下篇,无颜颂君,转而吹捧"中兴圣相"曾国藩如何只手擎天。而曾氏另一门下士孙衣言,则指出"肃、代中兴而御将之权替,高、孝中兴而养兵之患成",含蓄地说明曾氏权势有限如唐将郭子仪(《逊学斋文钞》卷十一《刘文清公手书杜诗册题后》)。清人撰曾氏传记的套语不外乎"天生圣相"开"中兴景运",但曾氏本人何尝以中兴名臣自居?

光绪初,学识俱属上乘的平步青作《中兴》一则,针对"近刻有《同治中兴录》《同治中兴奏议》二书",从定义和实事两方面对同治中兴名称予以否证。他揭示《新唐书·蒋乂传》中区别中兴、反正的定义"最为分析明白",《宋史·南唐世家》韩熙载辨别"古者帝王已失之,己得之,谓之反正;非我失之,自我得之,谓之中兴"云云,则本于蒋乂之说。据此定义,平氏认为清朝统治不曾有过失而复得的变故,"发捻跳梁,欧罗窥伺,旋即平定,何损于治?先帝一遵家法,何得以周宣相拟?光武同姓再兴,晋元偏安江左,尤非臣下所忍言。以此名书,无礼已甚,至章奏书牍,类多以中兴二字绳颂勋臣,亦为失检"(《霞外捃屑》卷二)。撇去颂清套话,平氏明确指出同治中兴的提法不能成立。山东按察使赵国华于光绪初年撰写的《中兴论》一文,则剥去中兴一词的各种历史语义,直接从家天下名分定义历代中兴现象,"少康于夏,宣王于周,光武于汉,元帝于晋,肃宗于唐,高宗于宋,史皆谓之中兴;或曰祖宗之泽为之也,或曰其君之才为之也,或曰为其乱之势犹不足以尽之也……不尽然也"。所列三种情形都不足称要因,促成中兴之局的关键在于家天下名分意识制约人心,"开创之君得人心而后得天下,中兴之主因人心而以得濒失之天下。天地之经,君臣父子,其父为天子,天子为天下之君,非天下之君之子孙,非人心之所向,制于名也,众人之心之所向,而遂无人焉敢有不向束于义也。故夏周晋虽其德递降,而其势足以均,名义进之也;汉唐宋虽其才递降,而其势足以均,亦名义进之也"(《青草堂集》卷一《中兴论》)。此文欲褪去中兴君主头上的不凡光环,所谓中兴或伟大复兴,不过是他人不得插手的家内事,是君臣父子观念让危机中的君主沾光并化险为夷。在当时一片颂扬声中,其论不言而喻有着暗损"同治中兴"之意。康有为的变法奏议时有套用"同治中兴"说辞,而私下讲课则明言"咸丰乱离之后无学","道光以后,上无礼,下无学,贿络公行,垂至于今"(《南海康先生口说》)。章太炎更直陈同治以后处处呈现乱象和危亡之兆,正是清初遗民谋略的结果(《自述学术次第》)。在他们眼里,何曾有一丝半点"中兴"迹象?

虽说早在 20 世纪初期,有关中国近代史的中西史著,已想当然地将"中兴"列为太平天国之后的历史章节,在将"同治中兴"说辞视为历史真实上起推波助澜作用的,却是美国汉学家芮玛丽(Mary Wright)1957 年发表的著作《同治中兴:中国保守主义的最后抵抗(1862—1874)》。此书第四章有"中兴一词对于同治时期的适用性"专节,断言"同治统治时期是整个中国历史上四个伟大中兴之一,对此时代引用这个词是慎重的"。再版序言也强调:"通过《同治中兴》一书,中兴一词取得了适合这一时期的更确凿的含义。"其实移用平步青的札记就可以驳倒此论。不必苛求作者须熟悉传统史学脉络中的中兴语义,但她将"中兴"译作"restoration",则显得对中兴基本涵义的了解仍有隔膜。西文"restoration"主要有重建、复辟二义,芮玛丽是取"重建"之义作对译,故全书内容在历述办洋务、开书院的重建事务,中兴和重建有先后关系,两者不能等同划一,故而作者颇有感触地下结论说同治中兴是一场"伟大的悲剧,伟大的失败",话虽煽情却不通,中兴只有有无之别,不存在成功或失败之辨。

史景迁(Jonathan Spence)教授 1990 年的名作《追寻现代中国:1600—

1912年的中国历史》第二部分第三章"改革以求中兴",以"同治中兴"之说为历史事实,断言"同治朝就是清朝的中兴时期。与历史上的中兴不同的是,清朝的中兴却是出现在帝国没有强有力的领导的情况之下"。对此言应有具体辨解,说明白没领导的中兴算啥中兴,以及又要挂在同治名下的缘由,不应理所当然地照搬芮玛丽的观点;然而作者仅以抒写感慨了事:"中兴是一个经常用在别的王朝经受了危机后重新恢复王朝道德和政治秩序的赞许之词,中兴的观念既含有对过去的怀念,也表现了喜忧参半的心情。"难免使人怀疑其不解语义而望文生义。本章概述清朝1850年代遭遇危机"仍能苟延残喘至1912年"这一过程为中兴,不知用"苟延残喘"形容中兴是自相矛盾;标题"改革以求中兴"也不合逻辑,合理表述当为"中兴以求改革"。史大师女弟子梅尔清(Tobie Meyer-fong)教授近刊《躁动的亡魂:太平天国战争的暴力、失序与死亡》被誉为有新意的力作,实则新意就在参照美国南北战争史,将太平天国起义定义为"内战",辅以鲜活的历史细节和场景展现内战造成的人间惨象;其叙论并未脱出芮玛丽论证同治中兴的窠臼:在镇压太平天国前提下出现的同治中兴气象,代表了历史发展大方向。至于太平天国可否比拟美国内战中非正义的南方集团,则是不宜于此展开的议题。

北京的赵一凡教授撰《西部国情考》长文(《书城》2013年5月),无端插写一章《中兴词源考》,未见像样的考源文字,只是赞叹芮玛丽的同治中兴研究如何展示大家风范。"中兴一名,始见于《同治中兴京外奏议》,所谓中兴,专指大清复兴。历代中兴,均指中原王朝克服内乱,走向盛世。""回顾同治十三年中兴史,玛丽惨笑:一个王朝看似已崩溃,竟又死里逃生,苟延六十年,这就是同治中兴。"所谓开口便错,此之谓也;居然看见玛丽惨笑,真是可笑。北京大学历史学系2018年举办"菊生学术论坛"之"中兴惘然:对同光中兴的再思考"学术会议(澎湃新闻网,2018年10月21日),想象"同光中兴"作为"帝国余晖",带给中国近代史相对安定的三十年。这与芮玛丽说同治中兴使清朝苟延六十年的推断同样随意。主事者要对无中生有、暧昧不清的概念"展开多学科的再解读",委实让人"惘然";念及"同治中兴"一词长久成为中学历史教科书的知识点,尤其使人惘然。

"有名万物之母",是道家史观的要旨所在。历史万象中,有名无实的事物，往往因有名而被附会实之，有实而无名义则遭受忽视，虽有而若无，此即章太炎《正名杂议》所言"实异者无邮，而名通者受诮"。随互联网技术而流行的"虚拟现实"云云，并不是新现象，18世纪末功利论者边沁创论"虚拟存在"（fictitious entities）说，揭示语文能虚构实在或事实，在20世纪俨成显学（C. Ogden《边沁的虚拟理论》），其论类似于霍布斯《利维坦》中揭露国家机器滥用词语、巧立名目使民众信虚为实的统治术。原本明晰的中兴概念在南宋以后的泛化和滥用，正可印证上述西哲的警示，也促人深思章太炎何以奉荀子为先师、呼吁重视"正名"学说而响应者无几。

（原载《澎湃新闻·私家历史》2020年9月14日）

王国维的精神转向

【编者按】
复旦大学历史学系教授张荣华于2023年2月因病逝世。张荣华教授的研究专长是中国史学史和中国近代学术史,由于他见解深刻而惜墨如金,除已发表的少量文字外有无遗作留存是学术同行共同的关切。近日,存放于复旦大学历史学系资料室的张荣华教授遗物中有若干遗稿被发现、拣出,经家属授权,澎湃新闻(www.thepaper.cn)将首次公开这些文字。本文系未刊遗作之一,由中国社会科学院近代史研究所赵利栋副研究员导读。

导读(赵利栋)
《王国维的精神转向》是张荣华老师利用《王国维学术随笔》中的一些材料来讨论辛亥革命后王国维思想与学术的转变。虽是二十多年前的文章,现在读来仍富有启发性,令人着迷。

现有王国维的研究,大多或者研究早年的思想及其文学评论,或是研究晚期的学术,多是专门之学,甚少见论述王国维思想学术的转变以及其学术与思想的内在关系,即对"颇多不能解"的王国维"平生之志事"(陈寅恪语)作出综合的研究。张老师从辛亥革命后王国维重刊《人间词话》时删去深受康德、叔本华影响的段落入手,提出王国维不谈西哲性理之学及摒弃早年援西哲阐发中国传统之学的文章,实则是王国维意识到康德、叔本华等西哲思想中的目的论基调,觉察到中学与西学两种文化的难以通融,现实则是西学西政的挟强势而入中国,"小雅尽废",由此王国维有"道尽之悲,弥切天崩之惧",以保存中国学术为己责,从而转入古史研究。因此,在张老师看来,以往论者多敷陈王国维关于学无中西及学术独立的观点,未必切合王国维自己的精神史。

张老师的论述如吉光片羽,令人耳目一新,然或有求之过深之处,如对康德等西哲学说的援引与扬弃、对中西学术关系前后转化,若联系清末学界的激荡与分化,或许阐发上会更加具体而微。

要之,张老师"于先生之书钻味既深,神理相接""能想见先生之人,想见先生之世"。然思想史的研究当与研究对象"神理相接",研究者也会把自己的思想投注于研究对象,就此而论,《王国维的精神转向》亦可看作张老师的心史。

1911年11月,王国维携家眷东渡日本,开始了五年的寄居生涯。他自陈这段时间"在一生中最为简单,惟学问则变化滋甚"。对于民国初年王国维学术研究出现的突兀性转变,研究者迄今除了就辛亥革命是王氏后期学术开端这一点达成共识,对他学变背后的思想动因及其重新权衡中西学术关系而引起的心灵激荡,还缺乏令人信服的解释。已问世的各种论著,或据前期述学敷陈推衍,或依后人伤辞以意逆志,其中难免架空隔膜之弊,不无谬托知己之嫌。必须看到,王国维在民初的精神动向,不仅直接制约着他后期学术的途径和规模,也是理解他一生追求与贡献,乃至观照清末民初一代学者风貌的关键。现有研究之所以难以为继,除了王氏本人深藏若虚、"简默不露圭角"的特性,也与不完全了解他在东瀛的著述情形有关。新近由中国社科院近代史所赵利栋同志发现并编校的王氏民初学术札记三种,无疑是推进研究的极有价值的资料,它向我们打开了一扇直接探视的窗口。

三种札记分别名为《东山杂记》《二牖轩随录》《阅古漫录》,计181则15万字,是应日本《盛京时报》经办者之邀而作,逐日登载于该报,起讫时间为1912年7月12日至1915年11月28日,此后不久王国维即离日返国。这些由旧文新作汇成的札记内容博洽,举凡礼仪、建筑、习俗、科技、宗教、史志、艺文、服饰、权量、器物、人物等无不涉及,内容都按时代先后,自先秦至清代次第排列,隐然体现出探索中国文明史的意向。而这一点对理解王国维后期学术抱负和襟怀十分重要。在了解这一探索的意义之前,先得考察一下他在札记中对旧作删存的情况,我以为王国维是在通过这一迂回的隐喻方式表白自己学变背后的精神转向。

不妨举出两篇名文为例。一篇是原于1908年底及翌年初刊登在《国粹学报》上的《人间词话》64则。今人叶嘉莹教授在《王国维及其文学批评》中细致分析过此文的内在系统性,揭示前九则构成基本的批评理论准则,其余各则是对这些准则的发挥。但他在札记中重新写录向日本人介绍时,已汰去其半。除了删去尼采之语及认为李后主词蕴含基督担荷人类罪恶之意那一类的话语,值得注意的是他将构成理论纲领的前九则删去了四则。这四则内容主要是根据物我关系将人的感受境界划分为"有我之境"与"无我之境",并揭示两种不同境界分别产生两种不同的美感:优美与宏壮。王国维划分两种境界与美感的概念术语,原本直接得之于康德、叔本华的美学理论,尤其是康德有关审美判断力性质区分的说法。后人对王氏这些术语的辨析无虑百十,但是他本人的删汰之举,无疑提醒我们重新审视其美学与人生观的发展过程。

另一篇撰于1911年2月的《国学丛刊序》尤其名闻遐迩,是研究者用以论证王国维学术思想臻于成熟的首选之作,其中阐发的学无新旧中西论及学术独立自主性等,已屡见于各家引述。王国维在1914年底重刊所作《国学丛刊》二序,认为"其前后二序,叙述学术变迁及兴废之事,语至深切,后序尤有风雨如晦,鸡鸣不已之意,非近世文人所能道。学者读之,可以观世变矣"。但在此小引之下刊出的内容,除后序仍存原貌,那篇驰名的前序一字未及,而代之以他用骈体代作的同名短序,内容是对论学者以为"稽古之事今难于昔"和"古昔学术将归淘汰"这两种论点予以驳斥,并列举一系列反证,引出"今斯文之未坠,仁古学之复兴"的结论。此序的关注点已侧重于古学,和"学无古今中西"的高妙之论并不一致,却与他在入民国之后写的后序在立论上相呼应。

在札记中类似上面说的事例还有,它反映出王国维在这段时期里治学的变化确实是根本性的。罗振玉曾说留东时王氏受其规劝,将行箧《静安文集》悉数烧毁。这一说法被不少人视作别有用心的虚诬之言,从王氏在札记中删削旧作的情形而言,他对早先论作采取这样决绝的态度并非不可能,问题在于这些举动的思想动因究竟为何。罗振玉的饰辞和时下有关论著的解释显然并不惬人意。前面从王氏札记中拈出二例,是因为这两个事例可以成为我们探索王氏学术精神演变的着眼点,它们带出的一系列尖锐问题是无法回避的:王国维对于自己贯彻在《红楼梦评论》到《人间词话》中的研究方法有何自省?他与康德、叔本华相揖别,是否表明他对于曾经吸纳的西方理论本身多了一种权衡或添了一层忧思?他治学途径的转变是以何种方式与时代环境相呼应的?或者说他对学术独立自主性命题是否有新的思索?等等。这些问题显然又可以归入两个基本问题,即中西学术的关系和学术与政治的关系。从这些问题出发再次踏寻王国维的精神道路,可以切实地感受到,引起当今知识界瞩目和思考的基本问题,如知识原则的普遍性如何、中西学术和文明的融汇或冲突、人性与真理标准问题等,其实也是旧论新语,它们在王国维笔下已有反应。不应该把他的反应看作单纯的"私人事件",而要从中理解这些问题是如何刺激和困扰着那一时代里感觉敏锐、心智深沉的学者心灵,一如困扰着当代哲人的心灵。

王国维接受康德、叔本华学说,不仅与他好究人生意义的禀性有关,也和他的教育观密切相关。在前期写下的《论教育之宗旨》《文学之教育》《教育小言》等文中,他强调教育的目的在于塑造知情意兼备的人性品行,也即造就真善美之人格,教育学与哲学在这一基本宗旨和理想上是相通的。他通过论性、释理、原命等一系列辨析,表示在古人学说中无法找到赋予人生以意义的人格论,欣然摄取康德、叔本华学说作为人格论的主要依据及准则。这一点是了解王国维前期有关论述的关键。康德人格学说的显著特征,就在于突出了人格的培养有赖于一个统一的绝对形式,即服从一组超验而又永恒的知性范畴和道德律令;从这些超越经验感觉的形而上学主体性范畴发展出来的人格观念,显然具备了普遍性和完美性。叔本华的人格论是对康德观点的推衍,只是更强调以反功利的标准为衡量人格的依据。他们的论点对王国维的影响是多方面的,在他看来,造就理想人格的先决条件,就在于能够在"直观"中领悟客体性的超验知性范畴和道德律令,而直观的前提是要从"欲之我"进入到"知之我",使现实的自我成为反照客体范畴的镜子,即"纯粹认识的主体",达到至高的"无我之境":无我方能直观。王国维品诗评词之所以有悖于古人"诗言志"传统，主要也是这一"诗人"式人格论在起作用。至于他根据德意志哲人那种普遍完美性的人格观念衡定诗文、进退古人，有关实例不一而足。

但是在辛亥以后，对西人性理之微多有解会的王国维却以沉默代替了言说，他向日本学者表示自己不懂西方哲学，甚至绝口不提自己通晓外文。这一变化在有关人格论方面也是显然可见的，在他前期文字中多贯穿着西哲那种由特殊以见一般的方法，偏向于将一项特殊具体的事例处理成带有普遍性的对象，具体表现在把康德的普遍完整的人格观念作为衡量人物的准则。比如他赞美屈原、陶潜、杜甫、苏轼具有一种永恒性的高尚人格，称赞南唐李后主的词境已突破哀鸣个人身世的局限，体现出普遍性的人生理念；他批评元人杂剧的缺陷在于"不知描写人格为何事"，而《三国演义》中的关羽、《水浒传》中的鲁智深、《桃花扇》中的柳敬亭"则有人格矣"，因为这些人物的行为动机符合他标举的超然利害的反功利的人格标准。由此他得出的一个基本结论是"汗德（康德）所云实践理性为宇宙人生之根本"。这些研究方法和见解在民国以后都被他摒却不提，不仅对元人戏曲的评价与前论有别，《人间词话》中那些从康德二元论哲学化生出来的批评概念及定义，像第17则所论"客观之诗人"与"主观之诗人"之别，第60则关于入乎其内与出乎其外并重以观宇宙人生等，都被他在札记中剔除殆尽。

对于前期所论弃不复道的表现，王国维本人未曾作出任何表白，今人多从他个人性情及时代变局入手探因，但如果从他的人格论变化上切入，则可以获得深一层的理解。在这方面首先值得追索的是，王国维在舍弃了西方人格论之后，又是以何种观点作为论人衡文的准则。从他后期论著中可以发现这一问题的答案：他通过对孟子说诗之法的发挥，强调"由其世以知其人"，评价一种人格必须"循其上下而省之，旁行而观之"，此之谓"以论世为逆志之具"。表明了理解和品评人格高下的关键在于人物所处的特定历史环境，也就是将人格的塑成及特征看作是社会各种不同制度和文化的产物。他对赵孟頫、钱谦益和张勋、缪荃孙等人的评价清楚地反映出这一转变。这一转变的指向是要揭示人格的理想及构成，会因为历史环境的变化而有不同的定义，因而不存在本质的和完美的形式。这恰恰与康德、叔本华所云人格培育有统一的绝对形式的观点相悖。尤须注意到,康德等人的人格学说中有一种内在的目的论基调,即把世界其他地区与近代欧洲文化培育人格的方式之间的关系,说成是隶属于一个由低级迈向最高形式的进化过程。而王国维前期议论中表现出来的倾向,即惯于从具体特殊的人事中阐发出普遍性意义,实际上很难避免滑入上述基调。民初时期王国维显然已对此有觉察,不看到这点,就很难真正理解他把挪用西哲概念变更传统批评的文字悉数摒弃的举动。这一情形进而牵涉到一大问题:如何认识中西学术文化接触交汇之后的关系?从王国维把那篇驰名序文刊落的举动看,他已对序中"学无中西""中西二学盛则俱盛,衰则俱衰"的乐观见解产生怀疑,认识到两种学术和文化之间的不可通融性,它们之间并不必然形成和谐共存的理想状况。尤其是西学挟强势而入后,打断了"自三代至于近世道出于一"的连续性。因此他在1914年作的同名序文中已强调"非无道尽之悲,弥切天崩之惧","生无妄之世,小雅尽废之后,而以学术存亡为己责"。持论与前序已明显有别。论者或渲染前序而不及其后,或谓后序反映王氏学术思想的倒退,不免以先入之见作褒贬之辞,徒添隔膜之论而已。王国维作为清末民初时堪称学能指实、识足洞微的杰出学者,对两种学术和文化都有深切的了解和研究,在体会到不同的学术文化之间存在难以通融之处时,又目睹现实环境中此消彼长的情景,他心灵中的冲突和撞击是难以形容的。于是他除了做出刊落旧作的决绝举措,便采取沉默不言的态度,这一态度与后来陈寅恪写《四声三问》时的心态是相通的,可谓不言之中有哀江南在。

  使王国维更觉可悲的还是现实政治。他后期学术的主要特征在于或隐或显地与政治处于密切的相关状态,只强调他主张学术独立自主性以为现代学术发展奠基云云,并不切题。其实这一特征的由来也可以从他人格论的演变加以推论。既然他认识到人格或人性品行属于特定历史的创造物,它的塑成取决于一系列具体的制度和环境,那么除了学术之外,政治制度和社会环境也构成了促成人格的条件,它们与学术相比作用不同而无轻重之别,并且处于彼此影响的相关状态。从这一角度而言,只讲他主张学术对政治拥有独立自主性,似乎并不能揭示他后期思想特点。这样说,并不表示在王国维那里学术因缺乏超然自主性而要屈从于政治逻辑,或者沦为外在政治原则或意愿的工具,而是要说明就两者关系作概括性的泛论于事无补。需要做的是着眼于当时历史发展的脉络,探究何种情境或突发事件促成了政治向他学术思想的辐射和穿透,以及在他的学术研究中所标示的问题意识如何与现实政治产生联系。前一问题揭示了王国维学变的主要原因,从后一问题中则能了解他古史考证背后的精神倾向。

王国维学术在短时期内发生急剧变化,外在环境的变更是必须强调的重要原因,就是说,辛亥革命这一政治事件直接促成了王国维的学术精神转向,并且提供了在他思想中学术与政治得以碰撞交汇的契机。他对辛亥革命推翻清王朝并不抱敌视态度,所谓"嬴蹶俄然似土崩,梁亡自古称鱼烂",清朝的覆亡是咎由自取,表明他对中国政治的悲观看法绝非来源于那种遗老孤臣狭隘的朝代观念,就像他在致日本学者信中对创作《颐和园词》的说明:"此词于觉罗氏一姓末路之事略具,至于全国民之运命,与其所以致病之由及其所得之果,尚有更可悲于此者。"使王国维感到悲从中来的是,在王朝政治废墟上建造起来的西式政治体制并不适合中国社会。他后来在《论政学疏》中对西政的缺陷及造成的危害作了较详细的论述。为了寻找摆脱现实政治危机的良方,他把目光投向历史,周代政治生活成为他汲取传统灵感和构想理想政治的源泉。那篇赫赫有名的《殷周制度论》也可以说是这一先入之见的产物。对政治的关注和思考已成为王国维后期学术思想的重要内容,但是这种关注和思考并非是要利用学术研究来宣传政治立场,更不同于时下触目可见的那种盯着权力与金钱揣摩时政的学术痞子,王国维是站在严守为学之道的立场上,将智慧的灵光投向往昔,试图挽救被现实政治所败坏了的政治,为中国的政治发展提供新的思索。因而在他笔下,"政治"一词也有了新的含义和理想色彩,这体现在他把政治视作国家的公共事物,是社会成员道德实践的重要途径。王国维从古代历史中寻找理想政治的范例,是为了消除现代中国移植西政的合法性,对此他提出的基本理由是认为不同的政治特性都对应着特定社会群体的生活方式和行为,一个国家的政治制度要具有合理性和生命力,必须符合其"民族之特性、数千年之历史与其周围之一切境遇",也就是要具备适宜它生长的文明土壤。因此当王国维默察时局,意识到辛亥革命开启了一个新的政治时代,便立即转向古文明的探索,这一变化显然是受着上述思想宗旨的支配。从他的札记内容来看,一个明显的特征在于他不断采取由今溯古的视角,不仅注意到中国文明传统在时空中的变异性,尤其重视揭示她在现实社会中的延续性。这一特征绝非偶然。王国维的这些探索,需要另作专文阐述。

在札记中,王国维全文抄录了李审言的一篇文辞雅致的《海上流人录征事启》,必定是"流人"之语引起了寄居东瀛的王国维的内心共鸣。事实上王国维在民国初年经历了精神转向之后,已成了双重意义上的流人。曾经让他倾心的西学已成为一种非我,仿佛面对莱茵河风光而感到自己只是流人游客。在对中西学术均有深切解会后意识到彼此间的不可通融性,他内心的感怆和激荡是难以言述的。而当梁启超、章士钊之流在两种文化间恣意调情时,王国维注定是要背时的。另一方面,对于身处西政君临中国的新时代,王国维更是强烈地感到成了"命在飘忽"的流人。就此而言,今人标示的"游魂"说可说是渊源有自。这是王国维的宿命之途,又何尝不是中国学术的宿命之途!

(原载《澎湃新闻·私家历史》2023 年 9 月 25 日)

许地山说儒[*]

导读（傅翀）

  呈现在诸君面前的是荣华师所写的《许地山说儒》一文。经各方师友检索，尚未发现这篇文章有刊出的历史，因此目前我们暂时认为这是一篇未刊稿。从文中所引书籍的出版年代判断，这篇文章的写作年代不会早于2002年。有道是"奇文共欣赏"，有赖同门整理，现在此文终于得以与大家见面。为了让读者朋友们能够更好地理解，我姑且引叙一下这篇文章写作的近因与远缘——虽然这是无异于佛头着粪的行为。

  所谓"近因"，指的是复旦大学历史学系研究经学史的传统。从周予同先生自1959年率先在复旦历史学系开设"中国经学史"课程以来，这一学脉就延续至今。换句话说，荣华师从20世纪90年代初正式步入学界开始，始终保持着对"儒"的关注，其中一个主要的因素就是对"儒之源流"的分析，一直占据着复旦历史学系特别是专门史方向的研究重心。儒的源流问题本身的重要性，以及这一问题的复杂性，都一直牵引着包括荣华师在内的诸多前辈师长的学术兴趣。虽然荣华师并没有担任过"中国经学史"这门课程的老师，也并没有出版过专门讨论经学史的专著，但他对经学史的研究与理解无疑是深刻的，这从他的授课内容即可管窥一二。比如，他在"中国史学史"的课堂上一再强调的观察视角，就是中国古代史学在发展中与经学的合流与殊途；还有，在他的"近代学术史"的课堂上，就有专门的章节详细讨论晚清民国的经学史发展，比如教育体系变革背景下的经学教育，传教士的经学研究，经学家对近代欧洲学术的吸收与拒斥，而这其中，就包括了民国时期学

---

[*] 编者按：本文系张荣华教授未刊遗作之二，由牛津大学傅翀博士导读。

界对儒之源流的讨论与论争。荣华师对许地山《原始的儒、儒家与儒教》一文的直接兴趣，应当就是来自他对民国时期这一学术史议题的长期研究与思考。因此，毫无意外的是，《许地山说儒》一文中，借由阐发许氏的观点，我们可以读到荣华师对民国学术史的精彩钩沉与勾连。

而所谓"远缘"，则是指超出中国经学史与近代学术史之上的，荣华师对中国思想进行探源的兴趣。可以说，荣华师对许地山这篇《原始的儒、儒家与儒教》的表彰，绝不仅仅是因为许文填补了——或者丰富了——章太炎与胡适这两极之间的对儒之源流的讨论，更因为许地山的对原始儒、儒家与儒教的研究，确实可以增进我们对中国早期思想的理解，特别是有助于启发我们探索从原始宗教到道术之学，再到儒家宗派的变迁之迹。值得注意的是，荣华师尤其倾心于许地山基于比较宗教学的视角对原始儒所做的分析，比如从巫到儒，以及从法利赛人到儒家——荣华师甚至对许地山没有从比较宗教学的立场进行更进一步的阐发表达了惋惜。在阅读此文时，我们还不应忽略的是，荣华师除了对研究原始儒的学术史了如指掌之外，他本人对于儒的起源问题实际上也有自己的判断。

最后还需说明的是，虽然荣华师强调他写《许地山说儒》一文的用意并不在针砭胡适的学术，但鉴于认为当代学术仍然处于"胡适延长线"上的学者一直不乏其人，荣华师还是举重若轻地向我们证明：胡适本人也处于延长线上，而且是在很多条延长线上。我们都知道，"月明星稀"实质上并不是因为月亮这颗星球比别的星更亮，而仅仅是因为月亮离我们更近，而在民国学术史的研究上，往往也有类似的现象。由于各种各样的原因，有一些民国学者会一跃成为如月一般的明星，但这并不意味着别的学者是黯淡的，这仅仅说明别的学者没有出现在我们面前罢了——许地山显然属于这样的学者。至于许地山的见地，就不需要我多言，读者在荣华师的文字，以及许地山自己的著作中自会找到答案。正如荣华师在这篇文章最后提醒我们的那样，许地山的学术贡献仅仅是民国学术史上诸多被遮蔽的暗流之一，"即使在民国以来的三十多年中，也还有不少相关文献需要去爬梳抉剔，克服探讨的盲点，才能使所下的判断结论建立在可靠的史料基础上"——而这里所说的"判断结论"，也并不单单指对近代学术史的研究，它同样包括了对原始儒、儒家与儒教的研究。

许地山先生在1923年发表的《原始的儒、儒家与儒教》,是探讨"儒"的由来及演变的专题文章。这篇长达一万多字的文章一直被说儒史的研究者忽略或遗忘①,各种研究论著都是从20世纪初章太炎的《原儒》直接到1934年胡适的《说儒》,而在两篇备受关注的名文之间二十余年的探索状况是一段空白。许地山的说儒之文可以充实我们对这段时期的了解,可以对若干几成定论的研究观点提供商榷和修正的依据。

许文所涉时间较长,从先秦说到王莽时代,这里不拟备述全篇内容,只想以门外浅识,在与章、胡二文的关联处简略叙述许文的几点内容,并尝试着申论一二。许文的说儒之见可以概括为以下几方面。

(一)儒是术士的统称,古代凡有一技一艺之长或有法术能教人的,都可以称为儒。从制字的本义上说,"儒从人需,需,《易·象》说是'云上于天',《序卦》说是'饮食之道'。由前说是天地之道,而后说是人道,那就是说,儒是明三才之道底人。最初的儒——术士——都是知天文、识旱潦底,他的职分近于巫祝"。从穿戴的衣冠上,也可获知最初的儒以巫祝为职业,"古人以衣冠为章身序官之具,因其形式辨别那人的职分。儒者所戴底帽子名'术士冠',又名'圜冠',圜冠是以予鹬(翠鸟)羽装饰底帽子,用来舞旱暵求雨底,《庄子·田子方》有一段话说,'儒者冠圜冠者知天时,履句屦者知地形,缓佩玦者事至而断。'可见周代底儒,虽不必尽为舞师之事,而他底衣冠仍然存着先代底制度,使人一看就可以理会他是'通天地人底人'"。

章太炎在《原儒》中从名实之辨的角度,揭示了"儒"在前孔子时代已经存在,这一"儒"的概念所指称的对象也随历史变化而有广狭之别。他的学术见解在民国以后依然有着广泛的影响力,正不必等待胡适的揄扬。许文开头论述孔子之前出现的广义的儒,即明引章说为依据,所作字义和衣冠两方面的论证,都是敷衍《原儒》对"达名"之儒的勾勒。但许氏在儒的产生时

---

① 许地山(1892—1941),福建龙溪人。曾留学美国哥伦比亚大学和英国牛津大学,回国后先后任教于中山大学、燕京大学和香港大学,主要从事宗教史研究。这篇《原始的儒、儒家与儒教》分五次连载于《晨报副镌》1923年7月2日至7月7日。但一直未被人注意,仅香港学者王尔敏在《当代学者对于儒家起源的探讨及其时代意义》一文注脚中罗列尚未读得的文献提及许作,但将文题误作为《原始儒家与儒教》。(见《中国近代思想史论》,台北华世出版社,1978年,第517页)

间方面作了一点推测,所谓周的先代,即是指殷商时代。胡适在《说儒》中曾表示太炎"儒之名于古通为术士"之论的不足之处是"还不曾说明这个广义的儒究竟起于什么时代",进而博引史籍论证儒服是殷服,最初的儒都是殷人。那一层见解,在许地山文章中已有所揭示,虽然远不及胡文周详,但从下述关于"三年之丧"的看法中可得到佐证。

(二)三年丧制虽然是儒家重孝的表现形式,但并非儒家"托古改制"的例证,而是说明它"好古敏求"的事实;亦即"三年之丧"不是儒家创立的,而是古礼。此观念初见于《尚书》,"《说命》载'王宅夏,亮阴三祀,即免丧,其惟弗言',引起子张底问(文在《宪问》)。以后孟子更伸引《尧典》'二十八载,放勋乃徂落,百姓如丧考妣三年,四海遏密八音'(见《万章》)底话,历说舜禹行三年之丧底事实。大概古来只行于王侯辈,不过儒家把它推行到士庶身上,为底要'民德归厚'便了"。毛奇龄在《剩言》中的考论,可以帮助我们明确"三年之丧"乃是殷商的丧制,不是周公所制之礼①。

三年丧制的发明权归属问题非同寻常,它关系到对儒家要义的评估,也是托古改制论和疑古派立说的一块基石。上述许地山所作的溯源和判断,也是后来胡适、郭沫若等人着力辨解的问题。胡适在《中国哲学史大纲》及1930年发表的《三年丧服的逐渐推行》一文中,皆认为三年丧制乃是儒家的创制,并非古礼;在《说儒》中始表示读了傅斯年《周东封与殷遗民》文稿,认为其中对三年丧制是殷之遗礼而非周之制度的考证,揭破了历史之谜,因此改变了原来的看法,转而论证三年之丧乃殷人传统的丧制。傅氏的论文也

---

① 许氏在文中征引的是毛奇龄《四书剩言》卷三里的一段:
　　滕文公问孟子,始定为三年之丧固是可怪,岂战国诸侯皆不行三年之丧乎?若然,则齐宣欲短丧,何欤?然且曰吾宗国鲁先君亦不行,吾先君亦不行,则是鲁周公伯禽滕叔绣并无一行三年之丧者。往读《论语》,子张问"高宗三年不言",夫子曰:"何必高宗,古之人皆然。"遂疑子张此问,夫子此答,其在周制当无此事可知。何则?子张以高宗为创见,而夫子又言"古之人",其非今制昭然也。及读《周书·康王之诰》,成王崩,方九日,康王遽即位,冕服出命令诰诸侯,与"三年不言"绝不相同。然犹曰此天子事耳。后读《春秋传》,晋平公初即位,改服命官而通列国盟戒之事,始悟孟子所定三年之丧,引"三年不言"为训,而滕文奉行。即又曰"五月居庐,未有命戒",是皆商以前之制,并非周制,周公所制礼,并未有此。故侃侃然曰,周公不行,叔绣不行,悖先祖,违授受,历历有辞。而世读其书而通不察也。盖其云"定三年之丧",谓定三年之丧制也。然则孟子何以使行商制?曰,使滕行助法,亦商制也。
这段引文后来也见之于胡适《说儒》附录二《毛西河论三年之丧为殷制》(《胡适论学近著》第一集卷一,山东人民出版社,1998年)。

是在许文发表十余年后与《说儒》同时刊布，未几又被胡适作为《说儒》附录再版于《胡适论学近著》，两文互为引证，"并志同声之欣悦"，目中全无余子。郭沫若在《驳说儒》中根据甲骨卜辞的记载，用两节篇幅辩论"高宗谅阴，三年不言"一段话不能充当三年丧制是殷礼的证据，却为了维持儒是春秋时代产物、非出自殷遗民的己见，对于卜辞的记载已证明职事宾祭典礼的儒起于殷代的事实，采取视若无睹的态度①。这就像当时顾颉刚根据《淮南子》中关于三年之丧的矛盾记载，就认定三年丧制是儒家的托古创制②，都是史料取舍和解释受意见倾向支配的反映。

（三）从广义上说，儒既是术士的泛称，"艺、术、道三字，在典籍中，几成为儒者底专卖品"。所谓术，是指补国益身的法术和先王的经术，法术和经术都是儒者的职志。艺即六艺，分为小学六艺和大学六艺；前者指五礼、六乐、五射、五驭、六书、九数，后者即六经，"六艺既是先王经世底成迹，那钻研经术底儒生在诵习之余，必要揣摩其中的道理，于是在六艺中抽出一个经纬天下底'道'。这个'道'是从六经中产生，是九流百家所同宗底，所以不习六艺所产生底'道术'观念，就不能观九家之言，便不能明白儒家底渊源。百家所持，原来只有从六艺产生底一个'道'字，这个'道'本不专为一家，乃是一个玄名。自刘向以后，始以老庄之说为道家。《汉志》说'道家者流，盖出于史官'，其实古代神政，能诵习典籍底也只有祝史之流，正不必到衰周王官失守，然后流为一家之言。且在官者皆习六艺，各家底思维也是趋于大同，也是违道不远底。""道是什么意思呢？……《易》说'一阴一阳之谓道'，又说'立天之道曰阴与阳，立地之道曰柔与刚，立人之道曰仁与义'。这阴阳、柔刚、仁义之道，是一般术士所传习底。所以道家主柔弱，而'儒'训为'柔'；道主'无为'，而孔子说'无为而治天下其舜也欤'；道推原天，而儒以顺阴阳为职志。《易》是中国最古的书，是六艺之祖，百家，尤其是道家底思想都从这里出发底。"

许地山的六艺论及道术之论，反映出他对儒、道历史关系和先秦诸子思

---

① 参见朱维铮师《壶里春秋》，上海文艺出版社，2002年，第88—90页。
② 《郊居杂记（一）·成王与三年之丧》："颇疑儒家主张三年之丧，一托之于尧舜，再托之于殷高宗，三托之于周文、武。"《顾颉刚读书笔记》第三集，台湾联经出版事业公司，1990年，第1288页。另参看同集"殷高宗与三年之丧"条。

想的一个基本看法和立场,就是认为先秦诸子百家都是产生于一个悠久的传统,有相同的文化渊源,古代政教不分,从中孕育生成的道具有全体博大、无所不包的特点,它是天下所共有、百家所同宗述称道的,老庄和孔子不过是其中两家成员而已,"儒不过是学道人底名称"。他根据这一见解对汉代刘向、班固等人的观点提出了异议。众所周知,用儒、道等家派名词界说先秦诸子学说思想,始于西汉中后期,司马谈《论六家要旨》,刘向、刘歆父子《七略》和东汉初班固《汉志》等,最先用这套六家或九流十家的分类架构来整理条贯春秋战国时期思想。这一做法对后世影响深远,但是从历史过程的角度而言,这些名目并不完全符合实况,过分执着于此,就会出现名不符实或削足适履的问题。许地山在论述中已触及这一重大问题,他对此有所自觉,显然与章太炎的影响有关①。章氏在世纪初写下的《诸子学略说》《原儒》《原道》《儒侠》诸篇,在先秦诸子研究领域有奠基性意义。他在这些文章中揭示的一条基本准则,就是要从历史的角度考察诸子之间的相互影响及学说观念的先后转变,从中勾稽先秦思想发展的基本线索和关节点。胡适也坦言从章太炎的著述中获益不浅,他在《说儒》中辟出专节讨论儒与道的历史关系,论证秦以前并不存在"道家",从"儒,柔也"的古训看,老子是以柔道取容于世的正统老儒,他的职业正是殷儒朝礼助葬的职业,他的教义也正是《论语》里所说的柔道人生观。孔子曾问礼于老子的古传说并无可怪可疑之处,两人本来就是属于一家。这些基本见解在上述许地山文中已有绪言,只是胡适的论述后来居上、变本加厉了。

(四)原本作为学道人泛称的"儒",在孔子以后这个字的意义就狭窄了。孔子和他的弟子门人自称他们是儒的正支,是以道义教乡里的。孔子对子夏说:"女为君子儒,无为小人儒",教他要做识大体而可大受的君子儒。此后社会上就把儒这个字来做学"孔子道"的专名。儒既成为专名,所以《汉志》称儒家"祖述尧舜,宪章文武,宗师仲尼"。应劭《风俗通》训"儒"为"区",明其对于道家与诸家有不同的地方,这和犹太教中一部分持律的人自以为"法利赛"的意思相仿。

---

① 许氏在论文中引近人著述为依据者仅章太炎一家。

章太炎在《原儒》中创说儒有三科，其中介于一般术士的儒与作为门派的儒家之间的"类名"之儒，即从事礼乐教化之儒，因涉及对《周礼》的性质及诸子与王官的关系上存在不同看法，较易引起异辞。许地山虽未明言对章论的不同看法，但从他论述作为术士通名的儒在孔子手里变成专名的观点，不难理解他并没有认可类名之儒的历史存在。胡适则进而提出《原儒》最大弱点就在于对类名之儒的解释，认为它的根据不可信，是一种完全站不住脚的历史解释。《说儒》的一点主要内容，也就是要辨明"达名"之儒与"类名"之儒应归并为一。许地山提及西元前2世纪犹太教内派别之一的"法利赛人"与成为专名的儒家有相似性，但未作出进一步的阐释，这不免令人遗憾，法利赛对《旧约》律法书和口传教义的持奉，以及后人对这些内容的真伪之辨，可以作为研究儒家内部争论经义真伪时的比较对象，以许氏的宗教史与比较宗教学的专业背景，是有能力比论一番的。后来胡适在这一点上着墨较多，他在《说儒》结尾处通过比较作出的全文总结，实际上已对他前文叙述的那个孔子中兴的弘毅进取的儒作了相当程度的否定，而奇怪的是研究《说儒》者都没有注意这一点①。

　　（五）儒的名称在孔子以后成为一种特殊的教义，主要缘故是当时社会

---

① 王尔敏《当代学者对于儒家起源之探讨及其时代意义》概括胡适《说儒》要旨是"以犹太民族思想宗教精神相映殷之亡国与宗教精神之形成，以犹太教祭司之专门知识相映儒者之专门知识，以古犹太教与耶稣创立教义，分别映现古代之儒，与孔子强化儒家精神之儒，以《旧约》以赛亚之预言相映《商颂》，以法利赛人相映古之儒者，以耶稣相映孔子，可以说节节相应，丝丝入扣，自是现时代一个创说"。（《中国近代思想史论》，第485页）王氏论述中有对胡文误解之处，《说儒》末节中认为耶稣所攻击的法利赛人都是精于古礼的犹太人的儒，他们缺乏真挚的宗教情感，在对待知识与职业的冲突、理智生活与传统习俗的矛盾上表现出的俳优意味，与老子、孔子有相同性。这里并未将法利赛人对应古儒、以耶稣对应孔子。而恰恰是以法利赛人对应孔子。所以胡适又接着写道："我说这番议论，不是责备老、孔诸人，只是要指出一件最重要的历史事实，'五百年必有圣者兴'，民间期待久了，谁料那应运而生的圣者却不是民众的真正领袖。"这段话并没有王氏所谓胡适将耶稣创教与孔子中兴儒家相等同的意思，而是表示孔子不是耶稣那样的民众领袖，因为"这个五百年应运而兴的中国'弥赛亚'的使命是要做中国的'文士'阶级的领导者，而不能直接做那多数民众的宗教领袖"。"民众还得等候几十年，方才有个伟大的宗教领袖出现，那就是墨子"，胡适是明白地将墨子当作耶稣式的人物。王尔敏先生的论文在研究说儒史方面有开创之功，后出的有关文章多沿袭他对《说儒》的概括，未肯细察原文。即如邓广铭先生《胡著〈说儒〉与郭著〈驳说儒〉平议》一文，也归纳《说儒》要点之一是将孔子比附应预言而出现的耶稣，"最终虽抱着'天下其孰能宗予'的遗憾死去，而经过他改造的新儒家却声名洋溢乎中国，在宗教上、学术上实现了那一预言"（文载耿云志等编《现代学术史上的胡适》，生活·读书·新知三联书店，1993年，第2页）。这只能是邓先生本人的发挥而已，《说儒》中何曾以为孔子中兴的儒实现了宗教上的预言？这个问题涉及新文化运动以来胡适对中国"再生"之路的思考和抉择，故在此略作辩解。

背景促使孔子成就一家之言,孔子生逢"天下无道"的时代,他想通过著《春秋》立下是非的标准,矫正邪说横议,从思想和行为方面积极地救度当时的人民,《尚书》则是孔子的社会理想的来源。"他对于政教的理想是偏重《书》的,胡适说孔子对于改良社会国家底下手方法全在一部《易经》,但《易》的思想,是士君子意识中所共有,在百家中没有一家不归根于《易》底。我以为儒所以能成为一家,是出于'孔子底《书》的思想',就是他所解说底《易经》也是本着这个去解释底,《尚书》即所谓古昔圣贤底典型,孔子说到政事或他底理想底时候,少有不引他来做佐证,或摄取其中的意思说出来。"具体地说,孔子的政治理想由四项特征构成,即孝友、法天、富教主义、礼乐主义,而这些都无一例外来源于《尚书》。【先生批注:"从《易》到《书》。"】

广义的儒如何转变为儒家门派,是与儒的起源同样重要的问题,并且直接关联着孔子在这一转变中作用如何的问题。许地山已注意到了并试图解答此问题。他的论述中根本的一点是从思想来源的不同把握儒的转变,原始的儒以《易》为根据,儒家学派则将《书》作为学说和理想的源泉,而孔子在这一转变中起了最关键性的作用。为证明这一观点,许氏逐项论述了孔子的四个政教理想分别来自《说命》《尧典》《洪范》《舜典》。但是这些篇章分别是出自战国和东晋人的增改和伪作,文献本身一直是争论的焦点,所以认为孔子把《尚书》当作政治学说指南的观点显然缺乏坚强的说服力,尽管这样的观点一直流行至今。许文依据这一观点对胡适提出了批评。胡适在《中国哲学史大纲》中曾明白表示"孔子学说的一切根本,依我看来,都在一部《易经》"[①],认为孔子准确地捕捉到《易经》的精华在易、象、辞三个观念,并以此作为自己学说的根本观念。但《说儒》中已改变了这一见解,表示《易》"无甚深奥的哲理,而有一些生活常识的观察","教人戒惧修德,教人谦卑巽顺,其要归在于求'无咎',在于'履虎尾不咥人'"。这样一种贯穿忍耐谦卑、但求无过的人生观的书,理应不会对他笔下那个摆脱柔逊心理、倡导刚毅威严和特立独行精神的孔子产生积极作用。所以《说儒》只论述了《易》反映的是殷商老派的儒,不再提它对孔子思想的影响,实际上间接地对上述《中国哲

---

① 《中国哲学史大纲》第四篇第三章《易》,上海古籍出版社,1997年。

学史大纲》中的观点作了自我否定。【先生批注:"□难道没有许氏之文的影响?"】

　　文化研究的进展常常采取回到原始问题的方式,从中表达现实意向和对未来的理想。"'儒'的起源问题,涉及到号称中国传统文化表征的'儒学'或'儒教'的由来,尤其涉及到现存文化传统是否以孔子为源头,当然备受所有领域的学者关注。"①自清代以来的三百多年间,对这一问题的关注和阐论事实上一直没有中止过,但其中有些文献论著被反复引述考证,有些则一直乏人问津。写作本文稿的目的,并不是要证明胡适暗袭许地山的论文,而是想说明即使在民国以来的三十多年中,也还有不少相关文献需要去爬梳抉剔,克服探讨的盲点,才能使所下的判断结论建立在可靠的史料基础上,不至于匆忙对胡适等人的见解作出主观性的首先、第一之类的评判。许地山与胡适年岁相若(胡长于许一岁),一个还在燕京大学宗教学院求学,一个已是名满海内的北大文学院院长。但是人微言轻的官场逻辑并不适用于学术研究领域,许地山在儒的起源等问题上已先于胡适触及并论证了一系列基本命题,他的研究在民国说儒史及传统文化源头的探索过程中的贡献是不应该被遗忘的。【先生批注:"胡与许相熟,推荐之举。□□□□正是胡适较为□□□□□。"】

(原载《澎湃新闻·私家历史》2023 年 9 月 26 日)

---

① 朱维铮师《壶里春秋》,第 85 页。

书 评

两山排闼送青来

——读《中国文化研究集刊》

新中国成立以来,当人们时常陶醉于政治大潮的巨大魔性光彩之际,文化研究领域的景象自然日趋沉寂。及至度过十年浩劫,大梦初醒,方知园地板裂,几成不毛之地。于是乎,挹注活水,重加董理;于是便有了第一块显露生机的绿苑。

这就是由中国社科院近代史研究所中国近代文化史研究室和复旦大学历史系中国思想文化史研究室共同举办、创刊于1984年初的《中国文化研究集刊》。它的问世,填补了我国学术研究领域一项醒目的空白点,为从整体上对中国文化史进行综合性研究,促进中国文化史的百家争鸣和学科建设,提供了一个专门的学术园地。

从《集刊》已出的五辑内容来看,可称大观。其中有关于研究中国文化的历史过程和发展规律的通论性著述,如《试论文化史研究的对象和途径》《印度教与中国文化》《民族文化的形成与特点》《文化是一个整体》等;有涉及社会思想史、学术史、科学史、艺术史、民俗史、宗教史、民族文化史、民间文化史、文化事业史、中外文化交流史、中外文化比较史等具体问题的专论、札记,如《"火历"续探》《方言与文化史研究》《考古发现与中国文字起源》《关于古代墓祭、墓碑和坟墓等级制问题》《秦汉宗教地理略说》《明堂形制初探》等;也有关于中国文化的历史资料选粹,特别是近代学者的手稿、遗著及当代学者的有关回忆录,如《实理公法全书》《章太炎旅台文录》《学术目录》《开智录》《块余生自述》等,具有很珍贵的文献史料价值。除此之外,还有关于国内外研究中国文化史论著的文摘、书评以及各种文化研究动态的报道。就形态而言,《集刊》所发表的主要是作为观念形态的中国文化史的论著和资料。这一倾向是否合理虽当别论,但它却明智地避免了过去柳诒徵、陈安仁等人及现代一些国外学者把文化史当作通史,将政治、经济、军事等问题都网罗进文化史研究范畴的弊端。展读之下,颇有"行在山阴道上,目不暇接"之感。兴许是久违重逢的缘故,《集刊》能使人一卷在手,通览无遗,而全然不理塞缪尔·约翰逊所说过的一句名言:"任何一个精神健全者都不会从头到尾读完一本书。"

重视对中国文化的历史过程的具体研究,试图通过对历史的考察来索解文化的意蕴,构成了《集刊》所要贯彻的一种宗旨,或者说是一种风格。目前在国内外学者中,对于文化史研究的方法究竟应该以描述为主还是以评价为主,意见仍然不一。在卡西尔的文化哲学和各种文化人类学理论在我国学术界风行一时之际,有些学者十分强调对各种文化的评价功能,认为描述的意义也就是为了作出评价;有的进而提出了文化研究必须以文化理论的研究为先导、文化研究应当在既定的理论框架中进行的见解。

这种见解虽然试图克服狄尔泰式的客观主义和历史主义的缺陷,但它本身却明显地陷入了"以论代史"的陈旧窠臼,并不能使人感到信服。描述本身虽然并非纯客观的事实罗列,如伽达默尔所说,先入之见是构成理解认识的创造性条件;但是,评价无疑应当建立在描述的基础之上。研究任何文化问题,必须落实在具体实际的现象中,而不能凭空架构,不能以主观的态度驾驭历史现象。历史发展进程在文化研究上的重要性之所以突出,是因为在特定的时空条件下文化现象会表现为具体的问题,通过缜密的描述与分析研究,才能把握其实质所在,才能比较深刻地探讨文化问题。因此,描述与评价,亦即实证研究与理论见解虽然是统一而不可分的,但后者不以前者为基础,也就成了无源之水、无本之木。《集刊》在处理这两者的关系方面,无疑开了一个较好的范例。

《集刊》创刊迄今,已是七度春秋。而今重加披览,可以发现其中不少文章至今仍有其学术生命力,仍能给人以功底扎实、风格严谨的印象,并未随着时光的流逝而显露出单薄粗疏的面目。这与同时期出现的不少旋生旋灭的哗众取宠文章适成鲜明的反照。由此我们可以认识到,80年代中国大地上兴起的文化研究热潮,并非主要以逆反心理和思变情绪为推动力。新中国成立以来不少学者在涉及中国文化遗产的各个领域长期潜心研究,他们的理性思索和严肃探讨构成了文化热潮的内在动力。对此,《集刊》以其自身的研究水平提供了一个很好的例证。人们往往习于以草创或填补空白之作为由而宽宥作品的空泛与肤浅,但这样的宽宥心似乎无法施加到《集刊》上去。

《集刊》如果有不足或思虑不及之处,我觉得似乎是对上层文化(马克思所说的统治阶层的思想)与民间文化(大众文化)之间关系的研究还不够。国外学者在这方面已明显处于领先地位。从法国年鉴学派提倡重视集体心态研究,从而揭开民间文化研究序幕以后,汤普逊等人及葛兰西分别提出了著名的冲突论和霸权论,此外还有对立说、循环交流说和对话说等各种各样的理论或模式,试图从各个不同层面探讨上层文化与民间文化之间纠缠不清、错综繁复的关系。我们在研究中国文化史的过程中,不妨借鉴这些成果,并在这一研究领域提出自己的系统见解和理论模式,加深对中国文化的理解与研究。

重视文化知识的积累,是我国一项流传久远的良好传统,我国的历史文化之所以能随着时间之波的流逝而延续不断、发扬光大,这一传统起了至关重要的作用。创办发表文化研究成果的集刊,无疑也是一项重要的文化积累工作。甚望《中国文化研究集刊》能赓续华章,为我国的文化研究再添浓郁的一笔。

(原载《寻找文化的踪迹:复旦版书评选(1981—1991)》,复旦大学出版社,1991年)

《论语别裁》对儒释道的剪裁

南怀瑾先生提出过两条基本见解：第一，在东西方两大文化系统中，都有一种迷离莫测的神秘之感充扮"幕后之学"和"历史文化的导演"；任何人遇到困惑不解或进退两难之际，都会本能地依赖于这一神秘力量，只不过暗中信求而不肯承认而已。第二，道家思想构成中国历史文化的中坚，它与儒家原本合体，自秦汉时期分家后，一直"隐伏于幕后"，与儒家的彰显形成对照；世人但知儒术有裨于治国平天下，不解道家实操拨乱反正之机枢，这是中国史极为重要的关键。暂且不究这两点是创获还是陈说，是"正法"还是"魔言"，重要的是它为了解和评价《论语别裁》一书提供了基本依据。

道家建言立说的一项基本策略是"正言若反"，所谓"曲则全，枉则直"，"大成若缺，大直若屈"，都示意不能拘泥于表面上的名词或现象，要反过来看才能理解。南先生既认为儒道原是一家人，似乎也移用了这一方法来比照《论语》。因而历代注疏者都视《论语》为孔子的言论辑录，并不认为其中有体系在；南先生则别具一眼，从散乱中悟出统绪，进而要拨乱反正，为孔子申冤："古人和今人一样，都是把《论语》当作一节一节的格言句读，没有看出它是实实在在首尾连贯的关系。不但是二十篇《论语》每篇都条理井然，脉络一贯；而且二十篇的编排都是首尾呼应，等于一篇天衣无缝的好文章。"他举重若轻地提出这一大胆的论断，为之列出的论据也显得分量不足。他将末篇《尧曰》的结尾概括为孔子的"学至三知"说，认为它是《论语》全书的总结，与第一句话遥应贯通。然而崔述、杨伯峻等已令人信服地考证出这些话都是后人伪托之词。现存通行本《论语》是郑玄以西汉张禹本诸鲁论、兼讲齐论的《论语章句》为据，并融合古论等各种文本而成；这是接触《论语》者都能了解的基本知识，南先生不会不知道。但他却置若罔闻，潇洒地断言："现在所传诵的《论语》，就是《鲁论》二十篇了。"这一情形为他在《别裁》中当作孔子精义而反复强调的观点，即"学问不是知识，不是文字……"提供了一个注解。

依照老子的智谋，深谙政理则不谈政治，高明之术即为不讲权术，所谓"善行者无辙迹，善计者不用筹策"。因而南先生讲解《为政》篇，首先标明"孔子不谈政治"的命题，并不使人奇怪。南先生认为孔子谈论的只是"学问的外用"，许多人说《为政》集中体现了孔子政治观，那是错误的。所谓"学问的外用"，涵义相当于作者的另一表述："道为根本，神而通之则为外用者。"一部《老子》，通篇只论道而不讲术，却又使人明显感受到，论道正所以讲术，术就寓于道之中。南先生对此颇有会心，并认为《论语》中也有类似特点，孔子只是不屑于谈赤裸裸的权术，而实际上政治才识可与老子比肩，已达到踏雪无痕的高明境地。比如"为政以德，譬如北辰，居其所而众星拱之"，已包含了"无为政治"的精义，即无为并非什么都不管，而是要"制其机先"又若无其事，好比打仗时"只要大将在那里，敌人就怕了，不敢动了，是所谓不战而屈人之兵"。无为是假的，无不为才是目的和必成之势。"所谓无为的道理，大致的要点也在此；孔子讲道德的政治，就是这个道理。"事实上，《别裁》一大特征即是贯彻以老解孔的精神，并据以评说古今政治得失。这方面内容所在皆是，诸如"刘备上了曹操的当""康麻子的教孝教忠"等，历朝帝王将相被一个个走马灯似的信手拈来裁量评骘。作者立意使《论语》成为一部记载历代兴衰、祸福、存亡之道和提供秉要执本之法的"君人南面之术"，似乎已隐然以帝王之师自任。有意思的是既想当帝王师傅，却偏偏以"白头宫女"自况，这莫非又是"正言若反"的游戏规则，所谓"知雄守雌"？

南先生虽兼学儒道而颇有根基，但底色仍是禅门高士，因此他不会像魏晋时王弼那样，用"执一统众"之法使《论语》与五千言文契合，《别裁》也不会是《论语释疑》的再版。与出版者对《别裁》隔膜的赞誉不同，南先生将自己的作品评价为"戏论"。这固然是体现大师风范的谦辞，却也有意无意地为我们进一步了解全书性质提供了"捷径"。

所谓"戏论"照南先生说法是"且当解闷消愁的游戏文章"。大概类似于时下戏说乾隆、刘罗锅一类的电视剧，是当不得真的，因而在其名义下大放厥词便不出人意表。譬如从"视其所以,观其所由,察其所安"发现孔子也有看相的本事,并伸论古人在看相上自成体系,"包括现在市面上流行的麻衣、柳庄、铁关刀,乃至现代意大利、日本人研究出来的手相学、掌纹学,许多新的东西都加上,也逃不出中国相法的范围"。从"未能事人,焉能事鬼"论证灵魂学、神秘学研究的积极作用,运用科学证明灵魂存在对人类文化前景的重大意义,以及阳货去见孔子时送的礼品是火腿而不是小猪,现代基辛格不够资格替墨子提皮包,等等。凡此妙语屡有出现,大约也只能当作戏话而姑妄听之。论者以为《别裁》中旁征博引,拈提古今,穿插大量掌故,在众多章疏中别具一格。这一特点的形成,依南先生本人的表述,是因为采用了"经史合参"的方法。但谁要是从字面上理解这四字,大约免不了为他所哂,因南先生已多次引禅宗的话强调在先:依文解义,三世佛冤。

按照南先生自己的别解,所谓"经",类似董仲舒"天不变道亦不变"的道,永恒不变而又不落言诠,无法用语言说清楚;"史"则像一幅幅变动不居的情景画面,其功能在于以流动性"配合"、反衬出经的僵硬性。高人在悟道契神之后,固然是难言而不可说,但为了开导有"纯根"的芸芸众生,不妨学学哑巴吃了黄连后,无法口说而可用手势达意,采用设喻立象的权宜方便之计。南先生特地举出佛教因明中的譬喻之法,表示"印度的因明有用'喻'这个办法,我们遇到什么难表达的思想时,最好的办法是用笑话、用故事"。他在书中多次发挥"剧本化"的艺术才能,将片言只语改写成对白生动、场面感人的电影脚本,并不是没有来由的。这便是所谓"合参"的涵义。通读《别裁》全书,往往会使人联想到譬喻众多而不乏文艺色彩的佛教《百喻经》。

"戏论"之戏的另一含义是较量、对抗,即《国语·晋语》注言:"戏,角力也。"犹如一场拳击赛,对观众而言是刺激性的游戏,对参赛者则意味着名利攸关的肉搏战。故《广雅·释诂》又训"戏,怒也"。自述"髫年曾习武技"的南先生对这一层含义当有会心,所以他升坛开讲《论语》伊始,即亮出睥睨成说、怒视前人的角斗姿态,宣称专售粮食的"孔家店本来是孔孟两个老板开的股份有限公司,老板卖的东西货真价实,可是几千年来,被后人加了水卖,变质了"。其原因"第一,所讲的义理不对;第二,内容的讲法不合科学"。并表示"要把店里的陈霉滥货倒掉,添买新米"。为此他专门拈出一个示范性的例证,说前人都误解了"无友不如己者"这句话;然而他举出的理由和新解恰恰成了改正为错的例证。

南先生提醒我们:"人类的全部历史,可以说就是一部思想战争史。"这其实也是他别裁《论语》的一大原因。他坦然承认《别裁》中为推翻几千年来的定论而列出的新说,"假如这些见解确是对的,事实上也只是因为我在多年学佛,才悟出其中的道理"。《别裁》通篇的基本性质也可以由此寻到答案,表明南先生最终是站在佛教的基本立场上研习、咏味或阐论儒道两家学说、义理的。他在书中虽多处援道入儒,但与王弼阐扬的《老子》已事先被做过手脚的情形相同,所援之"道"已非复原义,而被添上了浓重的禅味。所以他讲《里仁》篇"子曰:吾道一以贯之。曾子曰:唯。"干脆用释迦牟尼"拈花"、弟子迦叶尊者"微笑"的禅门典故来解释"道",以附会禅宗"不立文字"的传道法门;并进而申说:"由禅宗回头看《论语》,发现孔子也和一指禅一样,他说的'一以贯之',这个'一'是什么东西?曾子听了,也等于迦叶的微笑一样,说'是!我懂了'。"道家的玄虚与禅宗的空无固然可以相通,都有共同的神秘性痼疾,但《老子》中"道"的形象和意义是由一连串比喻共同构成的,每个比喻所构造的只是道的部分特性而非全部,而比喻的转换也直接制约着对概念本身的理解。因此当南先生用"拈花微笑"之象来比喻解释"道"时,他对儒释道的门户之见也就显露了出来。

(原载《复旦学报(社会科学版)》1996年第3期)

近代国学研究的一项示范

——姜义华教授近著《章太炎评传》

探索二十世纪以来中国国学的进展，章太炎的学术贡献是不应弃置不问的一宗宝贵遗产，这是毋庸置疑的；而章学的艰深博大及义蕴丰富，容不得一知半解者轻下雌黄，也是学者周知的事实。姜义华教授的近著《章太炎评传》（《国学大师丛书》之一，百花洲文艺出版社1995年12月出版），对这宗遗产作出了不同凡响的疏理和总结，在揭示"章学"内涵和推动近代国学研究向纵深发展方面，为学术界提供了一个范例。

"自揣平生学术，始则转俗成真，终乃回真向俗。"章太炎在《菿汉微言》中的这一自赞之词，概括了他学术思想中的一对基本范畴，应是任何研究章氏学术思想的起点。在评价章太炎方面出现的分歧，也与如何理解和诠释这一自述有直接关系。流行的若干解释，或谓意即先从传统观念的执迷中解脱出来，表彰老、庄、荀、韩、墨，以与儒家抗衡，然后通过佛学研究，复归于儒术，得儒道之会通；或径直以现象与本质、通经致用与实事求是等概念作置换。姜先生则从探索章学乃至二十世纪国学生命力源泉的角度诠释真俗之辨，指出："俗，这里指尘俗世界；真，这里指他的思想、学术研究成果。转俗成真，说明他正是从激烈的社会动荡、狂怒的革命风暴、跌宕起伏的生活实践中吸取了营养，获得了动力，广泛接触了政治、经济、教育、科学、文化等等生活实践所提出的各类问题，经由自己探索、思考、钻研，取得精神生产的成果。而回真向俗，说明他的精神生产，归根结蒂，是为了更自觉地从长时间、大空间的战略高度确定如何实际地解决生活本身所提出的种种问题。"（自序）这一阐论有别于脱离历史现实孤立地进行范畴推演的做法，揭示出思想范畴所包含的历史性的内涵及社会的主体存在形式。它显然超越了各种侧重章句的"小结裹"式的评价,洵属直探造学本原的"大判断",并且为了解二十世纪国学的演变历程提供了一个宽阔的视角。

循着这一诠释路向,著者对身兼国学大师与社会活动家、政治思想家的章太炎作了既严格区分又贯通接引的勾勒。作为学术与政治之间的人物,章太炎既一生执着于学术,对"支那闳硕壮美之学"始终怀有真诚的献身精神;另一方面,他又对社会政治有着义无反顾的参与感。作为前者,他"仰梁以思",澄心凝虑,以冷静缜密的笔触写出一篇篇、一本本纯学术论著;作为后者,他的胸中又波荡着时代风云思潮,并以丰赡的学养和热诚的使命感,撰就大量言辞犀利、掷地有声的时论,胪陈方略,点评国是,影响政局与人心。流贯于这冷热两端的共同旋律,则是直面二十世纪中国所面临的各种时代课题,并根植于中国的土壤之中,努力用自己的思想、学术解决这些时代课题。这些在书中都有清晰的析论。著者对《訄书》初刻本、手改本、修订本、校勘本、增订本等版次变动及其内容刊落增补的周密考订,从特例分析角度为此提供了雄辩的论证。著者通过对章氏各个阶段言行的检省和剖析,既对其区分政治与学术,求是与致用的自觉和努力予以充分的彰显,肯定其坚持政治学者不同于政治家、学问有别于治术的主要观点,也据实指出他在一些问题上将政治分歧直接延及学术领域的误失;既充分肯定其学术探索、思考、创新中明朗的时代取向和社会目的,以及从学术、知识方面促进政治革新、推动历史前进的信念,同时也说明他为治学与问政兼顾并进而付出了不小的代价。著者从思想高度对这两方面加以梳理总结,以收补偏救弊之功,以显国学发展正道。如同章太炎在这方面的进展得失不仅仅影响其本人的学术生涯,而且也像一面镜子,反映出一代学人心中所共有的情结,著者在书中所作的析论,无疑也具有典型意义。举一反三,端俟读者。

《章太炎评传》的内容重点在于对传主学术历程与学术成就的探讨,"章学初创""章学新阶""齐物哲学""民初政论""晚年章学"诸章成为贯穿全书的主干,占了三分之二以上的篇幅。如众所知,章氏一向被归入旧学深湛的"朴学大师"之列,对其学识进行探讨时也往往侧重于此,而忽略了他与欧洲古今学术的广泛联系与对话,使得章学的世界性与时代意义一直得不到明晰完整的阐发。本书则出色地将这方面的研究推进了一大步。著者将传主置于新旧时代的交接、本土与域外学术的交汇点上,通过一番考镜源流、披沙拣金的艰苦的清理疏解和分析判断,从学理基础方面揭示出章太炎何以在世纪开端对传统的批判达到了无人企及的深度,同时又成为反省和批判西方学术思想的先驱。这一工作对于开阔视野,推进二十世纪国学与域外学术的深层次比较研究,不失为一种示范,一种更新传统的探索。书中对章氏文化观形成的考察即为一例。

作为近代中国文化学奠基人之一,章太炎前期文化观的来源是一个牵动全局的问题。著者运用实证研究而非逻辑推衍的方法,将章氏与人合译《斯宾塞尔文集》中《论进境之理》《论礼仪》两文内容,与他同时期撰写的主要著作加以追踪考察,揭示出斯宾塞社会学理论对章氏的直接影响至少表现于以下八个方面:宇宙和生物进化学说;文化与文明在人类进步中的作用;古代神权与王权的形成;古代语言和文字的形成与发展;古代法律与诸种制度的形成;古代宗教的形成和演变;古代各种礼仪风俗的形成和变迁;变革、变法的理论与历史实践(第34—37页)。斯宾塞阐述的论点开启了章氏在这些问题上的思路,并刺激了他研读其他西书的学问欲,陆续将泰勒《原始文化》、韦斯特马克《人类婚姻史》等许多名著中的学理收拾进来,成为其文化观形塑过程中的重要借鉴。著者进而以章氏翻译岸本能武太《社会学》一书为例,阐明斯宾塞学说对章氏的影响过程,也是受到后者反省、批判与综合的过程,这一双重性具体表现为从译介、踵武到怀疑、扬弃的过程。著者的分析,业已揭示出西方学术在近代国学进程中影响与变异、借鉴与发展、作为灵感来源与整合对象互相交融的普遍性的辩证关系。

考察西学在中土的影响,通常是循着从影响源经由媒介抵达接受者的流程,但研究者并不非得亦步亦趋地追随这一流程不可,可以通过多种不同的表现形式去探寻和显示具体影响。例如,完全可以从接受西学后的结果开始,从产生了的学术形态开始,这同样能显示西方学术影响的历史过程,并且也不仅仅限于历史过程。《评传》中对《訄书》的析论,实际上采用的正是这一方法。作为章氏学的奠基之作,《訄书》初刻本正文五十篇,论旨百千,经著者原始要终,按部就班,归类为四方面内容:一、以倡导复兴诸子学为目的的一组先秦学术史论;二、以探究新的世界观为主要目标的一组哲学论文；三、以建立独立民族国家为中心的民族论；四、讨论如何改革中国社会的一组论文，其中涉及社会关系、国际关系、政治制度、立法与司法、教育、国防、宗教、经济等众多领域的变革问题。这些清楚地表明章太炎关注的领域及研究课题本身，早已超出旧国学的范围，有着鲜明的社会实践性，从中凸显出在经受欧美社会学洗礼后章学的新视角。而修订本中大量援引欧美学术观点作为立论依据的内容，更经著者慧目审视并捏置一处，使人一瞥视而无遁形者。所谓学术上的影响或师承，主要指理论纲领和研究方法的继承、沿袭和发展，于此亦可得一印证。

章太炎的学术涉及面极广，正如他本人所说："凡古近政俗之消息，社会都野之情状，华梵圣经之义谛，东西学人之所说"，都被他笼于形内，着于笔端，通过庞杂的吸收消化而建立起自己的学术体系。一本三十万字的《评传》显然不能囊括无遗地加以叙述。姜先生从考镜源流、辨章学术的角度，通过对章学师承渊源的分析，以及与同时代学者的比较，揭示出传主在传统经学方面受益最大的是汉学或清代朴学而非理学，在诸子学方面受益最大的是庄子、荀子、韩非而非孔、孟、董、韩，在西学方面特别属意于希腊、德意志哲人名著，并对佛学及奥义书、吠檀多、胜论、数论等印度古哲学流派也深研有得。这一深入的前提清理工作，使得著者在准确完整地疏解与总结章学方面达到腹稿意匠、成竹在胸的境界。书中的章节编排，特别是对成熟期章学的疏解，表明著者的探索重点在于从知识增长与方法论的高度确定章学的独创性及其成就，从学术的范围、角度、逻辑中归纳章学的精神品位，进而展现"一代人之学术"所达到的思维水平。这一做法不乏启示意义，也是今天重新回顾近代国学进程的一个不可逾越的阶段。由此而言，我认为书中尤其令人感兴趣的内容，在于姜先生对章太炎将经学发展为历史学，将传统小学发展为语言文字学，将诸子学发展为哲学这一过程的精辟论述。

在揭示章太炎将经学发展为近代历史学的努力方向上，著者从拆散经学与建树史学方法、准则两方面加以论述，指出章氏接受并发展了一个世纪以前章学诚的"六经皆史"说，主张中国历代著述均非以阐"义"而是以记"事"为己任，因而六经并不是阐述"义"的至圣宝典，而是记载"事"的历史书，从而将经学纳入历史学研究的领域。在史学建树方面，章太炎通过撰作

《征信论》《尊史》《征七略》《哀焚书》《哀清史》《中国通史略例》等一批论文，借鉴进化论和社会学原理，在史学方法、治史范围、史料搜集、史著体例等重要问题上，为近代历史学科建设提供了椎轮大辂。

章太炎致力于文字音韵训诂学，是怀有"文艺复兴"大志的。著者在书中将章氏致力的这项学术事业准确地定位为近代民族文化建设中的一个重大课题，以及民族文化运动中的一个重要组成部分；并说明其革新努力是确立在对中国语言文字实际、特别是其内在规律的深入了解基础之上。章太炎所以能在这一领域作出开拓性的贡献，对中国语言文字发展的过程、趋向及规律作出系统的探索和阐发，除了自身的深厚素养，特别是对清代朴学家研究声韵文字成就的吸收和综合，还由于阅读了解近代欧洲语言学理论著述而备得参考借鉴之益。著者指出《訄书》中的《方言》《订文》《正名杂议》等一批专文，以及《小学答问》、《新方言》、《文始》、《国故论衡》上卷等一批专著中，讨论的中心问题在于如何使中国的各种方言趋于统一，如何使汉语适应于近代中国社会的变化与中外交往的扩大而发展；并概括出上述论著为解决这些问题而深入研究的基本理论问题，即语言的起源，语言与社会的关系，语言自身发展的历史过程，语言内部各种因素的相互关系，语言发展的方向与途径等。通过对这些基本理论问题探讨的逐一考评，著者认为章太炎的成就既为清代及清代以前的文字音韵学发展作了出色的总结，又一手开启了近代语言文字学的发展进程。书中引述了章太炎与主用万国新语的《新世纪》编者之间的激烈笔战，揭示出章氏语言学研究所具有的实践性和现实意义，从而使著者对真俗之辨的诠释于此又可得一确证。

章太炎建立的庞大而又个性鲜明的"齐物"哲学体系，不仅是他学术成就中的精华所在，也象征着近代中国哲学革命的最高成就。它突兀地诞生在一个漠视玄思的年代，"政治斗争压倒了哲学的深入思考，人们没有兴趣和足够的毅力去考察那些与政治实践看来距离十分遥远的抽象问题"。因而这一精粹成果注定要像淹没于雷鸣声中的一缕清音，难以在世人心中回响。加之章氏哲学用语极其艰涩，要了解其中的义蕴并不比破译密码容易。对这样一位胸罗玄机的智者和奇人，没有足够的毅力和胆略是无法逼近其心灵的。在这方面，侯外庐先生的开创性研究功不可没，而姜先生精辟细密的疏解和总结,将这项研究推进到了一个很难企及的高度。透过由庄周道论、佛学名相、柏拉图理念论、康德批判哲学等中外哲人流派的名辞范畴交织而成的章氏用语,著者对其中探究的哲学定义、认识论(包括认识过程的各个环节)、宇宙论(包括真如与理念、道、自在之物的比较,真如与阿赖耶识的关系,本体与现象的关系),以及思维的源泉和范围、思维主体与思维能力的局限性等一系列哲学基本问题,会心体贴,注手汨汨,一一作出准确的疏证发覆,使章氏齐物哲学的中心旨义及其对现实世界的回应性得以充分的显示。如同章氏学具有熔学术与思想于一炉的特征,《章太炎评传》的内容也体现出一种可贵的思想力度,那是一种理想的国学史研究所应具备的思想力度。

(原载章太炎研究会编《先哲精神》,杭州出版社,1996年)

评廖梅《汪康年：从民权论到文化保守主义》

清末民初曾出现过一些影响历史进程的人物，或者因为遗下的史料文献稀少或分散，使后人看到的只是模糊的身影；或者因为身后命运的问题与解释的问题紧密相关，即历史人物的言行与后来流行的历史认识模式不相符合，难得入研究者的法眼。这两种情形恰好都出现在汪康年（1860—1911年）身上。这位始终未与同时代的新思潮相隔绝，并为之做出卓越贡献的政论家和民间报人，在五十二年生涯中留下的大量著述多已散佚，传世的《汪穰卿遗著》只是其中一小部分。散落在清末民初各种出版物上的直接或间接的文献资料，也从未见有心人去爬梳搜罗。这使得汪康年与他那个时代的广泛联系不能得到确切的了解。因为经办《时务报》的缘故，各种戊戌维新史论著自然要提及他，然而都不是回到那个时代并在历史的立场上探讨，而是把主观逻辑或今天的感受经验用到历史领域中去，预先设定他只起负面影响或陪衬作用，使得汪康年在维新运动中的关键地位和独特作用不能得到合理的肯定，清末维新历史的全貌亦难以得到完整的再现。这种状况最近有了很大变化，廖梅博士向学术界奉献的《汪康年：从民权论到文化保守主义》一书，使这位久未得到应有重视的人物，第一次成为深入探析的对象，遮蔽汪康年历史地位的迷雾已被驱散。

这部专著是在博士学位论文基础上修订增补而成，全书分作十四章，每章由三至五节构成。著者在书中通过对大量史料的爬梳剔抉，准确地勾勒出汪氏一生不同阶段时期的事迹和活动特点，从中揭示他与时代环境的互动关系及其贡献所在。清末的历史节律变化迅速，政治风云波诡云谲，许多人的言论和思想一直处在不断发展的状态。汪氏也是如此，他的早年言论与晚期论述所表达的见解之间存在着各种差别。因此按照年代先后顺序追踪考察他在不同时期的言论动向和不同寻常的作用,对于理解他思想主张的发展以及把握他见解的整体性质,显得更为恰当。著者对此有充分的自觉,从而在梳理汪氏思想脉络时,敏锐地注意到他在革新中国的理想和具体方案上的前后变化,并作出曲折淋漓的述论。书中指出汪氏在主政《时务报》迄始,即提出了两套旨在以君主立宪制取代帝制的自改革方案。第一套方案侧重于自上而下的改革,先在中央上层进行政治体制和行政制度的革新,然后逐步下移施行各个层面的改革;第二套则倾向于自下而上的改革,先在地方上推行教育、经济和军事等方面的维新活动,条件成熟后再由中央政府实行改革。汪康年在 1896 年支持第一套方案,并发表《中国自强策》等文章进行阐述;但从 1896 年底起,他已转向第二套方案,并在《论中国求富强宜筹易行之法》《论华民宜速筹自相保护之法》等文中申述地方维新的范围和方式。戊戌维新时期,汪在第二套方案基础上提出了地方自治的构想,并在 1900 年试图付诸实践。但在屡屡受挫的情形下,最终又回到第一套方案,并运用各种舆论工具敦促清政府实行自改革。书中论述上述过程,时时紧扣时代环境和政治局势的变化以揭示变化的原因,并通过与康、梁等人变法主张的比较,以凸显汪氏见解的独特之处;最后引出结论,认为多年实践使汪意识到人的精神面貌变革具有首要性,它决定了政治制度革新的成功与否,西方近代议会制不足以改善国人涣散而不相爱的精神状态,应返向传统文化寻找精神建设的资源。在这一认识引导下,汪氏一生思想清楚地反映在"从民权论到文化保守主义"这一变化轨迹上。书中历落数出的这些内容固然会引起异议,也存在需要斟酌的地方,但它无疑为人们了解汪康年一系列鲜为人知的动向及贡献提供了详细而有见地的论述,也无疑标志着汪第一次得到与其他同时代名人同等水准的研究。

风格谨严的史著一般都有史料基础扎实的特点,在充分占有和解读史料的前提下展开论述,不发空论或臆测。这也正是本书的整体特征。20 世纪 80 年代刊行的四厚册《汪康年师友书札》,为研究汪氏和清末历史提供了丰富的第一手数据,但其中收录的均非汪氏本人书信。用这批史料作为研究的基础,难度颇大,需要研究者细心解读考辨,理清其中错综纷繁的各种关系,方可收隔山震虎之效。著者数载沉潜于斯,作了大量的史实考订工作,并且旁及海外,发现了许多遗散在东瀛的有关新资料。凭借扎实的史料基础,本书充实了历史过程中的不少细节,纠正了以往论著疏于征信的若干舛误,在汪康年及维新史研究方面取得了突破性的成绩。以下两例尤须拈出,它们对戊戌维新史与报刊史研究有不容忽视的借鉴价值。

其一是关于时务报馆之争。作为戊戌时期影响最大的维新报刊,《时务报》事业的衰败与内部矛盾直接相关,已有论著都简单地视其矛盾为汪梁之争或浙粤之争,百年来对矛盾起因的概括不外三种:政见不同、学术有异、管理矛盾,且近五十年来批评的矛头皆指向汪康年。本书第七章通过认真的梳理,将这场纷争析作性质不同的汪梁之争和汪黄之争。前者主要由于汪氏与梁启超争夺报馆管理支配权所致,属于个体的偶然性冲突;后者与个人切身利益冲突无涉,而是汪氏与黄遵宪双方对西方经营管理观念的理解差异所致,属于不同文化观之间的必然性冲突。此外还具体分析了吴德潇、张之洞、康有为等人与这场纷争的复杂关系及其扮演的角色,以及这场纷争对时务报馆乃至整个维新事业的具体影响和打击。这是迄今为止对这一众目所瞩的争论最为翔实可靠的叙述。

其二是有关正气会的考证。对于这一戊戌维新时期的重要社团,各种工具书或论著都根据唐才常和孙中山回忆录的说法,认为是唐才常和林圭发起创立,并在这一组织的成立日期、领袖人选和章程起草情形等具体问题上留下不少空白或疑误。本书根据首次发现的日文资料,揭示出正气会会长是汪康年这一秘密,考定了这一组织的成立时间,并对这一各派势力聚合的团体的内在矛盾关系和活动特点作了准确的论述。

诚如著者所言,汪康年在清末是以倡导"民权"而成为维新派的言论代表之一,但是对他的民权论内涵,书中似缺乏明白直接的概括和定义。这是本书的一点不足之处,需加以充实。汪氏鼓吹的民权具体所指为何,前后期有无变化,以及与康、梁民权论的异同关系如何,等等,都是在探析汪氏思想特质和评价他何以转向文化保守主义时应该阐明的问题。第五章中数次将汪笔下的"民"等同于"人民",意味着他的民权论有标举民主权利的性质,但同章中又论证汪氏在中国政治体制改革上的立场是主张实行日本模式的君主立宪制,即决定权仍归于君主,这两方面似乎不能同时存在于一人身上。最后顺便指出几处错字,第260页第一行"皇帝尤在","尤"应作"犹";第298页第三行"力据俄约","据"应作"拒";第366页第三段落"盛京日报"应作"盛京时报"。

(原载《中国学术》第4卷第1辑,商务印书馆,2003年)

梁谱长编整理的退步之作

丁文江、赵丰田编纂的《梁任公先生年谱长编初稿》（简称《初稿》）自1936年成稿并油印问世后，因多采用未刊书信遗稿、内容翔实丰赡而备受重视，成为研究梁启超和晚清民国思想文化的基本史源之一，迄今尚被誉为同类体裁著述的典范。台湾经世书局在1958年将油印本排印出版，胡适撰序称赞："这是一部没有经过删削的长编初稿，所以是最可宝贵的史料，最值得保存，最值得印行。"至1999年，北京图书馆出版社又据油印本原稿影印出版，纳入"北京图书馆藏年谱珍本丛刊"系列。但是在盛名之下，不能忽略稿中存在着为数众多的各类错误，包括系年考订不确、一函误作两信、内容弃取失当和字迹辨认错漏等。赵丰田及其助手在20世纪七八十年代对《初稿》加以修订，在保持原稿内容和框架的前提下，作了不少增补和删改，并易名《梁启超年谱长编》（简称《长编》）由上海人民出版社1983年刊行。《长编》修订稿虽已有较大改进，而上述各种问题依旧屡见不鲜。以谱主与康有为往来记载为例，由于两人关系的特殊重要性，相关内容的完整、准确与否，直接制约着年谱的信实程度和价值高低。我在参与编校《康有为全集》的过程中，曾获读一批康氏致谱主书札手稿，这批书札藏于国家图书馆，今已悉数收入《康有为全集》（中国人民大学出版社2007年12月版），其中1910年有二十六通，1911年两通，1912年十四通，三年合计四十二通，可印证《初稿》编者谓1910年两人通信频繁的判断。丁文江等编《初稿》时接触过这批书札，仅摘录1910年的五通，其余两年只字未录，相应地也不记述反映两人矛盾冲突的谱主信函，对康函的摘引也有舛误，尤其是不恰当地删去多处关键性文字，明显与"编例"揭示的"全函照录"准则相悖。此后的修订本《长编》，也只是对其中一件增补了五百余字，其余未作任何改进。如果说当年丁文江的失当举措是由于谱主后裔及友人的掣肘，事出无奈（其弟丁文渊在台湾版《初稿》"前言"披露，丁文江曾因引用一件康氏责备谱主的电文而招来责问："康、梁的关系，天下皆知，你又何必来翻这个成案？"康梁两家似达成共识，在刊行遗稿时避免披露涉及两人不和的内容，故而康同璧为乃父编年谱续编时，干脆将1910年前后有关两人矛盾的文字删得一干二净），那么在赵氏修订时已无此羁绊，理当恪守史家信以传信的原则，使修订本趋于客观完善，而不必延续《初稿》的诸多阙失。

有鉴于此，近日见书店有新刊《梁任公先生年谱长编（初稿）》（以下简称"整理本"），颇觉欣然，盖因此书以《初稿》为底本，又有赵氏修订本作为整理基础，整理者圈起"初稿"二字，想必在编例与内容两方面大有改观。不料翻阅一过后颇为失望，除了添加"人名索引"为读者检索提供了便利，"整理本"内容并无明显改善，较之赵氏修订本反而显得逊色退步。限于篇幅，以下举出例证以供商榷。

"整理本"第278页收录宣统二年七月廿日、十月廿二日、十二月十七日康氏致谱主的三封信，除了一封误署日期（"七月廿日"应订正为"七月廿一日"），问题较严重的在引录十二月十七日（1911年1月17日）函，凡两段文字，其中第二段"又顷吊阅港中华益各数……吁！起屋难，放火易"近两百字，经与原信手迹比对，实为前录十月廿二日（1910年11月23日）函中的内容，被无端割裂为两函。而十二月十七日函中被编纂者抹去的一段文字如下：

> 匆匆来坡（一切数目书皆不及料理），坐视数日，为母八十寿而不得称祝，寸心如割。到坡数日犹惘惘，住客舍无聊，万事不挂眼。终年常避人，吾生有涯，何命之穷也。弟与我如比翼连枝，无事不同，而弟安居于东著书读书，则与我若天壤矣。以家以国，待命北中（吾母亟欲还城乡），然而如此，只得随遇安之，欢喜顺受。日间定舍馆再告。

这段内容显然比已经采用者更有价值，其中隐约透露了对梁的不满，以及急于离开新加坡赴日的沮丧心情。在此前两三年里，康氏尚接连有六七封信致梁,责怪后者在助其移居日本之事上不肯多出力,催促加紧交涉入境签证事。这些信件内容在梁谱长编中均不见述及,而正是编纂者的刊落之举,使得研究者不能了解康氏至1911年6月方遂愿自南洋抵达神户,并很快与梁决裂的基本背景。整理者若能拨冗参考一下《康有为全集》中订正复原的相关书信,当可避免上述错漏情形,使梁谱长编内涵趋于完善。

1903年1月11日康氏在日本箱根致谱主的信,是继公开发表《与同学诸子梁启超等论印度亡国由于各省自立书》《答美洲华侨论中国只可行君主立宪不可行革命书》之后,仍一直不能释怀,再次提笔以示训诫。因为是私函,语意更为直捷显豁,有助于研究者深入一层地解读著名的"南海政见书"和保皇会在海外的活动内幕。这封信有两千三百余字,《初稿》仅摘录三百字左右,《长编》则难能可贵地增补了两段共五百余字,而"整理本"却又倒退回《初稿》状态,既不吸纳《长编》的修订进展,也不对两者相异之处加以说明,"整理"云乎哉?进一步说,相对于摘取的部分,此信中被《初稿》《长编》舍弃的内容更具独特价值,如其中写道:

> 若革事深中于人,恐酿成印祸,到时无论何人,能发不能收也,岂可复虑无人而以身任之乎?即如吾亲到印,目睹印祸,印人又告吾如狗如猫,而午两夕不寝,为长书以谕汝等(上海、美洲合言之)。先与同璧言,日如此明白确切哀痛之实证,无论何人见之,必心动无言,须改其辙,不然则是好招名而甘亡国者也。不料云、勉及汝等皆置不论,言革如故(吾至今不解,岂以吾为妄造耶?不然何复忍言革而亡中国?),其余等等各人皆然,于此印亡之大事不以一毫激刺于心,若以欧洲革扑之旧方为万应膏药,无施而不可者。勉及曼则以人心大变,不可不从众为言。噫!岂知印变之时,举国上下皆变,其中岂无一有识之人?而以从众之故,永奴其国也。我岂为此?而汝等见此文而不变(云、勉等皆不置一词),除非为名,不顾亡国,岂有他言可解乎?然则风俗已成,深入脑中,岂复可以空言解之乎?汝若欲再种此毒,是力欲亡中国而已。汝言并非决攻满,不过借言之;若此则更谬矣,此毒一种于人人心,即为分兆,既分则必益外人,故吾谓革扑之说万不可言。若欲以挟持伪政府,则全

朝政权皆在汉人手，此事但当内转，不可内讧，而内转亦甚易之。因此症如内伤，亦非峻攻所能施也。吾思其消息甚微甚奇，汝留此信，可于三二年后觇此是否。若必用狂医峻攻，徒杀其命而令外人分之而已。孝高曰今日当民族帝国之时，万不可言扑满，真一言中的。自行者及汝等皆以粗材行医，徒读欧美革书，持为独步单方而医此国，则惟有杀之而已。

荣禄乎，此在中国则为国贼，在我则为不共戴天之仇（兄弟之仇不反兵，而幼博则以我而死也）。每念幼博辄为心痛，自恨无才无勇，不能剚刃之，若有言不杀之者，吾即以荣禄视之，无论何人不必言此。雅昔以沈某攻疑，虑在京被累，故颇以此为未可。在雅故可宽也，他人则不可。雅虑办此事人皆疑我，其实亦有他法，今报上不言董遭刺乎？是吾布置耳。除介外我岂无人？昔者我与尔不同道（汝不办此），我亦不告汝其人。树园、孝高亦言汝疏，此非攻汝者，我专心之事，汝岂以目前之人遽论我无人乎？况介即有不检，办此等事亦不必规行矩步者也。果能去荣，则大事更易，于楚策无碍。然荣岂易去哉（其难甚多不待言）？汝一面行雅策，一面暗办荣事，原两不相碍也。此事不必商，亦不告汝。若有言不为者，其人即作为杀六烈士者也。（《康有为全集》第七集，第189—190页）

这些文字表明，虽然谱主在"政见书"刊布后即去信表示认错和悔过，但并未获得谅解，康氏不信谱主会改弦易辙，将他与孙中山并论，斥责其"为名""好招名而甘亡国"；其中述及保皇会实施的暗杀活动，可证明谱主在保皇会内部承担的事务分工不涉及暗杀事项，他也确曾对康氏重金雇用刺客之举颇致不满，并为此招来后者霸气凌厉的申辩。其间透露派人行刺董福祥一事，即不见于其他任何记载，显现出保皇会策划的暗杀活动已颇具规模，仍有不少鲜为人知的隐情尚待考证发覆。

又如"整理本"第277页录载康氏1910年3月23日致谱主函，仍沿袭此前编纂者弃取不当之失，既略去指责谱主在康遭受私挪公款的指控时，也轻信谣传、从众疑师的几句话："即如林贼所攻而不辨，汝亦中毒，为之传教，

将来恐林之使徒多至不可思议。"也删掉了信中数落谱主"言革"之外的另一重"非孔"之罪,并流露出分道扬镳之意的大段内容:

> 吾昔在患难,以昔日讲学所积激厉之力,尚收一二之效。然庚、辛之际(事久无成),人已倦矣,又离索已久,不复讲学,无复有摩厉之益。而世变日积,汝又不深思而大发权利之说,贩运来华,以破二千年孔孟义理之学,故全国移风,至有今日败坏之极。夫孔学已被攻而无可恃,则人不猖狂妄行,假借西俗以趋新利用,其将安之?故汝今论《国风》极纯正严切,然致此之由,汝实尸其咎。此事与革同,皆汝致之,成也萧何,败也萧何,功首罪魁皆在汝也。云樵各人猖狂,尤汝所制造。今汝悔之亦晚矣,故古君子慎其出口,择而后发。今汝以无定之资,听一时游行之识,随意所之而妄尽言之,故至今日也。已矣任甫,后其慎之!天运人事,合沓并至,致今大败。既责已省躬,又不能不诵曾文正言,曰不信书信运气。公之言告万世而已。庇中热极苦病,然不敢他行,亦不能他行。阅报极喜,与昔见《新民报》汝极得意者,吾乃极怒之,汝乃经七八年又反为吾。总而言之,汝真一极流之质,吾一凝质,望汝后勿再流而已。(《康有为全集》第九集,第129页)

此信中提及的"林贼"是指林兆生,康氏游欧时的心腹随员,兼保皇会欧洲支部负责人之一。他曾对康氏海外活动产生过关键性影响。由于康梁往来书信涉及此人的内容在梁谱长编中均被略去,造成若干疑团难以解开。譬如康氏在经年游历欧美后相中瑞典一地,在那儿买地皮盖楼阁,决意在瑞典定居度过余生,为何新楼甫成,即于1908年7月仓促离去,此后再未踏入瑞境?肇因即在于他与贴身卫士林兆生闹翻。他在1909年、1910年间的数封信里,曾对梁氏细述林某扣压他的房契,投靠瑞典黑手党以和他作对,以及夜半持枪爬上卧室对面的大树欲射杀他,而他又是如何在深夜三卧三起,欲手刃林而又顾忌其背后势力等,情节之曲折堪称离奇。康氏离瑞后来到南洋,在他视作蛮荒之地、极不愿久居的地方无奈地滞留了近三年。对此他迁怒于梁氏偏信"林贼"的谣言,有意让他"居夷"多时。在1911年6月遂愿"入东"后,他的满腹怨气最终在年末给梁氏的两封长信中尽数发泄。由于这些信函在梁谱长编、康谱续编中只字未录,使得研究者不能理解为何一入民国,两人关系即告破裂,从此天各一方,老死不相往来。"整理本"若能参考新出资料,填充相关记载的残缺之处,无疑能使梁谱长编获得内涵的充实和质量的提升,从而为研究者提供可靠的基础。

"整理本"与《初稿》《长编》内容相同点之一,即在于同样摘引了康有为1903年至1911年间致谱主信十二通,这固然符合"保持原稿内容不变"的整理原则,但对《长编》修订后遗下众多显而易见的舛误也原貌继承,则显然与所揭"修订"原则不合。据估计,"整理本"摘录的这十二封信中存在的错、漏、倒、衍字达一百二十余处,与《长编》中存在的舛误雷同。其实在整理时稍加留意,很多舛误是不难发现的,或者有心取新出相关资料作比勘,也不至于以讹传讹。

以上从一个侧面对梁谱长编的新出"整理本"提出若干商榷,或许会招来以偏概全之讥,但撰文目的是想强调,整理这部海内外影响广泛的名著,是需要耗费"大力量"的"大工作"(胡适语)。时至今日,在《初稿》原貌影印本和排印本业已面世的前提下,再持"保持原稿内容不变"的编例进行整理,实已无甚意义;而在内容趋于完善方面,如果较之《长编》的修订成就不进反退,则新出"整理本"的价值究竟体现在哪里?近年来,梁启超佚札遗稿有陆续不断的发现,梁氏师友文集的新刊也为数不少,已经比《长编》修订时具备了更好的整理基础,通过一番博综广采、索隐疏证的艰辛劳作,就可以使这部名著趋于完善。在缺乏前提准备工作的情况下,似不应率尔灾及梨枣。日本学者岛田虔次、狭间直树等费时多年编译的梁谱长编日译本已在东瀛刊行,据介绍,其中包含了大量校注形式的考订成果。此书尚未得寓目,如果所闻属实,则新出"整理本"能充分吸取日人研究成就,也不失为明智之举。

(原载《东方早报·上海书评》2011年3月20日)

评《康有为在海外》：
康有为为何在美洲变身党魁

卢梭有言："要研究一个人的心，还须退回来看看他的个人生活。"年谱在追踪个人生活方面，以其解释性少、写实性多而比传记更具客观性。有关康有为的年谱虽已不下五六种，而依梁启超所言，只要"各尊所闻，各述所知"，续出的谱记之作仍会受人欢迎。新刊《康有为在海外·美洲辑——补南海康先生年谱(1898—1913)》一书，理应受到学界重视，缘于已出康谱都对其海外流亡生涯记叙简略，语焉不详，本书恰好弥补了这一缺憾。编者身为康同璧秘书张沧江哲嗣，也是《南温莎康同璧旧藏》的持有人，本书虽是不足二百页的薄物小册，却能熔铸新材，通过逐日寻踪兼远观侧写，撮述谱主著力之事和苦心之处，呈现其流亡美洲时别样的精神眉宇。细读之下，颇能领略本书出乎同类作品之上的两个特点。

一是广为征引南北美洲各地西文报刊及相关档案文献，不啻为研究探索别辟新径。康同璧编《南海康先生年谱续编》，抄录康氏诗文极夥，后出几种谱记也多如此。本书编者则另辟蹊径，借侨居北美之利，留心查阅加拿大、美国及墨西哥各埠地方报纸，从中爬梳相关实况报道，基本理清康氏在美洲三四里的具体行踪，并参阅各类档案资料，勾勒出康氏在美洲大地到处演说，频频出镜，与政府首脑、地方官吏、工商巨子、教会人士等会面互动的场景，颇能克服同类谱记中粗笔划史、行踪模糊的弊端。书中援引美国政府档案，明白交代了康氏两次晋见罗斯福总统的前因后果，其价值不言而喻；所述谱主与美国伊利诺伊州传教士杜威的交往情形，即可纠正拙文《维新事业在美洲的拓展与挫折》中有关考释的失误。

二是插附多幅旧照图像，使历史场景与谱文互为补充，相得益彰。诸如康有为初抵加拿大时,在哥伦比亚省议事大厅演讲的现场照及与接待官员的合影,负责康在加期间人身安全的加拿大骑警照,康在美洲各埠时下榻的旅馆照,与美国传教士会谈后的集体合影,保皇会定制的"铜宝星"会章像照,康在墨西哥开办的华墨银行建筑照等,不仅有补充文献记载不足的功用,也能使读者感受往昔的真实场景。前贤所谓好的历史书"图与文如鸟之双翼,互相辅助"(郑振铎《中国历史参考图录跋》)。编者于主观上有意趋向此目标,客观上也为干巴巴的纪年平添了些许阅读兴味。

图文固然醒目,瑕疵尤其刺眼。从书皮到内叶,本书可谓问题多多。先说书名的不妥当。"康有为在海外·美洲辑"只能指康在美洲的活动,主体须一致,编者却说"美洲辑的意思仅指本书史料收集基本上是在美洲完成的",既有悖常理,也不合语法。好比某歌星海外巡演的美洲专辑,却被告知是在美洲制作的内地演唱曲目。副标题也拟得古怪,并不存在名曰"南海康先生年谱"的书,本书专为补充康同璧《南海康先生年谱续编》而作,理应署完整的书名;《续编》始于1899年,本书偏要提前一年,已属无谓,而1898年下仅"慈禧发动政变"等四句空话,岂非贻笑方家?

至于内容上的舛误,大致可归为三类:不明出处,编例不清;详略失当,引述混淆;以及考证失实,文句不通等硬伤。

本书摘引相关报道,偶或注明来源,多数不标出处,有违言必有据的撰谱原则。如记1899年5月31日康氏到英国,指出康本人《补英国游记》谓5月19日抵英是错记,却不提供任何文献依据。1905年5月记康应美国牧师杜威之邀访问伊利诺伊州,并发表演说和声明等,也不标示史料出处。第56、57页详述谱主如何在美国驻加拿大领事帮助下获得赴美签证,也不附注来源。1899年5月下插入多段楷体文字,有康同璧《续编》文、康有为诗题,也有编者记叙,混淆而不明所自。其中一段是康氏自述,却标注"来自另一份报章报道";类似"西雅图的一则报道说"(第40页)的标注,同样使人不知所云。编者交代凡例之一:"书中所有未标明出处的楷体文字,均出自《康同璧档案》、康同璧自传文稿及张沧江手稿",康同璧档案中有数十人信札,怎可概以楷体标示了事?凡例首条谓采用公历纪年,仅在目录各年份下附旧历年,却于记文中频频插入农历纪时,自坏体例。如"3月16日 康有为于二月十一日到洛杉矶"(第 68 页),记"到洛杉矶"四字即可;"10 月 30 日 康有为甲辰九月廿二日重返大西洋"(第 52 页),记"重返大西洋"即可。至于 1907 年"1 月 1 日 丁未元旦"(第 112 页)的表述实属荒唐,公历 1 月 1 日怎可等于农历新年?

书中记述混淆、详略失当之处也屡屡可见。比如摘引李福基《宪政会起始事略》一文,却无端混入编者记文(第 4—5 页);记(1899)4 月 15 日接电报"不被允许入境美国",4 月 19 日又记接电报"不被获准进入美国",究以何说为据?(1907)先记 7 月 18 日应弗林特之邀参观其"运动员之家",又倒记 7 月 17 日应邀参观其"运动员俱乐部",何日为是? 记述保皇会改名"帝国宪政会"的具体日期,居然有五种不同表述(1906 年 9 月 1 日;1907 年 1 月 1 日;2 月 3 日;3 月 16 日;3 月 23 日),何时为准?

记述如何剪裁取舍,编者固然可以自有主张,但书中摘录文献时每每详略失当,明显不合常规。如 1904 年 11 月内,分别记康氏致信加拿大总理、接受渥太华报社记者采访以及在温哥华等地演讲,所记皆不见于《续编》及各种康谱,实应作内容摘录或简述,而编者于信函、演讲无只字介绍,却不厌其详地抄录已见于结集的三首长诗和欧洲十一国游记序文等。编者援引 1905 年美国多家报纸报道,记载康氏数月内在美各地所作十余回讲演,对其内容也不作概述,却偏好抄录诗作。详述康氏 1905 年与美传教士杜威在各种场合的友好交往情形,却不提杜威在西报上公开抨击康氏,以及后者布置回击之事,也明显失之片面。《南温莎康同璧旧藏》所见康氏信中数次促容闳英译《我史》及布置谋刺孙中山之举,也是必记而本书失记的大事。由《旧藏》存札所见康氏对女儿与罗昌恋爱之事的武断干预和由此引起的矛盾,也应予记述,借以了解其人格和性别观,实在算不得小事;就像希罗多德《历史》中记载"埃及女人站着撒尿,男人则是蹲着"这样的琐事,却备受后来人种学研究者的重视。

康同璧《续编》摘录谱主诗文极夥,编者分年照录时概予删削,符合行文经济的原则。但除了偶将谱记与康作一并删去(1904 年至 1906 年及 1909 年下都有漏辑),未对《续编》明显错误加以改正(如 1905 年下记"十一月三日登绝顶,六日往堪萨斯",末了又记"十一月三日赴墨西哥,六日至莱苑";

一天内不能同时现身美、墨两地），主要问题是《续编》被再三地"照录"，在各年正文前及附录中照录之外，1903年、1905年、1908年等各年正文内又见摘引，可谓一编之中三复其言。据核计，本书正文计一百六十四页，《续编》文字占去六十二页，扣去大量影像图片所占篇幅，编者文字尚不及康谱之多。本书1899年、1904年至1907年数年内容确属有价值的充实，其余年份基本是照录《续编》而已，删之不足惜。不妨径以康同璧《续编》更正稿为主体，附以编者的新获，方属名实相符。

至于本书存在的硬伤毛病，更是在在而有。如1905年6月10日记"康有为以旅美华人的名义发出一份拒约公告"，而据所附公告影印件辨识，实为徐勤就广东公学办理情况致保皇会员的公开信。编者的张冠李戴之举，也见之于第132页"图70：苏彝士运河"，图片上分明有谱主手迹"水木明瑟，坐者忘世间矣。甦威廉舒园"，德国小城亭园，硬被编者认作中东运河。康有为著《金主币救国论》刊行于1911年，康氏自序于1908年冬，又有1910年识语云"成于五年前"。《续编》将成书时间系在1908年底，因其1905年一直随侍左右，全年行止尽在掌握中，故未采信乃父之言。而编者无任何新证，仅据康氏兴到之语，将成书时间系在1905年，毋乃过于轻率。书中多处文句不通之处，如"洛杉矶举行盛会招待康有为"（第68页），"演说比令、粒士顿"（第88页），"致谭良，办酒楼"（第93页）之类病句，实在是不该出现的。编者将西报报道译成汉语时也常犯错，如"他和他所崇拜的知名人士通话"（第8页），应作"他和崇拜他的知名人士通话"；"一起发表反对排华法案、反对美国和列强要求中国单方口岸开放政策"（第73页），句子明显断气；"在他之前的旅行中，特别是俄罗斯，他一直试图避开到那里旅行，因为当时的日俄战争和会被误认为是日本人会带来不便"，"我们有大概超过一万种美国、英国和欧洲的工程技术书籍在使用，其中大部分涉及进步运动"（第106页），译文如此不堪，不如直接摘引原文为宜。

曾经有人因曲解《论语》而招来"孔子很生气"的调侃，面对这本编得乱糟糟的小书，想必康子也会不高兴。一连串舛误居然也能躲过编辑的法眼，名牌出版社的编辑似乎缺乏必需的基本学养。张元济先生地下有知，也会发出一声叹息。

评《康有为在海外》：康有为为何在美洲变身党魁

由阅读本书引出一点思考。与康有为海外流亡生涯相始终的，是清王朝谋求全面改革失败而走向衰亡、最终被党国体制取代的进程；是这一进程制约着康氏政治理念的演变，抑或相反，康作为时代弄潮儿，发挥了引领此趋向的作用？这一问题视角，显出康氏在美洲蜕变为党魁的意义不同一般。

保皇会成立不久即有"国际第一大党"之称，在更名前已具政党雏形，1905年康氏在美国时宣称"我们的政党正日益壮大，其目的是拯救中国。这是我的工作，我冀望海外五百万中国移民团结一致，形成一个新的强大的中国核心"（本书第80页）。在他看来，1905年以后国内的宪政运动，正是推行政党治国的开端，得悉张謇出任江苏咨议局局长，他即直接等同于宪政党领袖，并于1906年致梁启勋信中说："季直必为党魁，吾早言之。"

康本人当然也是以党魁自居，他只是觉得回国发展党组织的时机条件还不成熟，只得暂由张謇独领风骚，"移植党于内地，今尚未能也"。在建党过程中，除了拟章程、掌财权等，尤需形塑党魁的非凡形象，为将来执政作铺垫。所以在托容闳英译《我史》向世界推广之际，还拨冗重作修订，在1858年"生于其乡敦仁里老屋中"记文下，添加"生时屋有火光"六字，刻意营造一层超凡入圣的"东方红"光环。他明白拒绝梁启超所封"孔教之马丁路德"的头衔，却欣然接纳"中国之摩西"的称号（本书第65页），显然"立功"之意更甚于"立言"。他要当摩西式的实际的人民领袖，像摩西率领希伯来人摆脱埃及人压迫统治那样，领导国人挣脱异族的腐朽统治。

他与皇帝的关系显然是绕不开的话题。学界及康氏亲友皆肯定康对光绪帝始终怀有崇仰感恩之情，实则就刊布奏稿一事而言，康氏未必真把光绪放在眼里。《戊戌奏稿》虽迟至1911年出版，其中大半奏折已在1898年、1899年《知新报》《清议报》发表；1899年撰《我史》中，不厌其详地罗列十余年里所上各份奏疏的梗概，并旁及代人上言内容。康氏举动看似寻常，也不见研究者驻足留意，其实很值得一探究竟。

儒家有一条经义，是所谓"事君欲谏不欲陈"，据说是孔子定下的规矩（见《礼记·表记》）；谏和陈有私下、公开之别，意思是说，皇帝也是平常人，也会犯错，大臣上奏言事、纠失正误，限于小范围即可，不应公布而有损皇帝颜面。北魏孝文帝从帝王立场对此作了极端解释："君父一也，父有是非，子何为不作书于人中谏之,使人知恶,而于家内隐处也,岂不以父亲,恐恶彰于外也。今国家善恶不能面陈,而上表显谏,此岂不彰君之短、明己之美?"(《魏书·高允传》)他以高允为例说明忠臣就是"正言面论,无所避就,朕闻其过而天下不知其谏"。或者像李孝伯那样,上朝"切言陈谏",回去即"削灭稿草,家人不知"。类似事例也数见于后世,如唐太宗时,以"分桃"典故出名的马周,《旧唐书》本传说他"临终,索所陈事表草一帙,手自焚之,慨然曰:管、晏彰君之过,求身后名,吾弗为也"。直至明末,崇祯帝还据此归纳出一条定理:"求忠臣必于孝子之门。"(近期热议的"国王的两个身体"之论,在汉唐史籍中可找到丰富的反例,惜辩论诸君只看西洋景,不顾本地风光)

搬出上述故事,意在反衬出康有为的大胆创举。梁鼎芬曾吹嘘康"上书不减昌黎兴,对策能为同甫文",殊不知韩愈、陈亮的奏疏皆于身后由子孙后裔刊出。即便在晚清,如林则徐、王茂荫及曾、左、李、张等人的奏稿疏文,都是在自身和受谏君主作古之后,由子孙或门人辑刊。康氏的破纪录行为,与其说是罔顾经义,不如说是显现经义施行内外有别的立场。他迫不及待地发表奏稿,不顾受谏的光绪还在台上,固然可借用万历皇帝对臣下类似举动的训斥"还是沽名钓直的多""他还是出位沽名"云云作评价,却也暴露出他无视清廷权威、不认可其统治合法性的心思。

在远离故土的环境下,康有为可以对西报记者直抒己见,表示清廷统治已难以为继,他的使命就是"把他深爱的祖国从腐朽的政府手中夺回,并使之跻身于世界文明国家行列"。在海外组建政党,"即与立国无殊,则以外中国而救内中国"(本书第53页、66页)。他公开宣言要抹去清朝名号,"改大清国为中华国。中华名至古雅,至通而确,将来永为国名"。章太炎提出中华民国的名号,尚在数年之后。康有为打出"保皇"旗号,所保的皇帝已非具体个人,而是抽象化的政治符号。他心仪英国式君主立宪政体,想在中国的政治变革实践中作全方位移植,这就需要有一个抽象的"虚君"符号。法国革命出现流血惨象,缘于他们把国王杀掉了;英国实现平和的权力更替,是因为有土木偶式的君主坐镇在上,虽形同虚设,却有避免暴力冲突、杜绝野心家觊觎之念的妙用。他设想在中国政治革命中践行这一英国"政化学"原理,在"虚君"宪政旗帜下,完成满清向汉族的权力"内转"进程。他认为这一内转过程始于曾国藩,将终结于他作为政党领袖而归国执政,在中国历史上首次实现不流血的权力更迭。这也就是康有为在美洲变身为党魁的意图与雄心。

(原载《澎湃新闻·上海书评》2018年7月17日)

评《晚清戊戌史事新探》：
"引狼入室"还是古典新绎？

变革时代往往滋生探究前车之辙的热情，如同戊戌时期涌现有关王安石变法的各种评论，当今改革年代对戊戌变法的新探别解也是持续未断，时有新作问世。最近的一种当属雷家圣著《引狼入室——晚清戊戌史事新探》。著者是任教于上海师范大学历史系的台湾教授，原书名《失落的真相——晚清戊戌政变史事新探》，经调整内容后易名在大陆推出简体字版。受命作评，遂于鼠年春节后疫情持续吓人之际逐页阅过。书分五章，除序论、结论外，主体由"二、朝鲜问题与中日甲午战争""三、百日维新""四、戊戌政变"三章构成，书末三种附录，合计约十五六万字。这册小书旨意明朗，要揭露康有为、梁启超等变法人士在戊戌维新期间谋划施行"中美英日合邦"计划，使中国面临被列强兼并瓜分的危险，慈禧太后"力挽狂澜"，发动政变阻止"合邦"阴谋，堪称挽救国家危局的民族英雄。书名也颇惊心动目，然而内容远不足称新探，且处处强作解人，以臆测代言"失落的真相"。

第二章颇长，连同附录《大同合邦论》校记，占去全书半数篇幅。朝鲜亡国史及甲午战争作为变法运动的背景，已是今人研究的常谈，晚清志士对日本兼并朝鲜也早有警觉和谴责；在"戊戌史事新探"名下重述朝鲜最后半个世纪史事，不仅无谓，更属文不对题。序论章提出"甲申之变与戊戌政变有许多相似之处"的意见（第35页），则必须落实于正文，这是学术论著的基本规范，但后面两章中未曾提及，未作片言只语的史实印证。只是在第四章中有著者代袁世凯思索的话："袁世凯只要稍加思索，便可以明白，这些变法派官员，即是中国的开化党，谭嗣同即是中国的金玉均与朴泳孝。如果……则慈禧太后就要成为闵妃。"（第198页）这显然已不是在述史了。

第三章"百日维新"主要介绍康、梁、慈禧和光绪等"关键性人物",著者自陈"尽量运用前人的研究成果,来呈现戊戌变法的经过"。撰写新书,无论如何没理由整节挪用既有成果,"运用"二字也不通。文中"慈禧太后与光绪皇帝,是两种不同的性格,产生了两种不同的决策方式"也是病句。赞美慈禧明辨是非、果决能断,光绪轻躁冲动、感情用事;其说当否暂且不论,但据此所得结论"戊戌政变,可以说是由这两种不同的性格所导致的权力冲突"(第135页),则尤其不通,政变是性格不合所致还是权力冲突的结果,两说不能并存。本章论"翁同龢被黜事件"一节,推论光绪颁布"定国是诏"后,即罢黜不支持新政的翁同龢,此举得到太后的默许,显示慈禧支持变法新政的态度(第143—144页),浑不知吹响新政号角的"定国是诏"出自翁手。认为"翁支持康有为变法的主张,并向光绪皇帝推荐康,这仅是康有为在戊戌政变之后的片面说法",则不应不知《梁启超年谱长编》附翁致友人信云"弟之举康、梁也,衷心无一毫不能告人处"。此函真伪虽尚存疑,但翁荐康之事仍有迹可索。李盛铎从保国会倡议人之一到依附后党,成为荣禄心腹,是学界研究的共识。著者臆断李氏"非荣禄私人",只为证明罢免翁"非出于慈禧之意",完全无视康梁之外,叶昌炽、金梁等局内人直言慈禧、荣禄、刚毅辈挤走翁同龢的记载;并且认为梁启超列出的另两条阻挠变法的依据"二品以上官员赴太后处谢恩""亲信荣禄担任直隶总督""未必出自慈禧之意,也可能是光绪讨好慈禧之举"(第165页);让人纳闷著者何以这般爱偏袒太后。

第四章"戊戌政变",谓百日维新后期变法派官员上书提出"借才""合邦"计划,慈禧洞察其中惊天阴谋,果断发动政变,使中国免于被日本、英国瓜分殖民的危机。此章乃全书重心,仍是充塞着捕风捉影之论,不耐推敲。

著者"合邦这一名词源自日本"(第170页)"在中国无此一词,此一词汇系由日本传来"(第211页)之说并不准确,其源在《尚书·尧典》"协和万邦"、《史记·五帝本纪》"合和万国",《尔雅》释"和、合义同,故训为合";梁启超《大东合邦新义序》即直认此词出自《尚书》。"合邦"含结合、并和两义。日议员森本藤吉1893年发表《大东合邦论》一书,鼓吹朝鲜与日本合邦是归化文明之举,意在宣示日本兼并朝鲜的合理性,而对中国则只提"合纵"。梁启超释为"联盟"可谓恰切,梁氏指斥此书合邦论"攘我藩服,摇我心腹,立意狙险",但认可其中"合纵条理,洞中肯綮",赞同中日平等结盟之必要,这是他在戊戌年四月翻印此书的初衷。著者也承认"合邦是比较中性化的名词",谓日人以此包装其"并合"朝鲜的野心,在1896年兼并朝鲜阴谋受挫后,就将此策移用于中国(第176页)。具体表现在康有为受日公使矢野文雄影响,于变法前夕确立推进两国合邦的宗旨,及变法期间伊藤博文到访,与变法派策划合邦之计,大有一举吞并中国之势(第177、225页)。按康氏《我史》记戊戌年四月"与日本矢野文雄约两国合邦大会议……矢野君未敢",著者认定此合邦就是"谈中日两国合并",依据何在?为何不是谈联盟?今人尚以"合和万邦"作为构建人类命运共同体的历史根据。如果康意在并合,岂非正中日本人下怀,作为政客的矢野岂有不敢之理?事实上康对日本以合邦之名兼并朝鲜的行径多有谴责,甲午后上书条陈"发日本之阴谋,指朝鲜之蓄患",政变后重申日本并合朝鲜的教训:"当乙未之夏,煌煌然夸诩自立,以为脱中国之轭矣,不及十年,并于日本,乃始悔误听之诡谋。"著者严斥伊藤、矢野等在戊戌年即着手实施"一举吞并"的合邦计划,这一判断非同寻常,却未能提供任何文献证据,只是辩解说"我们不能因为日本的档案之中没有合邦的内容,就认为当时不存在合邦的计划","我们无法确知日本在合邦计划中所扮演的角色,不过,这不代表合邦这一阴谋不存在"(第260页),同一段落之上,著者曾宣称"检验事实要依靠证据,但证据只应问有没有,不应问多与少"(第259页),如此自相矛盾、颠三倒四,也值得佩服。不去切实爬梳伊藤、矢野等日方当事人的文献档案,却在戊戌史探的名目下,煞有介事介绍1909年日本政书有关"国家结合""国家并合"异同的报告,不厌其烦地罗列《大东合邦新义》字词校勘所得,究竟有啥意思有啥用?

著者认为康氏举措在既筹备合邦会议,又出版《大东合邦新义》,两者相辅相成;在无证据的情况下,先自认定翻印日人书与康脱不了干系,不惜虚拟故事:"笔者推测,康一方面与日人计划召开合邦大会议,一方面又令梁启超出版《大东合邦新义》,两件事的目的都是在推广合邦的观念。"(第299页)"既然梁启超认为此书内容大有问题,又为何要出版此书?笔者认为,由于当时康正与日人共同推行合邦大会议的计划,因此要求梁将此书出版,梁在师命难违之下,只好将此书付梓。"(第302页)纯以虚想代替实际,梁与其弟子经管出版宣传事宜,并不依康指令行事,康氏本人著作也会被梁扣压数年不出,虽暴怒而无可如何。康在政变前一天与伊藤博文的对谈,以《游清纪语》为题见载于数月后的《台湾日日新报》,内容与《我史》所记"见伊藤博文而不请救援,但请其说太后而已"相符合。著者未能从中发现预期的内容,失望之余遂无端致疑:"《游清纪语》的内容,可信度令人质疑。""康有为与伊藤博文见面,对话内容仅仅如此而已吗?"(第208页)这不正是《列子》寓言"邻人窃鈇"讥讽的可笑心理吗?

著者谓"变法派合邦的阴谋,在杨深秀、宋伯鲁奏折中,得到了最充分的证明"(第249页),而所列举的"证明",适足以反证著者理解史料的基本能力有欠缺。两折皆康有为草拟,杨《时局艰危拚瓦合以救瓦裂折》,将"合邦"涵义限定于折文征引的洪汝冲"联结与国"、李提摩太"联合英、美、日本"、伊藤博文"联结吾华"诸说中,等同于联合结盟,因而表示"勿嫌合邦之名不美"。著者认定其义非结盟,"杨深秀所主张之合邦,实际上是与英、美、日本三国合并"(第212页)。莫非忘了自己说过合邦是中性化名词、兼有结合之义吗?宋《请速简重臣结连与国折》交代前一日李提摩太向康有为出示分割图,并转述其"拟联合中国、日本、美国及英国为合邦"云云,但上疏的关切点在摘由所示"结连与国以安社稷"。同时《国闻报》"要闻"栏报道李提摩太进京将"瓜分中国图"递交总署,主张"为今之计,须与英、美、日三国定一确实联邦之约"。而著者看宋折,不仅认定宋伯鲁支持李提摩太的合邦建议,更引申作"可见当时变法派官员所谓的合邦,的确并非只是外交上的结盟而已,而是交出国家大权的合并"(第214—215页)。能这样率意在结连、联邦和合并之间画等号吗?

著者对变法派吹胡子瞪眼,写到慈禧则换成咏叹调。"慈禧有能力也有意愿看到杨深秀的奏折,杨的奏折是逃不过慈禧法眼的","康梁等外交常识竟如此幼稚,几乎将中国主权拱手相让,若非慈禧太后断然发动政变,则中国将不堪设想矣","慈禧政变前并没有长期训政的打算,看宋伯鲁奏折,知八月初六这一天清朝已危在旦夕也不为过,太后当机立断发动政变。对清朝有力挽狂澜之功,使中国免于瓜分兼并之祸"云云。在著者笔下,慈禧仿佛成了讲原则的马列主义老太太。然而扬言"量中华之物力,结与国之欢心"的不正是老佛爷吗？政变后清廷宣布康梁及六君子罪状，却无片言涉及所谓合邦，著者为弥缝此阙，在本章末尾分析慈禧为何避谈此事，对发动政变的真正原因讳莫如深，主要是顾忌"变法派在民间的势力，一时之间难以完全根除"。这是不讲理的瞎猜，若真有变法派引狼入室的"惊天的国际阴谋"，必列为头等罪状昭告天下，借以消弭变法派的社会影响力，怎会藏着掖着？

近年来奇葩偏执之论看得多了，也就见怪不怪，应对之策不外是效法前贤的断喝"拿证据来"！想要无端标新立异，看来还是没门。

与其站在满清统治本位的立场谴责维新派引狼入室，从古典新绎的视角考察更具历史合理性。伍子胥与申包胥的典故雅俗皆知（《左传》记两人相友善，同为春秋后期楚国大夫，伍之父、兄受陷害而皆冤死于楚平王之手，伍发誓以引吴师灭楚的方式为父复仇。行前谓申包胥曰：我必覆楚国。申曰：子亡之，我存之。十九年后伍助吴国破楚。申赴秦国求救，在秦廷哭了七天七夜，秦哀公受感动而出兵救楚，扶楚昭王复国）。自西汉起这一故事不断被人敷说重塑，在不同背景下演绎出不一样的涵义。循此脉络考察，方可理解康梁等变法志士借此表达涉外立场的用意及诉求。维新派上书建言"借才"用客卿，往往举伍子胥为例，"吴用伍员而威强楚"（洪汝冲），但主要在重申踵武"申包胥哭秦庭"的救国策略及现实意义，这在戊戌前已频见于康梁的呼吁中。康1895年即表示若不发愤图强，则"哭秦庭而无路"。他代拟上书倡议联英拒俄，也是具体效法"申胥九日不食，竭诚相感"的途径。踏上流亡之路后，康梁与英、日政要及学者通信或笔谈，更是言必称"哭秦庭""当效申包胥之哭，乞师外国""仆等不能不为秦庭之哭""未能输张柬之之孤忠，惟有效申包胥之痛哭""秦庭之哭，想见哀怜"。

相对于要做当代申包胥的明白表态，康有为对伍子胥的评价则别有抑扬。贾谊《新书》贬斥子胥对旧君复仇并殃及无辜之举，而《史记·伍子胥列传》对其有褒无贬。章太炎早先取贾谊立场，认为伍对楚平王有臣谊，不可行复仇之道（《春秋左传读》）。入民国后谈及《史记》编撰微旨，以为司马迁既明察子胥"藉吴覆楚"合于复仇之义，"此《春秋》所不能讥，非独不讥，且不能无褒美"，又知"其贻祸后人至酷矣，子胥之事而可为，则宗国危；子胥之事而不可为也,则不共戴天之义忽"。经义窘于应付此两难情形,史迁权衡利害轻重,在子胥传之外,专设《游侠》《刺客》两种类传,意在避免子胥式复仇造成的伤害。"后世有抱子胥之痛者,伏尸二人,流血五步,足以致命遂志;而借外患以覆宗国者,其事可以不作。故刺客传者,所以救《春秋》之穷而干其蛊。"(《莿汉微言》)说是史迁"微旨",又何尝不是太炎的夫子自道。康有为则肯定子胥为父复仇符合《春秋》大义,他未照搬《公羊传》云"父受诛,子复仇,推刃之道也",而赞同何休《解诂》"父以无罪为君所杀,诸侯之君与王者,异于义得去,君臣已绝,故可也"之见,以为复仇是据乱世的法典,"君主杀人却凭权势脱罪,不足昭公理、服人心,故孔子许复仇,所以补礼律之穷者也"。另一方面,康氏严斥引吴灭楚之举大悖于经义,但应受谴责的是吴国而非子胥,孔子将《不修春秋》"吴子灭楚"改作"吴入楚","削子字以恶败人国,以夷狄之行则还为夷狄也;又改灭字为入字,明贤君虽灭,尚有其国也"(《春秋笔削大义微言考》)。康、章议论的着眼点及异同,要放在清初历史背景下方能看得清晰。

清初遗民多对伍子胥与申包胥故事发过议论,近乎趋同的一点是对申包胥不吝褒赞之辞。一如天才少年夏完淳的复明倡议"哭秦庭而援楚,借汉室以救韩"(《夏完淳集》卷八《与李舒章求宽侯氏书》),杰出的诗人思想家钱澄之《申包胥论》一文,称赞申不仅独力挽回国亡命运,"楚之复,直胥一人复之而已"。更且以义气感激秦王,"楚王复国,秦师遂归,割地输币之说曾不与讲。然则非独包胥义也,秦亦义焉!"类似助人复仇而"不望人报,以义兴师"之例还出现于唐代,"唐肃宗借兵于回纥,用以中兴,由今论之,回纥亦可谓义矣"(《田间文集》卷一)。顾炎武也赋诗《申包胥乞师》"亡人基寇兵,微命托宗祊"(伍子胥出亡教唆吴国灭楚,楚社宗庙系于包胥一人之身),题为"乞师",诗句全在赞扬申之忠心救国。如同钱澄之专论包胥之作,却侧重渲染施援国的义气,为此不惜略去回纥助唐人平难后勒索金帛的史实。其因即在伍子胥式的"乞师",重现于吴三桂乞师满清入关,引狼入室,断送明室江山。殷鉴在前,非独不能称颂乞师,且得为谴责吴三桂而鄙薄子胥,所以顾炎武才会作《子胥鞭平王之尸辨》(《亭林文集》卷六,可参见吴梅村《鹿樵记闻》"日本乞师"条)。刘命清《吴入郢》、徐增《胥口谒伍相国庙》等,也都意在肯定子胥为父复仇之道。懊悔于出仕新朝的吴伟业,既为子胥枉死惋惜"手把属缕思往事,九原归去遇包胥"(《梅村家藏稿》卷十九《伍员》;"属缕"系吴王夫差赐子胥自尽之物),又在《伍胥复仇论》中辨论汉代史籍记载不可信,子胥无掘墓鞭尸之举,并且子胥复仇之志不在灭楚,而是要完成父愿,"立贤君,存楚社稷"(卷二十三)。

  清初言说重现于康、章及变法人士笔下并非巧合,正如遗民谈古是出自反清复明的基本关切,变法人士祭出任客卿、哭秦庭古方的背后,是不能明言的与满清政权的疏离感。即以本书当作反面人物论及的变法之士为例,百日维新中率先倡议广聘外国人做官的李岳瑞,民国元年即借讨论清史条例而公开质疑满清统治的合法性(拙文《李岳瑞与〈清史私议〉》,《书城》2019年第1期)。王照在衣食等日常生活上的西化程度在京城引人侧目,他上书要慈禧出国旅游,皇帝去日本做留学生,并"以改衣冠、易民主为言",时任京官的唐烜在日记里骂他有疯症,感叹其曾祖王锡朋道光间以抗英烈士闻名,而王照乃对洋人"和身倒入,推崇夷俗若是"(《唐烜日记》)。前述康有为与章太炎相似的看法是,都对伍子胥式的乞师外国颇有警觉和谴责,斥其"引狼入室"显然说不通。而高调自居为申包胥的"微旨"尚需发覆,包胥哭秦庭的前提是楚亡于吴,而变法事业夭折,清廷仍存,亡人号哭于海外,先自认定国已不国,不啻显露出区分中国与满清的潜在意识。梁启超在戊戌年初提出"变法宗旨以种族革命为本位,南海沉吟数日,对于宗旨亦无异词"(《梁启超年谱长编》),但康氏特地嘱咐负责报章宣传的侄子"称及国家、皇上及满洲,说话皆宜谨慎"(《与康同和书》)。及至亡命海外面对外媒则不妨大放厥词。在康看来,变法夭折等于满清权贵向汉人交权的"内转"进程中断,此进程始于满人被迫放权给曾国藩等,至戊戌时期业已形成沈、李、翁、孙迭相柄政格局,"哭秦庭"者为此移权中断而哭也,后来他支持辛亥革命也在认同"故国版章,归还民族"这点上。章太炎对他的驳斥,在于强调"满汉固莫能两大",无论曾、左、李还是沈、李、翁、孙,只有虚名而无实权,但对康举汉人秉政作为满汉消长的坐标这一点并无异议。清史研究者至今纠结于满汉消长以骑术兴衰作标志是否合理(见王敬雅评《马背上的朝廷》,《上海书评》2020年2月1日),似仍无视康有为标举的观察尺度。康梁及戊戌变法的相关思想特征,仍未得到足够的重视。没有戊戌,何来辛亥?

戊戌史事研究著作无虑百数,第一佳作当推汤志钧先生《戊戌变法人物传稿》上下册,至今不失其研究基石的作用;茅海建先生严谨的戊戌史事考索,使百日维新的朦胧面目趋于五官清晰。阅读本书,只觉得时下学风出问题,夫复何言!

(原载《澎湃新闻·上海书评》2020年4月11日)

文献整理例言

《孔子——周秦汉晋文献集》前言

孔子研究,是一个历史性的课题,因为这项研究,不仅关系着中国的昨天和前天,而且关系着中国的今天与明天。关系着昨天与前天,那是不言而喻的。从公元前6世纪到19世纪结束,在这二千四百多年漫长的岁月中,对于中国历史发展影响之大、之长、之深、之广,恐怕还找寻不出第二个人足以与孔子比肩。孔子被尊奉为"大成至圣先师文宣王",所谓"大成",所谓"至圣",所谓"万世师表",所谓有"王者之道""王者之德"而无"王者之位"的"素王",所有这些尊称谥号,既体现了孔子的独尊地位,也确实从一个侧面表明了孔子的思想与学说,孔子的品格与行为,孔子所创立的学派和所开创的事业,是怎样不仅深刻地影响着体系化了的各种观念、思想、学说,而且广泛地影响了历代不同社会阶层一般成员的日常思维与普遍心态,影响了中国政治与中国社会规范化制度的确立和演进。

关系着今天与明天,那也是显而易见的。从20世纪开始之日起,中国社会、中国文化进入了一个新旧嬗替的剧变时代。而对孔子的重新评定,或愈加尊崇,或大张挞伐,则常常成为每一场思想运动或政治上、社会上变革运动的先声。因为孔子在造就一代又一代中国式的芸芸众生方面的作用太突出了,企图从传统社会、传统文化中走向现代社会、现代文化的人们,便必然要在对孔子的重新评定中重新认识和重新评定自己,去规划走向明天的路径。孔子已经死去两千几百年了,但是,他又仍然活着。他所潜伏着的巨大的内在力量和作用,他作为一个历史人物所包含着的各种未来社会发展的征兆,正是在他身后岁月的流逝中方才逐步显露出来,这一显露过程至今也还在继续之中。正因为如此,孔子在今天的中国,仍然是一个活生生的存在,他不仅存在于各种尘封垢积的古旧文献中,而且更存在于中国各个个人、家庭、族群、社会的现实生活之中,存在于亿万中国人的潜在意识与日常心理之中。

正因为如此,孔子研究,既是一个古老的课题,又是一个现实的课题。

在历史发展进程中,孔子与孔学曾被涂抹上各种色彩。神学化的色彩、玄学化的色彩、经学化的色彩、理学化的色彩,乃至维新变法化、三民主义化、现代化与超现代化的色彩,都曾经或正斑烂耀目于一时。论者于是感叹孔子之教一坏于李斯,再坏于叔孙通,三坏于刘歆,四坏于韩愈,至于唐宋之交,孔子之真训无几微存于世矣;或者径直认为,举凡孟轲、荀况、董仲舒、韩愈、程颐、程颢、朱熹、陆九渊、王阳明直至康有为、章太炎、孙中山所描绘的孔子,所阐释的孔学,都不是原来面目的真孔子、真孔学。然而,造假欺世者固然不乏其人,而要成为延续数百年的时代思潮或显学主流,却是很难全凭作伪虚构的。孔子与孔学在不同时代的不同色彩、不同色度,可能倒恰恰反映了孔子与孔学自身的立体性。孔子与孔学自身复杂的内涵在不同时代、不同社会阶层与不同学术派别那里,适应了它们不同的需要、不同的视角与不同的透视力,而分别释放出自己某一侧面或某些层面的潜能,当然,这并不排斥每一时代在先前遗产基础上进行的再创造。

毋庸讳言,原始文献不足征,以及真实文献、不同记录、各种传闻乃至神话臆测互相混杂,造成孔子言行及其学说的若干模糊性与不确定性,也是导致孔子与孔学研究充满纷歧与抵牾的一个重要原因。而比较准确地了解现存各种古代文献所提供的孔子及其思想、学说的有关资料,无疑应是对孔子及其思想、学说进行科学分析的必要前提。前人做过一些这样的工作,但都很不完备。这也就影响到对整个孔学或儒学发展演变历程的客观的实事求是的评析。在孔子研究热潮又一次勃兴于中国及世界许多国家与地区的今天,做一点这样的冷板凳工作也许就更有必要了。

这里,我们搜集了周秦两汉魏晋南北朝现存文献中有关孔子言行的各种资料,按儒家经书,周秦诸子与史志,两汉诸子与史志、纬书,魏晋南北朝诸子与史志分五卷加以编辑,附录一篇敦煌遗书,并扼要地对这些文献的沿革情况与史料价值作一介绍。希望为研究者提供一些方便。

我们原欲为孔子编一部"全集"。然而,一则必须将一般认为经孔子删定的《诗》《书》《易》《礼》等悉数编入，卷帙未免过繁；二则流传下来的资料多属口耳相传，经后人记录或整理，非孔子本人手定；三则各种言行记述真伪相杂，考证辨伪仁者见仁，智者见智，真中有伪，伪中有真，不宜遽尔作出结论，予以剔除。经再三斟酌权衡，故而采取了现在这样一种集编的方式。

儒家"格物、致知、诚意、正心、修身、齐家、治国、平天下"的"内圣外王"之道，包括以"仁"为中心的道德体系，以"礼"为中心的教化体系，以"极高明而道中庸"为根本准则的政治、经济、社会实践体系，作为统治阶级的统治思想支配了中国近两千年。儒家思想有一个严密化、细致化、规范化的演变历程，但是，只要细读一过这本集子，便不难发现，儒家思想的总体系及其主要架构，确乎是孔子建立的。处在华夏农业文明从半原始的公社制阶段向以一家一户为社会细胞的小农经济制占支配地位的阶段转折的历史时刻，孔子以其深邃的洞察力，为确保华夏农业文明持久而稳定地延续与繁荣，提出了人们所必须遵循的价值取向与行为准则。他无愧为中国及整个东方古代文化的一位巨人。孔子的时代已经过去了，中国正在从传统的农业文明迈向现代化文明，又处在一个新的历史大转折的时代。重新认识孔子、孔学，重新认识整个中国传统思想、传统文化，可以帮助我们更为清醒地认识我们是在什么历史基础上进行新的思想、新的文化、新的生活的创造，这一创造在主体与客体两个方面以及它们互相结合上如何受制约于历史所提供的既存条件，从而使我们所正在进行及将要进行的物质的生产与精神的生产处于较为自觉的状态。这也正是我们在故纸堆中进行了这一番爬梳的初衷。

周谷城师热情支持本书的集编，并慨然为本书题写书名，谨此致谢。复旦大学出版社值此出版严肃的学术著作在财力上有困难之际，积极地出版本书，尤其值得称许和感谢。有一部分考古发现的新资料，由于迟迟没有公布，这次未能编入，深为遗憾，容以后补入。疏漏不当之处，请识者不吝指正。

1989 年 1 月于上海

（与姜义华、吴根梁合撰。姜义华、张荣华、吴根梁编《孔子——周秦汉晋文献集》，复旦大学出版社，1990 年）

《孔子语录》前言

孔子(前551—前479年)是我国古代著名的思想家、教育家、政治活动家和儒家学派的创始人。他的思想和学说,长久以来一直深刻地影响着社会各阶层成员的头脑,影响着中国历史发展的进程;他所创立的学派,从汉代至19世纪末,一直处于显学的地位,成为中国传统文化的主要标志。孔子的影响已越过国界,在世界文明发展史上占有重要一席。

孔子一生在奔走游说、聚徒讲学、整理文化遗产的过程中,对自然、社会、人事等各个方面发表过不少见解和论述。这些见解和论述,有的哲理盎然、论断精辟,有的言简意赅、一语破的,有的形象生动、具体入微,有的妙语连珠、名句成串;剔除其中落后消极的因素,孔子的不少言论具有较高的思想价值与借鉴作用。因而,以语录的形式将孔子言论作分类选编,看来还是很有意义的。

除《春秋》之外,孔子的言论主要经过他的学生及后人的记录、整理,才得以保存到现在,其中包含着不少曲解、篡改乃至伪托的成分,至今已分辨不易。鉴于此,本书编选中尽力将一些争论较少的内容斟酌收入。所收内容根据姜义华、张荣华、吴根梁编《孔子——周秦汉晋文献集》(复旦大学出版社,1990年)一书摘录,以《论语》为主(其中对归入孔子名下尚存争议的内容不予收录),旁涉先秦至魏晋南北朝经书、诸子、史志,计33种。以比较通行的版本为底本,如经书类采用《十三经注疏》本,诸子类采用《诸子集成》本,佚作取自类书及清人各家辑佚本,史志类采用百衲本。

有一点需要说明的是,《礼记》一书由来争议颇大,其中不少假托孔子的言论,前贤多有摘发,但也有不少学者认为其中真伪混杂,不尽为假托之言。

考虑到《礼记》集中记录了不少未见于《论语》等书的孔子言论,本书除考证确属伪托之言以外,斟酌选入若干则。不当之处,敬希方家赐正。

(张荣华编译《孔子语录》,上海古籍出版社,1994年)

《大同梦幻：康有为文选》前言

百年风云激荡，造就了不止一代的民族巨人，康有为无疑在其中占有重要的一席。

19世纪末，康有为作为我国近代一位伟大的改革者、思想家和学者，曾经站在时代前列，在政治、思想、学术等众多领域内进行了具有开拓性意义的可贵探索。20世纪开始以后，他逐渐成了时代的落伍者；然而，他在许多方面仍然保持着很大的影响。

从晚清到民国，自国内至海外，康有为始终笔耕不辍，"吐峥嵘之高论，开浩荡之奇言"，终其一生，留下了千万字以上的著述。据康有为自编《万木草堂丛书目录》，计有经部十六种、史部六十五种、子部二十八种、集部十九种，共一百二十八种。这一目录尚不包括康氏生前最后数年的著作和大量函电。其著述之丰，包罗之广，显示了康有为贯通古今、衣披万世的博大抱负。他一生的著述，对于研究他本人以及近代中国政治、思想、学术发展演变的历史，具有重要的价值。

一、生平简述

康有为原名祖诒，字广厦，先后号长素、明夷、更生、更甡、重父、天游化人、西樵山人、南海老人。1858年3月19日（清咸丰八年二月初五日）生于广东南海县银塘乡敦仁里。这是一个学者、官僚、地主三位一体的家庭。康有为自幼便接受了正规的中学教育，浸淫于传统文化的氛围中。十九岁那年，他到九江礼山草堂从学于著名学者朱次琦，接受"专尚践履，兼讲世事"的实学，并对陆九渊、王阳明的"心学"产生浓厚兴趣。在思考的触角和视野大为扩展的同时，他对传统文化本身能否经世致用萌生了怀疑，时常为求道无着而深深苦恼。即使在1879年春只身一人在西樵山白云洞潜心钻研佛道,也仍未得到精神上的解脱。

居西樵山期间,他与前来游山的翰林院编修张鼎华(字延秋)结识。在张鼎华的启发下,康有为舍弃帖括、考据之学,以经营天下为志,把更多精力用于阅读各种治国、经世的著作;同时觅读了《西国近事汇编》《环游地球新录》等介绍西方社会及西学的著作。1879年底,他初游香港,目睹瑰丽的宫室、整洁的道路及良好的治安,发现西人治国有法度,不得以古旧之夷狄视之。他开始突破"华夷之分"的传统观念,把求道的希望移向西学。两年以后路过上海,遂大购西书,探究西方国家进步原因。

1888年底,康有为鉴于中法战争后出现的民族危机,以布衣身份第一次向光绪皇帝上书,提出变成法、通下情、慎左右的政治主张,要求清政府变法图强。这次上书因"大臣阻格,不为上达"(梁启超《戊戌政变记》),以后的几年中,康有为在广州长兴里万木草堂聚徒讲学,培养维新力量,并致力于变法理论的研究。

甲午战败后,清政府被迫在1895年与日本签订丧权辱国的《马关条约》。正在北京参加会试的康有为获悉后,于5月2日联合各省应试举人一千三百多人,联名上书光绪帝,要求拒和、迁都、练兵、变法,史称"公车上书"("上清帝第二书")。次日会试榜发,中进士,授工部虞衡司主事,不就。5月29日上清帝第三书,提出自强雪耻四策,即富国、养民、教士、练兵,受到光绪帝赞许。8月间,康有为在北京创办《万国公报》双周刊(后改名《中外纪闻》),并与文廷式、陈炽等人筹设带有资产阶级政党性质的政治团体——强学会。次年强学会被封后,康有为回到万木草堂继续讲学,并撰成《孔子改制考》《春秋董氏学》等书。

1897年11月,德国强占胶州湾。他赶赴北京,第五次上书光绪帝,痛陈"四邻交逼,不能立国",要求采法俄、日以定国是,大集群臣而谋变法,听任疆吏各自变法。次年1月,光绪帝命王大臣延见康有为,询问变法事宜,并命康有为条陈所见。于是康有为连续上书,又组织京师保国会进行宣传鼓动,敦促光绪帝痛下决心,正式宣布变法为国家根本方针。在康有为及其同伴的努力下,光绪帝于6月11日"诏定国是",开始了中国近代史上著名的"百日维新"。

戊戌政变后,康有为由北京逃沪转港,旋又离港赴日。他坚持改良主张,幻想日本和英国政府干预中国内政,扶助光绪帝重掌政权;拒绝了孙中山为首的资产阶级革命派共同合作的要求,于1899年7月组织了保皇会。此后数年间,他奔波于日本、加拿大、香港、英国之间,在政要及华侨中展开保皇与救上的宣传活动,同时写下了《春秋笔削大义微言考》《中庸注》《孟子微》《礼运注》《大学注》《论语注》《大同书》等一系列重要著作。在资产阶级革命日渐兴起的形势下,康有为发表了《与同学诸子梁启超等论印度亡国由于各省自立书》《答南北美洲诸华商论中国只可行立宪不能行革命书》等长篇论文,论证革命不适于中国国情,反对资产阶级民主革命。当清政府在1906年9月发布预备仿行立宪上谕后,自称"大喜欲狂"的康有为又积极配合揄扬,并把号称会员数十万、遍布海外一百七十余埠的保皇会改名为"国民宪政会"(后改名"中华帝国宪政会"),忙不迭地准备做一个举国大政俱归执掌的执政。

从戊戌变法失败后逃亡海外,到1913年12月返回广东故乡,在将近十六年的时间内,康有为曾三次环游地球,在四十多个国家和地区留下了足迹。其游览之广、旅程之长,在当时几乎无人可比。"维新百日,出亡十六年,三周大地,游遍四洲,经三十一国,行六十万里。"他请人所刻印章上的这段文字,便简洁地概括了这段不平凡的经历。正如康有为本人所言,他周游世界并非单纯的游山玩水,而是以考求政治、比较中西为"专职",自觉担负着寻求救国药方的重任。他自喻遍尝百草的神农,四游加拿大、瑞士、瑞典等国,七游法国,八入英国,十一次至德国,对欧美先进文明"考其性质色味,别其良楛,察其宜否,制以为方,采以为药"(《欧洲十一国游记序》)。从他在游历期间写下的《物质救国论》《理财救国论》《金主币救国议》等著述,以及近百万字的游记中可知,康有为所开列的"神方大药",其根本性质在于要求迅速在贫穷落后的中国发展资本主义经济。

辛亥革命后不久,袁世凯便攫取了胜利果实。康有为目睹军阀割据、政治腐败、民生艰难、教化陵夷的混乱现状,感到无法忍受,遂于1913年2月创办了《不忍》杂志。他在这一杂志上发表一系列文章,对袁世凯政权的腐朽本质和卖国倾向、对军阀割据混战给社会和民众造成的灾难进行深刻的揭露；另一方面，又在某些文章中对篡夺了正式大总统职位的袁世凯政府寄予了一定的期望，并向其进言，撰写了《中国颠危误在全法欧美而尽弃国粹说》《中国还魂论》《乱后罪言》等文，认为是"欧美人之自由自治平等革命共和民主之说"造成了今日之大乱，要保全中国，必须先保存和导扬国魂，所谓国魂，则集中体现在孔教之中。因而他授意门人陈焕章等人，于1913年底在上海发起成立了孔教会。康有为奔走呼号，提倡定孔教为国教，鼓吹尊孔读经，在全国掀起了一股尊孔逆流。

1917年，张勋北上拥戴清废帝复辟。康有为积极出谋划策并亲赴北京助阵。这次不得人心的复辟很快就被粉碎，但康有为并未由此而醒悟悔改，而是继续坚持复辟清王朝的决心。他将戊戌以来反对民主共和、宣传君主立宪的政论汇辑成《不幸而言中不听则国亡》一书出版，自称四十年来的言论都没有过错，确信只有他的主张才能挽救中国。

在康有为一生的最后十年中，他除了漫游全国各地，随处发表政论演说外，还于1918年在江苏金坛县创办了"述农公司"，在经营资本主义农场方面进行了可贵的尝试。1926年，他还在上海开办了一所天游学院，并亲自为学生讲授《诸天讲》等书。

1927年3月31日，康有为病逝于青岛福山路寓所，享年七十岁。

二、启蒙思想

作为近代中国的启蒙思想家之一，康有为在近代第一个建立了比较完整的、反映时代精神的资产阶级思想体系。长期以来，人们的注意力大多集中于康有为在戊戌时期的思想与活动上，而对其早期思想状况语焉不详，少有论列，由此便影响了对康有为启蒙贡献及其一生思想演变的准确评价。

事实上，早在19世纪80年代，康有为已试图对国家、民族、社会、人生的命运与前途作全面的思索。他在那时写下的《民功篇》《教学通议》《康子内外篇》《实理公法全书》等论著，清楚地表明他在民族危机与社会危机日渐深重的现实刺激下如何急切地向西方资产阶级学习，寻求破块发蒙的思想武器，如何从一个封建士子转变为资产阶级思想家、改革家，并逐步构造起他的思想体系。

这一时期康有为思想的启蒙性质,首先表现为对功利主义原则的明朗阐扬。如同欧洲的启蒙学者大多从确立人的趋吉避凶、趋乐避苦的本性特点来肯定和提倡人的解放,康有为在《民功篇》这部未完成书稿中明确表示,追求现世的幸福与快乐,争取今生的乐趣与利益,正是"治世所以异于太古、中国所以异于夷狄"的根本所在。他认为:"人道求美,人道求乐。宫室舟车、衣服文字、历数伎乐、什器礼治,皆以乐民。"把人生目的归结为寻求"美"与"乐",把一切生活设施、社会制度统统还原为人们追求幸福和利益的手段,这是对人生目的的重新规范。

在康有为看来,传说中的远古帝王之所以至今仍为后世人所称颂,关键在于他们"有功于民",即实际造福于民。"上世贵智齐类,熙熙无所雄卑,能制作则民推戴之。"只有那些为民众建立功业的人,才有资格称作民之主。这些论述实际所要强调的是,为民造福是国家活动的唯一目标,君主只是满足人民利益、保证人民幸福的工具,其荣辱存亡都是以"民功"大小为转移。由此,康有为对秦以后封建专制制度对人生的抑制进行了尖锐的批判。他强调,华夏文明从秦代以后之所以没有出现重大发展,社会人生之所以日趋恶化,原因就在于功利原则已趋衰绝,失去了支配社会生活的活力。"从秦既笃既久,以为时制之宜,只知君国为重乃大,以民为轻,于是二千年来,民功遂歇绝息于天下。"

从人道主义立场发出"人的解放"的初次呐喊,是康有为启蒙思想的又一表现。在《实理公法全书》中,康有为首先系统地提出了近代意义上"自然的人"的观点。他针对理学家把自然和人说成是散发神学气息的"理"的产物,指出"分天地原质以为人",明确规定了人的自然属性,要求从自然的、肉体的、感性的人本身寻找"人"的本质,从人的自然本质去了解人性的产生,而不应从虚无缥缈的精神领域去寻找。他通过对中国古代各种人性学说的清理,否定了性情分途说和理欲对立论,说明人的自然存在是人具有各种特殊属性的基本前提。他形象地把人性比作"丝帛",把善、恶等属性比作经过加工了的丝制品,说明人性在初始犹如一块白板,只有当人受到外界环境与教育的影响,从事社会交往与活动,方才逐渐染上善、恶、诈等各种属性。

在自然人性论的基础上，康有为进而提出了人的天赋权力说。按照人"各具一魂"的原则，康有为认为人人生来便享有自由，"人有自主之权"是人生最基本的权利，维护自由的权利，便是维护做人的资格。人的另一条基本权利，在于"兴爱去恶""重赏信罚诈"，贯穿其中的则是博爱原则。由于"地球古今之人，无一不在互相逆制之内"，这种相互制约，决定了人与人之间在社会中相互平等的交往，平等也便成为人所享有的基本权利。康有为强调，构成天赋人权的自由、平等、博爱，是人类社会共同遵循的基本准则；任何违背这些准则的社会制度和社会现象，如"人不尽有自主之权"、人有"差等"性、"不尽有兴爱去恶"等，都与人道相违背，都不合几何公理，必须彻底去除。

这样，康有为便把对"人"的问题的探讨，引入到对封建社会制度的探讨，使"人的解放"问题成为迫切需要解决的现实社会问题。它表明，人的本质真正实现，人的自由、平等、博爱的权利真正获得，绝不是一句空话，而是具有深刻内容的社会问题。马克思说过："对宗教的批判最后归结为人是人的最本质这样一个学说，从而也归结为这样一条绝对命令：必须推翻那些使人成为受屈辱、被奴役、被遗弃和被蔑视的东西的一切关系。"(《马克思恩格斯全集》第一卷，第460—461页)康有为正是循着这样一条轨迹，把对"人的解放"问题的探索，从人的自然性质继续深入到人的社会伦理关系和政治关系之中。在《实理公法全书》中，康有为通过对男女夫妇关系、家庭父子长幼关系、君臣关系、师徒关系的分析，对封建社会关系中不平等、受屈辱的现象，做了比较系统和全面的揭露批判，并在人道主义旗帜下，提出了新制度下人的社会关系和伦理道德原则，提出了未来社会合乎人道天理的人与人之间各种关系的设想。他把人作为社会的人看待，使得他所做出的批判和创新具有深刻的实际内容和现实意义。此外，康有为还注意把人当作政治的人看待，以无畏的精神，对封建社会中以"礼"为中心的礼、刑、教、治的政治制度及观念形态逐一展开批判，并进而确立了相应的、符合公理的政治制度。

通过对古典范畴的新诠释，试图构造一个以"智"为核心的观念体系，并要求全面改革现存教育制度及其内容，改变中世纪"士"以社会伦理为主的单一知识结构,使之由"卫道型"转向合乎时代发展的"知识型"人才,这一点也构成了康有为启蒙思想的一项重要内容。

在《康子内外篇》一书中,康有为强调了知识、智慧、文明在人之所以为人中的突出作用。"物皆有仁、义、礼,非独人也。乌之反哺,羊之跪乳,仁也;即牛马之大,未尝噬人,亦仁也;鹿之相呼,蚁之行列,礼也;犬之卫主,义也。惟无智,故安于禽兽耳;人惟有智,能造作饮食、宫室、衣服,饰之以礼乐、政事、文章,条之以伦常,精之以义理,皆智生也。"人凭借其独有的智慧、知识及改造外在世界的能力,从事社会活动与劳动创造,解决吃喝住穿,以维持生存,繁衍种类,然后才创造政教伦常、道德观念。智不仅是人类摆脱动物状态的根本标志,而且是文明社会的根本标志,"合万亿人之脑而智日生,合亿万世之人之脑而智日益生,于是理出焉"。

康有为认为:"人之性情,惟有智而已,无智则无爱恶矣。故谓智与爱恶为一物也,存于内者,智也;发于外者,爱恶也。"智作为人的特有属性,不仅使人能够成为万物之灵,而且还规定着人的其他属性以及各种"人理"即伦理道德。"人道之异于禽兽者全在智,惟其智者,故能慈爱以为仁,断制以为义,节文以为礼,诚实以为信。"智先理后,仁、义、礼、信是由人智所制定的人理,因此,智与人理具有主从关系,智统率仁、义、礼、信。

在论证了人类社会中智的决定性、能动性作用后,康有为以智、礼、义三者作为不同时代的核心精神,对中国社会的历史状况做出基本估计:"上古之时,智为重;三代之世,礼为重;秦汉至今,义为重。"他强调指出:"秦汉以后,既不独智以为养,又不范礼以为教,时君世主,以政刑为治,均自尊大,以便其私。天下学士大夫相与树立一义其上者,砥节行,讲义理,以虚言扶名义而已,民生之用益寡矣。"深刻地揭露了统治者从一私一己的利益出发,为维护和巩固自己的地位扼杀人智,毁坏教育。同时,等级制观念、尊卑观念也日益深深地渗入人们的头脑之中,极大地压抑了社会成员的聪明才智,并使读书人自小便求贵寻富,一生进行以入仕为目标的角逐,将年华耗尽于科举场上、八股文中。

由此,康有为在《教学通议》一书中,通过对古代教育的历史反省,发出了教育近代化变革的呼吁。他指出,教育要确立"通变宜民"的方向,即通过变革,使教育真正成为全民之学,起到开民智、佐国政、正人心的作用。为此,先要改变阻碍教育普及和发展的语言混乱现象,使全国民众所使用的语言能够在全国范围内通行无碍。在对现行教育内容的改造方面除了改革心性义理之学、加强德行之教这一重要方面外,他着重强调要革除学而无用的文章辞赋之学,加强经世致用的"六艺"之教。

为此,康有为分别提出了"六艺"(礼、乐、射、御、书、数)之教在新时代形势下的具体内容。比如"礼"教在于考今古礼之异同,使两千多年纷如乱丝的礼仪制度得到治理,使人人皆得以知古从今。"射"则必须将近代兵器学列入,使人人共学之,寓武事于承平。"御"则应当从六艺中剔除,而代之以图画,使图画成为必学之课。《教学通议》中有关乐、书、数的内容已佚失,但从康有为不久后开办长兴学舍,将《教学通议》的思索付诸实施来看,所谓"乐",重点在于近代美育教育,"书"的内容包括"古今沿革中外通行之书","数"的内容包括学习和掌握近代数学等科学知识。

康有为关于新教育内容的设想,虽然在表述上仍使用了传统说法,但已开始注意改变中世纪"士"以社会伦理为主的单一知识结构,以及以经书、辞章为本的狭隘知识容量,而要求人文科学、自然科学、技术科学并学,古今中外并讲。"吾《长兴学记》功课部有七条:一养心,二修身,三执身,四接人,五时事,六夷务,七读书。"(《桂学答问》)这从根本上说,就是要使学生在开阔视野、突破时空和国界、扩大知识量的基础上,使自己的知识结构从以往的"卫道型"转向"知识型",从中世纪的"士"变为近代型的知识分子。

上述这一切表明,在19世纪80年代时,康有为已经成为具有开拓性意义的杰出的思想家和改革家,成为中国近代启蒙运动的开山鼻祖。尽管在90年代以后康有为将自己的理论学说裹上了一层儒学外衣,但其中包含的思想内核并没有本质的变化。

三、变法巨子

作为古老的中国大地上第一场资产阶级改革运动,戊戌变法与康有为的名字紧密地联系在一起,它是以康有为为代表的维新派长期奔走呼吁、倡导变法的结果,也是康有为一生政治实践的高潮。众多事实表明,在中国近代历史进程中这一极不寻常的一刻,为了造就一场气势恢宏的变革实践,康有为自觉地充当了旗手和主将的角色。在短暂的数月内,他四处联络,握管疾书,诣阙上言,外鉴欧美、日本的变法经验,内采古代传统学说中的思想言论,在政治、经济、文化、教育、外交、军事等众多领域提出了一系列宏大的变革设想。

这场自上而下的改革,由于维新派缺乏实权及其他原因而告失败,使得康有为和其他仁人志士为之抱恨终身;但它以其不可磨灭的业绩,在中国历史长河中显示出多方面的重大意义。其中公认的一点,就是戊戌变法在本质上也是一场资产阶级思想解放运动和启蒙运动。而这一点又在很大程度上与作为变法领导人的康有为所做出的建树联系在一起。

概括而言,康有为在这场思想解放运动中所做出的贡献,首先是促使人们从传统儒家经典的束缚中解放出来。继《新学伪经考》之后,康有为又撰写了《孔子改制考》。他在书中试图推翻孔子"述而不作"的传统观点,认为这是刘歆(西汉著名经学家、目录学家,刘向之子)为了变乱孔子之道而编造的谎言。他从多方面考证孔子托古改制,认为孔子是制法的素王、改制的教主,为了改革周朝的制度,将自己的政治理想和治理国家的方案撰成"六经",假托古人言行,"一切制度,托之三代之先王以行之","自立一宗旨,而凭之以进退古人、去取古籍"。他在书中专设一卷"'六经'皆孔子改制所作",强调《春秋》是孔子为改制而亲手撰写的,"六经"也都是孔子托古改制的作品。这在当时是极为大胆的言论,其目的不仅是为康有为立变法之宗旨以进退孔子、去取"六经"的理论奠定基础,更重要的是"对于数千年经籍谋一突飞的大解放,以开自由研究之门"(梁启超《清代学术概论》),从而促使人们从传统的束缚下解放出来。康有为本人用历史进化论和近代西方政治理论来解释和附会孔子学说与"六经"观念,便是一个明证;现代史上蔚成大潮的新儒家理论,实际上也承袭了这一基本宗旨,无怪梁启超要把它比作清末思想界的"火山大喷发"。

其次是倡议废止八股、改革旧教育体制。如前文所述,康有为在19世纪80年代时已对教育改革进行了探索,到了戊戌维新期间,他更是将废除八股作为推行变法的重要内容之一。为此在1898年4月至8月间,康有为先后自作或代拟了十七件奏折上达清廷。在这一系列奏文中，康有为痛陈八股取士的严重危害，指出流传数百年的八股"务为割截枯困之题，侮圣言以难士人。士人以急于科第，亦争勾心斗角，便词巧说以应之"（《请照经济科例推行生童岁试片》）。强调八股取士的科举制度是国家危殆、人才乏绝、风气败坏的根源。他建议自下科开始，乡试、会试和生童岁科试皆改试策论，废止八股试帖楷法，增加天文、地舆、化光、电重、图算、矿律等考试内容。此外，他在《请开馆译书折》《请派近支王公游历片》等奏文中，建议在废除八股的同时，组织人力大量翻译西学书籍和外国新书，鼓励民间私人译印西书，并直接派人赴欧美、日本留学，以开通风气、培育人才而济时艰。

在康有为等人的呼吁和努力下，光绪帝在当年 6 月 23 日颁布诏书，宣布自下科起，乡试、会试及生童岁科试一律废除八股，改试策论。康有为除了继续敦促光绪帝巩固废八股的成果、排除守旧大臣的阻挠之外，还提出了一项新的宏伟设想，即大办学校，将教育普及全体国民中去。他认为，要实现臻于富强的目标，则教育"不当仅及于士，而当下逮于民；不当仅立于国，而当遍及于乡"，"务使全国四万万之民皆出于学"（《请改直省书院为中学堂，乡邑淫祠为小学堂，令小民六岁皆入学以广教育而成人才折》），做到农工商兵人人知学，学堂遍地，教育普及。这一着眼于普及知识和科学、提高全民族文化水平的见解是十分可贵的。

再次是倡导用资本主义经济模式改造和振兴农工商各业。他十分注重作为"富国之本"的农业改造，要求借鉴日本以西法治农的成功经验，在全国各地设立农学堂，办农报，译农书，开农会，设立地质局以考察土质与植物的适宜性；主张在京师设立农商部，各省成立分局，将农业改革的重点放在实现农业技术的近代化方面。在工业方面，康有为十分重视科学发明的巨大作用，将科学技术的发展看作是促进工业生产的关键环节。他多次强调："上古之强角力，故务争战以尚武；近世之强斗智，故务学识以开新。"在世界进入互相竞争的资本主义时代之后，机器工业代替家庭手工业、资本主义生产方式代替小农经济的生产方式，是不以人们意志为转移的客观经济规律。中国工业落后的重要原因之一在于机器制造和科学技术的落后，要改变这一状况，则有赖于科学技术的革新与人才的培养。因而康有为断定："欲富其国，非智其士、智其农工、多著新书、多制机器不可。"(《日本书目志》卷十)他在所上《请以爵赏奖励新艺新法新书新器新学以励人才而开民智折》中，要求清政府议定奖励发明创新的办法，鼓励和促进科学技术的发展，并以此作为发展资本主义生产方式、创造社会财富的有力杠杆。

在商业方面，康有为论述了一统之世与诸国并立之世不同的商务政策的优劣之别，抨击了鄙薄商业的传统观念，对"商若能盛，国以富强"的论点加以系统的阐述。他认为，统治者惟事搜刮，不讲求商务，不扶植商业，是造成国家贫弱的重要原因。而欧美资本主义国家则重视商学、商报、商部、商律、商会，采取一系列鼓励商人的政策，而商业的发展又反过来极大地促进了经济的繁荣。因此，康有为在所上《条陈商务折》中，要求清朝统治者抛弃陈腐不堪的"崇本抑末"之说，改变对商人的歧视态度，担负起保护和扶植商业的职责，像西方资本主义国家那样，采取兴商学、译商书、出商报、立商律、办商会等一系列措施，振兴本国商业，与资本主义国家抗衡。

最后一点是倡导对中国政治体制的根本改良。在1898年1月总理衙门传见时，康有为便直截了当地指出："今为列国并立之时，非复一统之世；今之法律官制，皆一统之法，弱亡中国，皆此物也，诚宜尽撤；即一时不能尽去，亦当斟酌改定，新政乃可推行。"(《康南海自编年谱》)将政治体制改革作为维新变法的中心问题之一。在这一问题上，康有为主张取法近代西方国家的议政制度。他在为御史宋伯鲁代作的《变法先后有序、乞速奋乾断，以救艰危折》中论述道："考泰西政体，有三权鼎立之义。三权者，有议政之官，有行政之官，有司法之官也。夫国之政体，犹人之身体也，议政者譬若心思，行政者譬为手足，司法者譬如耳目，各守其官，而后体立事成。"这些论述表明，康有为对欧美政治与封建体制的优劣之所在已有相当清楚的认识。

所谓议政之官，在康有为笔下曾先后被称作制度局、集议院、议政处、立法院、懋勤殿等。他把议政之官比喻为心思，在整个政治体制中占有举足轻重的地位，主要考虑到在推行变法期间，一切无旧例可循，如不设论思议政之官，便难以改定新制。他认为，西方国家设立议政之官，是导致富强的重要原因；而中国的专制统治者绝不容忍这样的设置，国家大事只交给君主与少数亲信商议决断，绝大多数官员"无得与闻"，这与西方国家由议政机构来决断国家大事简直不可同日而语。对此,康有为明确表示,对现行政治体制进行根本改良的一条重要途径,便在于设置专职的论思之官,选拔天下通才来担任,"然后一切新政,皆有主脑矣"(《日本变政考》卷二按语)。只有设立了议政机构、论思之官,才能使维新变法得以顺利推行,才能使中国转弱为强。

在变法期间进呈的《日本变政考》一书中,康有为还对近代西方资本主义民主政治给予了热情介绍和高度评价,充分论述西方议会政治的优越之处,并据此抨击专制君主"坐深宫,闭九重,俨然如天帝,与民之隔膜然如天渊;豪贵世禄,代持国柄,虐民如草芥,彼此不相谋,彼此自私自利,上无保护之律,下无爱国之心,散漫不相联属,有国之名,无国之实"(卷十一按语)。但在实际推行新法时,他主张首先依靠君权雷厉风行,而不提兴民权、开国会。一些研究者认为,这一点反映了康有为政治上的落后性,是倒退到洋务派立场的表现。这实际上是用今人的标准来评判前人之是非。文字宣传与具体施行并非一回事,康有为在理论上高度赞扬近代西方的民主政治、国会宪法,但并不主张立即仿效施行,而主张先退一步,从君权变法开始。从当时的实际斗争环境来看,这是一种比较现实的态度,事实上,连设置议政机构的建议也遭到严重压抑和百般阻挠,最终化为泡影,更无论设议院、开国会的希望,在当时又是何等的渺茫!

四、散文大家

康有为一生的研究兴趣十分广泛,并且在众多的领域内都有所建树。他不但是近代著名的思想家、改革家、教育家、书法家、鉴赏家和诗人,在散文创作领域也是成就不凡、卓尔成家。

"散文"作为中国文学史的术语,现在一般是指与诗歌、小说并称的一种文学体裁,包括随笔、小品、报告文学等。但在近代以前,则是指区别于韵文、骈文的散体文章,其中包括经传、史书、政论等。由此而言,康有为的散文实际上包括了论说、奏议、注经、游记、书信等方面的内容。早年康有为曾就为文之道专门撰写了一部《文镜》,可惜没有保存到今天。我们只能从幸存的《文章》《修词》等文,以及《桂学答问》中的有关论述一窥豹斑。

依康有为之见,著文必须有现实意义和作用,必须有充实的思想内容,"文贵适用,又宜阅世,若不合时宜,纵与上世同风,不过图书彝鼎"。因此,著文之人应当"器识在先","先器识而后文艺"。否则,如果一味注重"文术"亦即写作技巧,对现实社会不起任何作用,也就失去了写作意义。此外,康有为认为:"文者,心声之精粹。"文章是作者心声和思想情感的自然流露,"取于心,经于手,积之既久,自有汩汩其来之候",就像苏轼所形容的那样,"如山川之有灵、草木之有花,实特郁勃不得不发耳"。在"理"与"词"即内容与文采的关系上,他一方面主张"以意为先",以思想内容为重;另一方面提出也要注重文采和技巧,使之更好地为思想内容服务。既要"积理",也不忽视"积词",文采斐然,方能更好地表达内容。"词不备,不足成文";"必治过文笔,乃如心之所欲出;有文然后能达胸中之意,有文然后能通意外之言"。只有这样才写得出辞尽而意无穷的"至文"。要做到这一点,就必须多读、精读范文。在《桂学答问》中,他主张先要读《楚辞》和《文选》,从而立好写作的"材骨";读《文选》时还要留意其中的笔法、调法、字法。另外还要读《古文辞类纂》和韩愈、柳宗元的文集,从而具备写作的"法度"。他认为桐城派文章有"偏薄"之嫌,不足为师。只有浸淫于秦、汉两代人的文章及子史之中,才有可能成为文章高手。

康有为的散文写作实际上也是对上述见解和理论的实践。展读康有为一生不同时期的大量散文,一个明显的特点就是立论明确,说理透彻,言之有物,具真见识。他于为文述论之际,往往先立论以树干,揭示出问题症结之所在,随后胪列事实,层层分析;或雄辩以却敌,或举事以求证,或婉转以尽意,使立论具有极强的说服力。如本书所选《请御门誓众开制度局以统筹大局折》,是近代中国最早全面综合考察中国社会性质的一篇重要文献。作者在对中国大一统之世与欧美诸国竞长之世加以比较时,首先多方援引各种现象或事物,以极陈两者之间截然不同的总体性质区别:"如方之有东西,色之有黑白,天之有晴雨,地之有水陆,时之有冬夏,器之有舟车,毫发不同,冰炭相反。"一连串比喻给人以深刻的印象。在具体分析一统闭关之法与诸国竞长之法的本质差别时,作者一气列举出静与动、隔与通、散与聚、防弊与兴利的不同,词精而意达,环环相扣,丝丝入理,产生很强的论辩力量。《强学会序》一文也堪称范例之一。作者劈头便指出："俄北瞰,英西睒,法南瞵,日东眈;处四强邻之中而为中国,岌岌哉!"简洁而醒目地揭示出中国当时所处的危险境地。随之枚举印度、土耳其、安南、缅甸、高丽等国家或亡国或丧权失地的事实,阐明"举地球守旧之国,盖已无一瓦全者矣"的道理,促使国人正视无情的现实,齐心协力,奋起于困境之中。这篇文情并茂的文章在当时知识分子中迅速流传,产生了很大的震撼力。正如梁启超所叙述的那样:"康有为撰此开会主义书,痛陈亡国以后惨酷之状,以激励人心。读之者多为之下泪,故热血震荡,民气渐伸。"

康有为曾自诩"策论瑰伟",实际上对他绝大多数散文皆可作如是说。读其散文,每每可以从中领略到淋漓酣畅、雄阔奇拔的独特风格。他历次的上书及《强学会序》《保国会序》《物质救国论序》《乱后罪言》等文便是这方面的代表作。这些文章,长则万言,短则千字,一气呵成,汪洋恣肆,或挟纵横家气势,凌厉突兀;或如长江大河,浑激流转,气势雄伟。对于康有为反对民主共和、鼓吹复辟帝制的一些文章,如《中国以何方救危论》《中国颠危误在全法欧美而尽弃国粹说》,或本书所选《辛亥腊游箱根与梁任甫书》,其思想内容固然可以弃而不取,但同时也不能不叹服作者才气之宏阔。康有为那些反映时代脉搏跳动、格调清新的散文,往往一经面世即不胫而走,在文坛产生不小的震动力。康有为自晚清以来名扬天下,这也是一个重要的原因。

文辞瑰丽、质朴相益、用典贴切自然,构成了康有为散文的又一特色。我们知道,清朝在道光年间以后,随着内外形势的急遽变动,统治阶级的文网略有松动,于是信奉公羊学的龚自珍等人便出来提倡"通经致用",开晚清论学议政之风气。龚自珍著文仿效先秦诸子,奥博纵横,文辞瑰丽奇肆,在当时独树一帜。康有为的散文风格受他的影响很大,用词方面能融会先秦诸子之文,并杂采佛教术语及欧美、日本传入的词语,堪称雄丽奇拔。但康有为也有大量论政警世的文章,为了让更多的人理解和接受,在文辞运用上具有质朴明白、通晓流畅的特点。而康有为著文用典的频仍,从本书所选各篇即可窥其一斑。如《强学会序》一文中,为了描绘出中国不思变法所要面临的悲惨境地,一气用了王谢左衽、原邵皂隶、伊川之发、钟仪之冠等十个典故,多方设喻,贴切生动,显示出作者才情之丰赡。

康有为以其笔力雄健、风格奇特的散文,开晚清"文界革命"之先河,并经过梁启超的承绪和发扬,形成倾动一时的"新文体"。梁启超在《清代学术概论》中将乃师推为清末的散文大家,诚哉斯言!

1993年4月于复旦大学中国近现代思想文化史研究室

(与姜义华合撰。姜义华、张荣华选注《大同梦幻:康有为文选》,百花文艺出版社,2002年)

《康有为全集》前言、编校凡例及各集编校说明

初 版 前 言

康有为亦名祖诒,字广厦,先后号长素、明夷、更生、更甡、天游化人、西樵山人、南海老人,广东南海人,生于1858年3月19日(清咸丰八年戊午二月初五日),卒于1927年3月31日。19世纪末叶,康有为作为我国近代一位伟大的改革者、思想家和学者,站在时代的前列,在政治、思想、学术领域内进行了具有开拓性意义的可贵探索。20世纪开始以后,他逐渐落伍,然而,在许多方面仍然保持着很大影响。他一生的著述,对于研究他本人以及近代中国政治、思想、学术发展演变,具有重要的价值。系统地整理康有为的这些著作,无疑是一件极有意义的工作。

康氏著作,据康有为自编《万木草堂丛书目录》,计有经部十六种、史部六十五种、子部二十八种、集部十九种,共一百二十八种。这一目录,尚不包括康氏大量函电和生前最后数年的著述。《万木草堂丛书》仅刊行了其中很少一部分。其他各种,康氏生前与殁后间有单独刊刻者,数量亦有限。坊间曾有过几种《康南海文集》《康南海文钞》,大多为民国初编选,容量甚小。20世纪50年代,北京古籍出版社和中华书局上海编辑所整理出版了康氏《新学伪经考》《孔子改制考》《大同书》,受到学术界欢迎。人们早就期望有一部较为完备的《康有为全集》问世,遗憾的是久久未能如愿。1976年台湾宏业书局有限公司出版了《康南海先生遗著汇刊》二十二集,1976年台湾成文出版社将康同璧、任启圣编校的《万木草堂遗稿》油印本自行排印出版,同一出版社接着又出版了蒋贵麟编的《万木草堂遗稿外编》。可以说,这是近一个世纪以来刊行康氏著作卷帙最多的一次。但《遗著汇刊》系据旧版影印,未

加校勘、整理;《遗稿》及《外编》虽作了点校,但过于粗疏,讹错甚多;还有相当数量的康氏重要著作,在这两套书中都未收入。为了繁荣学术文化,给研究者提供必要的方便,编辑一部收辑较为齐备、校点较为精审的《康有为全集》,显然已不容再行延宕了。

1982年经国务院批准的《古籍整理出版规划(1982—1990)》将新编《康有为全集》列为近代人物文集丛书的一种。上海古籍出版社于1987年、1990年、1992年陆续出版了第一、二、三集。国家清史纂修工作启动以后,《康有为全集》被视为对国家清史纂修具有重要学术价值的历史文献而列入清史纂修文献整理项目,获得国家清史编纂委员会的资助,商得上海古籍出版社同意,改由中国人民大学出版社出版。前三集亦增订重排,十二集同时推出。

蒙周谷城师为本书题签,至为感铭。

在全集的编校过程中,我们得到了国家清史编纂委员会主任戴逸教授,以及王汝丰教授、陈桦教授和其他许多师友,还有全国政协文史资料委员会、复旦大学图书馆、上海图书馆、上海博物馆、中国国家图书馆、北京大学图书馆、中华书局、广东省社会科学院、中国社会科学院近代史研究所等单位的热心支持与帮助,谨此致谢。本全集前三集原由姜义华、吴根梁编校,其后各集由姜义华、张荣华编校。这一次十二集同时出版,姜义华、张荣华对前三集重新作了增补校订。

康有为自订《万木草堂丛书目录》时,其中所列不少著作已在动乱中遗失。幸存的一部分稿本,在康有为去世后也渐次散佚。所幸近年来,康氏当年呈进给光绪帝的一些著述以及戊戌、庚子年间奉旨抄没、毁版的一部分著作,又重新见了天日,散失了的若干稿本也重新发现。但是,时至今日,尚有不少著作未能找到。分散在私人手中的函札及发表在海内外报刊上的不少文电,收集更为困难。我们恳切希望海内外关心这项工作的人士提供各种线索,并对这部全集的编辑、校点事宜提出批评与建议,以便将这部全集编得更好。

2007年3月

增订本前言

《康有为全集》出版至今已逾十载,其间海内外公私藏家庋藏的康氏佚作续有披露;锱铢积累地搜辑之下,已然盈帙。借全集增订再版机会,将所辑新什录入新增第十三集,其内容必有助于研究康有为的政治学术思想,不止于补遗而已。所收各件皆敬著出处,不忘有自,并于此就相关方面惠予转载谨致忻谢。初版各集亦既逐处勘订一过,第五集撤下一篇疑非集主之作,几封书信署年有所更改,其余讹误或标点不妥之处亦一并校正。补遗部分遵用新颁《通用规范汉字表》等新规,于标点符号和繁简字、正异字处理上与初版各集略有不同。遗憾的是,有些佚作虽知所在,但由于种种原因而无法获得。限于水平,疏漏在所难免,集外遗作仍需勉力访求,敬请识者指正。

2019 年 5 月

编校凡例

一、本全集收录康有为已刊的各种专著、论文、函牍、家书、电文、讲演、诗词以及目前所能搜集到的各种未刊手稿、抄件和讲课记录。

二、本全集收录的著述,除诗词韵文类另编专集外,均按公历年月日顺序排列编次,分卷出版。原稿件所用阴历记时亦均予留存。

三、本全集所收论著,原注明著述时间者,按著述时间编次;难以判明著述时间者,按出版、刊载或函电收到时间编次;著述和刊载时间不明者,根据考订结果署明著述时间,并加题注说明。原署年月而日期未详之作,均置于同月著述之末;仅署年份而遽难考定月份、日期之作,均置于同年著述之末。

四、康氏著述版本颇多,本全集一般以目前所能见到的最初版本为底本,如有其他版本,酌情加以参校,参校改动处出注说明。若干奏章及其他文告原件与后来公开发表者出入较大乃至近乎改写者,两者均收入,并加以说明。著述均注明来源,手稿、抄件,注明收藏者。本次出版原则上保持文献原貌。

五、本全集所收著述均沿用原有标题或篇名,若题名原缺,则由编者酌加,散篇以﹡号说明。部分著述因版本较多,题名不一,由编者于文前另加按语说明。

六、本全集所收著述,均予分段标点。原著出于避讳或礼仪等因而作提行、空格等处,均予免除。避讳字一般予以改回。原著双行夹注均改为单行小号字。凡明显误植、脱字、衍字,均予改正,并出注说明。凡无法辨识者,用□标出。

七、原著引用古籍或其他中外著作,常用节引、约引等方法,省略部分不另加省略号;引文文字与今通行本容或不同,一般不另加注。

八、本全集所收著述,凡有古体字、异体字,除具有特殊涵义外,一般改为现代通行的简体字。

九、为保留文献原貌,本全集所收著述中的姓名、别名、官名、地名、书名以及译名等,若前后不统一,一仍其旧。

十、康氏各类为他人代拟之作,经考订后均予收录;授意他人撰作之文,经考订后酌情录入;与他人联名发表之文,虽非他本人执笔,一般也予收录。

十一、某些文献资料因与所收著述有特殊关系,附录于相关著述之后。

十二、本全集编校过程中,曾参考和吸收了海内外整理出版的若干康氏著述的成果,均于卷中一一说明,并在此向这些著述的整理者和出版者谨致谢忱。

十三、康氏著述,遗佚不少,散见于海内外报刊者,仍有许多未曾汇录,各地图书馆档案馆以及民间收藏者所存康氏文稿、书信、题词、楹联等,亦有许多为本书未曾收录者,亟盼知晓相关信息者慨予提供,以便日后辑为补编,使收辑渐臻完备。

第一集编校说明

本集收录了康有为 1882 年至 1891 年间撰写的著作。其中有专著《教学通义》《民功篇》《康子内外篇》《毛诗礼征》《实理公法全书》《广艺舟双楫》《长兴学记》《新学伪经考》等八部,笔记、论文、奏折、书牍等四十七篇。这一时期是康有为思想体系形成阶段;这些论著,生动地表现了康有为在民族危机、社会危机和政治危机日渐深重的现实生活刺激与推动下,如何急切而认真地向西方新的文化学习,寻求批判旧世界、建设新中华的思想武器,如何经由一个"中国旧学—西方新学—容纳了新内容的今文经学"否定之否定的过程,逐步构造起他的思想大厦。这些著作,绝大部分过去都流传甚少,或未刊行过,它们对于深入了解康有为这一时期的思想与实践,无疑具有重要价值。

据康有为外孙、康同璧之子罗荣邦先生所撰《南海康有为先生著作总目》,这一时期,康有为还撰有其他不少著作,如《礼类编》、《大易微言》、《春秋公羊传注》、《今文易学》、《今文礼学》、《今文书学》、《今文诗学》、《春秋三世义》、《新旧五代史史裁论》、《老子评议》(《老子注》)、《政学通义》、《王制义证》、《王制伪证》、《周礼伪证》、《尔雅伪证》等,大多失存,尚待进一步访求。

本集绝大部分著作由吴根梁初步校点。《教学通义》等上海博物馆所收藏的康氏未刊著作,由丁义忠、朱仲岳初步校点。全卷统由姜义华、张荣华通稿与复校。错误与不当之处,敬希读者不吝指正。

1991 年 9 月

第二集编校说明

本集收录的是康有为 1892 年至 1897 年的主要著作,其中有脍炙人口的学术专著《春秋董氏学》;有未刊的《康南海先生讲学记》《万木草堂口说》《南海师承记》《万木草堂讲义》等四种万木草堂讲学记录稿;有曾经刊行过或未曾刊行过的论文、奏章、书牍,包括当时影响甚巨的《上清帝第二书》(《公车上书》)、《上清帝第三书》、《上清帝第四书》等四十八篇。

康有为在这一时期,尚有《史记书目考》《国语原本》《孟子大义考》《魏晋六朝诸儒杜撰典故考》《墨子经上注》《孟子为公羊学考》《论语为公羊学考》《春秋学》《春秋考义》《春秋考文》等著作,均佚,尚待继续搜寻。

在这段时间中,康有为先是讲学于广州卫边街邝氏祠、府学宫仰高祠,后讲学于府学宫万木草堂及桂林圣学会,两次入京会试,发动"公车上书",又独自两次上书光绪,数度往返于京、粤、江、浙、港、澳之间,筹办报刊,组织学会,1897 年再度入京,第五次上书光绪。除去以"新学伪经"论与"托古改制"论为支柱构造其学说体系外,还努力从思想上、政治上、组织上为推动维新变法的实现作全面的准备。由此可知,当还有不少康有为的函札、讲课记录及其他论著散存于世,尚有待于发掘与收集。

本集《康南海先生讲学记》原由方志钦校点,上海博物馆收藏的各单篇原由朱仲岳校点,其他各篇均由张荣华、吴根梁校点。全书统由姜义华复校审定。错误与不当之处,希读者不吝指正。

1991 年 9 月

第三集编校说明

本集收录康有为 1897 年撰定的专著《孔子改制考》与《日本书目志》。

二书初由上海大同译书局于光绪二十四年春梓行。该书局创立于光绪二十三年秋,在康广仁主持下,陆续刊刻康有为的《春秋董氏学》《孔子改制考》《新学伪经考》《桂学答问》《四上书记》《五上书记》《日本书目志》等著作。《孔子改制考》自序末署"光绪二十四年正月元日"(1898 年 1 月 28 日)。知问世当在 1898 年春。1898 年 6 月,康氏将该书改写进呈光绪帝,进呈本今存故宫博物院。《日本书目志》自序未署年月,但梁启超《读〈日本书目志〉书后》发表于光绪二十三年十月二十一日(1897 年 11 月 15 日)《时务报》第四十五册,文中引述了康有为的序言,可知康序当写于此前。据《大同译书局新出各书》广告(刊于光绪二十四年三月三十日《申报》),《日本书目志》列于《孔子改制考》之后,是书出版当亦在 1898 年春。

本集《孔子改制考》由吴根梁校点,《日本书目志》由王炯明、吴根梁校点,最后统由姜义华、张荣华复校审定。

1991 年 9 月

第四集编校说明

本集收录康有为 1898 年 1 月至 9 月间撰写的论著,凡八十六件,包括《俄彼得变政记》《日本变政考》《列国政要比较表》《波兰分灭记》四部专著,以及在此期间撰写的大量奏折等,多数是以往未曾刊行或认为已遭抄没毁版的珍贵资料。麦孟华辑《戊戌奏稿》，实系康有为流亡海外时追记补撰，与原折有所不同，现依原折奏呈日期附于原折之后。

这些资料表明，康有为在戊戌变法时期，奔走联络，握管疾书，诣阙建言，外鉴欧美、日本变法经验，内采传统学说内容形式，在政治、经济、文化、教育、外交、军事等众多领域提出了宏大而具体的变革方案。这些资料为全面深入地研究康有为这一时期的思想特征，提供了真实可信的依据。

在这一时期内，康有为另撰有《突厥削弱记》《英国变政记》《法国变政记》《德国威廉第三作内政记》《日本会党考》《皇朝列圣改制考》等著作，今皆佚失。或有残稿、抄件幸存，尚待异日访求。康有为为人代拟的其他若干奏折，亦有待进一步证实后补入。

1998 年 3 月

第五集编校说明

本集收入三部专著《中庸注》《孟子微》和《礼运注》，以及康有为于 1898 年 9 月至 1902 年撰写的论说、函札、自传、奏折、章程、电文、照会等。这些资料记录了康有为在戊戌政变后流亡海外，如何争取中外各种力量的支持、频繁地进行"救上"与"勤王"的活动，如何着手从理论上、思想上作新的概括与总结，为研究这段时期中康有为的政治生涯及思想发展提供了较充分的原始资料。

康有为在这段时期内另撰有《光绪圣政记》等书，今已佚失。所作论说、函札等文，虽尽力爬梳，但时隔既久，搜集不易，难免挂一而漏万，恳希读者提供进一步访求的线索。

1998 年 3 月

第六集编校说明

本集收录两部专著《春秋笔削大义微言考》《论语注》，及 1902 年内撰写的论文、奏章、书札等十三件。

这一年内，康有为仍避居于印度大吉岭须弥雪亭，除发表《政见书》外，主要精力用于董理旧作,系统演述《礼运》大同之义。据康有为自述,这时期另撰有《大学注》《孟子注》《难老》《三统考》《公毅同经异义考异经同义考》等书,今均佚失。或有稿本残篇存世,容当再作访求。

1998 年 3 月

第七集编校说明

本集收录康有为的两部专著《大同书》《官制议》,以及 1903 年至 1904 年间撰作的游记、书牍、章程、题词等。本集所收资料,不少是未曾发表过的手稿,为了解和研究这段时期内康有为的具体行踪和思想感受提供了原始依据。

这一时期内康有为另有《澳地利游记》《匈牙利游记》等著述,今已佚,待继续寻访。

1998 年 3 月

第八集编校说明

本集收录康有为 1904 年至 1908 年间撰写的各类论著,凡六十七件。其中有专著《物质救国论》,有涉历欧美期间写下的多种游记,有与梁启超等人的书信,颇有助于了解这段时期内康氏各方面状况。

2006 年 7 月

第九集编校说明

本集收录康有为 1908 年 9 月至 1912 年间撰写的论著。其中专著有《金主币救国议》《理财救国论》。共录一百二十八件。

2006 年 7 月

第十集编校说明

本集收录康有为 1913 年至 1917 年间论说、函电、序跋、演讲录、奏折、游记、题词、祭文、墓表、墓志铭、寿序、行状等二百二十五件。现存信札底稿若内容有异,则两存之。若干电文下附录来复电文。

2006 年 12 月

第十一集编校说明

本集收录康有为 1918 年至 1927 年间著述。撰于 1917 年的五件著述亦编入本集,置于 1918 年著作之前。另有八件短笺和题词写作年月不明,置于卷末。以上总计二百九十五件。专著《诸天讲》撰定于 1926 年,因篇幅较长,编入第十二集。

2006 年 12 月

第十二集编校说明

本集除《诸天讲》一书,主要汇录康有为各时期写下的诗作及联语、题词等,包括已缮写刊行的十五卷本诗集,以及分布于各处的散佚诗作。

2006 年 12 月

(以上均与姜义华合撰。姜义华、张荣华编校《康有为全集》,中国人民大学出版社,2007 年初版,2019 年增订版)

《康有为致梁启超未刊手札》整理说明

康有为自1908年结束欧游赴南洋,至辛亥年在日本与梁启超比邻8月有余,有关此数年时间里康氏的各方面活动情形,在各种康有为传记或研究论著中几乎是空白。在遗留未解的一系列疑团之中,至少有关键性的两点值得究问和澄清:第一,康氏在经年游历了欧洲列国后相中瑞典一地,花大价钱在那儿买地皮盖楼阁,决意在瑞典定居度过余生,为何在1908年5月从奥地利返回瑞典新屋不久即仓促离去,此后也再未踏入瑞境,而在他视为蛮荒之地、极不愿居住的南洋滞留了三年?第二,康氏1911年6月抵日本神户后也寄居于华侨别墅"双涛园",与梁启超比屋相处8月多;李云光、汤志钧等研究者都认为这一时期康梁关系融洽,彼此相处"极为欢欣",只是因"携同眷属不便",康氏才迁出另居"长懒园"。这一说法本身就自相矛盾,也不能解释为何在此之后两人不再见面和通信,互相或显或隐地视作怨敌。

从康有为致梁启超手札中可以得到解开疑团的线索。如《梁启超年谱长编》编者所言,1910年间康梁之间通函颇为频繁。据今藏国家图书馆的全部康氏手札统计,1910年康氏致梁书札有26通,1911年有2通,1912年有14通,三年合计42通。当年丁文江等人在编"梁谱长编"时接触过这批书信手稿,但仅仅摘录1910年康函五通,其余两年的只字未录,相应地也不引述令康氏忿怒不已的梁氏信函。而所摘录的五通康函,除了存在不少字迹辨识的错讹,还误将两函并作一书,尤其是不恰当地删去若干关键性的文字,显然和"前言"中所示"全函照录"的编例相悖。这与谱编作者受谱主后裔约束有关。康梁两家后人似达成共识,在刊行遗著时以不披露涉及两人矛盾的内容为宜,因此在康同璧编辑的《南海康先生年谱续编》《万木草堂遗稿》中也不见相关的书信文字。兹从国家图书馆藏康氏书札手稿的缩微胶卷中，选出两通对了解民元前后康梁关系有特殊价值的长函，酌加简注和考释，以供研究者参考。因康氏手迹颇为潦草，若干难辨之字暂用□号代替。

(原载《近代史资料》总114号，中国社会科学出版社，2006年)

《康有为日记(1886—1889年)》编者按

  迄今公开出版的康有为著述中独缺日记类文字,但未刊万木草堂遗稿中仍保存着康氏的四年日记。1960年康同璧编成《万木草堂遗稿》抄誊本十卷,仅油印十余部。前五卷于1978年由台湾成文出版社排印出版,后五卷则迄未刊布,康氏丙戌至己丑年(1886—1889年)日记即抄在卷六下"杂记"类中。《康南海自编年谱》此四年记载仅三千余字,而日记篇幅多出五倍,内容亦不重复,颇资了解康氏在这段时期里读书、交游和行踪等各方面情形。今据全国政协文史资料委员会藏抄本录出。原抄件分段落而无标点,且油印年久,已漫漶不清。今对全文加以标点,讹误字或行文不通之处略加校注,标题系编者所拟,稿中缺字"□"系原抄者所加。

(原载《近代史资料》总119号,中国社会科学出版社,2009年)

《康有为往来书信集》编校说明

传写近人生平的材料，以出自书信者最为真切生动，此正可印证于康有为研究。南海康氏自初次进京上言以迄溘死，先后身临甲午战争、戊戌变法、辛亥革命、五四运动等历史剧变，驰政坛学界垂三十余年，声气广通，与公卿大臣、通人名士、师友门人、亲族子弟往返赠答书简函电甚多。举凡时政评述、经义切磋、人事臧否、交游观感、词章掌故及家常琐屑，胥可征见于书信者。且随手捷书之际，"南海圣人"情致时来笔端，关尹子所云"圣人大言金玉，小言桔梗芣苢"，正可于此作别解。飏理成编，庶足考信康氏行谊志节、文字因缘，于近代史研究亦不无涓埃之补，因豫《康有为全集》编校之际，留意集腋拾遗。比年搜剔裒聚，整理排比，都为一集。

集内照录往函六百零八通，来函三百二十八通，凡九百一十八通。集主往函已刊于全集，录入时据原函影件重施检订标点一过，并补上新见书信三通。另有集主致夫人张云珠、梁随觉、何旃理及家人信笺六十一通，因过于零碎残缺，均未录入。书信来源，除自各种相关报纸杂志、文集、专题数据集以及档案汇编中披览辑获者，有三宗引据似有拈示之必要。一是台湾"中研院"近代史研究所藏书信手稿，多系康氏入民国后往返之作，涉及"共和"涵义讨论、声讨袁世凯帝制、宣统复辟谋划、吁请祀天祭孔、联省自治说商榷、废督裁兵议、五族共和论等时代重大关节所在，可视作当时政治军事形势变幻和康氏政治博弈心态的真实记录。二是上海博物馆藏往还函札手迹及抄件，以戊戌政变后流亡海外十余年间所作居多。内容涉及"己亥建储"及"勤王"举措、组建保皇会宪政会等团体、创设商贸金融及实业公司、兴办报章杂志和出版机构、列国政情考察和风土观感等。三是中国国家图书馆善本库藏百余件康氏致梁启超书信手稿，以辛亥前后所作居多，堪称康梁关系之实录,亦颇可充实和订正《梁启超年谱长编》《南海康先生年谱续编》相关年份记载之缺失或隐讳曲解之处。

康氏书札虽始刻于清末《政见书》及民初坊刻《康梁书牍》,要以20世纪七八十年代台湾出版康同璧编《万木草堂遗稿》、蒋贵麟编《万木草堂遗稿外编》以及上海市文物保管委员会编《康有为与保皇会》《戊戌变法前后》先后刊布数量最夥,推进研究之功实不可没。唯其中纂辑未洽之处容可商榷,涂乙割裂之处则亟宜订正复原。如康氏1910年10月致毓朗书,在《万木草堂遗稿》中被分划作卷三《请乘葡乱君奔收复澳门策》及卷五《致月华贝勒书》两文;同书卷四《第一次欧战后与某执政书》,亦系割裂1919年《致议和委员陆顾王施魏书》中第二款建议内容而成。因同函异题而复见,或两函并作一书、题电文为信札,已刻误未刊等误失亦偶见于各书中。故本集编次非仅搜剔掇拾,而集识辨、考证、校勘于一体,用力于史源之澄清。至于集内所录来函,逸札亦复不少,诸如陈三立、陈炽、唐才常等致康函,可作《散原精舍诗文集》《陈炽集》《唐才常集》之补遗。

(《康有为往来书信集》,中国人民大学出版社,2012年;此文并以"'圣人'小言"为题刊于《东方早报·上海书评》2012年9月2日)

《中国近代思想家文库·钱玄同卷》导言节选

钱玄同(1887年9月12日—1939年1月17日),初名师黄,字德潜,留日期间改名夏,字中季;后改名玄同,号疑古。浙江吴兴人。中国近代杰出的学者、教育家和启蒙思想家。

本书是钱玄同的论著选集,收入钱氏一生中具有典范性和影响力的论文、时评、杂文、书札、序跋等四十余篇,另有一种音韵学专著的节录,涵括了他在留学日本期间及新文学运动、新文化运动、国语运动、整理国故运动等不同历史时期留下的文字,内容涉及白话文学、汉字改革、国语统一、古史经学和小学音韵等诸多方面,借用钱氏本人的话来表述,即是"探索语言文字之本源,论述前哲思想之异同,考辨上古文献之真赝,阐扬类族辨物之微旨,穷究历史社会之演变",力求较为完整地彰显钱玄同的思想、学问、人格及其应有的历史地位。钱氏写作的特点,除了喜用长短不一的随感杂文形式,尤其体现在擅长用书信形式发表议论,其书札价值可与专论文字相埒,理当酌收,"灵皋文禁"显然不适用于本书的选编。

钱玄同的著述距今已有一世纪左右的时间,但仍然值得研读。因为他所怀疑和剖析的世界,依旧残存于今天的世界,他所认同的文化理想,仍然是值得追求的理想。打开书卷,他的思想从历史角落来到我们中间,并且依然具有颠覆力。

(本书导言原题为"钱玄同思想中的师承因素",主体内容与《钱玄同与章太炎北上讲学》一文大致相同,此处仅节选其部分内容。《中国近代思想家文库·钱玄同卷》,中国人民大学出版社,2015年)

《孝经郑注疏》校点说明

《孝经郑注疏》二卷,清皮锡瑞撰。皮锡瑞(一八五〇——一九〇八),湖南善化人,字鹿门,一字麓云,学者称师伏先生。光绪八年(一八八二)举人。光绪十六年后主讲湖南桂阳龙潭书院、江西南昌经训书院。二十四年任长沙南学会会长。二十九年后任湖南高等学堂讲习兼代监督、长沙府中学堂讲习、长沙定王台图书馆纂修等。以今文经学名于时,另撰有《尚书大传疏证》《经学历史》《经学通论》《师伏堂日记》等。生平见皮名振撰《皮鹿门年谱》。

《孝经》郑玄注,自东晋荀昶以降为学人传习,南朝时与孔安国传并立博士。南朝梁博士陆澄始疑非玄所注,唐左庶子刘知幾复举"十二验"驳郑。自唐玄宗"御注"颁行而郑注、孔传逐渐亡佚,宋、元、明已无著录。入清有朱彝尊、余萧客、王谟等相继辑录郑注,嘉庆间日人辑佚本《孝经》郑注随《群书治要》回传中土,再启郑注真伪之辨,并促成多家续作辑佚校补,中以严可均四录堂辑本称善。《孝经郑注疏》即据严辑钞本撰就。皮氏确信郑玄早年注《孝经》,《治要》本郑注非伪。其书以复原郑注旧貌为旨,"于郑注引典礼者为之疏通证明,于诸家驳难郑注者为之解释疑滞"(《自序》),既据卢文弨、臧庸、阮福、郑珍等各家之说补订严辑注文,于唐玄宗注、邢昺疏亦多有商兑。"社稷""法服""明堂""郊祀""争臣""辟雍""簠簋"诸条,皆语中肯綮,折中允当。敦煌遗书本经注残卷发现之前,要以皮书在恢复注文、疏通注义两方面成绩最著。

《孝经郑注疏》有光绪二十一年乙未善化师伏堂自刊本。此次校点,即取师伏堂本为底本。书中所采经史百氏之书,皆与原著校对订正,其中本经及唐玄宗注、邢昺疏,校以中华书局影印阮元重刻宋本《十三经注疏》,他经及注疏亦校以阮刻;《大戴礼记》校以中华书局版王聘珍《大戴礼记解诂》,纬书校以上海古籍出版社影印《纬书集成》,《史记》《汉书》《后汉书》等校以商务印书馆影印《百衲本二十四史》,《尚书大传》校以《清经解》本陈寿祺《尚书大传辑校》,《春秋繁露》校以中华书局版苏舆《春秋繁露义证》,《韩诗外传》校以中华书局版许维遹《韩诗外传集解》,《白虎通》校以中华书局版陈立《白虎通疏证》,《风俗通》校以中华书局版王利器《风俗通校注》,《太平御览》校以中华书局影印涵芬楼影宋本,其他先秦汉晋子书校以中华书局影印《诸子集成》,清人解说之作校以《清经解》及续编本。引文讹误处,出校明之。间有括取大意、删薙字句之处,若无明显缀漏则不出校。引文有斠正阮刻《孝经注疏》之价值者,亦不条列指明,盖非整理皮疏之务。底本异体字及版刻易混字径改不出校,避讳字据原书回改,并编制全书目录置于卷首。不当之处,还望方家指教。

[原载《儒藏》(精华编·96册),北京大学出版社,2018年]

《康有为与亲友弟子往返书札释读》
整理说明

在新发现的康同璧旧藏康有为与保皇会文献中,存有一批康氏与其女及容闳、汤铭三、梁秋水、麦仲华等亲友弟子的往返书札,凡四十通。这批信均作于1905年,内容涉及保皇会在美国的机构建设、人事关系及活动特点;保皇会与革命党人的冲突论争在异域的延续,尤其是康氏布置刺杀孙中山的计划;康氏与容闳的交谊,以及容闳在康会见美国总统一事中的关键作用;康氏对女儿婚恋之事的态度及其家长作风等。其价值不止于填补空白,为厘清康氏海外行踪提供可靠依据,对深入探索近代中国维新事业在美洲的拓展与挫折,尤其具有不可替代的参考意义。兹据2014年12月上海朵云轩拍卖公司印制的图录释读迻录,对书札所涉人物、事件等的简介,皆于初见处出注明之,复见时不另说明,以避繁冗。书札中多处括弧内文字均系原文,非编校者添加。难以辨清之字,以□代之。

(原载上海图书馆历史文献研究所编《历史文献》第22辑,上海古籍出版社,2021年)

怀念荣华

斯文荣华

邹振环

2023年2月20日中午,荣华兄逝世的噩耗传来,非常震惊。他是这一波疫情期间逝者中离我最近的同事和朋友。虽然2022年12月已经传来他因新冠送入重症病房的消息,但一直觉得他较之我年龄为小,完全有能力扛过这一波疫情。这些年因为忙忙碌碌,虽曾偶尔与他有过电话和邮件联系,知道他心脏有恙,但却很少见面,念及此更是极为难受。当日下午,我在微信圈发了500余字的悼念短文,不久澎湃新闻来约稿,希望我能写一篇纪念文字,我承诺一定会写成正式的悼念文字。

一

荣华兄原籍江苏南通,1957年8月19日出生于上海,1965年至1971年就读于上海市利民路小学,1971年至1975年就读于上海市新沪中学。我和他的经历大致相同,小学、中学都是在动乱年代里过来的,在读期间没有受到系统的知识训练,全靠自学考入大学历史系,真是高考改变了我们一代人的命运。1975年3月至1979年8月,荣华兄在崇明长江农场"五七"5连工作,1979年9月考入复旦大学分校历史系。1983年他又从复旦分校考入复旦大学中国思想文化史研究室,师从中国近代思想史名家李华兴(1933—2011)。硕士生期间,我们82、83两届研究生每周都有几次聚在一起上课,互相探讨学术。

还是硕士研究生二年级的荣华就在《复旦学报》1985年第3期上发表了《近代中国人时间观念的文化意义》,首次从社会文化史角度较为完整地勾勒了近代时间制度和时间观念的变迁,这篇具有独特视角的学术论文给我留下了很深的印象。他生性外冷内热,择交颇严,不善交际,他的本科同学曾概括说:荣华是高智商,低情商。1986年他留校任教,每每到学校上课,为尽量不和同事和朋友打招呼,他经常会沿着楼堂内的边缘步行,远远看到都会故意绕着走,你主动招呼他,他甚至不看你。在学生们的回忆中,他也用同样的方式躲开正向他走来问候他的学生。我们一起读研的同学友朋都知晓荣华兄孤僻的性格,但他内慧深邃,长于思考,眼界很高,不轻易著述,属于当今学界极少见的象牙塔里的纯学者。

由于我俩都研究张元济,彼此交往较多。他早年注重研究张元济与近代思想文化及中国辞书出版事业之关系,发表了《中国近代文化史上的严复与张元济》《张元济在近代语文新潮中的建树》《引导舆论与权力制衡的追求——张元济与〈外交报〉》等系列论文,并在此基础上完成《张元济评传》(百花洲文艺出版社,2010年),在学界颇受好评,有着很高的引用率,我以为至今仍是众多张元济传记中最具特色的一部。书稿完成后,是我建议他去找张元济哲嗣树年先生写序,并告知他如何去淮海中路拜访树年先生。他还编校了《孔子——周秦汉晋文献集》《中国学术名著提要·历史卷》《康有为文选》《严复著译集》《大同书(手稿)》《孔子改制考》等十余种基础史料,体现出宽广的知识面和扎实的基本功。

他长期致力于康有为文献的搜集、发掘与考辨,精益求精,用力最多的《康有为全集》(和姜义华老师合编)和《康有为往来书信集》(中国人民大学出版社,2012年),惠及学人良多。多年来在《学术月刊》《复旦学报》《近代史资料》《中国学术》《书城》《东方早报》《澎湃新闻·私家历史》等报刊媒体上发表论文和书评数十篇。他发表在《复旦学报》的《章太炎与章学诚》一文,将相关文本置于特定的历史语境中,结合章学诚与章太炎学术思想及其脉络关系展开分析,论断缜密,既能把握大体,又能切中肯綮,深刻揭示了章太炎与章学诚在"六经皆史"这一相同命题下不同的含义和意图,对通过人物互动关系切入思想文化史至今仍有启示意义。他的研究作风扎实,考辨入微,见解独到。2009年他以自己出色的成绩获得上海市第九届社会科学优秀成果著作类二等奖。

二

荣华兄曾先后在复旦大学开设"中国近代思想史""中国近代学术史""中国近代思想文化史史料学""中国史学史""中国思想文化史专题研究"等课程,教学认真负责,深受学生好评,2007年荣获第一届复旦大学教学贡献奖,2009年荣获教育部历史学基础课程建设二等奖、上海市教学成果一等奖,2011年被评为复旦大学"我心目中的好老师"。一位学生在其悼念文字中这样写道:

> 犹记1997年的春天,荣华老师为我们开设"中国近代思想文化史",他职称不高,不算名师,当时仅是讲师,也不善言辞,更没有斐然的神采,但当他讲课时,我们却不知不觉地为他吸引……细细品味,他的课富有深邃的思想,他忧郁的气质也与近代史默默契合……说到王韬、郑观应、严复、康有为、梁启超、孙中山、胡适、鲁迅……他的叙述与点评鞭辟入里、发人深省,这些在近代史上赫赫有名的人物在他的课上从书本中翩然而起,全都活了。我后来才知道,荣华老师治中国思想文化史,却同样熟读西方思想家的著作。他讲课不是气贯长虹式的,但绵绵密密,犹如流水不断,每一处都闪烁着思想与智慧。荣华老师似乎不太自信,讲课时总是低着头,不好意思与学生的目光直接对视,每当课间的铃声响起,他才会微微抬起目光怯怯地问道,你们要我继续讲下去还是休息一下?而我们早已浑然忘了时间忘了窗外的春光。荣华老师也非常幽默,他自嘲自己当大学老师收入之低,他调侃自诩为人民儿子的人却有若父亲一般受到供奉。总之,我深感荣华老师富有智慧、富有魅力、富有悲天悯人的情怀,他是我大学时代最敬重的老师之一。

三

荣华兄留给我的很多回忆是细细碎碎的。1998年,41岁的荣华兄评上副高,在那个时代并不算晚,但他似乎并不在意职称的高下。之后十多年他迟迟没有写出评正高所要求的专著。好在我们系的领导还是很关心他,

2013年学校评职称改用代表作制度后,他就以《康有为往来书信集》的校释为代表作评上了正教授,这在当年评聘者中也是罕有的一例。因为那年评审过程的特殊情况,作为历史学分科学术委员会委员,我还被系领导委托代表历史学分科学术委员会在校学术委员会的评审会上陈述原委。记得评上后他曾来我办公室小坐,我告诉他评审过程中的一些曲折,他沉默不语,脸上全无表情。在荣华兄的心目中,学识着实与职称无关,与种种鲜亮的帽子更无关联。他转换话题,说起时已经暴得大名的同学,所编某近代大家的书信集,错误甚多,并称准备撰写批评文章,与之辩难质疑。我不赞同他的做法,他不着一言,站起来就离开了。我俩都是拙于社交,却又享受孤独的性格,因此我对他种种似乎不近情理的做法,都有一种超乎寻常的理解。

他曾经先后到日本关西大学和中国台湾"中研院"访学,在"中研院"访学,他作过一次有关康有为书札的报告,听过其报告的台湾地区学者后来给我说,想不到复旦竟然藏着这样一位对康有为生平材料有如此精深研究的学者。聊起访学的经历,我问起游览了哪些地方,他多支支吾吾说不清楚,但说起关西大学图书馆里的"增田涉文库"和"泊园文库",则如数家珍。我想他或许只是换了一个读书的空间而已。

他生活简朴,四季大多是一袭牛仔衣的工装,即使寒冷的冬天亦是如此;他饮食随意,平时不注意营养,因此体质较差。他的整个俗世生活是苦涩的,除了读书就是读书,最大的活动空间多在卧室、教室、办公室和书店四点一线。早年他的烟瘾不小,不停地一支接一支,但他似乎又不像那些瘾君子,把烟整个吸到肺里,经常刚入嘴巴,又很快吐了出来。面对面的聊天,他经常是沉默的时间居多,聊天时眼睛大多不看对方,交谈多不是很顺畅,不如读他的文章,智慧和犀利。谈及自己家里的琐碎,以及与他们一家暂住一处母亲的无奈,他会黯然神伤;但是后来说起在美留学、进了哈佛Radcliff学院学画画的女儿,却让我看到了另一个神采飞扬的荣华。据我所知,他收入的大部分是给了他尚在美国读书的女儿。

自卑和自傲铸成了他那种看似很少见的似乎不近人情的奇怪做派,不善于处理人际关系成就了他一生一段又一段的逸闻。硕士导师离世,系领导告知追悼会的时间和地点,临发车前还电话联系他,他也是支支吾吾,最终没有出现在导师遗体告别的现场。他很少参加学术研讨会,更从不参加大学同学会,也不加入硕士同学的群聊。硕士毕业20周年的纪念活动,他迟迟未出席聚会,以至于其硕士同学不得不打电话到我这里来查找其联系方式。在世时他不介入学界的是非,却在历史系最出名的两位大师和两个教研室之间游走。为他一些不近俗情的做法所困扰的前辈,提起荣华却也仅仅只是会心一笑而已。

他把大段大段的资料都抄在我们那个时候常用的黑色的硬面抄里,显然他还不擅长驾驭电脑的新技术。担心自己的思路和资料被窃,于是不仅为电脑开机设置了密码,而且每一个文件都设置了密码。之后的烦恼就是要如何记住这么多烦琐的密码,密码忘记了,文件也都打不开了。

四

在任何时代,做一个象牙塔的纯学者很难,而在我们这个时代更是难上加难。荣华兄一生则坚持做一位象牙塔里的纯学者。他对时下一些奔走于各个学术码头的校园政治家嗤之以鼻,对活跃在学界专写吹捧式文章的文人不屑一顾。他与那些什么书都敢拿来写书评的学者不同,对自己不熟悉领域的著作从不妄加评论,且一反认为写书评一般都要先去了解被批评者的身份和背景的告诫,他撰写的那些见诸报端的书评,用词尖锐锋利,从无大而化之的评论,给我们这个时代保留了什么是写书评的另一种标准。

这是一个远去的孤独身影。他是海上的一盏孤灯,是那孤寂的灯塔里的一束微光。穿工装还是穿大牌的服饰,与"斯文"并无直接的关联,富有且精致的生活并不代表有一种高贵的灵魂。荣华兄重新诠释了"斯文"的含义:不仅指有涵养、处事文质彬彬,无急功近利之心,即使在无序的生活中,感情碎了一地,仍不失其对学问不懈的优雅追求。

2023年8月19日完稿于复旦大学光华西楼

(作者为复旦大学历史学系教授)

学人本色张荣华

邓志峰

惊闻张荣华教授辞世,痛悼之余,便是深深的惋惜。

我最早认识张荣华教授是在20世纪90年代来复旦读书,当时他的《张元济评传》刚刚出版,由于功底深厚、时有新见,深受一些近代史研究者的好评。张荣华老师为人低调,甚至有些沉默寡言,但其实在学术上极有见地,"夫人不言,言必有中"。他在教学和研究方面花心力最多的是中国史学史和近代学术史。他为本科生开的中国史学史课程,内容丰富,见解深刻,颇受一些有志从事学术的青年学子推崇,以至于在他不再教授此课多年之后仍有口碑。

张荣华教授治学的一个特点是不仅重视历代学者的专门著作,而且极为重视书信、笔记、文集等史料。由于对清代学者文集用力很深,这让他能够从细密的文献史料中勾稽历史的隐微之处,因此常常得以突破不少大而化之的流行见解,发前人所未发。记得曾听学生提过,张老师后来还开了一门别出心裁的选修课——"中国交友史",我很遗憾没有机会直接问过他具体怎么上这门课,但从交友、交游、交际的角度切入历史,确实有其独到之处。我想与他既能沉潜于史料,又注重文化史、社会史等理论研究极有关系。许多人可能不大知道,张荣华教授对理论研究的重视和深入程度,可能远超不少历史学界的同行。这一点在张老师所发表的不少文章中都有体现。记得前些年有一位西方学者的理论著作刚刚翻译过来,张老师便曾对我说,他已花了两天通读了一遍。时下越来越多的学者忙于发表心中所思,早已不再愿意花时间认真读书了,而张老师却还保持着一个读书人的初心,着实令人肃然起敬。"古之学者为己",我想并非只是局限于一般意义上的身心性命之学,能够时刻不忘提升自己,而不是流于孟子所说的"好为人师",同样是一种为己之学。

张老师在学术上最大的贡献应该是关于《康有为全集》的整理与晚清学术史研究。他也许是我所知道的学者中对康有为的材料最熟稔的一位。张老师从事康有为研究,既有复旦历史系学术传统的因素,也和他自己多年的发心与努力是分不开的。记得《康有为往来书信集》单独出版后,张老师还专门赠我一部,而今一念及之,不胜感慨。以康有为在清末民初学术、政治领域的关键地位,张老师的工作还会在将来继续沾溉学界。可惜张老师自己惜墨如金,除了已经发表的少量文字之外,他的许多深刻的见解还没有来得及问世,不知是否另有手稿尚存,希望家人与弟子留意。

张老师还有一项不大为人知的工作是协助朱维铮先生主持编纂《儒藏》中"孝经类"和"群经总义类"的工作。这项工作2009年前后由我接手,但此前在与北京大学儒藏编纂与研究中心的数年沟通中,张老师也付出了不少心力。《儒藏》的这两部分2018年以后已经作为《儒藏》精华编第96—103册陆续出版,张老师还亲自校点了其中的《孝经郑注疏》。

2019年我的《新文化运动百年祭》一书出版,我还与他微信联系过,希望面呈请教。此前张老师已经因为身体原因提前退休,在郊区休养,记得当时还曾经相约来系时见面一叙。可惜由于此后的疫情暴发,一直没有等到见面的一日。中间唯一的一次联系,是他见到报上有年轻同事发表的文章中有误,忍不住在给我的微信中出言纠正,可见他虽然养疴在家,却并没有放下自己的学术关怀,一直保持着学人的本色。

2023 年 2 月 20 日

(作者为复旦大学历史学系教授)

记与荣华老师"文字交"的几个片段

戴海斌

我与张荣华老师没有一面之缘。我是通过读他的书和文，走近他的。读研究生的时候，《康有为全集》十二册（中国人民大学出版社，2007年）出齐，是近代史学界的一件盛事，"张荣华"与姜义华先生共同署名"编校"，我才注意到复旦有这一位老师。约在同时，还在复旦历史系读书的张仲民兄来北大开会(某一届"两岸四地历史学研究生论文发表会"？)，此前我们在网上论坛"近代中国"相识，这也是第一次线下见面，他聊起本校本系的老师们，如数家珍，专门提到"张荣华学问很好"，但"基本不出来""非常之低调"。这也给我一个特别的印象。此后陆续读到一些荣华老师的文章，又专门去找以前发表的文章，发现真的"不多"，而且多发表在《复旦学报》上，此外便很少有关于他的学术信息，"低调"一说，不虚传矣。有几篇文章如《严复的"运会"说与文化观》(1991)、《"函夏考文苑"考略》(1993)、《振华公司内讧与康、梁分歧》(1997)、《康有为对戊戌变法的一项否思》(1998)、《章太炎与章学诚》(2005)，我很喜欢，反复读过几遍，这些文章处理的人物都是讲近代历史绕不过去的巨型精英，讨论问题则生面别开，既能谈玄，也能考实，总归引人入胜。当时读书随性，未必有何"真赏"，能品出多少"妙味"，只是隐隐感觉这位低调的老师一般不出手，出手不一般。

一次，我在一本偏僻的资料书中偶然读到荣华老师一篇很不起眼也不长的文章，即《钱玄同的名、字、号》(见《近代史资料》总123号，中国社会科学出版社，2011年)，当时大受震撼，用俗词形容，大有骇其浩博、舌挢不下的意思。钱玄同是"文人狡狯"的近代典型，一生不同时期择取的名、字、号纷繁复杂，"数目之多，并世似无出其右者"，但各种有关钱氏的年谱、传记、研究著作多是避而不谈，或语焉不详。这篇文章则迎难而上，全盘梳理了钱玄同一生取用过的名、字、号近五十个，不仅考察其取名、改字、择号的变化节律，清晰概括为四个阶段，而且追索这些名、字、号的内在涵义，为后人理解钱氏思想、学说、人生观念变化轨迹开启了一扇窗口。这一工作，实际建立在对钱玄同日记手稿影印本（当时《钱玄同日记》点校版本尚未出）以及其他书信资料的通读基础上，大匠运斤，举重若轻，非大手笔不能办。

因为自己的研究需要，我又拜读利用荣华老师编校的《康有为往来书信集》（中国人民大学出版社，2012年），对他的文献史料功夫有了更深一层体会。这册超过九百页的大书，照录康有为往来通函九百一十八通，按其"编校说明"，"因豫《康有为全集》编校之际，留意集腋拾遗，比年搜剔裒聚，整理排比，都为一集"，可知经过长期的准备，难得的是，整理与研究结合一体，凡文本比勘、系年考订、专名笺释、语境廓清，书中正面处理的大小问题无数，而多能推究情实，断之以据，给予读者莫大便利，证明"本集编次非仅搜剔掇拾，而集识辨、考证、校勘于一体，用力于史源之澄清"绝不是一句空话。（当然，不是说荣华老师的整理工作是不可议的，后来也有论文指出集中若干"编注疏失"，见王晓东《〈康有为与黄节〉当为〈康有为与于式枚〉考》，《广东第二师范学院学报》2019年第1期。但该书之于康有为研究史料的集大成意义，是不必讳言的）

2010年后，荣华老师开始在《上海书评》（最初为《东方早报》副刊）上发表史学评论文章，借了这一方新天地，我又领略了他学术个性中犀利爽快的另一面。《梁谱长编整理的退步之作》（2011）、《评〈康有为在海外〉：康有为为何在美洲变身党魁》（2018）、《评〈晚清戊戌史事新探〉："引狼入室"还是古典新绎？》（2020）诸篇，皆读之神旺，为感快意者累日。虽然写作数量还是不多，但偶一出手，便自惊艳。邹振环老师说，"他撰写的那些见诸报端的书评，用词尖锐锋利，从无大而化之的评论，给我们这个时代保留了什么是写书评的另一种标准"（《斯文荣华》）。荣华老师强调史学研究是需要耗费"大力量"的"大工作"（胡适语），非通过一番"博综广采、索隐疏证"的艰辛劳作，很难真正见功，而"在缺乏前提准备工作的情况下，似不应率尔灾及梨枣"。我觉得，从此一学术理念出发，我们所见到的荣华老师文字事业的两面，无论沉潜内敛、深水静流的文献钩沉，还是霹雳雷霆、锋芒外露的史学批评，其实是逻辑自洽，合二为一的。

2016年春季学期，我进入复旦大学历史系工作，与荣华老师成为同事，遗憾的是，始终缘悭一面。此前我刷"豆瓣"，在"荣华哥同好会"小组看到过学生整理的"中国近代学术史"第一讲、第二讲"课堂笔记"（2012），这是他给历史系本科生开设的课程，"一直旁征博引，一直言辞优美"，有很吸引人的地方。我到复旦第一学期，查到荣华老师正好开"中国近代学术史"课，一下动了旁听的念头。开学第一课兴冲冲跑去教室，等到的却是空荡荡的讲台。后来我从荣华老师的学生处了解到，他病了，而且似乎很严重，已经入院了。我当时想，等荣华老师病好了，还有见面机会。但没想到，荣华老师一病后，没有再回学校，而且不久后即办理退休了。

2020年4月，我在《上海书评》（此时已转为"澎湃新闻"的线上栏目）上读到荣华老师的书评新作《"引狼入室"还是古典新绎？》，所评者是一部新出版的关于晚清戊戌政变原因新探的著作。我也刚好读过，且有一些感想。荣华老师书评仍旧是锋利鲜明的风格，剖决曲直，痛击要害，毫不假借，而且从贯通的视角出发，用其熟稔的"古典"资源来考察和检讨近代人的思想行为逻辑，可称匠心独运，书评指出"书名也颇惊心动目，然而内容远不足称新探，且处处强作解人，以臆测代言'失落的真相'"，颇道出吾辈心所欲言而不能言者。我读后即刻转发，并发了一条朋友圈："真鞭辟入里。碰巧也读了此书，而且起了冲动，打了几天腹稿，如今可以不作矣。"（2020年4月11日）同时，不禁旧念泛起，想向荣华老师请益的愿望越发强烈了。当天，想办法找到了他的电子信箱，心意忐忑地发了一封信：

荣华老师：

您好！冒昧去信。我是戴海斌，自到复旦历史系工作后，因为自己疏懒，再加各种不巧，一直没有机会向您请益，实有愧。此前一直拜读您的著、编各作，深得教益。近在澎湃上读到您对《引狼入室》的书评，真鞭辟入里（此书我也刚好读过，也有很多同感），所指示"古典新绎"之说，给我很大启发。

我去年出一小书《晚清人物丛考》，一直想呈赐正，或请您掷下一方便接收的地址和电话,以便寄呈,可否?

  请原谅我的冒昧。疫中,敬祈珍摄,祝一切安好。也盼望今后能向您多多请教。

戴海斌上
(2020年4月11日)

让人惊喜的是,荣华老师第一时间即给我回信:

  海斌老师好!函示敬悉。曾拜读您的晚清史实考证大作,十分佩服。我没写出啥像样的东西,确实才疏学浅,近几年一直在大病中,眼下稍稍缓过神来,仍在乡下亲戚家调治。近期要去系里办事,行前一定连[联]系您(我手机号:略)。或者方便的话,直寄我原住址,我叫人去捧回。(地址:略)。即颂 近祺!张荣华

(2020年4月11日)

回信语气周到,态度谦抑,片言中自有一种风度。当时正是上海因疫情"封控"的最初几天,形势已不容乐观,但我还乐观地期待不久后即能解除封控,能够重新自由活动。我想把自己的新书快寄给荣华老师,请求赐正。

张老师:

  您好!示复敬领。此前也听说您身体不是太好,病后调养需要时间,请您多多保重。

  如果不会给您造成额外麻烦的话,我近日即寄小书至所示住址,可否。

  现在疫中,学校也一直没有恢复正常秩序,至今未有复学通知。我住学校还比较近,如果有什么需要,能效劳的,可吩咐。您现多注意身体,免奔波之劳。也希望今后有机会向您请益。即颂
春安

戴海斌上
(2020年4月11日)

当晚，荣华老师回复了一条短信：

一时忘了现状，多谢提醒，眼下不见面、不寄书，待出行无阻时联系。保重！ZRH

(2020年4月11日)

形势变化迅速，无论"见面"还是"寄书"都已不可能了。我们的第一次"约会"失败。这次荣华老师回信，署名用了拼音首字母连写，这或是他习惯使用的一种落款法。

一晃数月，上海逐步恢复旧有秩序。新学期开学后，我想到约而未果的上次尝试，应该续作下文。9月中旬，向荣华老师又发了一封信：

张老师：

您好！久疏问候。近拜读"中兴"一文，追源溯流，还其本原，大获教益。

前欲呈寄小书，因疫情未果，如方便，近日寄送前赐地址（下附：略），请您指正，可否？

目前疫情尚未完全结束，也请您多多保重。敬颂

大安

戴海斌上

(2020年9月14日)

按"中兴"一文，是指《"中兴"之义及"同治中兴"命名之非》(《澎湃新闻·私家历史》2020年9月14日)，起意写信的契机，缘于荣华老师发表的新作，而这一篇文章也是他生前公开发表的最后文字。他精细考辨"中兴"一名的本义及其在近世被"泛化"和"滥用"的各种情形，借引章太炎《正名杂议》"实异者无邮，而名通者受谤"一语，说明历史万象中一种现实悖论——"有名无实的事物，往往因有名而被附会实之，有实而无名义则遭受忽视，虽有而若无"，读后令人深思，吟味久之。

荣华老师先后两次回信：

> 戴老师好！示悉，谢谢！一定细读大作！即颂研安　ZRH
>
> （2020年9月14日）
>
> 海斌兄鉴：顷接快递送达的大作四册，多谢雅意，一定认真学习。ZRH
>
> （2020年9月15日）

我把自己的几种小书寄出，题款"荣华老师赐正"。在当下环境下，赠书行为多有学术社交应酬的意味，名义上求为"赐正"，实际绝不易得。但我期待并且相信荣华老师会给出切实的批评。

> 张老师：
> 　　您是我尊重的前辈。小书谫陋，请多教正。若能有赐一二文字批评，则更幸甚。敬祝
> 台安
>
> 　　　　　　　　　　　　　　　　　　　　　　　海斌上
>
> （2020年9月16日）

所谓"小扣则发大鸣，实归不负虚往"，不久，荣华老师复我一信，即提出非常细致而有针对性的意见：

> 海斌兄好！刚才读尊编《袁昶庚子日记二种》附录行略一文，对46页倒3行标点有不同看法："以朱子朴实、闇修、安定、明体达用为教"，似宜作"以朱子朴实闇修、安定明体达用为教"，胡安定也是宋代名人。47页第11行"……在芜之武弁领之，训练以镇市区"，似不宜于"领之"点断，在"训练"下点断显得通顺。首页袁氏小传似宜添其号"芳郭钝叟"，《于湖小集》即署此号，以前阿英编《中日战争文学集》摘录其作，即因不知"芳郭钝叟"是袁昶而误作"《于潞小集》"。冒昧打扰，见谅。即

祝研安！ZRH

(2020年9月18日)

"行略"一文，是指拙编《袁昶庚子日记二种》(上海古籍出版社，2020年)附录之一《太常袁公行略(刊本)》，所指出两处标点错误，均极是，尤其不解"安定"为人名，是一硬伤，是我学养不足，而像荣华老师这样于经学、古典腹笥渊博者，无烦检索，一望便知。提示袁昶别号"芳郭钝叟"，则解决我的知识盲区，来信引而伸之，触类而长，不经意间又供给了一个有趣、有意味的学界掌故。惭愧之下，也更知道史料整理不易，片言之赐，皆吾师也，当为率尔操觚如我辈者戒。

张老师：

来函指正，均极是，感谢感谢！自己学养不足，整理多有错漏，得方家赐正诚幸事。

袁昶号"芳郭钝叟"，也是我新得到的知识，原来翻阅袁集全未注意及此。

仍请您多多批评。顺祝

研安

海斌敬复
(2020年9月19日)

可惜，我没有再向荣华老师当面致谢、再度请益的机会了。我终究没有见到荣华老师。在熟悉他的师友描述中，他是一个十足"腼腆""沉默寡言""贴着墙角走"的人，"讲课时总是低着头，极少与学生有眼神的交流，声音很小，有时候甚至让人觉得是在自言自语"，"面对面的聊天，他经常是沉默的时间居多，聊天时眼睛大多不看对方，交谈多不是很顺畅"……我不知道，也很难想象，同样有些"社恐"的我，如果真的面对面见到荣华老师，又会是怎样的一种场景？也许，相见不如怀念。在著述文字中、在论学书信中，我有了一个我所理解的"荣华老师"，这就够了。他总是会在那里，就像以前一样,无声地引导我、提醒我、鞭策我,这就够了。

愿荣华老师安息,在彼岸与学问同在,得到永久的宁静。

2023 年 9 月 11 日,草于复旦光华楼

(作者为复旦大学历史学系教授)

寥落萧索　古道热肠

——追怀张荣华教授

谭徐锋

晚上，正在整理书架，偶然看看微信，发现有不少朋友转发复旦大学历史系张荣华教授的一篇文章，联想到前一段可能是有人以他的微信在朋友圈求助，因为身体不好，要寻找他的某位家人，我还专门请章清老师留意，据说已经有了比较妥当的安排。

过去多天，以为病情该缓解了，一下子又看到这么频繁的推送，心里顿时有了一种不祥的预感。

果然，很快证实他最近因病去世。

跟张老师结识，缘于十五年前在人民大学出版社参与编辑宣传《康有为全集》，他是主要点校者之一，身上那股认真劲儿让人印象很深。全集出版后，他又跟我提及想编康有为来往书信集，考虑到康有为社会交往的繁复，我们很快答应了这一计划，他也格外有行动力，很快交稿，推出后反响很不错。

这样一来二往，我知道他是读书很苦的人，读书之外，似乎没有其他生活。

后来汤志钧先生要编梁启超全集，人大出版社想把康梁全集都一网打尽，一并推出，我受命具体经办此事。由于不少是手抄稿，为了避免往来邮寄丢失，当时带着几个行李箱往来京沪线，把汤先生的手抄稿一本本复印，然后分批带回北京。那时住在上海图书馆旁边的一个招待所，没有窗户，俨然囚室，夜晚的工作就是仔细清理一本本复印件是否完整，是否清晰，如有遗漏和模糊处，次日再去复印店补齐。

他知道我在上海,多次说要请我吃饭,我觉得不太好意思,但经不住盛情邀约,在第三次往来京沪的时候,就答应了。

当我们应约相见,其实也是我俩唯一的一次见面,他穿着灯芯绒西服,头发略显凌乱,见面时搓着手,有点紧张,跟我讲为什么要去这家菜馆,这家菜馆有何来历,好像是一家本帮菜。我甚至觉得,要出来请我吃饭这件事,一定让他颇费踌躇,做了一个不那么容易的决定。

当时周围人不多,我们坐在那里,他一直说文献整理的不易,也对于学界下了不少针砭,然后还鼓励我自己做一些研究。或许是知道我的就学经历,觉得我对于近代学术的脉络还略知一二,他后来也多次提及,要做点自己的事情。可以说,现在我告别出版界,投身大学,也有他的某种激励。

那晚谈话,随着逐渐地深入,他也不那么拘谨,甚至提议喝点黄酒,不过思绪总是跳跃,有时停滞一会儿才继续,吃的什么已经忘得一干二净,倒是那种谈到会心处淡淡的笑容,让我记忆犹新。

他很客气,专门带了一支从韩国带回来的高丽参送我,我推托再三,他还是留下了。

那天上海的天气并不好,他提及每次飞回上海,在空中会看到盘旋空中的气团,其实污染并不轻。又提到孩子在国外念书,表现还相当不错,那时候,一个父亲的幸福在笑容里油然而生。

他提到,他很想做一个钱玄同日记的校勘本,因为手稿本辨识不易,他想做一些校注。又说,很想写一本《中国文化的四季》,春夏秋冬,存亡绝续。我听了后者很兴奋,鼓励他写出来。

临告辞,我建议他要多注意身体,他说自己除了研究室,就是书店,别无他好。

没有多余的话,留下长长的瘦削身影,没入昏黄的夜色与灯光中。

后来有一次通信,他特意提到去波士顿出席女儿的毕业典礼,因为很优秀,竟然提前一年多毕业,可以想见,女儿是他的骄傲。

后来我即将离开人民大学出版社时,又奉命主持策划了百卷本中国近代思想家文库,邀请他编选康有为这一卷,他很是支持,还说愿意承担钱玄同卷,于是我也请他帮忙。

等两卷交稿,出版,我已经离开人大社到北京师范大学出版社创办学术出版中心,某一天收到一箱书,原来是他不忘旧人,把康有为卷、钱玄同卷连同他的其他整理文献各寄了数本给我。

后续,断断续续知道他身体不是很好,有时候不能太劳累。但是,对于自己的老学生,他总是很帮忙,此前一位硕士生业余不忘学术,他颇多鼓励,向我热忱推荐书稿,我经过多方努力,现在还在力争将其出版。

有一次他曾经跟我感叹出版的不易:

> 时下纸本出版正处于风雨飘摇之际,与张元济、王云五辈境遇大不相同,想必吾兄身居要职,定有应对良策。
>
> 近年哈佛图书馆颇事改革之举,似可间接从中获得启迪。

我也深有同感,没有自成一格的思想,哪里可能有所谓的出版家呢?

他还建议推出徐炳昶全集,"此外似应做过师大研究院长(锋按:其实是校长)的徐旭生编全集,除《中国古史的传说时代》几次重印外,他的《中国哲学史》似无人注意过。"只言片语之间,可见他读书之博。考虑到出版中心初创,文献整理毕竟需要专业团队,徐先生的文集我虽然做了初步摸底,甚至跟其后人谈过一次,后来还是作罢。

听说,张老师在复旦是经常去男生宿舍看望的,对学生的未来关爱有加。想来,学生们看着他乱蓬蓬的头发,有些古早的衣服,会有别一样的感慨吧。

他生性耿直,有时可能因为批评让人不太能接受,但正是这种风格又赢得了不少人的敬重。

不少人都觉得他思维跳跃,说着一件事,会突然讲起另一件事,五六分钟的交谈,会转换多次话题,让学生应接不暇。

据复旦的朋友讲,他讲课其实谈不上出彩,讲话跳跃,声音不响,但他几次获得最受本科生喜欢的老师的荣誉。一次,他带着证书来学生寝室,脸上有难得一见的笑容。想必是他的率真和博学打动了学生,能得学生喜欢,身为教师,怎能不高兴。

此前在豆瓣注意到,复旦历史系的学生给了他一个绰号"荣华哥",创建了一个小组"荣华哥同好会",口号是"我们都喜欢内个腼腆可爱低调博览群书有如电脑硬盘的荣华哥(还长的帅)信保罗不如信荣华哥!"

小组里会显示他早年照片,还会报道他的最新进展,还有夸他帅气的,这一点我倒没有太多印象,倒是他形单影只的身形下,总有一颗古道热肠,这是让我感念的。

2017年他给我邮件谈到:

> 函示祗悉,多谢了!现在还是每学期两门课,还能应付。但愿尽早写出一册别开生面的《中国史学史》呈教(想从前些年在系里上的"中国史学史"备课讲义中提炼出一本《诗性史学发凡》)。两周前在浙江大学参与史学理论论坛时遇见张越教授,曾托他向您致意。

他跟我最后一次邮件联系是2021年3月,因为知道我在整理徐高阮集,问我具体进度,主要想看看徐的《物质救国论》校注。

现在想来,那时候的他,身体可能已经相当不好了。

他不善交际,跟着某位性格陡峭的老先生读博士,最后也没有读完,还跟这位先生闹了别扭,甚至连面都很少见。加上小环境里人际的交织,经常进退失据,据说很晚才升教授。

他不仅穿着不太注意,平时生活较为潦草,一日三餐总是草草应付,或许这也某种程度上伤害了身体,导致总是瘦黑瘦黑的,眼睛不大有神。

他总为别人着想,极不愿麻烦他人,从不叫学生替他做事。在沪上的弟子想请他吃饭,顺便见见他,他总是推脱。学生在校园里碰到,邀请他聚聚,他总是说:再说,再说。至今弟子们似乎未与他同吃过一顿饭。

当下,学术在时代空气里越发稀薄而艰难,像他这样不问世事、沉迷于书卷的人,身体又那么不好,可能会是双重的难过吧?更何况他的病其实是新冠感染后的加速呢?

最近几年,老辈和师辈逐渐零落,甚至六零后也有人离去,有时过于凝重。尤其是疫情末端,不断传来很多不好的消息,有的甚至几天前还联系过，却不料短短数日就天人两隔。

不过，有时候不敢多去悼念，毕竟没有交心，短暂的交集，还无法构成深刻的记忆，未必熟识的悼念反而可能是某种打搅。但是张老师的影子，时常在我这里若隐若现，那次初晤也是终别，有些腼腆，但说到动情处又声音高起来，那身有些不合时宜的灯芯绒西服，似乎犹在昨日。

他厚积薄发，好学深思，虽名荣华，却不慕荣华。身处沪上名校，却没有好风凭借力，网上甚至找不到一张他正儿八经的照片，可谓甘愿自我放逐的边缘人，用鲁迅的话说，绝对是拼命硬干的人。这样的人，此前不多，当下似乎更少。

得知他故去的消息，我顿时想到了颜回，夫子说"一箪食，一瓢饮，在陋巷，人不堪其忧，回也不改其乐"，但愿他在另外一个世界，依然可以沉迷于买书读书著书，享受这份有些清苦而自在的快乐。喧嚣过后，这份对于学术的执着却可能铅华落尽，让人记忆犹新。我们向往的大学，其实正是因为张老师这样的真学者，而值得让人驻足。

他每日除了读书就是写作，想必沉淀极多，遗作应该很有不少，甚至有可能有日记，希望他的亲属能妥善处理，择其精华，汇聚出版，这是对于一位朴实无华的真学人最好的纪念，也是他的不朽盛业。

2023年2月21日凌晨于北京观海堂
上午改定

（作者为河北师范大学历史文化学院副教授）

史家荣华

张旭辉

转眼荣华离开这个世界已逾半年,有时想起他,宛如穿越时光隧道,无论白昼或夜里,竟不知如何写他,总是开口无语,沉默却言辞涌动。这倒不是如弗洛伊德说的:有时,亡者半生半死,仿佛当生者内心知道亡者已死,亡者才算过世。而是每想起这样一个独特的生命体,来过世间,不算匆遽,也不算悠长,却在意外的时间坐标点远去,意念中只有他的一弯身躯,头发未饬,踽踽而行,或许长久没有联系,可一旦通讯,他就能再次走近来。

荣华长我近二十岁,可自结识之日起,我就很自然称他以名。那大概是因为无论他面对什么人,都能如孟子所说"不挟长,不挟贵,不挟兄弟"以相待。那种真正的平等感,发自他的生命深处,实为他本真性情的自然流露,没有伪饰。世人常误以博学多才为有学问,岂不知荣华的这个生命底色,以及他在茫茫世间,有意无意培护这样的身心性命,才是真正的大学问。这是那些不懂此理的人所无法梦见的。

和他交往数年,固然有些事值得提起,但他常羞赧而真诚的面容,似笑非笑,每每是记忆中最大的存在,挥之不去。他的率真,讷言力行,既为生命本色,便有正反两面。一面是他以此率真对待世界,不忘平生之志,剔透玲珑;一面是他遭遇命运中的横逆时,虽绝无世故之意,却或有玉石俱焚的天真念头,刚脆易折。我偶尔斗胆却内心惴惴面诤他处理世事不妨圆融一些,他听罢若有所思,似有所动,随后的言行,可知他果然听了进去。他行世常从于心,生命中并无顽梗,那种少年感在尘世中十分罕见,能被周围的有心人所感受到。

有朋友提到荣华对独女的爱,也令人印象深刻。承他信任,我曾为他女儿的画作谋求出版,却正如我在出版界二十多年司空见惯过无数的成事与未成事,每部作品跟人一样,都有自己的命运和遭际。能否出版,到后来只是往事而已,可他如天下千千万万的父亲一般,那单纯却炽热的父爱,因他对世事不自知的隔膜,益发显得有穿透力,给人以始料不及的震动。

若说荣华的学问,敝意可总结为八个字:深广绵密,史学家法。朱维铮先生曾有意由荣华承担历史系的史学史传统,可见推许。近来于枯坐中,不由翻出荣华发表于 2020 年 9 月的文章《"中兴"之义及"同治中兴"命名之非》,一句一句重读,仍有初读时的钦服。文章虽只有六千余字,却能让人尝脔知味,窥得他的学术功力。首先是此文所见荣华的经学根基,绝非泛泛。他劈头就说"中兴"一词昉于《毛诗序》,"后来变成史书中的基本概念或史学关键词",一言便兼有经学和史学裁断力。有位读者留言说《诗序》的成文年代不太明朗云云,言下之意是质疑荣华探源《诗序》非当,其实是故作玄虚,矫为博学,效颦掉书袋子学问,却画虎不成。荣华岂不知《毛序》的经学内涵,以及经学史上的前因后果?能要言不烦,一语裁断,这在文中比比皆是,张力十足。他接下来于经史子集中梳理"中兴"一词历代异说,尤其能照应近代以来中外诸论,行文从容不迫,边叙边议,条理清晰,巨细无遗,甚见胸中开阔景象,而字词间亦颇有情怀寄托。荣华的文字既重章法结构,又于适当位置偶尔点逗数语,遣词用语精确收敛,稍无散漫,可坐实他的几位学生盛赞老师的文采非凡,正如子贡所悟到的素后之绘事,与其学问结构和性情一以贯之,为他的生命增添了生动色彩。

荣华曾花费巨大的时间与精力整理出《康有为全集》,亦有志辨识整理钱玄同书信稿,这等功夫之深厚及其意义,不是那些城头变换旗帜的衮衮诸公所能理解。古籍整理实为读书人之基本功,若无此功夫,无论是文史哲哪个学科,终究不能说读懂多少古书,遑论其他。

说起史家义理,亦称微言大义,代有传绪,在荣华的文中也隐约可见,这让他的文章在考据和词章之外,因此而有可观的气象。这应当是他的一种追求,跟他的学术素养密切相关,同时这也是纯正史学的自然特性。道理如此,可寄托匪易,义理难谈。历史照进现实,现实回应历史,上下内外,古今中西,数千年历史本已令人沉吟,百余年来史事荣辱更费人求索。这样的文字,作者和读者都很过瘾,可一不留神,便不免渗漏。

在荣华身上,正可看出学如其人。他固然也难免在世事及其他学问上有偏见,但纯真性情,加以后天努力,俗情俗念不足以动其心,以史学为安身立命之基,又兼容经学,就能在史学上达到化境,实为高明却无闻的学者。文史哲分家已非一日,小院高墙,彼此疏离,蜩抢榆枋,却理直气壮,顾盼自雄。而近代以来又有一种人喜谈会通,真以为可将古今学问糅出新局面,又幻想能把中西之学调出新境界,看似高明,实则莫名其妙,只能说他于各种学问都一知半解。各种纷扰聒噪中,能如荣华这般坚守纯正史学家法者并不常见。彼滔滔而往者瞥见荣华其人其学,若能良知发现,不知可稍有愧意否。阳明先生云:"精金之所以为精,但以其成色足而无铜铅之杂也。然金之分两有轻重,分两虽不同,而足色则同,皆可谓之精金。一两之金比之万镒,分两虽悬绝,而其到足色处可以无愧。正如见人有万镒精金,不务锻炼成色,求无愧于彼之精纯,而乃妄希分两,务同彼之万镒,锡铅铜铁杂然而投,分两愈增而成色愈下,既其梢末,无复有金矣。"此言极深刻生动,讲的固是儒门人物和学问,其实放诸如今学科分类中的文史哲莫不中理。

岁月往矣,荣华逝矣,他的性情和学问,当如此发覆,使世人知晓如荣华这样的学者,虽然没有"在邦必闻,在家必闻",但他的真性情和纯学问融为一体,可谓史家之达者。后世若有作史传者,当于此有特笔。荣华一般不与人对视,总一边说话一边旁看,这是精神向内者的常态。我记得谈话中与他偶尔的短暂对视,那种给人灵明一现的感觉,应该是他的性情和学问通向外界的出口,能穿破时间和空间的束缚,来到你跟前,终究不能忘怀。

2023 年 9 月

(作者曾为复旦大学出版社编辑)

"文献足征""百世可知"

——怀念张荣华教授

区永超

清早,钱益民兄传来消息,张荣华教授仙游。近年,几位教授鹤去,都是五零后,如黎志刚、邓立光……都是六十岁多,都在学术丰收期,令人倍觉惋惜!

我祇回无语,黄昏以后,蒙眬之中,心想用《论语》典故撰写文句,以表哀思,实时浮现出四句话:

堂堂乎张　其生也荣
唐棣之华　岂不尔思

上文正好说出了我对张荣华教授的怀念。"君子怀德",张荣华教授于学术方面,堂堂正正,整理编著孔子、康有为等相关作品,爱国爱民,生时光荣,死后思念,死而不亡,可称美三不朽(立德,立功,立言),其编著将千古流芳。

以下将分享阅读张荣华教授编著《孔子——周秦汉晋文献集》一书之心得。

《论语》记孔子云:

夏礼吾能言之,杞不足征也。殷礼吾能言之,宋不足征也。文献不足故也,足则吾能征之矣。

可见孔子慨叹文献不足,于古代礼乐文明未能考信。文献充足,对于考证历史文化，至为重要。而《孔子——周秦汉晋文献集》一书收集大量文献，共计近一百五十种，用力之勤，叹为观止，手执一卷，对于孔子相关问题，自可一目了然。如孔子年岁问题，《史记》载孔子生年为"鲁襄公二十二年"，而《公羊传》则为"襄公二十一年（冬十月）庚子，孔子生"，可见文献不同，记载有异。

又如《论语》撰者问题，书中引《论语崇爵谶》"子夏六十四人共撰仲尼微言，以当素王"，可补充《经典释文》引郑玄说："仲弓、子游、子夏等撰。"《论语崇爵谶》是纬书，今一般不易得，此书提供了罕见文献。

此书最后收录了敦煌遗书《孔子项托相问书》一篇，内容至为有趣，略录如下：

> 夫子问小儿曰：汝知何山无石？何水无鱼？何门无关？何车无轮？何牛无犊？何马无驹？何刀无环？何火无烟？何人无妇？何女无夫？何日不足？何日有余？何雄无雌？何树无枝？何城无使？何人无字？

孔子一连串发问，要考项托，似不易回答，然而项托一一回答如下：

> 小儿答曰：土山无石，井水无鱼，空门无关，辇车无轮，泥牛无犊，木马无驹，斫刀无环，萤火无烟，仙人无妇，玉女无夫，冬日不足，夏日有余，孤雄无雌，枯树无枝，空城无使，小儿无字。

以上略举《孔子——周秦汉晋文献集》一书精彩之处，举一反三，此书可说是经天纬地，男女老幼，雅俗共赏，传人藏山之不朽编著。书中引《列女传》记孔子赞妇人达情知礼，意境浪漫，言有尽，意无穷，不赘述。以下谨附挽诗一首，以表哀思：

> 笔削藏山复有编，九江学孔献连年；
> 春华日月光荣照，鲁论子张思两篇。

（作者为复旦大学历史学系2010级博士，现为香港新亚文商书院副院长）

我记忆中的荣华老师

张力群

今年冬天,益民兄微信我荣华老师病危了,我的心一下子好像被什么东西揪紧了。这些年几乎都忘了荣华老师,但他是刻在我青春记忆深处的老师,只一条微信便足以使我心潮起伏,二十多年前的往事全都浮在眼前……

荣华老师曾在本系两个治思想史的教研室待过,他大概是唯一曾在本系三位思想史名家指导下学习与工作的老师。他的学问与同辈治思想史的老师一样精深,但为人处世却大相径庭。他一无文采风流之态,亦无因胸怀大学问而生的意气风发之态,我对他的初次印象竟是"唯唯诺诺""略带忧郁"。学生与他面对面时,他总是对着地上说话,偶一眼神对视便快速闪开;只有在他下课时"截"住他,与推着自行车的他并行,没有眼神对视的问题,他便能侃侃而谈,胸中的学问倾泻而出……但走了一小段路,他又会借口有事,轻声说"下次再聊",就快步"溜"走了。

1997年春天,荣华老师为我们开设"中国近代思想文化史",我这才知道,在教研室、在校园里聊的,于他的课而言,只是冰山之一角。他职称不高,不算名师,当时仅是讲师,他讲课的声音很轻,始终看着讲台,看着讲义,甚至看着地板,就是不看学生……这些年我听过无数名家的演讲,绝大部分老师在讲台上挥洒自如,锦心绣口,激情四射,铺陈有序,精心设计……与这些名家相比,荣华老师显然不懂演讲技巧,更不会"话术",他站在讲台上其实是很不自在,很局促地,他只是纯粹地想把他的所知所思讲给我们听,但这种朴实纯粹、不饰华章的教学风格却奇妙地打动了我们。王韬、郑观应、严复、康有为、梁启超、孙中山、胡适、鲁迅……对每一位人物他都有透彻的了解和深入的思考,他的叙述语言丰富、富有感情,他与这些历史人物共情;

他的点评鞭辟入里、发人深省,仿佛钻入了历史的深处,洞烛一切。这些在近代史上赫赫有名的人物在他的课上从书本中翩然而起,全都活了。我后来才知道,荣华老师治中国思想文化史,却同样熟读西方思想家的著作,这使他极富思辨力,普通的史料经他的阐述与解析便熠熠生辉。有一次他在课下对我们说,"你们想学思想史的,应该读读海德格尔啊,不要怕,其实不难读的,我昨天晚上读他的《存在与时间》,一口气读了半本……"荣华老师讲课不是大开大阖、气贯长虹式的,但绵绵密密,犹如流不完的水,每一处都闪烁着思想与智慧。讲到会心处,他便不自觉地微笑起来。窗外的阳光折射到他黝黑的脸上,竟有一种异样的光彩,哦,他是如此沉醉于他的学术。

当我们完全沉浸在他的课中的时候,休息铃响起,他便微微抬起目光怯怯地问道,"你们要我继续讲下去还是休息一下?"其实我们早已浑然忘了时间忘了窗外的春光,只想听他一直讲下去讲下去,我们被他带到晚清,带到民国,是那样的引人入胜,一时之间竟回不来了……

荣华老师的处世有点逆来顺受,消极避世,吃了亏受了气也是听之任之,一介书生,完全不知道如何处理人际关系。与大学里绝大多数受环境驱使变得"积极进取"的老师迥然不同,他显然"不会"进取,更是"不屑"进取。据说当时系里要求每位老师竞聘岗位时必须自我陈述工作业绩,他人侃侃而谈,有声有色,而荣华老师只说了一句,便面红耳赤,戛然而止。以我对他的了解,他当时必定是紧张局促之极,鼓起好大的勇气方才说出这句话,却再也坚持不下去。当我听到这个小细节时,不禁想到他在课堂上"自然流淌"的状态。这是多么鲜明的对比,他讲起学问来是这么地忘我,而为自己争取一点利益时竟是这般地拙于言辞。

尽管荣华老师不是入世之人,却也并非不谙世事,他自嘲自己当大学老师收入之低,"每个月工资发下来三秒钟点完";他调侃自诩为人民儿子的人却犹若父亲一般受到供奉;他说起自己借着帮大教授买书之便自己先行阅读再呈送时眼神中略显狡黠之色,仿佛在说,我占了大教授的便宜。他说话时那副"嘲叽叽"的样子就在眼前,他其实是洞察一切的。而我回想起他的这些话时,心里却有一些悲凉,这样一位有才华有思想有风骨的老师,一辈子竟是这样的清贫而卑微。荣华老师在复旦是卑微的,但是了解他的学生大概会有一个共识,他其实也很骄傲,这种骄傲来源于他的渊博、睿智与数十年如一日对学术的坚守。有一次,他在课上不经意地说起了钱锺书的名言——"大抵学问是荒郊野老屋中二三素心人促膝谈心,朝市之显学必成俗学"。他那副矜持又骄傲的神情一直留在我的记忆中,钱先生的话必定击中了荣华老师的内心,那一刻,我突然明白,荣华老师为什么没有像其他学者一样忙着著述、投稿、出版、出席各种会议……他不做朝市之显学,而是荒郊野老屋中的素心人。

毕业后很少在校园里看到他,偶然一两次也是匆匆打个照面,我几乎已经忘了这位曾经教养我、滋养我的老师……2011年,在系里工作的同学说起,荣华老师被学生投票为"我心目中的好老师",曾让系里的老师们颇为意外,也听明心师妹说起,学生亲切地称他为张富贵老师。2013年荣华老师评上了教授,据说他的材料报到上级部门时,曾遭到质疑,因为按当时以数量考核的标准论,他还没有完全达标,但当时系里的领导为他力争,大致的意思是"如果张荣华的学问都评不上教授的话,那本系很多人都是没有资格的"。领导的话大概有点情急,未必客观,但对荣华老师的爱护之心却是出于赤诚。这两件事让我颇感温暖,对母系和母校有了更深的感情。其实,学问与职称无关,与鲜亮的头衔无关,一所好的大学是一定会把真正有学问的老师识别出来的。

这几年我常与一位在友校和在复旦都有过任教经历的老师聊天,他时常将两校做对比,说起在复旦遇到的一些特立独行的老师时,他常常感叹说这样的老师在友校这样以产出为目标为导向的学校中根本不可能生存下来。他不带褒贬,只是陈述事实。而我却不自觉地想到荣华老师,我想,荣华老师在复旦任教,大概还算是幸运的。

如今,荣华老师已然远去,如邹振环老师言,这是一个远去的孤独的身影。其实,这个背影不仅孤独,还很苍凉。复旦有不少大师在校史馆中展出,他们当然值得,也会被复旦的后人铭记。而荣华老师,当我们这些亲眼见过他的才华与智慧的学生全都离开这个世界的时候,大概再也不会有人记得他了。每每想到此处,心里便不胜伤感。

(作者为复旦大学历史学系1998级硕士,现就职于复旦大学教务处)

愧对师门，难忘师恩
——追忆张荣华老师

陈江明

老师于2月20日遽归道山，迄今已近二月。老师的同事、学生已有多篇文章见诸媒体，伤逝悼亡，字字入心；黄师弟在追悼会上代表我们及门弟子所作的发言，情真意切，声声催泪。我作为一个形式上走出师门已逾20年、游离于学术院墙之外、对老师的渊深学问所知甚少的老学生，似无续貂之必要。但是，自老师逝后，我一直想写点什么，而且自忖可以写的还颇不少，手机里保存的大量来往短信，还有一些电子邮件，就是老师多年来不忘教导我这老学生的难得记录。老师逝后三日，乍得噩耗之时的悲痛稍为平复，我私挽老师一联："沪上三载，从学康章史集，受言传，得身教，凉城曾探，小子亦愚，愧未窥得门径；武林廿年，谋食江湖文会，道寒暄，接謦欬，湖畔偕游，老生非懒，不敢或忘师恩。"老师与我的因缘都在这六十字不讲平仄协韵的联中。

24日清晨，与师妹王娟前后脚赶到杭州火车东站，准备乘高铁赴沪，送老师最后一程。哪知事有未谐，我买的车票是杭州城站的，师妹受我误导，买了同一车次，也想当然地以为始发站是东站。其时赶赴城站绝对来不及，幸亏师妹急智，立马前往售票窗口改签东站车次。此事纯属我糊涂所致，但觉得甚为蹊跷。若干年前某日，得知老师有恙，与在上海的同学益民、继辉约好，去看望时在川沙一小医院养病的老师。我事先买了张动车票，可当我赶到火车东站之时，离车次时间不到10分钟，按说能够坐上车，可是到检票口才发现车票的始发站是杭州城站！情急之下，只好去退票，而退票窗口排了很长的队，且无人愿意让我插队，最终此票作废，另买车票赴沪，见到了久违的老师。哲人说人不能两次踏进同一条河流,我却两次犯了同样的错,而这两次竟然都与老师相关,莫非冥冥之中有什么东西在影响着我,给老师与我的关系附上一抹奇异的色彩。

不知是幸运还是不幸,我在川大历史系毕业时赶上了包分配工作的尾巴。国家人事制度的运转,将我拨到了杭州一家家用电器工厂。那里的工作是我这个一入睡即做梦的人所梦想不到的,委实也不是我喜欢的,但是我在那里竟然一待待了七年之久,其间虽有过到媒体、机关工作的机会,却皆因故未成。不过,那几年也并非无所得,最大的收获是杂览了许多书。有两位近代学者给予我很大的影响:梁启超教给我钻研学问的乐趣,胡适则督促我要将自己这块材料塑造成器;这两位已故多年的智者激起我意欲以学术为志业的雄心,将已过而立之年的我送进复旦大学,让我遇上了张荣华老师。

在复旦三年,我大约听过老师三门课:"中国近代学术史""中国近代思想史料学""中国近代思想文化史专题"。至于讲课的内容,已经全然忘却。但是,初见老师的印象却是了然在心。记得是在第一学期"中国近代学术史"课堂上初见老师。最初的印象,是觉得这位老师很特别。特别之处,一如老师同事、朋友和弟子在追忆老师的文章、谈话中所描绘的:乱蓬蓬的头发,黝黑的脸庞,古早的衣服,避人的眼神,腼腆的微笑,低阶的语音,木讷的口才,跳跃的思维,等等,这也是我们同级同学的共同印象。追悼会那天回到杭州家里,急忙找出当年的上课笔记,在"中国近代学术史"笔记扉页空白纸上蓦然看到老师在凉城五区住宅的地址信息,而且竟是老师亲笔所写。事情的原委已全然记不得了,老师是不是给其他同学也这样写了,也毫无记忆。这个意想不到的"发现",是老师敞开胸怀接纳学生的极好例证。不宁唯是。虽然习历史之学的人对使用"最""唯一""第一"等词有高度的警觉,但我还是要这样说:张老师是唯一到宿舍看望学生的授课老师。老师来我们宿舍,一学期大约有两三次,总是在给本科生上完课后顺便过来。老师来后,只是站着,东拉西扯地谈一些最近的见闻,不过十来分钟,就匆匆离去,正如匆匆地来。有时,我们出于礼貌,也出于真心,请老师一起下馆子,老师总是回以"再说,再说"。如今竟然想不起来我到底有否与老师一起吃过饭,经益民提醒,方才依稀想起曾经在国权路的一个馆子里与老师共过餐,而那次埋单的却是老师。

记不起是何时、为何选老师为导师。老师是那种表面上看应该不会讨学生喜欢却为学生所共同喜欢的人,老师的课堂表现平平,给学生的印象却很深刻,我之所以选张老师为导师,大约也是因为喜欢的缘故。我这级有三人选了张老师。现在知道,自 1998 年晋升副教授至 2017 年以教授职称退休的 19 年间,老师共指导培养硕士研究生 26 人,我这级是老师招收研究生的第二年,竟然是所有年份里入门学生最多的一级。前一年,老师有了一位开门弟子,我们三人接续着张大门楣。我们三人——益民、继辉和我,分属三个专业方向,即专门史、史学史、中国近现代史,恰是老师学术领域的三个主要方向,事后回想,我们三人的选择颇有些理想主义,当其他同学能够在导师的帮助下发文章、接活干、找工作,我们三人却在没有方向地蒙头读书,并不期然地接受老师的看望。

到了学位论文开题阶段,我起初欲研究朱一新。我之感兴趣于朱氏,一则在于他是清季中国学术思想史上绕不过去的人物;二则他是我的著名乡贤,小时候就听说过他苦读中举、入翰林的故事。记不得老师对我的选题有何意见,但想来应该是满意的,因为这恰是老师最专擅的近代学术思想史领域的题目,而且朱一新尚是当时近代史学界相对忽视的历史人物。但是,我很快就放弃了这个题目,其因在于我对朱一新稍作了解后,发觉他的学问太高深了,宋学汉学的分野,其与康有为有关伪经真经的论辩,无邪堂的答问,绝不是我短时间能够驾驭的。老师对我的放弃,记不得有何言语,但亦可推想他肯定是赞成的。老师识人,不但能够判定学生是否做学问的料,而且知道学生能够驾驭什么样的题目,我的知难而退,在老师看来或许也是一种自知之明罢了。

有一天,老师到宿舍找我,给我一本发黄的清季官书局书目,现在查了一下,断定此书是朱士嘉的《官书局书目汇编》。记不得交书给我时老师说了什么,但用意很显然,老师是希望我研究官书局。不用说,这是很具老师色彩的题目,当时学界对此基本上没有专门研究,我若做,差不多可以填补一个空白。如果现在让我回到那时的话,我肯定会做这个题目。但是,当时的我却对之无感，如今看来，实属无知，完全没有从一个个官书局的书目中读出研究的价值，更不明白官书局在国内大乱之后重建文化重拾人心的意义。不久，我将书还给了老师，记不得老师是否因此对我有过不满，老师从不批评学生，对我的再次放弃想来不会口出责言。我的学位论文最终选了民国生育节制这个题目，是完全出自我自己的选择。我向来敬仰甚至崇拜梁启超和胡适这两位"大先生"，当年在川大的学年论文、毕业论文就是有关他俩的，若以此二人的某个方面为研究方向，可谓顺理成章。可是，事情并未如此发展。我在读耿云志《胡适年谱》时看到：1922年4月15日，胡适到北京饭店拜访美国提倡生育制裁的山格夫人，邀她到北大讲演。19日下午，山格夫人到北大讲演，胡适担任主持和译述，并代校长蔡元培草拟和签发倡导节育的《校长启事》。当时听讲者甚多，至有许多人立于门口和通道。讲演后，胡适宣布，有赞成生育制裁者，可到校长办公室签名，或写信给他，准备成立生育制裁协会。读至此，忽觉眼前一亮：我何不以民国的生育制裁为论文方向？我对社会史素有兴趣。通过数日的摸索，我发现这个题目不但史料极多，而且基本上是一片尚待开垦的荒地。记不得是在什么场合向老师禀告此事，也不记得老师对我的新选择发表过什么意见，反正我以这个题目通过了开题报告。

之后不久，老师赴日本访学一年（或两学期）。限于当时的通信条件，这段时间我们与老师毫无联系。等到老师归来，我们已是三年级的学生了。其时，我的论文初稿已经写就。记不得老师对稿子有何肯定之语，只记得老师提出一个意见：民国生育节制运动因社会精英对中国人口问题的重视和西方人士来华倡导的触发而起，清代君臣以及洪亮吉、汪士铎等人关于中国"人满"的言论是社会精英主张以节育解决中国人口问题的一个内因，明清以来西方人包括在华传教士对中国人口问题的论调则是一个外在背景，论文中应更多涉及这方面的内容。这是一个非常剀切的意见，在近代中西互通的大背景下，对中国社会任何问题的认识怎么可以缺少西方人注视的眼光。记得老师在提出这个意见的时候，还给了我一份英文复印资料，系近代来华英国传教士麦高温（J. Macgowan）的一本著作中论述中国人口的章节，是老师在访学时从所在学校图书馆里复印来的。原来，老师虽然身在异国,却仍然记挂着我们的学业呢!

我的论文后来在答辩中获得了90分以上的分数,答辩结束后,我注意到了老师瘦削黝黑的脸上有一丝笑容。再后来,系里的毕业典礼上,我代表研究生上台发言。我没有注意到坐在下面的老师有何表情,但可想而知老师应该是高兴的。我在同级学生中年纪最大,本是抱着读到底的初心入学的,我的成绩符合直博申请条件,但终因个人问题放弃了申请。其时老师在国外访学未归,我无从请教,而假如当时老师在校的话,他极可能鼓励我读下去,虽然他自己不能带博士生。这个问题后来时常纠结于心,我似乎无法对自己交代。

匆匆三年,倏忽过去。我从杭州赴沪求学,转了一圈,又回到了杭州,回到了学校的院墙之外。在复旦三年,我在学习上不可谓不勤奋,但对老师的学问,知之甚少,既未登堂,遑论入室?每念及此,总是惭愧不已。此后我一直在机关里工作,无好无不好,无非是撰写各样公文,参加各种会议。我不甘心有涯之生如此度过,我与老师的联系维系着我的向学之心,呵护着我向学的火种。

离开复旦迄今二十余年,因公因私去过上海许多次,与老师见面的次数却是屈指可数。有几次发短信求见老师,却未予一见,老师不是常人,我很理解。现在清楚记得的只有三次:曾与益民兄在一个晚上去过一次老师新置的位于学校附近的住所,大概是在2005年前后;与益民、继辉一道去川沙探望骨结核病后的老师,就是我跑错火车站的那次,时在2016年;第三次是在2017年4月老师来杭相见。我所在单位的社团每一两年举办一次文史研究论坛,我曾两次邀请老师来杭与会,老师皆以不熟悉论坛主题为由谢绝。2017年4月17日上午,老师突然打电话给我,说他在杭州,要见见我。事后得知,老师此次来杭是参加浙江大学第一届史学理论前沿论坛,上一日会毕,此日返沪前约见我。我们见面的地点是在西湖边一公园,一年未见,老师还是那么瘦弱,从黝黑而瘦削的脸庞可知,老师病体尚未完全康复。时值西湖一年中最美丽宜人的季节,桃尚红,柳垂丝,莺乱啼,我们沿湖往南线柳浪闻莺方向漫步。因老师返程车票已经买好,下午1点的车,我们在湖边偕走不过1小时,便去找地方吃中饭。老师屡次表示随便找个地方填填肚子即可，结果真的到路边的一个小馆子简单吃了点，现在记不得吃了啥，然后就坐出租车去城站火车站，老师进站而去，我则回去上班，哪知此别即是永别！在湖边，我曾给老师拍过照片，也请人帮忙拍了老师和我的合影。记不得当天还是稍后一两天，我通过微信将照片发给老师，当时老师还用微信。老师逝后，我就在找这几张照片，迄今仍未寻获。

老师走后，我寻查多年来与老师联系的痕迹，颇为不少：来往电邮15件、手机短信133条。最早的一个邮件是2004年9月12日老师发我的，老师写道："江明兄：大札奉读，迟复为歉。日前从德国返校，琐事丛集，徒叹奈何，逐一料理妥置尚须时日，待数日后当静心与兄手谈。恳希鉴原为幸。张荣华。"这是一件颇具传统士人风格的尺牍，可惜未落笔纸上。老师称我为兄，折煞我也。事情的起因当是我写了封纸质的信给老师，在信中说了什么，我实在想不起来。其他邮件都是2017年以后的，大部分是商讨拙稿出版事宜的，另有两三件是我新写了文章求教于老师。手机短信的内容，大部分是逢年过节的问候和拙稿出版之事的商量，都是我先发给老师，老师或快或慢回复，有时候没有回复。老师在复信中，一如他上课、谈话时的那样，突然会从一个话题转到一个漠不相关的话题上。如他问过我"会馆"英文如何翻译，问起西湖大学有关机构的设置，还问新闻中热传的"杭州马某是谁"。

无论邮件还是短信，最主要的内容是老师对我这个老学生的学术指导。有说一日为师终生之父，我既然常常为在校时未能登入老师湛深的学术殿堂而抱悔，老师多年来对我一点一滴的指教，又何尝不是以导师的身份在给我补课。2016年那次去川沙探望老师，我将年前出版的《清代杭州八旗驻防史话》呈给老师。这是我的第一本书，虽以史话形式呈现，却是建基于严谨的研究之上。记不得老师对拙作有何评价，老师不批评人，也不表扬人，他的判断藏在心里，不轻易表露。当年在学校里，我曾写过一篇《"青年导师"说梁胡》，写的是新文化运动中的梁启超与胡适，文章写得挺长，有一万两三千字，文字写得活泼，甚至有些俏皮。记得老师看后说过一句"还是挺能写的"，不知是褒是贬。《史话》之作是我"挺能写"的一次验证，估计老师也以这三字许我。因为杭州八旗驻防的研究，我注意到一个名称八旗会馆的存在，本想围绕杭州碑林里的一块杭州八旗会馆的碑写一篇几千字的小文章,殊未料,随着资料的搜集和阅读的深入,发现这是个颇值得钻研的大题目,"挺能写"的我竟一气写了30多万字,俨然一本学术著作了。完稿后,我打印一份寄呈老师,老师照样没说什么,但令我颇感意外的是老师开始为我张罗出版的事。接下来的一段时间,老师与我之间为拙著出版之事频繁交流,其间老师找了几家出版社,均告无果。老师是一个沉潜于书斋的学者,不擅长也不喜欢出外行走,在社会上可能也没有多少资源可资利用,但为了老学生的一部稚嫩之作,竟破例强颜央人,让我情何以堪?老师说,如今有些"项目"书的质量不及我书却拿高额稿费,又说眼下体制以外学术个体的生存空间狭窄,从这些片言只语中,我分明地感到,老师之所以主动帮我张罗,一方面可能认为拙著尚有几分价值。之所以说"可能认为",乃是因为老师视著书立说为神圣庄重之事而惜墨如金,不止约请撰写的专著总不见交稿,论文也很少写,故对于我这种不知天高地厚的撰著行为难说认同。另一方面,也是更重要的,他为拙著争取出版机会,既是帮助自己的学生,又是对学术体制之外个体研究者的扶持与鼓励。

老师的不歇努力结出了完满的果子。这里得感谢北师大出版社学术出版分社原负责人、河北师范大学历史系副教授谭徐锋先生,他接受了老师对拙稿的推荐,先是指导我修改完善稿子,再是安排在四川的一家出版社出版。在书号收紧、学术著作出版难的大环境下,像我这样一个既无职称又无经费资助的寂寂无闻的学术个体户,竟能够出版如此一部尚有些厚度的学术著作,本身就是一件稀奇难得的事。我称谭老师为学术侠客,那么,张老师呢?我想不出该如何表述老师对我的提携,也不知道如何表达我的谢意,我曾想寄点东西给老师,老师说:"除了你的著作,其他都不寄。"如今拙著即将面世,而老师业已不在,届时我该怎么寄给他呢?

老师的指教之处还有很多很多。作为学术个体户的我,想法多多,却无计划,少交流,兴之所至,抓住一个题目,就兀自饶有兴趣地研究起来。我经常向老师报告新想法、新研究,有时也将新写就的文章呈上请教。老师的回复很简单直截,一次说没有必要为一本老旧的新清史著作写书评,一次说我的文章只是在他人成果基础上的修正与补充,一次说"盼能写出卓见,小修小补不行。关键是要在清史或中外关系史方面引出新见",一次说"感觉清诗是清史研究者尚未开发的领域,建议你有雅兴时多读古诗"。这是典型的老师风格,他自己正是如此践行的。有一次他跟我说:"我想写完一册不一样的史学史——《诗性史学发凡》,出版社催稿数次,仍是写不成。即章太炎'六诗说'一篇也没有完全读懂。"这几句话我一直记在心上,老师让我明白学术贵在创新,没有新意新见,纵写上千百万言,于学术何补,徒灾祸梨枣而已!

有一句话,应该是在 2017 年春在西湖边漫步的时候对我说的。老师说:"你来读我的博士吧。"乍听之下,我觉得老师是在开玩笑,遂未假思索,回说:"等我退休以后吧。"现在想来,当时老师说的并非玩笑话。老师于 2013 年晋升教授,四年后退休,未曾招收培养过一名博士研究生。这应该是老师此生的一个遗憾。老师自己述而不作,但薪火还得相传,这也是为师者的一个责任。现在知道老师在 2017 年 60 岁时病退,然则,老师于当年 4 月在西湖边对我说那句话,表达的应该是对自己尚未曾培养博士生的莫大遗憾,同时也表示了对我这个老学生的认可与希冀。而我呢,回答也并非虚应,在复旦的半途中辍一直是我的遗憾,如果真有机会,我真的愿意再正式投入老师门下。但是,那时的我哪里会想到老师当年将要退休,哪里会想得到老师吐露此言的用心所在。如今吾师已归道山,我尚如老师所戏言的"在天堂里当官员",我将见教于谁? 然转念一想,觉得老师不必遗憾,他的薪火自有弟子发扬,初不在什么博士弟子的名头;老生我亦不再遗憾,今在此起誓:努力写一篇让老师觉得有新见乃至卓见的"博士"论文,致献于老师在天之灵!

老师晚年让他感到遗憾和担忧的还有他的身体。自打见老师的第一眼,他就是一副不那么健康的样子。长年的生活不规律加速且不可逆转地败坏了老师的身体。我离开学校没几年,老师就因骨结核住院,与同学相约去川沙看望正在养病的老师,我是真没有想到老师竟然会在如此偏僻的一家小卫生院里养病,老师的精神虽然还算乐观,我却怎么也乐观不起来。此后不详老师的健康状况,直至 2018 年 2 月春节,老师短信告诉我"近期刚出病房,已办理病退手续",我没有问老师因何病住院,但至此方知老师原来办的是病退。5 月底,我出差上海,曾想在晚间去看老师,老师回说"住在乡下姐姐家,大概还得过几个月才回窝,届时再约会吧"。转眼又过一年,2019年4月,因事联系老师,老师说:"我去年底患出血性脑梗,主要是没注意血糖高而引发,医生说不留后遗症很罕见。现在还在努力控制血糖。"还说:"我通常坐功很好,晚饭后可一直坐到天亮。现在医生一定要(我)每天外出走步,感觉无目的走路有些无聊。"又说:"现在是做乡下人,学写格律诗,不无自在自得其乐。"老师又生病了,发病,住院,然后养病,再生病,住院,身体状况大约很不如意了。但是,看得出老师即使在养病期间也没有改变不规律的生活习惯,似乎也并未以病为苦,老师还是原来的他。

接下来就是疫情中的三年。去年3月,上海疫情严重,我发短信问候老师,未得回复,4月再问情况如何,老师回说"还行"。5月初又联系,老师说正在亲戚家搭伙,日后有机会到杭州,接着问我"'杭州马某'是谁?"现在回看,这是老师与我之间最后的联系,也是老师留给我的最后文字。教师节那天,我祝老师节日快乐,未见回复。如今想来,老师在去年,尤其是下半年,身体状况有些糟糕了。12月30日,从老师长久未用的微信账号群发的消息中得知老师病危,心里一怔,当即与益民联系,知道老师因心血管病在长海医院重症监护室抢救。自此,我的心被老师的病情揪着,生怕益民传来不好的消息。因为疫情的缘故,未能赴上海探望老师,即使去了也见不到,唯有祝愿老师转危为安,度过此劫。今年春节期间,得知老师病况好转,至为欣喜,与益民、继辉相约节后同去看望老师。然后,见到了老师微信账号发在朋友圈的一段不短的话,系老师于2月5日竭力所写,写得沉痛,我看了心痛,但总算由此获知老师此次遭罹生死之劫的原委,也从中看到了老师与疾病、命运相搏的毅力和对生的希望。再与益民、继辉约定,等老师心血管手术后再去探望。然而,到了2月12日,益民告知老师又因胃出血在长海医院抢救,急需血液。学校、系里很重视,当即组织学生献血。但是再多的血也挽救不了老师的生命,八日后的上午,益民传来了老师去世的消息。呜呼哀哉!伤哉!痛哉!

老师在2月5日说,他不过是大时代中的一个小人物,轻重自知。这是老师最后的文字,也是真正懂得历史的学者所能说的话。每想起此言,我的心情就会平静下来。我们都是小人物,知道山并不止是一座山,知道每事每物都不是孤立的存在,知道自己所处的位置。都说时代的一粒灰,落在一个人头上便是一座山,老师不过是被这座山不幸砸中了。

老师走了,可以跟您说声"安息吧"。但是,这只是凡人对逝者说的客套话。我们无论以多大声音说,老师也听不见。老师是否真的安息了,我们不知道。但是我们知道,老师是不愿以此种方式安息的,他没有料到生命之火熄灭得如此之奇、如此之快,以致没有留下遗言,交代各种事情。老师心有不甘啊:他还有许多书要读,有的文章还没有读通透呢;还有许多问题要钻研,纷乱的历史还有那么多的关节尚未想清楚呢;还有一些文字要写,出版社还在追问《诗性史学发凡》完稿了没有;还想享受天伦之乐,还想见见学生,还想看看春天绽放的花,踩踩秋日校园的落叶;还想鼓励鼓励我这老学生呢……但是,不愿安息又能怎么样呢?

老师的一生,尤其是后半生,大约是寂寞的,至少在心底里是如此。身在最为熙攘的国内最大城市上海,老师甘心做一个隐者。钱锺书先生说:大抵学问之事是荒江野屋中二三素心人商量培养之事。诚然。但是,与老师商量者谁?老师是一个寂寞的隐者,虽然他自己未必感受寂寞,虽然他始终关怀社会。

老师编或著的书,我手头有三种,都是老师所亲赠。《张元济评传》系当年在复旦读书时老师赠我,记得曾经草草翻阅。《中国近代思想家文库·康有为卷》《康有为往来书信集》是老师2017年来杭州时带给我的。后两种书颇为厚重,估摸着不止5斤,老师此次来杭参加研讨会,没有什么行李,却以衰弱之躯将如此分量的书从上海带到浙大研讨会驻地再携至西湖边送我,让我难以承受。在《康有为往来书信集》扉页,老师所题"江明学人吾兄郢政",更是让我惭愧不已。老师学问渊深,我何敢"郢政"?老师称我"学人吾兄",我汗颜无地!但转念想来,老师送我二书,以此称我,至少是对我在学术道路上不懈求索的认可与鼓励。老师逝后,我将二书找出,放置案头,几度摩挲,可恨自己至今并未拜读,辜负了老师的殷殷之心。但无论如何,老师的这几本著作,连同当年在老师课堂上的笔记,都是老师留给我的精神资产,让我此生受用,并激励着我不懈前行。

此文始草于2月26日,时在浙皖交界清凉峰下。家人、朋友勇登高峰,我则于山脚民宿想念老师。记得有两次跟老师提起,如果老师愿意,我可以在山清水秀空气清新气温清凉的临安山间找处地方让他将养身体。老师自然不会答应,他向来是不愿意麻烦学生的。自那日起,我断断续续地写,但每打开电脑,思绪立刻紊乱,总是写不了几行字便又停下,以致被老师许以"挺能写"的我竟花了近两个月时间才写完此稿。以年纪论,我在老师众弟子中为最长,然以学级言,我当排在第二,与老师相遇,是我今生最大的因缘、此生最大的交结,所以写了这么多,祈望莫以絮叨为嫌、以"二"视之。

完稿于 4 月 15 日,略改于 8 月 17 日

(作者为复旦大学历史学系 1999 级硕士研究生、现为杭州市文史研究馆特约研究员)

一朝受教 一生难忘

——缅怀恩师张荣华

张振利

2月21日的上午,接到研究生同学的电话,惊闻张荣华老师因病救治无效,与世长辞。想到张老师被病痛折磨、日益消瘦的最后时光,无比痛心亦深感生命脆弱。谁也不曾预料,这样可亲可敬又可爱的人呐,就这样匆匆画下了生命的句点。从此,天上又多了一颗闪亮的星。

一想到张老师,我好像又回到了在复旦读研的那段时光,从前的一幕幕在脑海中快速闪现。张老师身材瘦削,头发凌乱,衣着非常随便,常常露出腼腆的笑容。

我是2000级中国近现代史的硕士研究生。初次上张老师的课,我对张老师很是不以为然,因为在他身上根本看不到教授的架子,如果走在大街上,很难会被认作是复旦大学的教授。加上张老师上课时的声音很小,给人的感觉好像是信心不足、缺乏底气的样子。但两次课下来,我感到这个老师真的很有水平,心底里增加了很多的敬意。

到了选导师的时候,我义无反顾地选择了张老师,因为我被张老师渊博的学识和谦谦君子的风度所折服。学长告诉我,张老师脾气有点怪,你选他做导师,可要吃苦头的。尽管如此,我还是坚定地选择了张老师。我怀着非常忐忑的心情向张老师提出这个请求,非常担心张老师看不上我这个来自外省的学生。可没想到,张老师很爽快地就答应了,嘴角还露出了笑。

在后面的日子里,张老师指导我读书,指导我选题,指导我开展研究,指导我写作论文。可以说,张老师的关怀贯穿了我研究生学习的全过程。当我为关键史料找不到而发愁时,张老师总能及时地为我指点迷津。论文成稿,张老师一字一句为我校对,圈圈画画多得让我汗颜,甚至连标点符号的错误都帮我指出。

在我的印象里,张老师是非常随和的,从不会发脾气。但有一次张老师发了很大的火,让我至今想来还有点害怕。那是因为我论文初稿里关于纪年的问题,被金光耀老师发现并告诉了张老师。张老师把我狠狠地批了一通,说我缺乏基本的历史学素养,至今想来仍是非常惶恐。自此,我对论文里的内容更是加上了十二分的仔细,唯恐出现类似的低级错误。

闲暇的时候,张老师带我一起出去吃饭。经常在这饭间闲聊的时候,我能学到不少有意思的知识。一次,张老师说,在饭店吃饭结账称"买单"是不对的,应当是"埋单"。他还说,请客的人花费不多,不愿声张,将准备好的钱"埋"在碟子下面,所以称为"埋单"。第一次听到张老师的这种说法,我还以为他是在开玩笑,后来上网查果然是这么回事。

跟随张老师学习期间,偶尔会到他家中坐坐。张老师的家里感觉有点昏暗,家里似乎除了书还是书。一次,张老师搬家,我过去帮忙,搬来搬去的都是书。张老师还专门挑了一些老版的图书送我,后来由于多处辗转,有些书遗失了,只剩了一套鲁迅杂文。这几天,我又翻起了这些已经发黄了的图书,感受和老师交往的点滴。

跟随张老师学习三载,让我受益匪浅。从学校毕业之后,我进了部队,和张老师联系很少,只是偶尔打个电话。记得前几年在一家培训机构碰到师兄钱益民,他说张老师身体不是很好,我们还相约找时间去看张老师。真没想到,张老师这么早就离开了我们,离开了他热爱的学术事业。

一朝受教,一生难忘。张老师,感谢此生相遇,愿您的风采和洒脱在通往天堂的路上依然如故。告别很短,想念会很长……

2023 年 5 月

(作者为复旦大学历史学系 2000 级硕士研究生,现为上海市崇明区堡镇武装部长)

悼念张荣华老师

史立丽

"张荣华老师上午走了。"盯着屏幕上刘金华老师发来的这条信息,我半晌说不出话来,胸口像压了一块石头,透不过气。

至今还记得大学时上张老师课的情形。他身形瘦削,喜欢穿牛仔服,头发有些乱糟糟的,眼睛因为经常熬夜而布满血丝,讲课时总是低着头,极少与学生有眼神的交流,声音很小,有时候甚至让人觉得是在自言自语。为了听清他的课,我每次都得抢占第一排离他最近的位置。可是你要是认真去听,你就会知道,眼前的这位老师知识是何等广博,古今中外,信手拈来,有时候只是三言两语就能令人豁然开朗。

在课堂之外遇到张老师,他也总是低着头,贴着墙角走,不等你跟他打招呼,就一闪而过。记得有一天和同学在曦园晨读,看到他远远走过来,我们连忙站起身准备打招呼,他瞥见我们后,却绕道而去。我和同学相顾诧然:都是学生见到老师绕道,这位老师怎么相反呢?

读研之后,继续上张老师的课,那真是一段快乐的日子。文科楼九楼的教研室,我们六七个近现代史专业的学生围坐着,现在不怕听不清张老师的声音了。只是他的思维跳跃,得努力才能跟上他的节奏。有一次,他正讲着课,突然停了下来,我们诧异地抬起头,他却指着墙壁说:"看,那里趴着一只大蚊子。"还有一次,我刚落座,他冷不丁问我:"史立丽,你是练过武功吗?"我一脸懵,经他提醒,我才想起来,很久很久以前的一个中午,在旦苑(不是现在的旦苑),我端着一碗面在拥挤的食堂四处找位子,脚不小心勾掉了一位正在用餐的同学的凳子,导致他差点一屁股坐在地上,而我却忍不住笑起来。大概是我幸灾乐祸的样子让老师印象深刻吧。

有一天上课时间已过，却迟迟等不到他来，后来才知道他病了，于是在钱益民师兄的带领下，我们几个像去春游的小学生，坐着公交车去凉城他的家去看他，他很高兴。回来的路上，我们七嘴八舌，都觉得熬夜的习惯对他的健康不利，却也无可奈何。

硕士毕业后，我留在学校出版社工作，张老师也常来社里，与他也就更为熟识。他博览群书，熟知学术界的各种热点，也常常为我出谋划策，可惜当时的我初入编辑行当，根本摸不清方向，也就辜负了他的一番好意。但我深知他的学识水平，恳请他贡献几部书稿，他满口答应，可是至今"中国近代学术史""近代学人交游史"还仍然只是一纸选题。他花费数年精力编校的《康有为往来书信集》也因为各种原因拿到了别的社出版。从业这么多年，竟连一本张老师的书稿都没有编过。现在想来，如果当年我盯着催，张老师能不能写出其中的一部呢？不过，以他对自己笔下文字的严苛要求，恐怕也没有那么容易。况且，这于他的健康是否又不利呢？

邹振环老师说，张老师是"当今学术界极少见的象牙塔里的纯学者"，以下两事或可提供佐证。

多年前，张老师提及他最近在识读钱玄同日记，颇有进展，我和同事张旭辉鼓动他整理后出版。报选题的时候，由于篇幅大，社领导建议申请基金支持。我告知他此事，他很不乐意，说自己的学术成果不想依赖于任何基金，我再三劝说，他才勉强答应下来。基金最后也没有申请成功，白忙活一场，我很是愧疚，张老师却不以为意。

另一件事是，有一次跟张老师通电话，得知他为学校本科生开的公选课十分火爆，很多学生都选不到课，管理学院特地邀请他为管院的学生单独开一门课，他有些犹豫，问我：如果接受邀请，别人会不会觉得他是为了钱？……

最近这些年，尤其是张老师退休后，学校来得少了，也就不怎么来社里，而我也杂事缠身，加上性情懒惰，跟张老师疏于联系，偶然得知他有一次心脏病发，差点出事，才知道他的健康状况已经糟糕到了这种程度，当时也只是写了一封邮件问候。再后来就是这次，知道他病情凶险，几次遭遇鬼门关，但还是一直觉得，会有机会见面的，不曾想，竟再也见不到了。

"亲戚或余悲,他人亦已歌",转头我们就会投入这俗世中,忘记这周遭的一切,趁着悲伤的情绪还在,写下这一点文字,也算是一种纪念吧。

(作者为复旦大学历史学系2003级硕士,现为复旦大学出版社副编审)

孤独的前行者

——怀念张荣华老师

李春博

张荣华老师离开我们已经快要一年了,他的音容笑貌却似乎一直存留在我的脑海中,想要写点什么以作缅怀,却不知从何说起,只能讲一讲自己与张老师接触的点滴小事作为纪念。

2001年秋,我从河南大学历史文化学院考入复旦,跟随邹振环老师读研,因为是中国古代史方向,对从事中国近现代史研究的张荣华老师并不熟悉,也没有选读他的课程。2004年毕业后我留在历史系资料室工作,与张老师接触的机会也不多,偶尔在文科楼九楼的走廊遇到他,他总是低头匆匆而过,让人甚至来不及和他打一个招呼。2006年历史系搬到光华楼之后,我对张老师熟悉了一些,知道他在中国近代思想文化史研究领域颇有成就,他有时候会到资料室借书,帮他找到需要的图书之后,他虽然仍是不苟言笑,却总会不失礼貌地说声谢谢。当时张老师给我的印象是来去匆匆,在学术道路上孤独地前行,他更多地专注于自己的研究领域,与人交往对他来说并不重要。2012年秋季的一天,他来到系资料室,将他刚刚出版的《康有为往来书信集》交给我,说是赠送给资料室的,随即又是匆匆离去。历史系此前有一个不成文的惯例:教师新著出版后总会赠送一册给资料室,编目后供师生查阅。后来新入职的年轻老师已经不太清楚此事。与人交往不多的张荣华老师前来资料室把自己的著作亲手交给我,这虽是一件小事,却给我留下深刻印象,让我明白张老师外表冷淡,但他内心有一股令人不易察觉的热情。

与张荣华老师的交往更多地发生在他2017年退休之后,因为我兼职从事历史系的退休教师工作。那时得知他生病住院治疗,身体状况不太好,便联系他准备去家中看望,但他坚决推辞,说自己没有问题,不用来看望,我也只能听从他的意见。后来加了张老师的微信,与他的联系也只是通知他参加学校体检以及退休教师活动等常规事项。他和我的导师邹振环老师是同辈人,但他在微信中对我却一直以春博兄相称,令我汗颜,也颇为感动,因为我知道,那是张老师对人的一种尊重,无论对方是什么身份。

2019年底,因为要统计老师们的科研成果,我查到一部著作《费孝通谈民族和社会》,作者署名为张荣华,便发微信向张老师求证是否为他的成果,同时询问他近期发表论著的情况。他告诉我此书不是他的成果,本年因为脑梗,大半时间在养病,发表的成果有《李岳瑞与清史私议》(《书城》2019年第1期)、《康有为致亲友弟子未刊书信考释》(《历史文献》2019年刊),编校有皮锡瑞《孝经郑注疏》(北京大学出版社2018年版),以及即将出版的《康有为全集》增补本。

随后就是2020年新冠疫情发生,我与张老师的几次联系都是关于学校体检和医疗报销事项,他仍然如之前那样彬彬有礼,也并不愿意来学校参加系里面举办的退休教师活动。

2021年12月15日,我把历史系收到的几份他的信件杂志转寄到他家中,并发微信告诉他。次日,张老师发微信告诉我已经收到,突然又给我发了一条信息:"《容安馆札记》第63则专论徐乾学人际关系,值得看。"我一下子呆住了,因为我已经完全不记得什么时候告诉过他我的博士学位论文是关于徐乾学的研究,而他却记在心上,并把看到的文献资料信息告诉我。我赶忙找出钱锺书先生的《容安馆札记》,该书第63则是钱锺书阅读清人陶元淳《陶子师先生集》所作札记,其内容涉及清康熙中期汤斌之死与朝廷党争、徐乾学在朝廷中的人际关系及对陶元淳的评价等。若非张老师告知,我是不会注意到这条重要材料的。

2022年4月,上海因暴发疫情而导致大家足不出户,学校要我们联系各位老师,帮助退休教师解决生活困难,历史系时任党委书记刘金华老师叮嘱我要多关心张荣华老师。我数次联系张老师,他都表示自己没有困难,不需要给他快递食品、蔬菜和药品,我了解他固执的性格,只能请他多多保重身体。年底疫情肆虐，我本以为张老师年纪尚轻，此前虽然多病，但身体状况应已好转，此次疫情应无大碍，不料就在12月30日，突然收到张老师家属用张老师手机发来的微信，得知张老师病危，我赶忙与其家属联系了解情况。经过十多天的治疗，张老师的病情终于好转，在住院整整一个月后的2023年1月21日除夕那天出院回家。我们心中一块石头落了地。2月5日晚上，张老师在他的微信朋友圈发了一大段话，今抄录如下：

各位师友同学：新年好！本人染病时承蒙诸位鼎力相助，内心铭感无已。大时代里的小人物，自知轻重，故尔尤其感激各位的襄助。去年12月20日因"主动脉溃疡"住院，要开胸换一段血管。入院才知"阳"了，已造成肺部白化及心梗、脑梗，昏迷多日，期间院方两次想放弃抢救。总算没一走了之。在监护室一个多月，都在治病毒并发症，极虚弱，体重不足百斤。本月1日由心内科医生置入两个支架，打通一根闭掉的血管。3日即让回家，医嘱静养不见客，等待院方通知去开刀。盼能度过此劫，有缘再见！（写到此，累坏了。）

张荣华敬上
2023.2.5

看到张老师写的这段话，特别是最后一句用括号说明自己"写到此，累坏了"，我才明白他尚未脱离险境，赶快与家属联系了解他的病情并向系领导报告。2月8日，张老师还用微信给我发消息表示感谢，我请他好好休息，争取早日康复。岂料2月11日，张老师因胃部出血不止再次被送进医院抢救，其间刘金华老师通过学校相关部门多方联系，帮助解决医疗中遇到的困难。从家属那里得知，医生讨论了治疗方案，认为张老师病情复杂，只能保守治疗。一直到16日，张老师的胃出血才算止住，但身体还是非常虚弱，张老师的几位学生想去医院看望，但家属告知他的状态不适合探访，只能等好一些再说。20日上午，我突然接到家属的电话，告诉我张老师刚刚去世了。我大脑一片空白，张老师就这么匆匆离开了，再也见不到他清瘦的面容，再也没有机会向他请教，留给亲友的，只有无尽的思念和哀伤。

2月24日送别张荣华老师之后,通过张老师十多位学生的追思,我了解到张老师喜欢抽烟,喜欢熬夜看球赛,以及他对学生在学习和生活上无微不至的关心与帮助,还有他精彩的课堂讲授。张老师的家属把张老师1 500余册藏书和数十本摘抄史料的笔记本捐赠给历史系资料室,这些藏书和笔记本加深了我对张老师的了解,他的专长是清代以来的中国思想文化史,他喜欢读书,在阅读的过程中作了大量资料摘抄,为以后的著述作准备,但如今随着他的早早离去,这些都成为他未了的心愿。张荣华老师藏书中有将近700册是历史系资料室缺藏的,我们已经通过学校图书馆编目上架,供读者查阅。张老师虽然远去,但他对学生的关心和爱护,他勤于读书、严谨的治学态度,都是后辈学习的榜样,捐赠给历史系资料室的藏书,也将永远惠及后人。

(作者为复旦大学历史学系副研究馆员)

忆张荣华老师

任 宏

虽时隔已二十多年,但第一次见到张荣华老师的时间和地点,却至今无法忘记:2002年4月20日,周六上午,复旦大学文科楼9楼电梯出来右手第三间,历史学系中国近现代史教研室。

那天是历史学系和旅游学系的硕士研究生统考入学复试日。系里安排了正对着电梯的会议室作为候场区,考生则按照名单顺序挨个进入教研室进行单独面试。时任系主任的吴景平老师先介绍面试老师。除吴老师外,依座位自西向东,分别是曹振威老师、张荣华老师、章清老师,以及当时已确定博士毕业留校做复试记录的赵兰亮老师。

待自我介绍来自上海大学历史系,本科论文写的是世纪之交的蔡元培后,章老师第一个发问:"论文用了什么港澳台资料?"虽然我那时已读过孙常炜先生和周佳荣先生的相关著述,但的确都没在论文里引用过,故脱口而出"没有"二字。显然,这样的回答足以令室内空气顿时陷入凝固的状态。随后,吴老师问,你如何看待四一二时期的蔡元培?我也只是把唐振常先生《蔡元培传》里的相关论述重复了一遍。自然,这样的回答也是很难让各位老师满意的。大约过了几秒的沉寂,张老师用其标志性的轻声细语说,蔡元培这人蛮有意思的,清朝的时候如何如何,到了民国又如何如何。似是自言自语,又像是等着你来回应。

虽然他说得很慢,但真的是太轻了,轻到在复试现场这样本应掉根针在地上都听得清清楚楚的场合,我用尽全力都听不太清他在讲什么,他在问什么,甚至连他问我的是什么问题,我又是如何回答的,全都想不起来了。

多年以后,我和张荣华老师谈起面试之事,他很云淡风轻地回了我一句:"我和吴景平关系蛮好的。"

幸好那时的复旦历史学系给予考研生还是有足够的名额,又幸好那几年工作都比较好找,印象中来面试的后来都被等额录取了。

收到录取通知书后,我去拜见了指导我本科论文的张元隆老师。元隆师1979年入复旦大学分校(后改名为上海大学文学院)历史系,1983年毕业留校任教。在礼节性地祝贺了我之后,张老师语重心长地告诫我不可到了复旦之后就眼高手低,还是要认真读书,要踏实做点学问。最后又跟我说,他有一位本科同学考上了复旦历史学系的研究生,现在留在历史学系任教,叫张荣华。如果你还想继续做思想史、学术史方面的研究,可以去跟张荣华读。

回家后搜索到张荣华老师1997年在百花洲文艺出版社出版的《张元济评传》。数日后,即在思南路复兴中路上海市文史研究馆门口一家很不起眼的但几乎都是学术书的小书店里购得该书。读了之后的直觉告诉我,这本书可能并非特别适合我的阅读风格。当然,更重要的原因,一定是我的水平太差,不懂得如何欣赏张老师的大作。

到了那年9月开学,除了英语、政治公共基础课以及晚清史和中国近代史史料学这样的必修课程,我选修了周三下午张荣华老师的中国近代思想史史料学。如果我没记错的话,应该是开学的第二或者第三周,因为天气还很热。同学们都到了文科楼904室,上课铃声响起后,张老师人却没到。一位同学不知是打通了他手机还是家里电话,然后跟大家说,张老师马上就到,请大家等等。过了大约十几分钟,张老师满头大汗进了教室,低着头像个做错了事情的孩子一样说,"不好意思,我请大家吃冷饮吧"。

那时候的学生还是单纯朴实的,非但完全没有要向研究生院去举报教学事故的概念,反而异口同声地回答"不要不要,还是上课吧"。

据学长回忆,类似的事情之前也发生过。因为张老师习惯通宵看书,那睡过头也就再自然不过了。

那一年开学前,张荣华老师已经收了两位本校保研的学生。一位是优秀到仅读三年本科就直升本系硕士的施晓燕同学。硕士毕业时,晓燕同学像变戏法一样拿出多达130多页的硕士学位论文《戊戌维新前康有为交友考》,直接惊呆了同学们。另一位是从文博系跨系保送到历史系,十年后成为我太太的高书勤同学。

二十年前的高同学浑身上下弥漫着她今日极为痛恨的莫名其妙的优越感,毕竟,复旦没有教过她如何尊重人,如何去做人,社会的毒打会教。高同学那时跟我说,阿拉张老师要求很高的,一般人他是不收的。

后来的高书勤如实"招供",因为那时候她觉得我配不上她的张老师。

好像她也没说错。一个学期的课程下来,能让我今天想起来的,除了听不太清听不太懂张老师在讲什么,只有他推荐的两本书,一本是《东方学》,一本是《翼教丛编》。

因为那个学期,晚清史和中国近代史史料学这两门课程均由恩师王立诚讲授。也是师徒有缘,恩师收容了我。巧合的是,立诚师和张荣华老师都是1983年经过统考进入复旦历史学系读硕。也就是说,我的本科论文指导教师和张老师是本科同学,我的硕士论文指导教师和张老师是硕士同学。还有,我和张老师指导的硕士高书勤,也是硕士同学。

我也曾问过高书勤,你为什么会选择张老师做你的导师?她说,本来时任文博系系主任、硕士学位论文导师是朱维铮先生的杨志刚老师推荐她来跟朱先生读硕士。后来面试通过,朱先生也同意了,说"愿意跟我学的,我是都愿意教的"。不料后来历史系领导跟她说,系里规定,几位老先生不能再招硕士生了。她不服,去找了朱先生。朱先生说,"这是系里的决定,我也没有办法,你也可以跟我们思想文化史教研室的张荣华老师"。

因为高书勤本科时就曾经上过张老师的中国近代学术史,觉得张老师的课上得很精彩,学问也做得很好,那除了"欣然接受",还能如何?

这样的情况,张老师岂能不知?在高书勤研一时还曾对她说,你如果要读博士,就跟朱先生读。

后来,或许是看她经此变故,志不在学,也就不再提了。

再后来,2015年的"五一",高书勤坐在香港湾仔的一家咖啡厅里,于朋友圈发文:"念研究生时,导师请吃饭,席间对我们几个女生说,女孩子就不要做学问了。寒窗苦读太辛苦,找个轻松稳定的工作,买买包,买买鞋,那才是生活。当时年轻气盛,颇有些不服气。可这两年,才发觉老板的高度:

'包'治百病。"

"'包'治百病"自然是在开玩笑,但及时劝退完全不适合做学问的硕士生,让其彻底断了还要挣扎读博的念头,哪怕这个硕士生是本校直研的所谓优质生源,大概是一位导师对学生最后也是最真诚的表达吧。

到2005年开春,我的本科同学、当时在上海市教育考试院负责高考历史卷的顾春梅问我,能否推荐一位复旦历史学系的老师来参加高考历史卷的命题工作。我首先就去问了立诚师。但因为师母身体不太好,立诚师说不行。一直到若干年后,顾春梅来复旦跟立诚师读完博士,他也没去参加过高考命题。我立刻就想到了请张荣华老师出山。没想到他很爽快地就答应了,然后委托了戴鞍钢老师为施晓燕和高书勤毕业论文作最后阶段的把关。

因为此事,高书勤也曾"严厉"质问过张老师,你怎么能在这么关键的时候去出卷子?张老师的回答倒也干脆,"我很需要那五千块钱"。能在学生面前如此坦诚自己缺钱,因为他还是一个父亲。

张荣华老师的女儿擅长美术,那也就意味着"烧钱"。除了死工资,张老师也没什么其他收入。除了买书,就是无条件地支持女儿。2012年11月9日下午,张老师把我叫到光华楼西主楼2015他的办公室。先是签名赠予我和高书勤他新近出版的《康有为往来书信集》,然后有一搭没一搭地说了点关于康有为的轶事。他说得也没劲,我听得也觉无趣。过了一会儿,他又从书架上取出女儿的国画集赠我,像换了一个人似的神采奕奕地一张张给我介绍这张画好在哪里,那张画的精彩在何处。

直到窗外天色渐暗,他却依然乐此不疲。那间办公室成了张老师展示他今生最优秀作品的地方。在那一刻,他的眼里,是有光的,他的声音,是有力量的。又或许只有在那一刻,他才选择了,和这个世界,和解。

还有很多故事,还没讲完,那就算了吧。

(作者为复旦大学历史学系2002级硕士,现就职于复旦大学研究生院)

纪念导师张荣华

施晓燕

2023年2月20日下午,听到了我的导师张荣华去世的消息。

复旦历史系大一大二都是上文史哲三系的大课,所以我直到大三才认识老张。那时他开了一门有关马克思理论的必修课,我做好了打瞌睡的准备,进去一看,一个瘦削的人,腼腆又羞怯,发下来的讲义让我以为走错了课堂:讲西马,讲葛兰西,讲狱中札记,甚至还讲原始社会的生殖崇拜。每一个都是我未接触的知识领域。这门课的讲课内容,尤其是某些部分的尺度其实不好掌握,稍不慎就会流于猥琐,但老张不一样,学识广博是一方面,另一方面,他给人非常强烈的天真感,有些人的精神在某个春天被杀死了,永远停留在之前的清澈热烈,他融入不到后面的世事变幻,成为误入树脂的琥珀虫化石。

再上他的史学史课,讲义的抬头上印着四句诗:

一切希望都带着注释
一切信仰都带着呻吟
一切都是没有结局的开始
一切都是稍纵即逝的追寻

懵懵懂懂参加了3加3直升考核,虽然面试时讲的都是明史,但过了后就决心去报他的研究生。做他的弟子是这样的,首先带着我们一帮菜鸟去逛书店,比如复旦旧书店、经世书局、庆云书店、博师书店(鹿鸣书店比较远没去),指点我们应该看哪些门类的书,自己喜欢的书也可以挑,全挑好了他付钱。接下来每两周聚一次,问我看书的情况,再开新的书单。带我们去五教、六教旁边的食堂吃饭(现早已拆掉),请客,正告我:不要浪费粮食,所有的菜都要吃完。

去欧洲访学回来问我们看书进度,给我们带巧克力。我挑了薄荷巧克力,好难吃。

给了我思想史教研室的钥匙,叮嘱我可以没人的时候进去看书。

建议我去旁听中文系陈允吉给研究生开的佛学课,可惜陈老师把这门课放在家里上,未果。

带线装书复印件让我们点句读,训练读古籍能力。

让我去听《说文解字》课,这门课我学得不够理想。

毕业论文我选了做康有为,他去找来了《澹如楼日记》手稿的复印件给我读。

他又是个随时随地有新想法的人,毕业还有半年向我建议改做文廷式,被我严肃拒绝。

临近我毕业的时候,他去出高考卷子,要与世隔绝一个月,结果只好找了戴鞍钢老师给我做论文指导。

对老张的印象闪回:

上课时是社恐,不敢正视学生,讲课声轻得像说给自己听。

爱吃甜食,有一次去他家,看到沙发上放着蜂蜜核桃仁。

爱熬夜,昼伏夜出,这似乎是朱门弟子的传统,通宵工作和看书,导致白天不能安排上午的课,对他的身体其实是严重摧残。

很帅,长得像尊龙和福山雅治的混合体。

不压榨学生,替他把文章手稿打成电子版,他按市场价付我打字费。

老张总是呈现出一种天真的羞怯,但又目无余子,身兼朱维铮、姜义华两家之长,在系里过得郁郁不得志,本身又有拖延症,我研一时候给他一篇文章手稿打字,等我毕业了他还没发表。他永远在读书,在日本访学的时候,看书看到一个礼拜都不出房门,吓得日本的工作人员怕他出事几乎要破门而入。

有些老师会给人资源有限的感觉,学问似乎是停滞的,但老张总是有学界最前沿的知识,他一直在吸收,但是他不产出,朱维铮老师的习惯似乎也传给了他,但朱老师至少会把观点结集成书,我们的张老师,却永远沉默了。

毕业这么多年,每次提出要去看他,总是被他各种理由拒绝,现在能想起的最清晰的画面,是在北区宿舍的楼下,他带着羞怯的微笑,因为感冒一边拿手帕擦鼻子,一边给我讲跟论文有关的新书。

(作者为复旦大学历史学系 2002 级硕士,现就职于上海鲁迅纪念馆)

"丹青难写是精神"：追忆张荣华老师

王才友

2023年2月20日晚上7点多，在复旦毕业好友的微信群里，我的硕士同学、后来的博士同门陈明华@我，"听说张荣华老师过世了"，我当时的反应是"啊？？？"之后，群里不断有最新消息，我也自己去求证张老师去世的消息是否属实。张荣华老师是我的硕士导师，虽然在研二下学期我就跟着冯筱才老师提前攻读博士学位，但张老师对我的关爱和指导我永远难忘。那一刻，沉痛和悲伤笼罩了自己。

那一晚，朋友圈有公号整理发出《张荣华老师已刊论著目录》，许多师友转发，几乎刷屏。然而，恰恰是在那晚，张门的弟子们才知道谁是同门，北京大学历史系的黄江军兄正是看到我转发的朋友圈，才知道我们是同门，迅速把我拉进了师门悼念群里。这是一个临时拉的群，张门以前从没有所谓的"同门群"。说来惭愧，我都不知道我上一届的师兄或师姐是谁，只认识下一级有个师妹叫李玉。大家都感慨，张门弟子大多互不认识，没想到却以这种方式在这样的场合下齐聚起来，言之更悲。

2005年，我考入复旦大学历史系专门史方向读研，选导师是一大难题。我本科毕业于一所二本院校，虽然刻苦用功，但历史学功底很是薄弱。相较之下，班级大多数同学来自985名校，素质和功底远在我之上，他们在选导师时也自然更得老师们的青睐。记得开学后第三周的周一下午，在上荣华师"中国近代学术史"的课间，我怀着紧张而忐忑的心情向老师提出请求，没想到老师慨然应允。感谢张老师，蒙张老师不弃，愿意收下我这个各方面都很一般的学生。

荣华师习惯晚上通宵看书，日夜颠倒，所以，他的课多半是在下午。每次上课前,学生们都能看出老师是刚刚洗漱到校,头发也有些凌乱。也许,在外人,甚至当时我们这些学生看来,老师不太修边幅,但后来我们都明白,老师就是一个心无旁骛的人,就是一个爱读书的人。我读书时,有老师曾说,荣华师是历史系书读得最多的人。当然,也许是因为心无旁骛、日夜颠倒地读书,他的胃一直不好。我就曾两次给老师买过胃药,送到他当时政立路的家里。在老师家里,我除了看到他满书柜和满地的书外,还知道了老师有看足球赛事的爱好。

复旦大学历史系专门史方向以思想文化史研究见长,荣华师即以整理和研究康有为的相关史料闻名学界。由于本科阶段我对思想文化史方面的书读得并不多,基础也不好,所以,荣华师给我们上"中国近代学术史"课时,我经常觉得老师讲得太过高深,要跟上甚是吃力。也正因如此,我后来在选择硕士论文题目时,选的是自认为相对"容易"的"晚清江西书院研究"。借着吴景平老师的"中国近现代史史料学"课的机会,我督促自己每天去文科楼的系资料室翻阅《申报》。大概花了三个月的时间,我将1885—1905年所载晚清江西书院,尤其是皮锡瑞所掌经训书院的资料誊录了下来。结合其他史料,我写了一篇论文。写就之后,我拿给老师,希望得到他的指正,老师只说了一句话,"都是在谈外围的东西,没什么新意"。当时这句话虽然对我的打击很大,却也是事实。研二上学期,我拿着修改后的文章参加了在华东师大召开的第一届上海青年学者学术论坛,印象中,我是唯一参会的硕士生。在会上,我碰到了同系的冯筱才老师,会间他笑着对我说,"才友,你很刻苦,也很用功,但不适合做思想文化史,做思想文化史的人要极度聪明,你不够聪明,还是跟我做政治史吧!"就这样,后来我就跟着冯筱才老师转做民国政治史研究了。

荣华师对我提前攻博非常支持,他在推荐信上,尽可能把他能想到的好话都写了上去。读博后,人虽在系里,但见到荣华师的机会少了。记得有天午后,我去北区门口的三人行书店看书,刚好碰上荣华师,他正在选书,顺手就从书架上拿下一本由法国学者韦尔热所著(王晓辉译)的《中世纪大学》送给我,说:"这本书有兴趣好好读读。"当时,我的兴趣点已经在冯老师的指导下转向以政治社会史视角关注苏区史了,所以对荣华师所派的读书任务只是囫囵吞枣地读了一遍。直到荣华师追悼会后的那个下午,老师的追思会上,我忆及此事,钱益民师兄提醒,老师可能是希望我将晚清书院与中世纪大学进行关联或比较,让我对所做书院研究有更宏观的理解。我这才意识到老师或许真是有这个想法,那一刻,我突然想到,冯老师说得对,我不适合做思想文化史。倘若荣华师有知,不知道会不会生气,"竖子,果不悟吾道!"

2023年2月24日的清晨,我赶赴上海参加荣华师的追悼会,行前,我带上了老师的代表作《张元济评传》。在高铁上,我重读了姜义华先生和张树年先生为该书所做的"序",以及老师自撰之"前言"。在"前言"里,老师说,张元济"轻于著述,重于事业"。那几天,我看不少师友同门追忆老师的文字,说老师曾计划写一些有趣的专书而未果。但是,如果我们联想读书年代老师曾说起的那些惜墨如金的话,可能不难理解老师。荣华师何尝又不是"轻于著述",而重于且忠于自己热爱的教学事业和学术事业呢?他所教的课,口碑极佳;他所整理的《康有为全集》(与姜义华老师合编)和《康有为往来书信集》,嘉惠学林。所以,世人又岂能简单地以"著述多寡"来评价一个人的识见呢?老师说,"张元济的信念和抱负是如此坚定,历久而不移","那是何等深邃的人生境界!"在我看来,这何尝不是老师对自己的写照呢?老师在此书前言还曾写道,"如果说为他(指张元济)立传必须具备一系列专业素养已属不易,那么从生活经历中领悟并开掘意境则更为困难",是啊,"丹青难写是精神""潇湘烟雨画难如"!也许,作为弟子,除了传承荣华师留给我们的学术遗产,更应从他的生活经历中去体认老师的一生,在开掘意境中理解老师的"道",领悟老师的"精神"。

永远怀念我的老师张荣华先生!

(作者为复旦大学历史学系2005级硕士、2008级春季博士,现为杭州师范大学人文学院历史学系教授)

关于荣华师二三事

傅 翀

不知道是否有人比我更幸运,可以在最心无旁骛求学的时候,在荣华师身边一待就是四年,从大三到研三。虽然2011年从师门毕业之后,因为辗转各国求学,长居海外,我和荣华师已疏于联系,但他的音容笑貌,此刻仍在目前。荣华师的学术遗产无须由我来介绍,但荣华师在讲台之下、文字之外的样子,希望能借由我的追记,可以让受惠于他的人读其书而想见其为人。

2006年9月份,新学期刚开始,荣华师为本科生开设"中国近代学术史"。在上课前,他就在黑板上写下了"一指入海,四海皆动"八个字。回想起我向荣华师从学的开端,又何尝不是这八个字。那是在更早的2005年的夏天,那是大一大二之间的假期,是我们2004级本科生参加军训的日子。

缘起时就是四海皆动的图景,不过可以简而言之。我本科在哲学系,原本和荣华师并无交集,但是,我在军训时,遇到了我的一位高中同学,她所在的方阵离我不远,军训完了之后就熟悉了起来,而她是历史系的,而她正好上了荣华师的课。但她之所以会在练完军体拳的一个无所事事的傍晚,向我提起有一位读了很多书、很可爱的老师叫张荣华,又是因为另一桩因缘际会的事情。当时她在选新学期的公选课,选了一门哲学系开的,而我正好之前上过这门课了,买了教材,所以答应借给她。她在来我寝室借书的时候,看到我从成都背来的厚厚的《推十书》,她说:"这本书好像是我们老师推荐过的。"刘咸炘的书当时流传并不广,市面上只有早已歇业的成都古籍书店所影印的三大本流通。我当即就对她提到的这位老师肃然起敬,她说这个老师叫张荣华,在给他们上"中国史学史"。等到大二下学期的时候,我等到了荣华师再一次开设"中国史学史"。

复旦的学风向来自由，跨专业跨年级选课，也就是动动鼠标，无知的我也恰如其分得无畏，第一时间跨专业地选了这门课。去上课之前，我的细心的高中同学就多次提醒我：一定要提前去占第一排的位子，因为首先张老师讲课讲得非常好，其次张老师讲课的声音非常小，以及，据说新生更加热爱学术，更加追捧张老师。但我是一个习惯于坐在最后一排的人，同时也是一个耳朵还算灵敏的人，所以也就没有太当回事。我在离上课还有五分钟时走进教室，发现前面四排桌子上都已经布满了占座的书或笔记本——此情此景，我在复旦七年，可以说之前和之后都再没见到过。

荣华师讲课的声音是真的小，而且他几乎和学生没有任何互动——且不论语言的互动，连眼神的互动都几乎没有。他要么盯着自己的讲义，要么盯着讲台与第一排之间的空地，要么回身写着板书。荣华师的笔迹清秀，一如其人。但这丝毫不影响大家听课的专注度。因为他讲得实在是太好了——比如我，我就以几乎转录的方式在记着笔记，生怕错过了荣华师的任何一句话。荣华师上课是以专题的方式，每周讲一个朝代之史学，但他不重记述而重分析。他会提到很多参考文献，基本的史实如果我们可以通过阅读来掌握，那么荣华师是不会花时间再去讲一遍的。他愿意讲的，全是他自己对每一时代史学流变的思考。例如，在第一节课上，荣华师讲解的重点是史官与先秦儒家的关系。刚一上课，他就给我们发了一篇文章，考察我们的句读能力。我还记得荣华师选的是刘师培的《释儒》。可能是我古文的基础比较好，我当时第一个点完句读，交还给了荣华师——不知道是不是这件事给他留下了一个好印象，促成了我们之后的师生缘分。

荣华师所讲的魏晋之际的经史分途、唐宋之际私家撰史的兴起，都是我常年复习的内容。虽然我后来的研究方向远离了中国史学史，但荣华师对中国史学史的思考，始终是我理解史学编撰的起点。特别是，"明清之际游移的时间观念"这一讲，一直盘旋在我脑中，构成我持续至今的研究课题，包括我目前正在做的研究，也还是对时间观念的澄清。

荣华师上课除了鞭辟入里的分析，还有令人瞠目结舌的旁征博引。虽对钱锺书的喜爱并不是什么特别值得一提的事——毕竟，谁又不爱钱锺书呢？然而荣华师对钱锺书信手拈来的熟稔程度，确实令人叹为观止。我自恃对《管锥编》算是读得比较熟了,但在荣华师时不时莞尔一笑,说"你们去读《管锥编》好了"的时候,我还是常常不知道他所指的到底是《管锥编》里的哪一则。当然后来同作为"钱迷"的段位差距被越拉越大,因为荣华师称引的已经不再是《管锥编》了,而是钱锺书的手稿集。作为同时迷恋荣华师与钱锺书的我,在课上听到荣华师引用钱锺书,这种快乐大概类似于时人所谓的"双厨狂喜"。

虽然荣华师在讲课的时候不大搭理学生,但他对教学极为负责。比如,我刚才提到的句读考察,在第二周的课上,荣华师就把仔细批改的卷子发还给了我们。我清楚地记得,我因为粗心错标了三处,荣华师都用红笔圈了出来。但他对待课堂最认真的一点,在于他在每一个新的学年,主讲同一门课时,都尽量做到讲解自己在新的一年中对历史的新认识。我第二次听他上"中国史学史"时,他有时会提前一周通知我下一周的课别去,"因为我没准备什么新的内容",我当然都去了,哪怕复习我也想再去听一遍。然而事实是,荣华师口中的"没什么新的内容",完全是新的内容。我曾参阅过同门师妹吴晗怡的笔记,我发现除了课程名字保持不变,荣华师的授课内容已经完全不同于我当时所听到的。

荣华师虽然饱读诗书,广泛占有研究材料,但他最为看重的研究风格,反而不是综合的或守旧的,而是有"新意"的。这不仅体现在他对自己授课材料的更新上,也体现在他对学生论文的批改上。在"中国史学史"学期末,荣华师布置了考核内容:在所讲内容中任选一个主题进行论述。犹记得我选了《文心雕龙》的《史传》篇来讨论,我的论点是刘勰在编年体与纪传体并举中仍然更为看重编年体。我的论证有诸多疏漏,但荣华师仍然给了我 A 的成绩,这让我喜出望外,因为我从没期待过从自己心中最博学的老师那里得到最高分(而且据说荣华师给分比较严,但因为我揣着 A 也不好意思再去求证,但我暗喜至今)。后来我问荣华师,当时为什么给我 A,他说:"难得你在其中读出了一点新意。"

于荣华师而言,他只是嘉奖了一位跨专业选课的本科生一点点矫揉造作的新意,但于我而言,这是鼓励我走上学术之路的奠基性的事件之一。用荣华师自己的话说,这又是一个"一指入海,四海皆动"的时刻。2007 年的时候,荣华师又开了"中国近代学术史",我当然是继续选修。当时正赶上复旦向我们介绍"莙政学者"项目,这是李政道先生以其妻秦惠莙女士为名设立的本科生学术研究资助计划,我有意想试一下能否够到这个所谓的本科生学术天花板,就仔细想了一下自己最想研究的课题,最想跟的导师——那自然是想跟荣华师了。理论上讲,申请"莙政学者"的学生,应该是找本专业的老师作为指导老师,但我作为哲学系的学生,还是厚着脸皮去问了荣华师的意见——在一次"中国近代学术史"下课后,我拦着荣华师说了一下我想请他作为导师,申请"莙政学者",研究章太炎对清代学术的研究,结果荣华师一口就答应了。当然,我其实觉得荣华师并不清楚"莙政学者"是什么,他可能也忘了我是什么专业的,但他可能只是觉得我是可以被指导的,而我选的题目又是他可以指导的,所以就答应了。当时我只道是荣华师身上有一种神秘的化繁为简的气质。现在想来,他无非是想尽可能地帮助一个一心向学的本科生。

现在再忆起,我已经不知道我是浪费了,还是实实在在利用了接下来和荣华师单独相处的四年时光。借着"莙政学者"的机会,我和荣华师约定了每周五下午在他办公室见面,每次指导我一小时左右时间,这种一对一的指导,从我大三时开始,一直延续到我研三毕业。其实莙政论文的框架,在头两次见面的时候,就拟定好了,之后每次见面,我总是追着荣华师问他最近读到了哪些有意思的书。荣华师会点上一支烟,或在我来之前就已经点上了,然后把最近一周看到的文章和书推荐给我,其中往往都和我的章太炎研究无关。荣华师有时兴起,会问我最近看了什么,但这样的时候很少,毕竟我能看的他怎么可能没看,看的书是没法聊了,所以我有时只能和他聊我看的足球比赛。荣华师有时别的兴致起来了,会提前印几页钱锺书的笔记,或者钱玄同的日记,让我坐在沙发上读一读他们的手稿。其实我也说不上这是不是学术训练,因为也并没有什么计划性,也没有什么目的性,读的选段也和我的研究无关。我觉得,这更多的是荣华师单纯和我分享他阅读的快乐吧。

后来我顺理成章申请跨专业直研历史系,希望跟着荣华师继续读书。在参加历史系直研面试那天,结果迟迟未出,我实在忍不住,给荣华师发短信问了一下。没想到平日里不大用手机,更不大回短信的荣华师,接到我的短信后即刻就回复我:"待我去一探究竟。"我知道荣华师是笑着回的,因为他总是会在开玩笑的时候说这种半文半白的话。这七个字我至今记得分毫不差——不是因为在他去系里询问之后,我很快就知道了录取结果,而是因为他及时的出现与轻松的语气。即便那天我和历史系失之交臂,我也在荣华师这七个字中获得了莫大的安慰——无论如何,我知道他是愿意带我的。我想,上过荣华师课的人,都能感受他在讲台上对学生倾囊相授的热情,能感受到他对学生的关怀,但我还是希望补充这一则小插曲,因为荣华师对学生的关爱同样也如此具有细节。

跟着荣华师开始读硕士之后,我们很快确定了研究的题目,是刘师培与章太炎对中国人种西来说的接受与批判。确定之后,我们每周一次的见面又变成了荣华师的分享会。不知道我是不是浪费了这样和他近距离接触的机会,我是不是应该每次多准备一些问题,每次多准备一些自己的研究。但我也想不出能比听荣华师漫无边际推荐书目更快乐的事。

但有一次,只有一次,是我刚进他办公室,还没有坐下来,就被他叫去身前,迫不及待地要跟我分享一本书——是他女儿的画作集。荣华师谈及自己的女儿时仿佛是另一个人,说话的音量也大了,语速也快了,一边翻页一边问我:"好看伐? 好看伐?"

要澄清一下的是,周五下午其实并不是全无主题的。比如随着荣华师开始校订与编辑康有为的全集,他同我的谈话内容就逐渐围绕着康有为展开——当然我的硕士论文并不是研究康有为的,但一边读着荣华师的论文,一边听着他讲没有写进论文的东西,这样双倍的乐事,又去何处寻呢? 说到这里,我又想起一件小事。有一次我问荣华师,关于康梁之争,有什么好的研究吗? 荣华师说,你就看我写的就行了。荣华师的回答有一种无以复加的自然与坦率,全没有那种自援自引的自矜。事实也确实如此。

可能很多人都会觉得荣华师是一位低调的学者,但在我看来,低调并不是一个准确的形容词。低调是一种故意的展示,但他只是顾不上除了爱女儿、看书和思考之外的事情。对于荣华师来说,低调与高调都是不存在的,他就说他想说的,做他想做的。说到自然与坦率,可能是我在他身边日久,荣华师除了例行点评出版物外,也会在我面前毫不掩饰他的一些义愤填膺或心有郁结的时刻。反倒是他的身体状况，他谈起时总是镇定而释然，虽然我们做学生的都为他担心，因为总是看到他手指上包裹的纱布或药物涂抹的痕迹——这意味着他又去医院接受了治疗。有一次我见他的时候，发现他手上还有血迹，我忍不住问了一声，是不是刚从医院回来，没想到张老师笑着说："他妈的，刚才推着自行车走都摔了一跤。"

后来和荣华师聊到了出国留学的打算，他的第一反应是："我本来打算让你去出版社工作。不过出去留学也好。"从此之后，荣华师就留意给我推荐英文的学术著作，还送了我不少他自己复印的英文书，书的封面上是他清秀的笔迹所写下的英文书名。

虽说荣华师推荐我去读的书，总是在一个很随意的场景里，也并不总是有什么统一的主题，但我都如获至宝地记了下来。甚至于，他不推荐我去读的书，我也记下来了。看到这些书，就会想起荣华师，想到他褒奖它们或鄙夷它们时的神情。虽然不愿相信荣华师的病情会恶化，但好像又一直在做着和他告别的准备。现在荣华师去了彼岸，我希望那里是书店的样子。往后的清明节我都会记得给您烧去巨额书资。

那时我还没有开始上荣华师的课，那时可能是2005年深秋的某一天。那时在复旦南区后门，朝着同济的方向，在国权后路上，有一家叫古月的书店，老板颇识货，定价偏高，但好书也多。那天我正好拖着我的高中同学一起在那里逛，我同学突然小声跟我说："荣华哥进来了。"我说："哪个荣华哥？"她说："就是给我们上中国史学史那个老师。"我顿时起了一个念头，但鉴于我是一个不太敢和陌生人说话的INFJ型人格，于是我怂恿我的同学去问问荣华哥，有没有什么推荐的书。我同学真去问了。荣华哥认出了她是"中国史学史"课上的学生，想了想，从他面前的书架上抽出一本书，跟她说："这本就不错，可以读。"待他走了之后，我朋友把那本书抽出来给我，是王树民写的《中国史学史纲要》。

急就章，文笔拙劣，愧对师门。

2023年2月21日 05:32 于牛津

（作者为复旦大学历史学系2008级硕士，现为牛津大学博士）

学问何以养眼?

黄江军

"学术史进程主要靠学人的纸上工夫来传薪,其成就高低大致依据著述多寡及其中的识见上下。这一点固然无可非议,但因此而忽略了轻于著述、重于事业的张元济,则显得有些不合理。"这是先师(姓张氏,讳荣华)所撰《张元济评传》一书起头的两句话。话极寻常。然于先生遽归道山以后读之,令人不禁沉思。

先生毕生阅读和教学的重心,正是学术史(当然,强分之下也涵括史学史、文化史)。他对学术的理解,鲜有托诸空言者,往往于身体力行中透露出来。先生对学术史书写(及史学研究)中的遗忘、扭曲等现象多有观察与批判。如清末民国学人对儒之起源屡有讨论,其后学界在梳理此一议题时较注意刘师培、章太炎、胡适等人的论述,往往不及其余。先生则特意撰文介绍乏人问津但可修正成见的许地山《原始的儒、儒家与儒教》一文,并谓"人微言轻的官场逻辑并不适用于学术研究领域"(此文近期从先生遗物中拣出,此前未公开发表)。后来在评议另一话题时,先生进一步指出,"历史万象中,有名无实的事物,往往因有名而被附会实之,有实而无名义则遭受忽视,虽有而若无";并引述边沁创论的"语文能虚构实在或事实",霍布斯揭示的"国家机器滥用词语、巧立名目使民众信虚为实的统治术",以警示历史书写被扭曲之恶果。

这些教训化入先生本人的学问实践中,就是惜墨如金,不求文名,只问识见。或许在先生看来,学问之事,读过,想过,笑过,足矣。先生是一位独行冷静的学人,极少参加学术活动;但他并非与学术界绝缘,恰恰对世风学风甚为敏感,时于课堂上表出名家论著中值得商榷之处,亦时撰文批评粗疏之作。先生曾数次讲到,读书要多读老书,研究不要刻意追时髦,无不在提示弟子要将心力投注到基本文献和经典论著中,进而养成扎实的学问根基。

践行此种学术理想的典型方式之一,便是先生埋头苦读学人手稿。有时一天两天才能读通一篇,先生也乐此不疲。先生亦领着弟子阅读手稿,以达文字、文献、名物、义理等多层次的训练。某次课上,弟子不经意间说看钱锺书手稿"费眼",先生即告当是"养眼"。

"养眼",恰是先生学问品质之写照。先生不愿做学术生产流水线中的一员,只是安安静静地读书,然后养出养眼之作。秉元师借孔子语评价先生是"夫人不言,言必有中"。信然!

先生学术生涯早期,聚焦于文化研究,撰有《功利主义在中国的历史命运》等文。其中涉及文化学的思考及对现实问题的认识,多少都体现着那个年代特殊的学术风气。20世纪90年代,先生参与多部文献集的整理,尤为《中国学术名著提要·历史卷》《康有为全集》贡献较多精力。这与复旦史学的学术资源和思想史研究传统直接相关。与此同时,先生陆续发表关于严复、张元济、康有为等人的研究成果(包括先生唯一的一部专著《张元济评传》),进入学术的成熟期。本世纪的最初几年,先生并无什么发表,数载后突然拿出《章太炎与章学诚》一文,深令读者赞服;随即,编校质量上乘的巨著《康有为全集》面世。之后,先生继续留心康有为文献的搜辑,编成《康有为往来书信集》;多数时候则是在阅读钱玄同、钱锺书等名家的手稿。在学生辈的"动员"下,先生陆续于《书城》"澎湃"等媒体中发表十余篇文字活泼而学养厚重的作品。其中对"事君欲谏不欲陈""中兴""伍子胥申包胥亡楚复楚"等文化现象的解读,可谓臻于谈艺管锥之境。

先生遗留下来的文字不多,然可值三复。频现于先生文章中的三组关系,就是例证。

其一是文化研究中不同文化主体间的关系。在前揭讨论功利主义一文中,先生批驳了非功利主义是中国传统文化的特征这一似是而非的看法。先生立论的基本前提,就是否定以往论者从少数思想家的重义贱利论推出中国传统文化整体特征的做法。先生认为,讨论社会文化的整体特征,起码要注意意识形态和社会心理这两个主要构成因素的差异。社会心理产生于人们的社会经验,并通过情绪、风尚、习惯等表现出来,"撇开社会心理,就无法对复杂的社会历史和文化内涵的多重性取得切实的理解和认识,也就无从定义社会文化的总体特点"。四年后,先生给已创刊七年且对当时文化研究热潮起着推动作用的《中国文化研究集刊》建言,应该重视"对上层文化(即马克思所说的统治阶级的思想)与民间文化(即大众文化)之间关系的研究"。

这不是逢场作戏的一句口号,而是先生持续思考的一个话题。十余年后,先生发表《文化史研究中的大、小传统关系论》一文。此文概述西方学术界关于大、小传统关系的若干重要研究,将其分别为支配说、隔阂说、挑战说、修正说、挪用说及源流说六类。先生认为,大小传统之间有着共享和妥协,但研究者不能走向另一极端而无视两者并列分立的历史存在,"特别是注意到在历史过程中,对小传统的改造具有阶级性,统治阶级总是力图按照自身文化价值改造小传统,甚或要将小传统变为统治阶级的创造物,这无疑间接地映现出两种传统对立的轮廓"。大小传统在话语体系和史料留存上并不平衡,故先生更为关注的还是如何书写小传统的问题,即"辨识和表现小传统的本真性"。追问本真性不可忽视小传统自身的多样性和差异性,尤应避免"着眼于大传统的价值标准或趣味范畴,对形形色色的小传统内容有选择地凸显、解释或建立模型,以论证大小传统之间的贯通性或一体化特征"的方法。先生还提醒要注意区分民间文化(popular culture)和大众文化(mass culture),前者是"从底层升起来的,它是民众声音的真实的表述",后者则是"从上层降下来的,它是社会控制的一种类型或政治统治的一种工具"。而在先生多年前的文章中,民间文化与大众文化混而不分。

其二是政治与学术的关系。对此一关系的论述,构成先生文章中或隐或显的一条主轴。20世纪90年代,"公共领域"及其背后的国家与社会关系是中国学术界讨论甚为热烈的一个话题,学界对近世中国有无"公共领域"及能否引入这一概念研究中国现代史的议题未成定论。先生对此持肯定态度,在为张元济作传时,表彰张氏是"近代中国致力于开拓'公共领域'的典范"。先生认为,张元济为学术作出的最大贡献,不是编教科书、编工具书、整理古籍和介绍西学,而是通过经营商务印书馆,"孜孜不倦地为维护学术文化的自主理想和独立精神建立坚实的基础"。

先生为《中国学术名著提要·历史卷》撰写的词条(1994年版中为38则,2019年合订本中复增写或改订若干则),没有受限于工具书的平实体例而着重从政治与史学的关系角度衡鉴一部史著的优长与缺陷。以研治明史的三部基本文献为例,先生对官修史书之弊有详细的揭示和明确的批评(类似评价亦出现于《清实录》《东华录》等词条中)。针对当朝官修史籍《明实录》,先生举《太祖实录》三修之例,指出其中掩非饰过之处。"第一次为建文时方孝孺主持修撰,明成祖夺位后,以其中有于己不利之处而下令重修;后因监修官李景隆等人获罪,又有姚广孝、夏原吉等三修之举。其目的在于将'其有碍于燕者悉裁革'。"即便如此,《明实录》的史料价值仍高于《明史》。《明史》因"众手成书、修纂日久"而颇多讹误,然其"真正缺陷在于有意掩蔽史实"。"如清之祖先女真部,于明代入朝进见、上贡、袭替、改授等活动甚多,均清代发祥后为明代之臣的明证。清统治者为表明祖先从未臣服过明代,不惜将自己祖先三百年间的历史全部删除。""清入关后南明诸朝廷的活动,也是书中着意淹没的史实。自弘光朝、隆武朝、绍武朝、永历朝至鲁王监国的二十年南明之史,《明史》皆予隐讳,不承认南明帝号,而将其事略述于诸王传中。"相较之下,先生对私家撰述《国榷》的评价要客气许多。"《国榷》以实录为本而并不盲从,对为明实录所隐没或为清统治者所讳言的史实,皆能具事直陈,不予掩饰。""自《明史》行世后,有关明清之际及建州、南明的历史已形同禁区,故是书所载万历以后明与后金之史实,为他书所不及,史料价值甚高。"至于《国榷》的缺陷,"主要表现为叙事过于简略,且有前后叙述不一,失于照应之处;书中的灾异迷信色彩也比较明显","但与全书的成就相比较,这些缺失毕竟是次要的"。

对这一关系的思考也贯穿在先生学术生涯后半期的学人个案研究中。《章太炎与章学诚》一文揭示,章太炎在1906年东渡日本后集中思考的学术议题之一就是"中国学术如何摆脱官方的制约而发展",随后在《原经》一文中对章学诚"六经皆史"说大加挞伐。先生指出,"章学诚认为天下之道尽在先王政典中,六经作为政典的载体或载道之器,与'史'异称而同实,从而将史学纳入官学的范围之内,并规定了史学负荷的使命是为政治统治的合法性提供历史事实。"章学诚对方志修撰的重视,亦被章太炎敏锐地看到是要实践"官师治教合一"的意图;章学诚对史德的阐述,更是教人树起尊君卫道之"心术"。《康有为〈孔子改制考〉进呈本的思想宗旨》一文续说前义。康有为与章太炎一样,对《文史通义》的"治教合一、官师无二"理想均持否定态度;但与章太炎"政学分途"论截然有别,康有为没有破除政教合一的观念。"《改制考》中对周公、孔子形象的褒贬抑扬,以及散布于各卷中的'道尊于势'之论,明朗地显现出藐视政治威权的勇猛性格和进步精神;然而其思想的归宿点,依旧是回到儒家传统'治教合一'的理想社会与政治结构。"先生无奈地写道,在清末以来的历史进程中,康有为"并驰"说的影响远甚于章太炎的"对境"论。在读钱玄同手稿的札记中,先生亦特撰一则谈"大学如何排课",重点说明钱氏在课程取舍中"有意识地贯彻思想自由、推进文化革命和避免意识形态说教的教育理念"。

其三是学人交往中的师生关系。先生讨论学术史,注重从文人交往看学术思想之形成与嬗递。先生在课上讲五伦观念及其现代变迁时,尝言一部近世学术史大半牵涉师生关系。复谓诸多师友断交都值得细致考索,如黄宗羲-吕留良、康有为-梁启超、罗振玉-王国维等,由交友或绝交适可写出一部别样的学术思想史。惜乎,先生早逝而此一著作终不见于人间。不过,先生已刊文字中留下了数个精彩案例,足慰人心。

康有为、梁启超这一对师生先后引领清末民初思想舆论界之风气,学界对两人分歧讨论甚夥,常以新旧更替、"凝质流质"加以解释。先生则从保皇会海外商业活动失败之关键事件振华公司内讧切入,考证康梁二人在事件及其前后的态度与作为,说明两人分歧之一大因素为对实业救国的不同看法。在振华公司内讧事件及保皇会的海外商业经营活动中,梁启超大体与康有为处于一种不合作的状态(甚至是"存在着严重分歧")。促使振华公司内讧激化的广西振华公司筹建一事,本是康有为《物质救国论》观点的一次具体实践。在康有为眼中,物质建设事业乃"救国至急之方";但梁启超对此不以为然,表示振兴实业必以确立立宪政体、养成国民公德、整备所需机关、掖进国民企业能力为先,"四者有一不备,而哓哓然言振兴实业,皆梦呓之言也"。先生进而认为,康梁之分歧,"本质问题是他们在中国改造问题上的不同思考和见解,及其对近代化道路的不同抉择","反映了投身社会实践的知识分子群体内部的分化蜕变状况,体现出他们对于自身所肩荷的历史使命,所拥有的知识价值及所隶属的民族命运的不同理解"。

先生讨论章太炎对章学诚"六经皆史"说的评价,亦注意到谭献、章太炎师生对《文史通义》的不同理解实是影响两人关系的一个关键因素。先生认为,谭献对章学诚崇仰之深和评价之高,晚清学人中无出其右者。"谭献对章学诚'六经皆史'说的理解和阐发,主要是突显章氏命题的内在精神是标举'官师治教合一'之旨,并尊奉此旨义为'不磨之论'和'师说',认为此旨能'洞然于著作之故',能洞究'六艺之本原'。"而这恰恰是章太炎《原经》一文着力驳斥的观点。就在写作《原经》不久前的《某人与某君论国粹学书》一文中,章太炎已公开批评谭献,并拒称后者为师而直呼其名。章氏此举引来钱锺书的痛斥,谓章太炎对昔日师弟之谊轻易勾销,是尊生畔死之奸人。在先生看来,章太炎对谭献的不满事关大节,钱锺书对章氏的批评有失允当。

对章太炎、钱玄同关系的解读,是先生从师生关系讨论学术史的至为精微的一页(该文先以《钱玄同与章太炎北上讲学》为题,于2010年发表在《书城》杂志;2014年,改题为《钱玄同思想中的师承因素》,作为"代导言"收入先生选编的《中国近代思想家文库·钱玄同卷》一书,文首多出两段)。钱玄同早年追随章太炎习小学和经史之学,在新文化运动及其后同章太炎的政治见解与学术观点均有着显著的分歧。但钱氏未像周作人那样有"谢本师"之举,亦未有如鲁迅"师如荒谬,不妨叛之"之类的表述,反而从章太炎北上讲学经历和两人晚年互动中"可见其敬师之情愈趋淳挚"。此前论者或从钱玄同接受章太炎"六经皆史"论中解释两人精神之相承,或从功利论角度臆测趋新弟子与守成师长为维系学术地位而相互支援之动机。先生对两说均予否定,从钱玄同日记手稿中细绎出一条维系章钱师生情谊近三十年的精神纽带。此一纽带即为两人多次探讨的"修明礼教与放弃礼法"。章太炎曾告诫弟子,"修明礼教者当如颜、李,不可饰伪;放弃礼法当嵇、阮,不可嫖妓"。钱玄同对此深表认同,"章师固言修明私德与放弃礼法者皆是也,然修明礼教必如颜、李,否则流于虚伪;放弃礼法必如嵇、阮,否则流于放僻邪侈矣"。师生两人在修明礼教与放弃礼法上终身抱持着一致的态度(至章氏离世前三个月仍以此告诫钱氏),章钱"能够葆有纯真的师生情谊并且善始善终,根本原因就在于他们所树立的相同的人生观"。

清末民初以来,传统的负面化愈演愈烈,个体从传统中脱嵌(disembedding)后如何自处,个人道德修养走向何处,乃成个体安身立命的根本问题。即如同为章门弟子的钱玄同、鲁迅,两人均极赞誉嵇康、阮籍等名士,对"在抉破世俗礼仪规训、反对一切人为束缚之后,在乱世之中如何培植个人道德修养以抵制放诞自肆的习气"这一问题却有着不同的选择。先生不唯呈现了一个"出语惊人、思想偏激"背后"自有其不肯逾越之界域"与对待师友"始终能笃厚唯谨,恪遵师训"的钱氏形象,更表出近代中国在步入世俗时代的过程中少数思想家对本真性伦理的深切体认。

前举三组关系只是先生文字中的一些小片段。这些片段和先生其他文字中的观点自然有待来者检验(先生自己对其先前的看法就常有更新),但先生学问之风格同样值得珍视。先生尽可能地减少社交(包括应酬式的学术活动),少了功利浮躁的侵染;与之相应地,沉浸于手稿古籍,"以友天下之善士为未足,又尚论古之人";进而目光高远,下笔谨慎。先生曾在一篇未刊稿首页的天头处摘录章太炎《说林》述治经之法,"审名实,重左证,戒妄牵,守凡例,断情感,汰华辞"。又曾以仲长统《昌言》谓天下士之"三俗""三可贱""三奸"告诫弟子。沉潜、切实,正先生治学育人之宗旨。唯其如此,可言养眼之学问。

(作者为复旦大学历史学系 2010 级硕士,现为北京大学历史学系助理教授)

记忆中的张荣华老师

李 路

荣华师故去的噩耗是 2 月 20 日下午我在历史系上课时听闻。刚开始我还有些不信，当即联系老师家人确认。坐实噩耗无误后，便只得接受这悲伤的现实。在自己印象中，荣华师身体一直孱弱。加之常年习惯深夜看书、看球等不规律的作息，以及饮食上多不讲究，生病住院对老师而言似乎已是常态。2022 年 12 月 20 日，荣华师因主动脉溃疡住院手术，入院后检查发现已深染新冠，两肺皆白，并伴有心梗、脑梗，昏迷多日。后在 ICU 抢救两月有余，据闻其间医院曾两度想要放弃治疗，但最终还是坚持了下来，于 2023 年 2 月初出院。可没过多久，就又因为胃出血入院急救。救治时需经常输血。但医院血库库存紧张，需要亲友帮忙献血，医院才好优先安排给荣华师输血。一听到消息，我便赶紧联系老师家人，于 2 月 13 日去医院献血，也趁机看望一下老师。当时荣华师躺在急救病床上，喉咙上插着辅助进食的管子，面容颇为憔悴，没有力气多说话，但仍一眼就认出了多年未见的我。简单交谈儿句后，自己不愿多打扰老师休息，便转向老师家人询问病情。据荣华师家人说，当天老师的状态较之前两日刚送来医院时已有所好转，还乐观地说，等老师康复后，要邀请在病中相助的师友学生们一起聚聚，以示感谢。不曾想，此次见面竟成了与荣华师的永别。

我是 2011—2015 年硕士阶段跟随张荣华老师学习的。其间，一方面是老师为人内向，不喜社交，即使是学生，也多回避学业之外的互动；另一方面也是自己乐得没有老师管束，师生之间平日里往来也多集中于每周的课堂之上，课外交流则都是因事而起，比如求教问题、讨论论文等。及至毕业之后，少了学业的牵连，自己同荣华师的往来就更少了。除了逢年过节的短信问候,其余的联系,要么是帮媒体向老师约稿,要么是听闻老师生病,电话关心病情恢复情况,但也都止于短信、电话。几次意欲当面探望,却都被老师婉拒。

作为一个本科中文系的学生,我对于历史专业虽算不得门外汉,但也称得上是半路出家。某种意义上而言,荣华师是我历史专业学习之路上真正的开蒙之师。自第一次在课上与荣华师相识,便被其深厚学养所折服。后幸蒙不弃,拜入门下学习。荣华师为学,多言前人所未言,为人则内敛谦逊,对学生虽不温不火,实则关心备至。怎奈自己资质愚钝,加之杂心颇重,不能承先生学问之万一。可即便如此,从荣华师学习时所得的一鳞半爪,仍让我受用终身。毕业后,虽与荣华师往来不多,但几次联络,老师也都勉励我要多阅读、多思考,即便不从事学术一途,但学史仍可使人明智知世。工作数年,蹉跎之中我也终悟志趣所在,而立之年选择重返校园,攻读博士。准备申博材料时,荣华师也连续两年帮我撰写推荐信,还问起我未来的研究方向,往来言语中多有提点。本想着等入学后找机会好好向荣华师深入求教,结果老师却突然仙去。斯人已逝,俱成往矣。

如今,每每回忆起荣华师,既为自己身为及门弟子不能为老师传续学问而深怀愧疚,同时也为自己能在求学的关键时刻遇到这样一位名师而深感幸运。在荣华师门下学习的那段时光,无疑是我求学成长之路上极为珍贵的回忆。在此,只能用拙劣的文字,记录下印象中荣华师的点滴,以资纪念。

一

荣华师一心沉潜向学,为人低调,学界之外素来声名不扬。对于一个半路出家的历史学子而言,我最初知晓其名纯属偶然。2011年,我从南昌大学中文系跨专业考上复旦大学历史系研究生,入学前到江西同乡陈新老师家中叨扰,聊起系里优秀的老师。陈老师说,复旦历史系除了那些声名赫赫的知名教授,还有很多低调但学问很好的老师,其中便举了荣华师的例子,言其学力极深。于是,我便记下了荣华师的名字。入学后,又从班上一些复旦本校出身的同学口中听说了荣华师不少传闻,比如称他为历史系"扫地僧""低调达人"等,这不禁增添了我对这位神秘老师的好奇。

真正接触荣华师还是在课堂。研一上学期，我选了荣华师开的"中国近代思想文化史史料学"课程。第一次上课，荣华师身着深色灯芯绒西装，衣服带着些许皱皱的质感，身形瘦弱，头发也略有些蓬乱。走进教室后，他见选课学生只有我一人，于是之后便将课程移至他办公室去上了。就这样，师生二人一对一上课上了一学期。有时候老师身体不适要去医院时，还向我这个学生请起了病假，如今想来不禁莞尔。之后，我有幸拜入老师门下，并陆续修学了其开设的"中国近代思想文化史专题""中国近世学术史"两门课程。这两门课程少则五六人，多则十余人，上课地点人少时在老师办公室，人多些时便去系里的小会议室。荣华师治学精于近代中国之思想学术，所开课程大抵集中于这一领域，但又不限于此。比如其就曾给历史系本科生上过"中国史学史"课程，为非历史专业的本科生开设过公选课"中国文化史十讲"。后来在网上听一位曾上过"中国文化史十讲"的校友说，荣华师每次上课前都会在黑板上题诗一首，颇有些文人雅趣。

荣华师上课不做ppt，每次都是带一本笔记本，里面夹着一大摞写得密密麻麻的纸片，纸上都是他备课所准备的资料，比如对于某个问题的想法观点、摘抄的史料、参考书籍等。不过这些材料对于老师而言只是辅助，他每次课上所要讲述的内容，早已了然于胸，只是偶尔看一眼笔记以作提点，或是确认一些史料、书目信息是否无误。荣华师为人极为腼腆，被学生看着都会脸红或是感到不自在地羞涩笑一笑。他的口才也算不得好，讲话声音很轻，有时候还会打些磕巴。上课时，他总是低头看着讲台或桌子，慢条斯理地讲述着他所关心的历史中的人物与思想，仿佛沉浸在自己的世界之中。其间，或是讲到一些重要的人名、书名或者概念时，在黑板上写上一二；又或是讲到某处联想起一些学术趣事，莞尔一笑。但只要听过他课的学生，几乎都会被其旁征博引的渊博学识和对当前研究薄弱环节的深刻洞察所折服。

我始终忘不了第一次上荣华师的课所带来的震撼。荣华师的"中国近代思想文化史史料学"课程，不同于大多数史料学课程那样去介绍史料的类型、分布、研究价值等，而是从内容出发，结合近代以来的思想文化流变，对史料按主题内容进行分类，以此展开去讨论在近代思想文化史领域有价值的研究课题。犹记得课上荣华师开篇的第一句话："史料是一种书写。"作为刚刚从中文系转入历史专业学习的学生,对于历史和史料的理解当时还停留在较为确实性的阶段。但荣华师将史料解构成一种书写,其实质上涉及历史真实的本质性思考,一定程度上也重塑了我对于历史的理解。当然,之前在考研复习时,也曾接触过后现代史学消解史料客观性的理论概念,但"纸上得来终觉浅",感触不深。而荣华师在课上,将史料作为一种书写,铺衍开了对于近代思想文化的整体性思考与诸种个案专题,这一研究路径无疑是将该理论概念躬行实践的绝佳示例。而且,对于主要聚焦于文本话语的思想文化史而言,以书写的视角来看待史料是非常贴切的,更能揭示文本话语与其所处时代语境和社会结构的关系本质。

二

从上面这一点可以看出,荣华师讲学不循常规,往往别出心裁,所切入的角度与洞见俱成一家之言。他自己在课上也说过,别人说过的东西他不多说,要讲就要讲一些别人没有讲到的内容。不仅上课讲学如此,老师治学研究亦是如此,眼光见识独到,常能"于不疑处有疑",发前人未发之论。荣华师在近世中国思想学术领域的学术成就与特点学界自有公论,在这里,我只是结合自己个人的感受和理解,尝试一窥荣华师的治学之法。

在我的理解中,荣华师治学颇有些"老派"。之所以这么说,一是荣华师极重文献功夫,其研究也多从史料整理入手。他常常要求学生要多锻炼自己的文献基本功。记得有一次开学上课,荣华师问我选了些什么课程,并建议我可以去修学一些文献学之类的课程。他自己便文献功底深厚,所整理校释的《康有为全集》《康有为往来书信集》等基础史料已成为学界不可或缺的宝贵财富,广惠学人。对史料的熟稔与深刻理解,为其进一步的研究奠定了基础。而这种从基础史料出发,做研究前先编史料集的做法,颇有几分老一辈史学家的风格。在整理史料过程中开展研究,初时虽可能茫然无头绪,但随着对史料掌握与理解的渐次深入,反而更可能把握前人的思想幽微之处,也可一定程度上回避以问题为引的研究路径所可能带来的削足适履之弊。

其二,"老派"指的也是他研究思想学术史的治学理路。荣华师虽将研究重心放在近代思想学术领域,但其学养贯通古今,这便使得他看待近代以来思想学术领域诸种现象，往往会将其置于中国文脉的历史流变中去理解，看到其与明清，甚至更深远的中国历史内在逻辑的关系，而非简单地以新/旧、中/西、传统/现代的二元话语释之。荣华师这一思路与所谓的"中国中心观"不同之处在于，他并未以今推古，预设问题去试图寻找中国历史中的所谓现代性萌芽，而是深入前人所处的历史语境与文化传承，去体认话语背后时人所切实关怀的问题与思维逻辑。近代中国文人不少都是"两脚踏东西文化，一身处新旧之间"。而近代思想文化学术等领域的许多现象并非当时所独有的，往往能在明末清初或是更久远的时段中找到原型，甚至是更深刻的讨论。正因为此，当我们以受到西方现代学科体系和问题预设所影响的今人学术话语去看待彼时文本，往往可能过于看重其中"突变"的一面，而忽视了在文脉传续下"承续"或是"轮回"的一面。而荣华师所采取的办法，正是试图在中国历史的语境中去分析彼时的文本话语，看到其承续前人已有的突破和讨论之处，进而把握其中的微言大义。比如老师的《章太炎与章学诚》《康有为〈孔子改制考〉进呈本的思想宗旨》两篇文章，正是把握了中国文人对于政教关系的持续性审思，才能察觉到章太炎与章学诚二人在同样"六经皆史"概念下不同的思想旨趣与价值认同，以及康有为《孔子改制考》进呈本文本变化背后的深刻意涵。这也正是荣华师在讲授"中国近世学术史"课程时要从明末清初讲起，并且要求我们去阅读先秦以来的诸种经典文献的道理所在。

在当今这个史学研究新理论、新概念、新方法层出不穷的时代，能够像荣华师这样承续传统治学路径的学者已然不多。但这并不意味着他就排斥新的理论概念。荣华师对于各种史学研究中的理论概念可谓信手拈来，对于国际上的前沿研究也是时刻保持关注。我曾听同学说过一个故事，据说江苏人民出版社那套海外中国研究丛书刚出版时，有学生（现在已经是史地所的老师）跟他说出了这么一套书，但荣华师却表示自己都看过了。那学生感到很诧异："这套书不是才刚出吗？"荣华师则说："啊，我看的是英文版的。"由此也足见荣华师对海外前沿研究的敏锐。而在课堂上，荣华师也广泛吸纳中外学术新进展，除了前面提到的"史料是书写"的观念外，课程中对于近代思想文化中的时间、空间、自我书写等话语的探讨，仍是当今学界方兴未艾的热门话题。其实,从荣华师早年的一些论著中就可以看出他对于理论概念的灵活运用。他1985年硕士阶段发表的论文《近代中国人时间观念的文化意义》便敏锐地洞察了时间概念转变在近代重要的社会文化意义,即便是放在今天也仍具有一定的启发性。而其20世纪90年代所著的《张元济评传》中,则充分利用哈贝马斯的公共空间概念去探讨张元济在近代出版事业中的贡献,这一概念在当时无论在国内还是国外都是学界热议的焦点。只不过现在的荣华师虽然理论素养深厚,但更多是将其内化于心,拓展看待历史中的人与事的视角,而非被其桎梏,又或是以理论概念的花哨来遮掩研究实质的苍白。

说起荣华师的"老派",还有一个细节值得一说。2015年年初,我帮澎湃新闻的私家历史栏目向荣华师约了一篇文章。其间有次询问写作进度的时候,老师提了一嘴说,文章已经写好了,等到办公室的时候录入电脑就可以交稿了。听到这句话,我才意识到,老师这么多年来阅读写作都还保持着手写的习惯。不仅摘抄资料是手写,写作的时候也多数是先手写底稿,然后再誊录到电脑之中。后来,我在孔夫子旧书网上还购得了一份不知如何流出的荣华师文章手稿。手稿中虽多修改,但仍可看出其初稿条理清晰、词句整饬。相比于我们多习惯电脑输入,初稿往往杂乱无章,慢慢修饰后方可成型,荣华师的写作更多是思虑周全、胸有成竹后才下笔,更显其作文的谨慎与难得。当然,这其中也有老师对电子产品不太熟悉和相对克制的原因。记得在我跟荣华师求学的时候,他的电脑一般都是放在办公室的,每次要用电脑都是等到办公室的时候才用。当时荣华师告诫我说,要学会克制上网的时间,这样可以让自己更加专注,把更多精力放在阅读和思考上。这份专注与勤勉,或许正是荣华师学养深厚的基础。

三

对于学生的培养,荣华师较为"散养",除了日常上课讲授外,其余课外时间少有互动,像什么师门聚餐之类的社交活动更是从未组织过。几次我想要约请老师吃饭,也都是婉拒。即便是毕业答辩后常规的宴请,也因老师身体不适而取消。这一方面是荣华师自身内向的性格所致。老师素来不喜社交,学校和历史系的人际往来能避就避,以致系里有事情找他时却常常找不见人。当时我在系里做助管,经常有负责行政事务的老师前来问起荣华师近况以及怎么样才能联系上他。即便是对于学生,荣华师也多是回避学业之外的社交。另一方面,或许也跟荣华师自己对于教与学的思考有关。在荣华师看来,他所要跟学生说的,都在课程中说完了。而且老师的讲授到底还是耳食之学,要真正落在实处还是要学生自己去看书思考。至于能习得多少,就要看学生自己的悟性与勤勉程度。因此,荣华师一般都是课上列出值得阅读的书文论著,或者直接复印拿来,让我们自己去学习。及至我们在阅读学习研究中有困惑的时候加以指点。因此,想要真正从荣华师处取得真经,还是要靠自己的努力,勤学勤问才可。

对于学生的研究和选题方向,荣华师也从不干涉,任我们自由发挥。若是选题贴近荣华师自己在研究的课题,沟通讨论的时间就相对会多些,有时也会让学生参与一些他的校释项目中,也算是对学生的一种锻炼。比如就有师兄参与了老师对郑玄注《孝经》的整理工作。若是学生所选方向与其研究课题差异较大,荣华师也并不会觉得不妥,而是尽力予以帮助。当时我对近代的婚姻家庭问题感兴趣,更偏重社会文化方向,这一点跟荣华师所擅长的思想学术史与经史之学有些偏离。但荣华师仍对我的研究取径多有鼓励,并一起讨论合适的选题和切入点。我记得当时荣华师提了一个中外通婚现象的选题,说这方面的研究较为不足可以深入,并提示我《钱锺书手稿集》(有些记不太清当时老师说的是《容安馆札记》还是《中文笔记》)和《小方壶斋舆地丛钞》中都有相关的史料可供索引查找。另外,荣华师还从近代五伦关系变化的角度,指出我对婚姻家庭观念的研究,可以结合彼时之人以朋友一伦的对等关系来改换其他四伦的差等关系这一思想背景。只可惜自己学力有限,对于荣华师所提点的几个方向都没能深入。后来在毕业论文的具体写作和修改中,荣华师也给出了不少好的建议,并逐字逐句地帮忙修改论文初稿。听着老师批评论文哪里文辞不通、哪里没有表达清楚、哪里需要深入,我不仅受惠良多,也深感老师治学作文的严谨。

从荣华师学习以来,印象最深刻的当属老师带着读手稿了。老师每次课上,几乎都会在最后留下20分钟左右带着学生们一起读近人手稿。每次都是先让我们尝试地读一读,读得不对的地方,他再纠正。但更多时候都是我们磕磕巴巴读不清楚,老师一看,也不难为我们,他自己直接全篇释读了。中间碰到一些关键的内容,比如重要的观点、书籍、人物、事件等,他都会细细解释。这些手稿的阅读,一方面锻炼了我们识字、句读这些最基本的文献功夫。毕竟近现代很多史料都是手写的版本,如书信、日记、档案等。若是缺失了这方面技能,那么在未来的研究中就很有可能"瘸腿"。另一方面,这些前辈学人在笔记、日记等手稿中所提出的学术洞见或是史料线索,都是我们后续研究的重要基石。比如荣华师带我们最常阅读的《钱锺书手稿集》。荣华师说过,钱锺书学识涉猎极广,读书笔记中对很多问题都有所谈及,并颇具洞见,做研究可以以此为切入口来进一步深入。

《钱锺书手稿集》是荣华师带我们读的最多的一套手稿。最开始读的是这套书中的第一辑,三卷本的《容安馆札记》。可能不少上过荣华师课的学生都会被老师"安利",最后自己买一套《容安馆札记》吧。后来《中文笔记》出版后,渐渐《中文笔记》里的内容就开始读得多了。记得 2011 年下半年《中文笔记》刚出版的时候,皇皇 20 册,定价 9 000 元。荣华师一方面很想看,但另一方面又苦于高昂的售价,几次在上课时念叨说,就算有当当网或者京东网的优惠活动,半价打折下来也要 4 500 元,所以想再等等,看看后面会不会更大力度的活动出来,要是能降到 3 000 多元他就入手买了。但当时迟迟等不到大力度的活动,老师便一个学期没有购置。后来第二个学期开学前,我在史地所资料室查资料的时候,发现他们购进了一套《中文笔记》,便赶忙兴高采烈地跟老师说起此事。但荣华师则说,他实在心痒难耐,便在过年的时候趁着网上有个 6 折左右的活动,咬咬牙把这套书给买了下来。有时候看着老师为了一套书的价格斤斤计较的样子,就像我们这些学生一样,也不禁拉进了与荣华师的距离。对于学生,荣华师却从不吝啬。如果学生看中了他某本藏书,他都是欣然送之。有时候看到跟学生研究方向有关的书籍,他也买回来送给学生。记得是在 2013 年,荣华师去台湾参加学术会议,回来时给我带回一本《寻觅良伴:近代中国的征婚广告(1912—1949)》,是一本研究民国时期报纸广告征婚现象的著作。民国广告征婚近些年来无论在民国婚姻行为研究还是广告传播史研究方面都开始成为一个受关注的论题,但实际上有价值的研究并不多。《寻觅良伴》这本书当时在大陆几乎没有人了解(连该书的豆瓣条目都是我添加的),但确实又是该领域绕不开的作品。从这次赠书中,也多少可以看出荣华师独到的学术眼光。

除了《钱锺书手稿集》,我印象较深的手稿识读则是《钱玄同日记》。荣华师有段时间对《钱玄同日记》用力颇深,也据此写了几篇文章。据说,他本来是有计划将《钱玄同日记》识读整理出版的,但可惜由于种种原因最终没能完成。其实荣华师没能实现的研究远不止这些。之前看一些悼念荣华师的回忆文章中曾提到了一些,比如"文人交友史""中国文化的四季"等。在这里,我也补充一个老师未竟的研究,那便是"康有为的中欧文明进程比较论"。这是荣华师2014年在中外现代化进程研究中心立项的项目。荣华师本就是研究康有为的大家,这一课题更是他深入研读康氏文本后新的一些体会和认识。我记得在2015年毕业前,还听荣华师说快要弄好了,但可惜最终还是没有完成。

我有一次看到一封梁启超写给徐志摩的信札手稿,识读下来有些地方不解,便电邮询问荣华师。过了几天,老师便将识读好的全文反馈给我。其中不仅有对我所标未解之处的解答,还将我识读、句读的错误一一标出,并附言说不少错误都属常识,实不该犯。言辞虽温和,但其实已含斥责之意。想必这是老师对我这个学生用功不够的不满吧。其实,荣华师对自己的每个学生都是报有殷切之望,希望都能够在学业上有所建树。在课上,他不时会提及其他门下学长学姐在某领域的独到之处,欣喜之情溢于言表。还记得我在准备硕士论文时,荣华师就问道,论文是打算写成一篇(单篇论文)还是一本(小型专著)。或许从老师的角度而言,是真心地希望我能够在研究上多下些功夫,最好能将硕士论文写成具有一本小型专著的体量和品质,这样对于我今后的求学与学术发展都有很大的帮助。但当时我已经抱定硕士毕业后就去工作的想法,便只想着求简求易地完成论文任务,以至于最终求学所得,未能及荣华师学问之万一,愧对老师期望。

四

毕业后,与荣华师的往来联系日渐少了,但却以另外一种形式与老师产生联结。我在工作中有时会遇上一些复旦历史系的学长学姐,交流下来发现好几个都同为荣华师门下弟子,冥冥之中颇有缘分。另外,网络也是我们这些喜欢荣华师的同好的交流园地。我们这届的几位同学在豆瓣网上发起了一个"荣华哥同好会"的小组,里面聚集了不少荣华师的"粉丝"。还有一次,我在知乎上回答了一个"复旦有哪些好老师"的问题,里面提到了荣华师,也引出了许多上过老师的"中国文化史十讲"课程的复旦校友,纷纷盛赞老师的学识与人格魅力。足见荣华师在学生心中的地位。我也从他们口中听闻了更多关于老师的故事。而荣华师的名字,似乎也成为我们这些人之间的一个秘密图腾。

有时候自己会想,到底是什么让我们这些学生对荣华师钦慕不已。或许正是他满足了我们对于一个纯粹学者的诸种想象。他一心向学,不计功利,治学全凭志趣,全无世俗的计较;他学识渊博,博览群书,中外学术成果信手拈来;他心性质朴,为人行事全无修饰,仿若天真孩童;他为人耿直,作文发言直抒胸臆,从不曲心屈从俗流……这般种种,仿若我们这般汲汲于世俗功名利禄者的对立面,虽不能至,但心向往之。

但荣华师也并不是不食人间烟火的神仙,他也有自己的喜怒哀乐,有面对琐碎生活的无奈。只不过,对于这些,老师都不愿过多地提及,他更愿意与人以学相交。但偶尔时,他也会谈及自己的兴趣爱好,谈及自己所爱与挂念的家人。

在豆瓣小组"荣华哥同好会"的简介中有句话:"信保罗不如信荣华哥!"之所以这么说,是因为在2010年南非世界杯的时候,荣华师有时候上课时也会跟同学交流对比赛的观感与看法。据一些当时上荣华师课的学生说,老师对足球的理解也是非常独到的,对一些比赛结果的预测也很准确。当时老师就非常看好西班牙、德国这些球队会取得优秀的成绩,因为这几个国家的青训工作非常好。果不其然,西班牙便拿下了那一届世界杯的冠军。德国则是在下一届2014年的巴西世界杯中夺冠。因此不少学生就将他与当时火热的神预测章鱼保罗相提并论。其实荣华师自己本身也是资深的球迷,经常看足球比赛到深夜,听闻他还是英超利物浦队的球迷。至于不少回忆文章中提到他对女儿的情感,我也是好几次听老师说起,说女儿画画很厉害,在美国读大学没几年就提前毕业了,得意之情溢于言表。有一次,荣华师跟我们几位上课的学生请假,说是要去美国参加女儿的毕业典礼。可惜的是,我没能有幸看到荣华师女儿的画册。

以上林林总总,勾勒出了我心中荣华师形象的碎片与整体。在我看来,荣华师仿若"赤子"一般,学问一途是他为自己所耕耘的一份净土。他始终以赤诚之心,全身心地投入他所钟爱的事业。或许俗世的桎梏太多,魂归天堂后,他可以更无挂碍地与那些他曾致力一生的先贤哲人对话。唯愿老师在天堂一切安好,及门弟子李路叩首。

(作者为复旦大学历史系2011级硕士,现任职于上海国际舞蹈中心,复旦大学历史系博士研究生在读)

怀念"荣华哥"生平的几个片段

周金泰

"荣华哥"是我们历史系学生对张老师的昵称,这大概是好多年前学长学姐们的叫法,等到教我们时,荣华哥早已到了"叔"的年纪,但我们还是习惯叫他"哥"。

为荣华哥编纪念文集的消息刚出,我便已动笔,题目叫《最想念"荣华哥"的时候》,但写到一半放弃了,因为我在里面抒发了太多个人情绪,已不大像纪念文章。我不是荣华哥的弟子,只是选修和旁听过他课程的一名普通学生。但当他突然离世的消息传来,尽管互为"陌生人",我还是呆在沙发上愣了良久。荣华哥很多行事风格影响了我,让我尊敬,让我想去效仿,就像那篇被我放弃的文章提到的:我曾经有段日子过得不好,那时候最常想起荣华哥,荣华哥——或者说建构出来的"荣华哥",借用一种俗套说法,是我的精神力量。

上述情感过于私人化,私人化的情感应该精心保护起来,不必示人。而且以荣华哥的性格,他大概也不喜欢有人写文章"宣传"他。但前不久,负责编辑文集的李路学长找到我,说希望有听过张老师课的学生也写些东西。这大概是冥冥中的缘分,但我已不准备继续先前思路,就简单记述荣华哥生命中的几个片段,作为对老师的怀念吧。

豆瓣一条令人印象深刻的评论

豆瓣有个小组叫"荣华哥同好会",聚集了一众荣华哥的粉丝,主力自然是我们历史系的学生,但偶尔也会有几个选过公选课的外系学生在讨论区留言,其中有条令人印象深刻。在讲完"腼腆""声音小""信息量惊人""见解独到"这些对荣华哥的共有印象外,他又加了句评论,大意是:这位老师有些古怪,让人好奇是不是受过创伤,期待历史系同学解答。我想说,这个好奇,历史系同学也有。荣华哥身上散发着一种神秘,他的"怪癖"不似天生,让人很难不揣测生命中是否经历过某些特殊故事。

但很遗憾,荣华哥从不讲这些,我们也始终不知道他身上的故事……

荣华哥其实很爱和学生交流

不擅交际是荣华哥的性格特点,但可能很少有人意识到,他其实很爱和学生交流。今年清明节,我回了趟老家,翻出了一直舍不得扔掉的"中国史学史"笔记,发现首页居然有荣华哥的手机号码,在"前微信"时代,公布私人联系方式在大学老师中相当少见,可见他内心还是很渴望和学生交流的。正是凭借这个号码,我还和荣华哥约过一次面聊,谈的是我在课程中很感兴趣的《史通》显隐叙事问题。那年春节,我还给荣华哥发了祝福短信,本没期待得到回应,但令人意外的是,短信刚一发出便收到回复。十多年过去了,我至今仍清楚记得内容:"同学你好,谢谢你的祝福,虽然我不知道你是谁,但祝你学业精进。"

如此真诚而可爱的文字,想让人忘了也难……

"中国史学史"课程特殊的两讲

既然提到"中国史学史"笔记,就不得不聊聊这门堪称"神奇"的课程。荣华哥的"中国史学史"讲得有多好,已无需我赘述,就说一点:这是一门让人在学识之外还能感受到"温度"的课程。第一节"导论"课,荣华哥会提前公布他精心雕琢的课程大纲,共十五讲,单看标题就知每讲都精彩,吊足了我们胃口。其中两讲标题让人印象最深,分别是第七讲"边缘人史学的视域和关怀"和第十三讲"史狱锻炼出模糊的镜子"。待到正式上课时,荣华哥特地调整了顺序,把这两讲排在了最后,似乎另有深意。我觉得荣华哥讲"中国史学史"是有条主线的,概括起来就是:时势对于人性的压抑,以及在此背景下史家或明或暗的抗争,当然也有令人嗤之以鼻的逢迎。于是,每一讲的标题,我都怀疑它们与荣华哥存在关系:荣华哥也是"边缘人";荣华哥虽未经历"史狱",但肯定遭受着精神的禁锢……所以上文提到的那次面聊,我曾很大胆地问荣华哥:"老师,您说刘知幾《史通》有显隐两套文本,您的课程是不是也如此呢?"我期待着荣华哥露出一贯的"狡黠"笑容,来一句"这都被你小子看出来了",但他几乎没有任何表情变化,只是默不作声。

这几年时常听到荣华哥准备将讲义整理出版的消息,但后来无不证明是谣言,而今谣言再也不会有了。但私心还是希望荣华哥的弟子们能将讲义整理出来,虽然这未必是荣华哥想看到的……

他知道学生们喜欢他

荣华哥有那么多粉丝,可他偏偏又不食人间烟火,讲课时几乎都不看我们,那他知道下面坐着的学生们都很喜欢他吗?据我观察,他应该是知道的。我曾经旁听荣华哥的"中国文化史十讲",因为这门课是开给全校的通选课,历史系学生无法选修,只能旁听。第一节课照例要公布课程大纲,可那次不知怎么回事,荣华哥有一讲标题怎么也想不起来了。只见他不慌不忙随口问了句:"还有一讲是什么?有听过的同学提个醒。"由于下面坐着的大多是外系大一新生,尚不知接下来这个学期,眼前这位看上去有些怯懦的老师将给他们带来何等震撼,故无不惊讶于荣华哥原来那么受欢迎,课堂竟然会有"回头客"。但很遗憾,没人接话。我虽第一次听课,但已从学长们那里探听得主要内容,知道他大概遗漏了与"食文化"有关的讲题,但性格使然,不敢应声引起注意。荣华哥见无人回应,也并不慌张,只淡淡说了句:"看来没人听过,那我回去再查查。"我才意识到,他的这次"试探"毫无炫耀之意,只是不经意间流露出的自信。

荣华哥表面卑微,但内心其实极度骄傲,低调、独行、沉潜,反而赋予他极强的自我认同,那是他身上最吸引我们的气质……

荣华哥是好老师,荣华哥的学生也是好学生

荣华哥是好老师,但我想说的是,荣华哥的学生也是好学生。我读书那几年,历史系还是专门接收录取线边缘学生的"慈善学院",真正有志于学的并不多。但每一级最优秀的那几个学生,无不推崇荣华哥,无不以获得荣华哥的认可为荣。印象中,他指导过很多优秀本科生的望道、箨政课题。而且据我的观察,荣华哥师门中本校直研生的比例应该最高,这倒不是说直研生更优秀,而是再次想说明荣华哥的低调,荣华哥在复旦历史系是"扫地僧"般的存在,除非上过他的课,否则很难得知他的大名。但选择荣华哥作导师,就意味着失去另一些东西,比如这样一位在学界默默无闻的人,很难为学生

发展提供"便利"。可尽管如此,还是有一批又一批极富才华且不计功利的学生"皈依"了他。

复旦历史系之所以了不起,不是因为她生产过多少引领性的学术成果,而是因为她包容了荣华哥这样的好老师,更因为她滋养出那么多喜欢荣华哥、选择荣华哥的好学生。我们庆幸,能在生命中最为蓬勃的年华见识到如此高贵的灵魂,尽管相遇的时间并不长,但已足够将我们的余生守护得很好……

荣华哥送给我们的两句话

荣华哥结课时会按惯例送给学生们两句话,好几届学长学姐都"剧透"过了。待到我们上最后一节课时,大家彼此心照不宣,仿佛在期待一场神圣仪式的降临。但当那一刻真正到来时,却并没有预想中的庄重,荣华哥平淡而坚定地念出了那两句话。

一句是叔本华的:"人生就是在对希望的憧憬与失望之间的永远的徘徊。"

一句是钱锺书的:"大抵学问是荒江野老屋中,二三素心人商量培养之事,朝市之显学,必成俗学。"

这两句话是送给我们的,但没有人怀疑,他其实也在说他自己……

最后,我还是想稍微提下那篇被我放弃的《最想念"荣华哥"的时候》。在最想念荣华哥的时候我经历着什么,实在一言难尽。简单来说,就是我开始见识到学术生态的险恶,赤裸的规则与利益不断露出它们狰狞的面目,冲击着我的认知。我仿佛又回到了当年的"史学史"课堂,体味着千百年来那些赤子们抗争世俗的无奈。人性之恶浇灌出的华丽规则从未随着历史的行进而发生改变,所以独行或许才是真学者的宿命。但我没有荣华哥那样的境界,无法做到"完全逃离",稍稍无愧老师的是,表面戏谑下仍保有不曾忘记的东西,那也是荣华哥曾经帮我守护过的东西。

我成不了荣华哥那样的光,但仍要努力生活在被光照亮的地方。

(作者为复旦大学历史学系2012级硕士、2015级博士,现为湖南大学岳麓书院副教授)

"必也狂狷"与"道之行废"

——先师张荣华教授的为学与为人

崔庆贺

一、师生学缘与学林友声

不像其他学生与其导师之学缘深厚,我与荣华师并没有特别的缘分。甚至来复旦之前,我并不确定有荣华师这个学者,只是印象中在翻《康有为全集》的时候第二个编校者(第一个是姜义华先生)好像是叫"张荣华"。2013年9月,我进入复旦大学历史学系读硕士研究生,我的本科学校(华中师范大学历史文化学院)沈志安老师在我报考时说:"你要研究思想史,就去复旦。"

来到复旦之后,我并没有确定自己要选哪位导师。同学也有推荐其他导师的,但我读了几位老师的论著之后,觉得似乎在学术上都没有心灵相通的感觉。直到有同学跟我说,你的读书兴趣似乎与张荣华老师比较相近。于是,我找到荣华师的论文《章太炎与章学诚》(载《复旦学报(社会科学版)》2005年第3期),认真研读。该文谈章学诚的思想主旨是"官师合一""政教合一",章太炎的观点是"政学分途""国史-文化"。"先章"与"后章"虽然都大力推扬"六经皆史"论,但他们"对'六经皆史'说的理解并不一致,因此要注意在特定的历史脉络中分析各家相同命题下的不同含义和意图"。

读完此语,我心头一震,瞬间想起大学时读余英时教授《论戴震与章学诚》时的情景。余教授推崇章学诚的历史意识与"以史抗经"的精神,此论给我留下了深刻印象,甚至成为我心目中的"章学诚思想定论"。今将余教授之说与荣华师之论对读,发现后者更能深入章学诚历史观念背后的思想宗旨与政治意图。同样,我大学时读章太炎《国故论衡》时,虽然难以尽解,但其中反映出的历史文化与民族精神深刻地留在了我的心头。这与荣华师之论正好互相印证，更进一步深化了我对章太炎的理解。经过这些年的学习，我发现研究思想史有几种取向，可称之为思想观点、思想宗旨、思维模式、思想实践等。其中思想宗旨重于思想观点，思维模式重于思想宗旨，思想实践证明思维模式。学者每读一本书，其观点最先进入脑中，然观点只是思想宗旨的子观点，只是思维模式的某点表现，至于是否进入实践更是在两可之间。比如我们能从胡适文章中找到社会公平、国家干预经济的观点，但不能说胡适的思想宗旨就是如此，更不能因此确定胡适的思维模式是唯理主义的。而胡适的政治实践、人际交往、学术论争之内容也不能与上述观点一一对应。

荣华师的《章太炎与章学诚》虽然没有提到思想观点、思想宗旨、思维模式、思想实践等研究取向，但显然他的论证直指思想家之思想宗旨、切中思想家之思维模式、兼及思想家之思想实践。这样的思想史研究，不仅是"学术式""观点式"研究，更是"学理式""反思式"研究。再加上此文最后一句"明末清初士人探究三代封建论时展现的精神气象已经荡作云烟，即便是处于权力边缘的第一流文人学士，也会自觉地以弘扬清廷治教合一的意识形态为己任，这不能不使人叹息清帝厉行文化专制主义的明显效果；而重温章太炎在清末时入木三分的论辩，也不能不使人感叹其言之警策"，故荣华师之研究还是"反省式""关怀式"研究。

2023年11月23—26日，我在杭州参加章太炎学术研讨会，与会的武汉大学姚彬彬老师说："我读到张荣华老师《章太炎与章学诚》，真是大学问。我对他谈的问题一直有这种感觉，但我说不出来。读其文，一下子豁然开朗，张老师真是有学问啊。我赶紧去买了他的《张元济评传》。"在座的北京师范大学董婧宸老师接着说："我也是这个感觉，而且张老师此论发表时间较早，之前这样谈章学诚的很少。因为我做书籍的，也买了《张元济评传》作为参考。"我说："荣华师学问很大，可惜知道他的人实在太少"。姚彬彬老师："没关系，这样的学问天下有一人知道足矣。"

与姚老师、董老师的谈话，让我的思绪又回到了2013年初读荣华师此文的感受。当时读完此文，我马上决定跟随荣华师读书，这种心意相通大概是毫无预兆但早已注定的师生之缘吧。

二、康章后学与绍述前贤

由于荣华师身体不好，2013年并没有开课，所以无缘得见，但我对他的为人、为学心向往之，心中隐然有一种当时未必能说得出的强烈感觉："能跟张老师读书，大概自己也能在学术上取得成就吧。"有一次在宿舍与两位同学谈到荣华师身体不好。A同学说："那岂不是做不了学问。"B同学起而反驳："不对。这样反而能更好地做学问，因为可以脱离许多俗务的干扰，自己读书，自己写文章。"我当时听了非常高兴，对荣华师之仰慕更深一层，也更深刻地认识到荣华师的渊深学问与沉潜人格广为同学所知、所服。

终于到了2014年春季学期，同级师姐吴晗怡告诉我："张老师下周要见我们。"我心想一定要给荣华师留下"我爱读书，我很优秀"的印象，让他也知道我这个学生是"合格"的。一周之后忽然收到短信："崔兄，我在办公室恭候。ZRH。"我很惊讶："张老师对学生这么平等啊，都称'兄'的，看来比较好接触的。"第一眼的荣华师很符合我对"有个性"的学者的想象：中等身材、略显消瘦、面有病色但目光犀利。第一次的见面并没有向老师请教太多，因为他要匆匆回家。但我自以为已对他有了了解，他是一个平易近人、学问渊深、个性特别的老师。

荣华师给我们开的第一门课是"中国近代思想文化史史料学"。第一节课，他从先秦讲到新文化运动的思想史核心史料，从荀子的《解蔽》到唐太宗的《圣教序》、章太炎的《国故论衡》，再到胡适的《说儒》，最后要求我们注意欧美与日本的相关研究。学贯中西、博通古今、纵横捭阖、议论畅达，充分显示出荣华师的才大如海、思想深邃、广阔视野。这更坚定了我"跟着荣华师，做出大学问"的志向，这种暗自立志，大概就是对荣华师学术与人格的发扬光大之万里长征第一步吧。以后荣华师经常拿钱锺书先生的手稿来领读，并以之引入课程。他特别强调："读书识字是学术的基本功，而且我们可以从手稿去欣赏钱锺书等学者的书法。"荣华师对读书识字的强调，颇有乾嘉汉学之风，这也符合"史料学"的路径，对思想的发挥、对学术的评议更突出了"思想史"中的思想，而对书法的欣赏则说明荣华师高超的艺术欣赏水平，于是我由此进一步认识到了荣华师的"魏晋风度"。

当时的我"一则以喜,一则以忧",喜的是确实跟到了一个才华横溢、学识高深的大学者,忧的是老师的才和学我怎么能学到家呢?随着学习和研究的推进,我逐渐认识到,作为学生,当然要努力研究、学习老师的学问,达到"登堂入室",见其"宗庙之美,百官之富"的程度。同时,作为学生也应该认识到"树下是长不成树的",即使老师学问已到其领域的最高境界,学生也不能亦步亦趋。跟着前人做学问,在前中期固然能积累学问、筑牢基础,但随着时间的推移与学术的发展,还跟着前人的学术套路,只能变成"学术套中人"。老师在该领域已经做到极致了,从框架上、方法上都很难超越,我们还去研究这个领域,甚至是研究该领域十分之一、百分之一的局部内容,即使我们做到最好,甚至比老师做得更细,又能如何呢?无非是用新材料证明老师已有的观点而已。看似是学术上的深化与细化,实际却是观点上的重复与学术上的退化,不大可能在老师的基础上更进一步,更难将老师的思想发扬光大。这种继承式、复述式、琐碎式的学术研究,时间一长很可能是一种自欺欺人、自我洗脑。一旦陷入这种困境,既是自己在学术上的墨守成规,也是对老师学术思想的原地踏步,乃至后退。

那么,作为学生如何推进老师的学术研究,发扬老师的思想主张呢?我以为可从以下方面用力:第一,延其思路,即沿着老师的研究思路,将其推广到相关课题、相关领域的研究,使其思路具有更广泛、更丰富的学术成就;第二,广其视野,即将老师的领域进行拓展,从近代到古代,从中国到外国,从思想到政治,让自己的研究具有更宏阔的视野、更通识的眼光;第三,进其观点,即将老师的观点在此课题与其他课题上向前更推进一步,使之更广、更深、更新,深化其解释能力和扩大其概括范围;第四,新其思想,即如果在老师的学术研究中发现他在表达某种思想,但这种思想可能是一种微言大义,那么,作为学生能否将其微言大义开显出来,乃至将之发展、论证成学理严密、体系完整、思想深刻、义理坚实、结构开放的思想体系。

荣华师的《章太炎与章学诚》,让我深刻感受到了以上四点。此文不仅阐释了两种"六经皆史"说在清中晚期的不同思想宗旨与制度精神,而且展示了"政学分途"论在当下的意义,深化、拓展了关于中国近三百年学术思想史的阐释,从国史关系、政学关系的角度将中国思想史上溯到孔子、下延到当代,拓展了章太炎的视野、推进了章太炎的观点、发扬了章太炎的人格。

如果论中国近代学术思想史上的两位大师,则非康有为、章太炎莫属。荣华师与这两位大师都有师承渊源。荣华师的硕导是李华兴教授,李华兴教授是蔡尚思先生的学生,蔡先生曾就学于梁启超,梁启超是康有为的学生。荣华师曾跟朱维铮教授读博士,朱维铮教授是周予同先生的学生,周先生是钱玄同的学生,钱玄同是章太炎的学生。因此,荣华师一身二统,既是康有为的传人,又是章太炎的后学。荣华师走向康章之学的道路,既有导师的指导,我想他或许也认识到了作为康章后学之责任。

在读荣华师《康有为〈孔子改制考〉进呈本的思想宗旨》(载《复旦学报(社会科学版)2013 年第 1 期》)之时,我发现,荣华师研究此题,其焦点并非是"托古改制",而是直击核心,论述了康氏通过批评章学诚"六经皆史""官师合一"以发挥"德高于位""道尊于势"的思想宗旨与政治逻辑。荣华师由此阐发康有为论"素王制法"在当时政治史与政治文化史上的重要意义,进一步发挥了梁启超评《孔子改制考》"火山大喷火""大地震也"之要旨。历史教科书告诉我们,"明清君主专制达到顶峰",确实如此。这个"顶峰"的集中表现之一就是朝廷、君主对文化、思想的严厉控制。到了清代后期,就连曾国藩、张之洞这样的天下儒宗也已经高度认同清帝是"圣王合一""君师合一"之典范了。如果按照曾、张的认识,则清代前中期的"何处是江南"问题已经被"到处是圣训"的现实所彻底取代了。

荣华师说:"分析进呈本《孔子改制考》中贯穿的思想宗旨,其中折射出的意义是多重性的。我们可以从中感受到 19 世纪末以来'士气高昂'的时代氛围,自宋代以来'君权的高涨'(钱穆语)情形,至此可谓一落千丈,《改制考》一书则充当了变化的风向标。"可谓一语中的。我们可以在荣华师的基础上进一步论述康有为的意义。康有为在"天下纷纷颂陶唐"的氛围中,重新恢复了孔子在思想史与政治史上的地位,指出"以仁为本""托古改制"之孔子是历代帝王师,尤其是清代帝王师,文化与政治的主导权不在帝王手上而在以孔子为代表的儒者手中。可以说,康氏之论是力图把思想自主权与政制设计权从"乾纲独断"的皇帝手中重新拿回到"以道自任"的儒家手中。

康有为就是要把古代政治转化为现代政治,把君主专制转化为立宪政体,把"恭聆圣听"转化为思想自由。就此而论,康有为其实在学理上找到了孔子的君臣对等论、今文经学的孔子改制论与现代政治的政体论的相通之处,并将前者推进到后者。由此推之,康有为在学术思想上实现了传统文化的创造性转化与创新性发展。

综而论之,康有为是中国历史上第一个现代式思想家。梁启超《南海康先生传》云:"先时人物者,社会之原动力,而应时人物所从出也。质而言之,则应时人物者,时势所造之英雄;先时人物者,造时势之英雄也。既有时势,何患无应此之英雄。然若无先此之英雄,则恐所谓时势者渺不可睹也。"绝非夸饰之语。荣华师此文以"清末以来的历史进程表明,康氏'并驰'说的影响和作用远甚于章氏的'对境'论,以致今日仍需思索一个问题:中国是否还需要'哲学王'?"为结束。此论可谓是思想上对康章问题的继续推进,展示了作为康章后学的荣华师在前贤基础上用系统性思维与通识性眼光对普遍性、历时性问题的进一步研究与思考。

由此,我想到一篇论文的结尾应该如何写作。大部分论文是"结语",即结束某观点的论述。还有一种是"余论"或寓"余论"于"结语",即完成了某观点的论述,并将之在纵向上继续上下延展、在横向上继续左右拓展,不仅论述一个观点,而且借此拓宽此类问题的研究范围、发展此种思维的前进方向,甚至开创一种新的研究范式,由此有可能开启建构一种新的思想体系之路径。荣华师之寓"余论"于"结语"就展现了此种研究能力与思想深度。所以,我在此向学界呼吁,应该重视《康有为〈孔子改制考〉进呈本的思想宗旨》在学术史、思想史上的重要意义,拓展其学术上的可能性,推进其思想上的开放性。

三、狂者进取与守正创新

刚到复旦读硕士的第一学期,我就听好几个同学说荣华师是一个"有个性的学问家"。当时不明白什么意思,但心里出现了"狂狷"二字。子曰:"不得中行而与之,必也狂狷乎!狂者进取,狷者有所不为也。"找不到身行中庸之道的人与之交往,那就与狂狷之人交往。因为狂者有进取之心,狷者有不为之事。如果回到具体的情境中,狂者之进取与狷者之不为也许就是他们的中庸之道。下面我讲几个荣华师的论学、教学片段,以示其狂者之风。

有一次下课跟荣华师一起去食堂,他问我最近上什么课,我答:"《传习录》精讲。"荣华师说:"那你知道王阳明四句教有几种解释吗?"荣华师的论文虽以中国近代思想史为主,但他自己的研究领域则远远超过之,可谓进取者也。李路师兄跟我说,有一次荣华师上课在黑板上写了一个书名,问大家看过没有。同学们纷纷摇头。荣华师说:"喔,这是外国人新出的书,我自己翻译的书名。"荣华师学问高深、见解深刻,师友弟子多劝其撰述专著,以为代表乃至传世之作,然荣华师常常顾左右而言他。有一次我又提起此事,荣华师说:"没什么意思。不如写论文来得实在,写书常常是要灌水的。有的问题很简单,但研究者常常把文章和书写得又臭又长,我不干这样的事。"的确如荣华师所说,现在学术界看似论著纷纷、硕果累累、繁花似锦,然推陈出新、破旧立新、守正创新者少,墨守成规、拾人唾余、老生常谈者多。荣华师曾批评中国哲学史、中国思想史研究的同质化:"其实这些论著把彼此书名、人名对换一下,没有多少区别,全都是在谈老问题、老观点,用的也都是老方法,走的也是老套路。"

对于近代诸子学研究,他曾说:"现在学界的诸子学研究,首先分不清什么是诸子学、什么是诸子学史。随便拿到一本近代诸子学研究的书,就会发现该书做的其实是对近代名家关于先秦诸子学观点的罗列,这最多算近代思想家诸子学研究之史,而不是近代诸子学研究。诸子学是要成一家之言的,应该把康有为、章太炎等看成近代诸子,将其书看成诸子之书,研究其著述体例、思想体系、论证过程,分析其学术思想之得失。其次,现在学者所认为的诸子只是周秦诸子,其实还有汉晋诸子,两者对比研究才能看出其意义。再次,汉晋诸子之后,出现了诸子入文集的趋势,表面上诸子之书不似以往之多,但诸子之学仍然体现在各种文集之中。现在的研究者显然没有注意到这些问题,这就导致了研究虽多,但创见无多的现象。许多论著令人读之索然,甚至不忍卒读。"荣华师完全沉潜到学术思想的研究之中,并因其沉潜精神而增其高深见解。他的"狂者进取"是建立在博精的知识结构、严密的学理分析、理性的学术评议基础之上的,并提出了切实可行的研究新路径。

讲到清代学术时,荣华师提到余英时教授:"余教授有两大优长,一为文笔极佳,二为整合力强。他的名作如《论戴震与章学诚》《朱熹的历史世界》《士与中国文化》等,基本是在乃师钱穆先生的研究基础上发挥而来。但是余教授的文笔很好,许多论题在其一枝生花妙笔之下都能给人一种新的感觉。"我大学时,在许小青教授、沈志安教授等老师教导下,就读过余教授《钱穆与现代中国学术》《现代学人与学术》《现代儒学的回顾与展望》《中国思想传统的现代诠释》《论戴震与章学诚》《宋明理学与政治文化》《士与中国文化》等书,同时也读过钱穆先生《国史大纲》《国学概论》《中国思想史》《中国文化史导论》《中国近三百年学术史》等书。当时我就感觉余教授之学术论题、历史关怀受钱先生影响甚深,不过我没有将二者论著一一对读并研究异同,听荣华师此言,颇有"恍然"之感,也认识到高手读书之博精、思考之深邃。因读余教授之书不少,亦被其生花之妙笔所吸引,我大学时代也连带读过一些与余教授商榷之论著,还听过不少类似"余教授是钱先生第一大弟子。我自己很佩服,我相信大家也很佩服"之语。如今总体来看,学界对余教授之评价,荣华师可算精准。

荣华师在另一次课上说:"大家读书,有没有了解过读书法。一般来说,读书人基本都受书之影响,往往陷于其中,不能自拔,无法看到另外的风景。但是,还有一种读书法,是逆向读书法,即带有反思精神、分析能力去读书,这样不仅能对所读之书理解透彻,还能开启自己新的研究。"接着荣华师举费孝通先生《乡土中国》、余英时教授《论戴震与章学诚》为例,说:"《乡土中国》说中国自古是安土重迁、差序格局。真的是这样吗?恐怕还有相反的理解方式。《论戴震与章学诚》说,章学诚以'六经皆史'对抗戴震的经史考据。这也未必是事情的全部。"我读秦晖老师《传统十论》,发现在中国外儒内法的秦制之下,君、官、民之关系并非差序格局所能概括。因为"普天之下,莫非王土","君主之下,一律平等"。费先生主要论述的以血缘伦理为纽带的小共同体社会,当然有差序格局。然一旦引入整个社会的制度框架,这种差序格局立刻就会变回原子社会。

关于章学诚的问题，荣华师之《章太炎与章学诚》《康有为〈孔子改制考〉进呈本的思想宗旨》所揭示之章学诚"官师合一"及其在晚清思想界之反响、刘巍老师《章学诚"六经皆史"说的本源与意蕴》（载《历史研究》2007年第4期）所分析之"六经皆史"形成过程，皆提出了言之有据、论之成理、思之未尽的不同看法。同时，我也要指出，余英时教授的"内在理路"之方法论的确为思想史研究提供了新的视角。具体到《论戴震与章学诚》，余教授对戴震的"刺猬之心"的探讨，可谓精彩。我想荣华师、秦老师、刘老师等并非要否定前辈学者的工作，他们的创新亦非"毁灭性创新"（熊彼得语），而是"推进式创新"，即以自己的研究与前辈形成有效的学术对话，以在观点、方法乃至范式上推动学术的整体进步。

从荣华师讲读书法，我得出如下心得：读人之书，第一，不可轻忽前人，必须要在充分理解、领会了前人观点、论证的基础上继续推进；第二，不可迷信名家，名家所论之点，固常有可观之处，然历史与思想的丰富性与复杂性告诉我们，可能还有新的面向。所以，面对前贤当然要有"温情之敬意，同情之理解"，还要有"冷静之态度，理性之分析"，如此才能登高望远、更上层楼，也才能对得起前人的工作和学术的公道。从荣华师之论、之学，我总结了一句话："以学术之心做学问，以学理为准论人我"，进而言之，"以视野拓展范围，因研究提高见识，从论证发展思想"。

自我写作硕士论文起，荣华师给我单独开课，并"劝退"了其他的选课同学。我因之感激不尽，并努力进取，但似乎未必能让老师满意。有一次荣华师问我魏源的文集与研究情况，我因之前从未专门研究过魏源，故无法回答，只能在慌神之际赶快查询网络。当我抬头说出所查之结果时，荣华师直视我的眼睛："你现在能用电脑查，电脑没电了你怎么办？"我不由颤栗，显然荣华师是要告诉我："第一，虽然你现在的硕论与魏源无关，但你要做的是思想史研究，必须能够贯通古今，了解中外；第二，你做学术研究不能只依靠网络等工具，必须把知识与思想用一以贯之的学理使之条理化、系统化，记在脑中，随时调用。"荣华师多次跟我说过，书是读不完的，但一定要找到自己的方法，努力做到一通百通。在读钱锺书笔记和《钱玄同日记》时，荣华师不断提醒我："做学问一个非常重要的方法就是总结能力，你一定要经常锻炼自己的总结能力,看到好书、好文章,看能不能用最简要、最清通的话表达出来,不要有畏难情绪。"

我根据荣华师的教导,总结做思想史研究必须会通三学:第一,国学,包括先秦子学、历代儒学、其他学术。其中儒学又可分为今文经学、古文经学、宋学。第二,佛学,包括相宗之学、性宗之学、禅宗之学。第三,西学,包括英美经验论之学、欧陆唯理论之学、马克思主义之学。荣华师曾对我说:"你要是想超越钱穆、梁启超的近三百年学术史,必须在佛学上下大功夫。"他还说过:"研究中国思想必须注意两西之学,即印度之学与欧洲之学。"我想我的"思想史三学"论,大概是对荣华师治学理念的一种总结和推进吧。

四、狷者不为与言行即道

荣华师在平时授徒、论学之中表现出的沉潜精神、自由思想、开放态度、真诚情感、敏锐眼光、犀利论说和对后辈的殷切希望,可以说是学术思想上的"狂者进取"与言行即道。我还要讲几个片段以反映他的独立人格与"狷者不为"。

2013年秋,我刚到复旦不久,有同学、老师了解到我是荣华师的学生后,纷纷问我荣华师的职称问题,因为那时距离他退休也仅有三四年时间。我了解到荣华师副教授做了十几年了,学问虽好,却仍然在职称上"原地踏步"。这让尊敬他、了解他、关心他的学生、同事、前辈感到不平和惋惜。也有同学跟我说:"我觉得张荣华老师这样挺好的,可以避开俗务,专心治学。"当时的我对于职称意味着什么十分茫然,不知为何这么多人问我同一个问题。在我懵懂的心目中,做学问似乎与职称没有关系,认真读书、写作不就行了?本是传道、授业、解惑之儒者,为何斤斤以职称为事呢?为此,我大学时还闹过一个笑话。有一次,我听说某著名教授来华中师大演讲,学院得给他几千元钱。当时我非常愤怒,对同学说:"这不是做学问吗?来做演讲竟然是为了钱!"同学告诉我:"哎,小崔呀,学者、教授也是人呢。人家来演讲也是来工作呀,不给钱,人家图你什么呢?"当时的我还是有点疑惑,我当然知道学者们工作、研究是为了学术,可是提到钱,我认为有点"俗"了。后来在上海,我听一个朋友说:"其实许多老师都不愿意退休。"我很疑惑:"啊?

为什么？退休后不就可以自由地做学问了吗？"朋友笑了："其实退休之后，老师们的收入会减少的呀！"我才恍然大悟。

2014年秋，我到台湾省东华大学跟随陈彦良老师读了一个学期的书，他是以经济学研究经济史的第一线学者，理论扎实、学识渊博，常常以经济学的视角分析知识分子的行为、思想。他告诉我，其实知识分子也是普通人，也要追求金钱、利益，这并不是俗，而是人性。我由此想到，金钱与学问其实是双向良性互动的，如果一个学者很有钱、职称也很高，那他将有更多的时间和选择去做他自己的更高的学问，也能使自己的学问得到更长远的传播，这对学术、学界都是好事。彦良师还告诉我，知识分子为了职称是对的，可是如果为了职称而搞得学问庸俗不堪、华而不实，那就不合格了。彦良师有一次开玩笑地说："如果孔子活到今天，估计啥职称也评不到的。"彦良师也认为，职称与学问本是应该良性互动的，绝不能在两者之间做零和博弈之思，更不可有零和博弈之行。对自己、对别人都不能以职称论学问之高低，也不可以学问论职称之应否。彦良师说："对于前辈、大师，我们当然要尊敬，可绝不能因其名望、地位而盲从其学，否则学问如何进步，我辈何以成学？"

2013年，荣华师终于评上了教授，了却了许多师友之心愿。邹振环老师《斯文荣华》一文对此过程曾有详细说明。邹老师说："在荣华兄的心目中，学识着实与职称无关，与种种鲜亮的帽子更无关联。"我想荣华师对待职称的态度大概是"学问为本，职称为末"。就我个人而论，我还是比较同意彦良师的观点，就算"学问为本，职称为末"，两者也应该是良性互动之关系。因为对荣华师自己、对景仰他的人、对整个学界来说，职称对他的学问之传播、传承乃至发扬都是很有好处的。当然，他讨厌或不适的可能更多的是评职称过程中的烦琐程序吧，作为一个以学问为本甚至与学问为一体的纯学者，奔忙于刀笔文牍之间，对他来说是对生命的浪费，也是对思想的干扰。所以，尽管我不太认同他的做法，但我对他的风格抱以最高的敬意。也许，正是有荣华师这样的纯学者在，学林才能偶有清风拂面之感，也才能让人尤其是年轻人看到学人之清气、古君子之风采吧。

2016年，荣华师把我推荐给章太炎研究大家姜义华先生读博士。荣华师许多学术研究尤其是史料编纂都是与姜老师合作的,作为师长,姜老师对荣华师非常关心。他一再催促荣华师赶紧评博导,带博士,因为这对荣华师学问思想之传承是有实实在在的作用的。有一次,我在学校光华楼18楼亲眼见到姜老师和其他几位老师一起劝荣华师评博导,并表示:"具体材料,你不用担心,叫小崔帮你整就行"。我也说:"是啊,老师您赶紧评,材料我来整理,您只要过目并签字即可。"我原以为在师友们的大力劝说下,他大概会去评的,这也是我所希望的。没想到荣华师说:"不,不评了。你看诺贝尔奖,人家也不是叫你去交材料的,而是认可你的水平,直接给你颁奖的。"也许在别人甚至在我看来,荣华师此举确实有点"不近人情",不过,从他的思维模式、行为模式出发,这一切都有合理的解释。

通过几年的问学,我对荣华师关于职称的态度是这样理解的:水平不是自己说的,也不是自己去申请的,也不是别人通过什么教条式程序评给你的,而是你自己在自由、公平的环境中靠自己的天赋、努力、师长的指导而逐渐提高的。你自己有水平,在自由、公平的环境中自然能够脱颖而出,你自然能够得到认可,你的名誉和地位亦因之提高,这个过程是水到渠成的,而不是自我推销、互相推许或经人盖章的。其实荣华师也不是完全不爱名,他曾开心地对我说:"《章太炎与章学诚》《康有为〈孔子改制考〉进呈本的思想宗旨》学界评价都很高。"有一次他想到了一个题目,兴奋地跟我说:"这又是一篇大文章。"他的语气与神态都表现出对自身学问的"童心"般的自信。这种学者恐怕在学界不大容易见到。荣华师对浮躁的学风与烦琐的学术程序非常不满,有一次他问我:"你说学界能变好吗?"作为一个还在读书的学生,我并未深思过这么沉重的问题,只能无言以对。今天看来,我必须以端正的态度、努力的治学、新颖的创见来回答他的在天之灵了。

五、师者传道与弟子聆教

对学界现实的不满从来没有耽误荣华师自己的学术研究,也从未影响到他指导学生的全心全意。诚如荣华师所说,不同学者因处境不同,对"六经皆史"之理解可能大异其趣甚至水火不容。我从荣华师《章太炎与章学诚》《康有为〈孔子改制考〉进呈本的思想宗旨》所论之"六经皆史"话题上溯至乾嘉时代,发现与章学诚同时还有几位学者发类似"六经皆史"之论,且从思想宗旨、思维模式来看,其异大于其同,绝不可以"六经皆史"对当时的经史关系论作同质化概括。2014年秋冬学期,从想到此题到写成一篇4万多字的长文,我用时大概一个多月。文成之后,赶紧发给荣华师看,我内心很得意:"我这也是对您思想的发扬光大啊,肯定会表扬我吧。"没想到见面时,荣华师只说了一句话:"你要是能写出此题的反题来,我就佩服你了。"我闻此言既失落又惊讶,失落的是老师竟然不表扬我下大功夫写成的文章,惊讶的是老师对此题原来思考了这么深,而且还给我指出进一步研究的方向。

荣华师对钱玄同一直很有兴趣,但是相当长时间内还没有一个学生做过钱玄同研究。我刚开始想做的硕士论文题目是"章门师生与'六经皆史'论的近代演变",也是在老师的基础上进一步推进。荣华师的意思是,此课题研究得很多了,而且章门师生对此论题留下的文字长短不一,恐怕一时间难以做好。于是他引导我专门做钱玄同研究,我在跟他读《钱玄同日记》时,逐渐想到"钱玄同的经史论"这一研究方向,荣华师对此题还比较满意。2016年春,我完成硕士论文初稿13万多字,拿给荣华师看后,他说:"可以。""可以"这句评语,我想大概有两层意思,一是我写的水平还算"可以",二是我还可以继续研究此类题目。时至今日,我的确也是继续研究该方向,且在博士导师姜义华老师、博士后导师张宝明老师的指导下,将读书范围与研究范围进一步拓展,从钱玄同到章太炎,再到康有为、梁启超等,乃至研读思想史三学涉及之经典,并逐渐形成了自己的看法,相关文章也在撰述过程中。我想我的求学与研究之进程,也延续了荣华师学问为本、守正创新的精神吧。

复旦历史系的研究生一般在光华楼西主楼18楼上课,而18—20楼也是老师们的办公区,所以经常能在电梯里碰到老师。我的心态比较矛盾,一来因为对老师学问的钦佩,使我非常希望尽多地见到老师;二来又担心以老师学问之大,若他问我"最近读什么书",我该如何回答?有一次还真在一楼碰见了荣华师,好在电梯里人很多,他并未问出令我尴尬的"最近读什么书"之问题。为了缓解尴尬且表示礼貌,我看到老师拿了一袋子书,于是"灵机一动":"老师您拿那么多书干啥?平时只拿一两本的。"荣华师笑了:"陪读啊。""嗯？什么？""陪太子读书啊，陪你读书啊。古代不就有个官叫太子陪读吗？"本在缓解尴尬的我，不由更尴尬了，心想："您啥学问，我啥水平，我怎么敢让您'陪读'？"好在电梯比较"懂"我，很快开门了，我就一溜烟跑了出去。我想在荣华师的心目中，老师在学术上应该平心静气、全心全意、平等相待地指导学生，给学生营造一种自由、平等、开放、创新的学术氛围，这样才有可能尽量多地开发出学生的潜力，并使之发自内心地热爱学术、努力研究，进一步推动其取得更多、更高、更新的学术成就。

我从荣华师等老师研究学问、指导学生的风格与自己读书、研究、写作的过程中，总结了做学问的两大理念：先立其大，先通其理。"先立其大"包括两个方面。第一是确立以人为本的价值观，即培养和坚持独立、自由、平等、开放和创新的精神。第二是读原典、读经典，前者即人类历史上的最初经典如《论语》《商君书》《理想国》《政治学》等；后者是接续原典开创的历史传统之后世经典，如《明夷待访录》《大诰(四编)》《社会契约论》《政府论》等，并且这些典籍要交叉对读，才能得其微言大义、利弊得失。只读某一本或某一种书，就算是经典，就算是"书读百遍"，其"自见"之"义"也很可能是单一的、僵化的。"先通其理"包括三个方面。第一是科学方法论，即公理—定理—应用。公理也可以称之为公设或假说，定理是从公理中推理出来的二级理论，应用是根据定理进行的实践或验证，也可以表述为：大胆地假设—严谨地推理—小心地求证。第二是系统性思维，即研究某个事件、人物或观点时不能就事论事，不能单线条论证，而是要将之放入其所在的制度框架、历史趋势和思维模式中去探讨其起源、结构、实践、意义、变迁、影响等，以呈现历史的丰富性与复杂性。第三是通识性眼光，可分为纵横两个方向，即中国历史某时间出现的某问题、某事件、某人物、某观点，要在整个中国历史的大脉络中考察其演变与意义，同时要将之与外国同时或前后的相近、相关之人、事、学、制进行学理上的比较研究，以扩大研究的视野、提高研究的价值、升华研究的见识，乃至因之建构以人为本的新思想。

随着时间的推移与老师们的指导，我在学术思想上逐渐有了一点进步，很想找个时间向荣华师汇报一下，让他了解作为他的学生，我并没有"师门辱教"，而是努力将其学问思想进一步向前发展，并使之进一步为学林所知。

然而,今年2月噩耗传来,荣华师离开了他所在的学界,离开了陪伴他的办公桌,离开了他的教室,离开了关心他的师友,离开了景仰他的学生,也离开了我。作为学生的我,应该为他做点什么呢?思来想去,悲痛大概不是他所愿意看到的,还是得回归学术。我对自己说:"发扬师说,守正创新,责无旁贷。"希望有一天我可以在荣华师墓前说一句话:"您的英名世所景仰,您的学问代有传人。"

2023年12月11日于河南大学友兰学堂

(作者为复旦大学历史学系2013级硕士,现为河南大学历史文化学院副教授)

附录

张荣华教授学术年表

1979—1983 年

就读于复旦大学分校历史系。

1983 年

7月考入复旦大学历史学系,跟随李华兴先生攻读硕士研究生。

1985 年

发表《近代中国人时间观念的文化意义》(《复旦学报(社会科学版)》1985年第3期,第212—221页)。

1986 年

完成硕士学位论文《论严复对中国传统文化的认识》(指导教师:李华兴)。

7月,留校任历史学系中国思想文化史研究室助教。

1987 年

发表《功利主义在中国的历史命运》(《复旦学报(社会科学版)》1987年第6期,第90—96、108页)。

1988 年

发表《〈天演论〉简析》(收入马勇、公婷等编《中西文化新认识》,复旦大学出版社,1988年,第225—234页)。

1989 年

发表《当代中国农民的功利心态》(《复旦学报(社会科学版)》1989 年第 3 期,第 92—97 页)。

1990 年

晋升讲师。

发表《以今日之我难昔日之我——读〈梁启超年谱长编〉》(《书林》1990 年第 2 期)。

合编《孔子——周秦汉晋文献集》(姜义华、张荣华、吴根梁编,上海:复旦大学出版社,1990 年)出版。

1991 年

发表《严复的"运会"说与文化观》(《复旦学报(社会科学版)》1991 年第 5 期,第 33—37 页)。

发表《两山排闼送青来——读〈中国文化研究集刊〉》(收入《寻找文化的踪迹:复旦版书评选(1981—1991)》,上海:复旦大学出版社,1991 年,第 228—230 页)。

1992 年

发表《"函夏考文苑"考略》(《复旦学报》(社会科学版)1992 年第 5 期,第 49—52、33 页)。

发表《"西体中用"新诠释》(收入曹维劲、魏承思主编《中国 80 年代人文思潮》,学林出版社,1992 年,第 872—876 页)。

1993 年

发表《中国近代文化史上的严复与张元济》(《复旦学报(社会科学版)》1993 年第 3 期,第 76—82 页)。

1994 年

编译《孔子语录》(上海：上海古籍出版社，1994 年)出版

合编《中国学术名著提要·历史卷》(姜义华主编，张荣华、仁人副主编，上海：复旦大学出版社，1994 年)出版。

发表《文明本质及其发展的探索与构造——康有为〈春秋笔削大义微言考〉述论》(《学术月刊》1994 年第 7 期，第 65—74 页)。

1996 年

发表《张元济在近代语文新潮中的建树》(《编辑学刊》1996 年第 2 期，第 82—85 页)。

发表《引导舆论与权力制衡的追求——张元济与〈外交报〉》(《编辑学刊》1996 年第 6 期，第 77—80 页)。

发表《〈论语别裁〉对儒释道的剪裁》(《复旦学报(社会科学版)》1996 年第 3 期，第 47—48 页)。

发表《近代国学研究的一项示范——姜义华教授近著〈章太炎评传〉》(收入章太炎研究会、杭州章太炎纪念馆编《先哲精神》，杭州：杭州出版社，1996 年，第 279—286 页)。

1997 年

发表《振华公司内讧与康、梁分歧》(《复旦学报(社会科学版)》1997 年第 1 期，第 73—78、85 页)。

发表《张元济与近代辞书出版事业》(《辞书研究》1997 年第 5 期，第 112—116 页)。

出版《张元济评传》(南昌：百花洲文艺出版社，1997 年)。

1998 年

晋升副教授，开始招收研究生。

发表《康有为对戊戌变法的一项否思》(《复旦学报(社会科学版)》1998 年第 4 期，第 57—61 页)。

1999 年

发表《康有为的澳门观及收复澳门策》(《澳门研究》第 11 期,1999 年 5 月,第 53—55 页)。

2002 年

合编《大同梦幻——康有为文选》(姜义华、张荣华选注,天津:百花文艺出版社,2002 年)出版。

2003 年

发表《评廖梅著〈汪康年:从民权论到文化保守主义〉》(《中国学术》第 4 卷第 1 辑,商务印书馆,2003 年,第 351—354 页)。

2005 年

发表《章太炎与章学诚》(《复旦学报(社会科学版)》2005 年第 3 期,第 28—34、56 页)。

2006 年

整理发表《康有为致梁启超未刊手札》(《近代史资料》总 114 号,北京:中国社会科学出版社,2006 年,第 53—71 页)。

2007 年

荣获第一届复旦大学教学贡献奖。

发表《儒学是一种历史共同体学说》(《复旦青年》第 191 期,2007 年 3 月 13 日。后收入《报道大学》,上海:复旦大学出版社,2009 年,第 286—288 页)。

合编《康有为全集》(姜义华、张荣华编校,北京:中国人民大学出版社,2007 年;2019 年出版增订本)出版。

发表《文化史研究中的大、小传统关系论》(《复旦学报(社会科学版)》2007 年第 1 期,第 73—82 页)。

2008 年

荣获复旦大学文科科研成果个人奖。

2009 年

参与的"历史学基础理论课程体系建设"获教育部历史学基础课程建设二等奖、上海市教学成果奖一等奖。

与姜义华合编的《康有为全集》获上海市第九届社会科学优秀成果著作类二等奖。

编校《康有为日记(1886—1889)》(收入《近代史资料》总 119 号,北京:中国社会科学出版社,2009 年,第 32—55 页)出版。

2010 年

合编《大同书》(姜义华、张荣华编校,北京:中国人民大学出版社,2010 年)出版。

合编《孔子改制考》(姜义华、张荣华编校,北京:中国人民大学出版社,2010 年)出版。

合编《新学伪经考》(姜义华、张荣华编校,北京:中国人民大学出版社,2010 年)出版。

合编《万木草堂口说(外三种)》(姜义华、张荣华编校,北京:中国人民大学出版社,2010 年)出版。

合编《广艺舟双楫》(姜义华、张荣华编校,北京:中国人民大学出版社,2010 年)出版。

发表《钱玄同与章太炎北上讲学》(《书城》2010 年第 5 期,第 52—58 页)。

2011 年

被评为复旦大学"我心目中的好老师"。

合编《日本变政考(外 2 种)》(姜义华、张荣华编校,北京:中国人民大学出版社,2011年)。

合编《我史》(姜义华、张荣华编,北京:中国人民大学出版社,2011年)出版。

发表《钱玄同的名、字、号》(收入《近代史资料》总123号,北京:中国社会科学出版社,2011年,第283—290页)。

发表《梁谱长编整理的退步之作》(《东方早报·上海书评》2011年3月20日,B06版)。

2012年

编校《康有为往来书信集》(北京:中国人民大学出版社,2012年)出版。

发表《读〈钱玄同日记〉三则》(《书城》2012年第5期,第25—32页)。

2013年

晋升教授。

发表《康有为〈孔子改制考〉进呈本的思想宗旨》(《复旦学报(社会科学版)》2013年第1期,第99—104、157页)。

发表《〈钱玄同日记〉中的章太炎讲学实录》(《世纪》2013年第1期,第68—70页)。

2015年

编校《中国近代思想家文库·康有为卷》(北京:中国人民大学出版社,2015年)出版。

编校《中国近代思想家文库·钱玄同卷》(北京:中国人民大学出版社,2015年)出版。

发表《康有为的烦恼:怎样学好英语》(《澎湃新闻·私家历史》2015年2月13日)。

访谈《康有为的保皇会如何雇用和培养刺客?》(《澎湃新闻·私家历史》2015年2月28日)。

发表《〈中外纪闻〉120年：康有为曾主张"种族革命"》（《澎湃新闻·私家历史》2015年8月17日）。

2018年

校点《孝经郑注疏》(《儒藏》精华编·96册,北京：北京大学出版社,2018年)出版。

发表《评〈康有为在海外〉：康有为为何在美洲变身党魁》(《澎湃新闻·上海书评》2018年7月17日)。

2019年

发表《李岳瑞与〈清史私议〉》(《书城》2019年第1期,第43—50页)。

2020年

发表《评〈晚清戊戌史事新探〉："引狼入室"还是古典新绎?》(《澎湃新闻·上海书评》2020年4月11日)。

发表《"中兴"之义及"同治中兴"命名之非》(《澎湃新闻·私家历史》2020年9月14日)。

2021年

整理发表《康有为与亲友弟子往返书札释读》(收入《历史文献》第22辑,上海：上海古籍出版社,2021年,第253—273页)。

（崔庆贺整理）

张荣华教授授课大纲[*]

中国近代学术史(三种)

一

> 一切都是没有结局的开始
> 一切都是稍纵即逝的追寻
> 一切希望都带着注释
> 一切信仰都带着呻吟

绪论：知识的阴阳观
　　　研究史回顾

一、龚、魏之学的经纬

二、《经世文编》的学术观

三、传教士引入的"新工具"

四、从学海堂到南菁书院：浙粤的学风

五、公羊学和纬谶精神的泛起

六、致用与识古：典籍的梳理

七、从《日本变政考》到《殷周制度论》

八、二十世纪初的"新学问"

九、自由主义的阴影

十、以意逆志与诗学的变质

---

[*] 编者按：每年的教学大纲有所调整，谨录编者能找到的若干种。其中，"中国近代学术史"三种大纲的授课时间不明。

十一、章太炎与鲁迅

十二、南学与北学的新格局

十三、立国精神之辩：正统的重塑

十四、从里雅各到顾颉刚：传说与史实

十五、文白论与雅俗观

二

> 一切都是没有结局的开始
> 一切都是稍纵即逝的追寻
> 　　一切希望都带着注释
> 　　一切信仰都带着呻吟

绪论：清学史的梳理

一、《文史通义》在清学史上的意义

二、入华欧人的古史观

三、龚、魏之学的经纬

四、《经世文编》的学术观

五、四朝学术的清浊之流

六、公羊学和纬谶精神的泛起

七、多变而怪诞的晚清学风

八、困境中的末代书院

九、谁是经学的终结者

十、康有为二考中的教学政

十一、进退失据的国粹学派

十二、章炳麟的孤心苦诣

十三、王国维的游子心态

十四、从《日本变政考》到《殷周制度论》

十五、二十世纪初的"新学问"

十六、新史学的旧义理

十七、谁是古史辨派

三

第一讲　解题
第二讲　诗与梦
第三讲　二西之学
第四讲　复古思潮
第五讲　遗逸之别
第六讲　绝学复兴
第七讲　书院兴衰
第八讲　幕宾之学
第九讲　三教调和
第十讲　诸子之学
第十一讲　体用变异
第十二讲　文艺复兴

中国思想文化专题研究

本课程采用专题讲解方式,试图多侧面地了解中国思想文化的历史图景,希望选修者对文言文有亲切而会心的感觉,能保持对典籍世界的好奇心,能直面人生的无奈和人性的枷锁并发出真诚的诉求。

本课程授课时间为一学期,每周二学时。考试方式为课程论文。

引言　思想、文化的概念史
一、轴心期的精神状况
二、夷夏之辨中的自我与非我
三、在经典更新中希踪天下通道
四、名教与自然之辨的隐喻
五、三教的生死论与命运观
六、据斥历史和与时俱进的理学

七、旋律与色彩中的欲望和诉求

八、永恒的遗民情结

九、入华西人的中国古典论

十、南北文化异同观

十一、六经皆史论的名与实

十二、说"说儒"

十三、竹帛与金石中的历史信息

十四、古近乌托邦思想结构

十五、被形塑的民间文化

参考读物：

1. 章太炎《检论》，《章太炎全集》卷三，上海人民出版社，1984 年。
2. 《周予同经学史论著选集》(增订本)，上海人民出版社，1996 年。
3. 钱锺书《管锥编》，中华书局，1997 年。
4. 朱维铮《壶里春秋》，上海文艺出版社，2002 年。
5. 侯外庐《中国思想通史》，人民出版社任一版。

张荣华拟于 2003 年 10 月
复旦大学历史系中国思想文化史研究室

中国近代思想文化史专题研究

第一讲　解题

第二讲　地理环境决定论

第三讲　民族与种族

第四讲　经史论与体用论

第五讲　政教关系

第六讲　现代性与近代中国

第七讲　五伦关系

第八讲　黎明运动
第九讲　颜李学派
第十讲　近代对戴震的再诠释
第十一讲　清遗民问题

中国近代思想文化史史料学

第一讲　书写时间——近代纪年法的争论
第二讲　书写空间——中国人种西来说兴衰
第三讲　书写他者——外国人眼中的中国形象
第四讲　书写自我
第五讲　书写异域——在游走中看世界
第六讲　书写知识——培根知识观的中国传播
第七讲　保皇会
第八讲　国粹学与诸子学复兴
第九讲　民族主义
第十讲　无政府主义
第十一讲　近代今文学派与公羊学

中国文化十讲

> 如果你长久地注视深渊，
> 　　深渊也会注视你。
> 　　　　　——尼采

导言　文化传统与文化认同
一、轴心时期的空间格局
二、古近各族的历史记忆
三、经传中的道学政
四、疑古的历程

五、五伦的贯通点

六、声色的寓意

七、三教的生死观

八、异教引发的体用论

九、伤春悲秋的生态与心态

十、日常生活的节律

张荣华拟于 2005 年 9 月

中 国 交 友 史

匹夫不可以不慎取友,友者所以相有也,道不同何以相友也。

——《荀子·大略》

在腐败的政体中,友谊与公正同样稀少,
在最坏的体制中也就最少,在暴君制下就很少或者没有友谊。

——亚里士多德《尼各马科伦理学》

一、探索友谊世界的意义和视角

二、原儒的友论

三、中西友论异同再辨

四、宗法外衣下缝缀的宝石

五、中古历史与人性的分光镜

六、从《交友论》到《述友篇》

七、遗民的友谊观

八、友道与学风

九、藤萝般延伸的两种替代物

十、"绝交不出恶声"

十一、高贵与野心交织的泛交游戏

十二、从同志到网友:个人认同的错乱与危机

十三、文明消长的飞鸿泥爪

中国史学史

一、共生的气象

二、出现的史家个体意识

三、史家之绝唱，无韵之离骚

四、经学巫传化与史书变容

五、正统论与夷夏南北之争

六、玄风微荡下的六朝史学

七、边缘人史学的视域与关怀

八、编年、纪传二体之消长

九、史学分立的动力和影响

十、国家支配历史下的"会通之道"

十一、《史通》的显隐之道

十二、彰显道统的"学术史"编纂

十三、史狱锻炼出模糊的镜子

十四、帝国意识形态动态特征的投影

十五、二十四史之后是什么

张荣华教授指导的硕士生名录

入学年份	姓　名	专　业	论　文　题　目	目前工作单位
1998	曹宁华	中国近现代史	论沈曾植的史学	上海市教育科学研究院
1999	钱益民	专门史	中华学艺社研究（1916—1932）	复旦大学校史研究室
1999	施继辉	史学理论与史学史	清末国史教科书之上古史论	上海市纪委
1999	陈江明	中国近现代史	民国生育节制运动与人口政策	杭州市政协
2000	张振利	中国近现代史	徐勤生平与思想研究	崇明区堡镇人民政府
2001	伍晓茜	专门史		
2001	赵　楠	专门史	《上海新报》初步研究	复旦大学对外联络与发展处
2001	孙树纲	专门史	"自己挣扎的模范"——近代知识人社会角色转型中的陆费逵（1905—1920）	陕西理工大学马克思主义学院
2002	施晓燕	中国近现代史	戊戌维新前康有为交游考	上海鲁迅纪念馆
2002	高书勤	专门史	晚清金石学视野中的吴大澂	上海挚童文化传播有限责任公司
2002	康永忠	专门史	清末存古学堂考述——以湖北存古学堂为重点	中共旺苍县委党校

续　表

入学年份	姓　名	专　业	论文题目	目前工作单位
2003	范灵燕	中国近现代史	许地山的道教史研究述论	
2005	王才友	专门史	硕博连读	杭州师范大学人文学院历史系
2005	贺　娜	专门史	论戊戌前后(1894—1899)湖南学政与学风之关系——以江标与徐仁铸为研究对象	湖北民政厅
2005	叶　赟	专门史	《畴人传》新探	中移(上海)产业研究院
2006	李　玉	专门史	严复对培根知识学思想的阐发	上海中国画院
2007	金有珍	中国近现代史		
2007	李承姬	专门史	《通文馆志》考述	
2008	张丽萍	专门史	江亢虎1920年代苏俄观探析	
2008	郭玉刚	专门史	硕博连读	山西师范大学历史与旅游文化学院
2008	傅　翀	专门史	刘师培与章太炎"中国人种西来说"再探	牛津大学亚洲与中东研究系
2010	王维佳	中国近现代史	《群书治要》的回传与严可均的辑佚成就	澎湃新闻
2010	黄江军	专门史	发现农民的历史:《田家读者自传》述略	北京大学历史学系
2011	李　路	专门史	"废婚论"与私人生活的重构:以1920年《觉悟》"废除婚姻制度讨论"为中心	上海国际舞蹈中心发展基金会
2009	吴晗怡	中国史	清遗民胡思敬、魏元旷研究	上海市教育发展基金会
2013	崔庆贺	中国史	今古之间与师生之变——论钱玄同的经史思想(1906—1916)	河南大学历史文化学院

悼词：悼念张荣华先生，
一颗沉潜学问的本真心灵

令人敬重的张老师，于2023年2月20日逝世。及门弟子闻此噩耗，悲恸不已。一颗沉潜学问的本真心灵，就此安睡。开启我们学问之门的这位智者，永远离去。

老师此生相当一部分精力，都奉献给教书育人。在约三十年的教学生涯中，张老师共指导研究生二十六名。这个数量在老师的同辈学人中，无疑是较少的。在此之前，弟子之间彼此熟识者，不多于五人。我们知道更多的同门并第一次建立起联系，却是在老师离开我们之后。弟子们无不感慨，从未想到以这样的方式齐聚，更未想到这样的齐聚竟来得如此突然。这样的场景，恰是老师沉潜学问、不拘俗务的印证。但弟子们更多的还是愧疚：以尊重老师的名义而怯于主动接近并关心老师。老师过早离开这个世界，诸弟子深深愧疚，并将久久遗憾。

老师沉潜学问，早已破除名利之心。他心无旁骛，只愿做一个读书人。老师的笑很少，但读书每有所得都会微微一笑。老师的著述不多，却总是义理文辞兼备而引起读者的深思与叹服。弟子们深信，老师已刊的、未刊的文字，定会经得起时间的洗礼，长久滋养着后世学人。

这样一位沉潜的读书人，有时不免被误解为一个孤寂而无趣的人，但他内心的自由与光明怎能为外人知晓。老师曾向弟子自道：卑微而自由地活着。弟子闻之，心中真是五味杂陈。一位追求自由的学人，似乎注定比卑微更卑微。不了解老师的人，会认为卑微是追求自由的代价。弟子们则清楚，自由恰恰是对卑微的救赎。

当弟子们越来越多地了解到老师的生平后（他几乎不会谈起自己的生

活),更愈发领会到:支撑这位沉潜读书人全部生命的,是一颗坚毅的本真心灵。他对教学极为投入,从不故作姿态。他惜墨如金,没有半句虚言。他臧否学术,也总是持之有故。当他拿出为辰辰出版的画集时,作为父亲的喜悦如此天真自然。当他了解到弟子的处境时,作为师长定是"也同欢笑也同愁"。当他碰到喜欢的球队的比赛时,作为拥趸还会熬夜观赛。

查尔斯·泰勒认为,人忠实于自己的内心,不盲从于外物的本真性,是现代社会里一种极其珍贵的品质。他同时告诫道,这个社会中充斥着虚假的本真性,原子主义和工具主义催生了本真性的更低级更浅薄的形式。在张老师此生中,坚毅的本真正是他安身立命的方式。他的沉潜和本真,也是留给诸弟子的最宝贵、最美好的礼物。

四十年前,这一颗本真的心灵曾为他所在的大学班级毕业纪念册写下"序言"。时过境迁,但本真未改。想来,晚年的老师仍会记得这篇文字吧。就让弟子恭录下来,送别恩师:

> 一如画家用笔来绾住那变幻不居的自然景色,这本小小的纪念册期望能挽回刚成为历史的四年大学生活。四回寒暑,回回相同,回回不同。那里面有甘有辛,有慕有怨,有鸟语花香,有飘风骤雨……。在四十六人,这是一段值得珍视与反思的经历。昕夕比肩,同窗相仪,师长吐哺,浸润新知;晨曦里旁若无人的早读,台灯下超世纪的夜思,中山陵上一腔豪兴遄飞,沧浪亭畔几多思古幽情。……这一切,构成了一支回肠荡气的走读随想曲。而今,它已隐入这账簿式的条目后,非身历其境者,断断感觉不着这本小册子的魅力。"46"——"1"——"46",这不是钟摆式的回复,谁也不会否认我们将依然是一个整体。鉴古方可察今,明今亦能知古。作了四年的史苑小丁,我们谁愿意停止耕耘呢?逝矣!然而,美好的记忆是常住的。

张荣华教授及门弟子敬挽

(黄江军执笔)

后　　记

2023年2月,张荣华老师不幸突然离世,年仅66岁。这突如其来的噩耗让人难以接受,在学生中引发不小的震动。对于一名历史学家来说,这正是学术丰产的年龄。如果他能健康地活着,把数十年的积累慢慢整理,那该留下多么丰厚的学术精品啊。

张老师是一位很纯粹的大学教师,一辈子扑在讲台和书本上,看书,笔记,备课,上课,编著,偶尔参加学术会议。他甚至牺牲了家庭和亲情,孤独地奋不顾身地投入到中国近代学术史的学问世界里,识辨、考证、校勘一流思想家的日记和手稿,与他们直接用心对话。他一生尽瘁于澄清史源,嘉惠学林,是他留下的最大贡献。他的文章,畅达,脱俗,直击人心。他的文字,养眼,更养心,读后让人油然而生学问的高贵感。除了教学和研究,他免除了一切俗务,独来独往,推辞所有无谓的社交,仿佛忘记了他生活的时代,成为一名"流人"。他读书淹博,长于考证,也谙熟中外各派理论。他的为人处世、学问文章都体现出鲜明的朴学色彩。他教学和研究的重心侧重于乾嘉学派在近代的抑扬。他为人朴实无华,带有成年人少有的童心,通身流露着教养,为人为学,高度一致。他与学生保持平等自然本色的师生友谊,绝无功利色彩。这种纯粹的师生友谊,是大家心目中理想的大学师生关系,可遇不可求。正是基于此,张老师的离世,引发大家内心无限的不舍。

追悼会后首次学生聚会,大家不约而同地提出编写纪念文集以致缅怀之情。动议得到历史学系支持,编纂工作启动。张老师带过的历史学系1997级同学和一些研究生们自发募捐,短短几天,就募集数万元,建立了"历史系出版基金张荣华专项",专门用于出版纪念文集。捐赠名单,黄洋教授在前言中已经鸣谢,不再重复。

原先计划出版纪念文集,由于短期内无法邀约和收集足够数量的纪念文章,因此无法单独形成一本有分量的文集。编委会改变原议,决定把张老师发表的论文也一并收入,形成一本学术暨纪念文集。文集分张老师的个人文存和纪念文章两部分。文存收入张老师生前发表的文章,分为论文、杂文、书评、文献整理例言四类,每类均按发表时间先后排序。纪念文章中,张老师教授过的学生的文章大致按入读复旦大学历史学系的时间顺序编排。

　　收集公开发表的文章并不难,但是收集完备却很不容易。这里要特别鸣谢下列诸位。崔庆贺查到张老师发表的大部分文章和编纂的书目,并编写了张老师的学术年表。任宏又从复旦大学档案馆找到张老师的简历,进一步充实了文章目录。没有他们的努力,这本文集是不可能在一年内问世的。

　　2023年11月底,张老师的论著和纪念文集基本收齐,进入编校程序。12月初形成了一校样,由陈江明、崔庆贺、王维佳、李路、郭玉刚、李玉精心校对。钱益民最后通读和校订全部书稿。

　　从编纂过程来看,这是一本凝聚了很多人心血的文集。张老师的每一个硕士生都为此付出了心血,用自己的实际行动来表达对老师的感念。

　　历史学系主任黄洋教授关心支持本书的出版,并撰写序言。李春博老师在张老师生前身后默默付出,毫无怨言。姜义华老师慨允将他与张老师合撰的文章收入本书。章清、邹振环、邓志峰、孙青、张仲民等教授也十分关心本书的出版。任宏为本书的出版和捐资上下协调,花费大量心血。责任编辑史立丽,自始至终为本书的出版费尽心力。正是有那么多师生的帮助,才有这本书的面世。

　　到目前为止,这是一本收入张老师论著最为全面的文集。阅读这本书,荣华师的学问和为人仿佛就在面前。他的生命是短暂的,但是他的学问将永久流传下去。

钱益民
2024年1月3日
于复旦大学袁成英楼

图书在版编目(CIP)数据

沉潜集:张荣华教授学术暨纪念文集/复旦大学历史学系编;钱益民,李春博,黄洋执行主编.—上海:复旦大学出版社,2024.2
ISBN 978-7-309-17164-8

Ⅰ.①沉… Ⅱ.①复… ②钱… ③李… ④黄… Ⅲ.①张荣华-纪念文集 Ⅳ.①K825.46-53

中国国家版本馆 CIP 数据核字(2024)第 002068 号

沉潜集:张荣华教授学术暨纪念文集
复旦大学历史学系　编
钱益民　李春博　黄　洋　执行主编
责任编辑/史立丽

复旦大学出版社有限公司出版发行
上海市国权路 579 号　邮编:200433
网址:fupnet@fudanpress.com　http://www.fudanpress.com
门市零售:86-21-65102580　团体订购:86-21-65104505
出版部电话:86-21-65642845
上海盛通时代印刷有限公司

开本 787 毫米×1092 毫米　1/16　印张 31.5　字数 468 千字
2024 年 2 月第 1 版
2024 年 2 月第 1 版第 1 次印刷

ISBN 978-7-309-17164-8/K·827
定价:138.00 元

如有印装质量问题,请向复旦大学出版社有限公司出版部调换。
版权所有　侵权必究